Beck'sche Elementarbücher

Arbeitsbücher für den literaturgeschichtlichen Unterricht

Herausgegeben von Wilfried Barner und Gunter Grimm
unter Mitwirkung
von Hans-Werner Ludwig (Anglistik)

Verlag C. H. Beck München

Grimmelshausen
Epoche — Werk — Wirkung

Von
Volker Meid

Verlag C. H. Beck München

Zeittafel, Register, bibliographische Mitarbeit: Helmut G. Hermann

Mit 6 Abbildungen und Karten im Text

CIP-Kurztitelaufnahme der deutschen Bibliothek

Meid, Volker:
Grimmelshausen: Epoche – Werk – Wirkung / von
Volker Meid. – München: Beck, 1984.
(Arbeitsbücher für den literaturgeschichtlichen Un-
terricht) (Beck'sche Elementarbücher)
ISBN 3 406 09667 0

ISBN 3 406 09667 0

Umschlagbild: Titelkupfer der Erstausgabe des *Simplicissimus Teutsch* (1668)
(Herzog August Bibliothek, Wolfenbüttel)
Umschlagentwurf von Walter Kraus, München
© C. H. Beck'sche Verlagsbuchhandlung (Oscar Beck), München 1984
Satz und Druck: C. H. Beck'sche Buchdruckerei, Nördlingen
Printed in Germany

Inhalt

ARBEITSBEREICH II
Simplicissimus Teutsch und Continuatio

ARBEITSBEREICH III
Simplicianische Schriften und ‚Kalendergeschichten'

ARBEITSBEREICH IV
„Edler Herr von Grimmelshausen":
Die ‚Idealromane' – Erbauung und Politik

ARBEITSBEREICH V
Grimmelshausen: Zur Geschichte seiner Wirkung

Vorwort

Grimmelshausen gehört zu den wenigen deutschen Dichtern des 17. Jahrhunderts, die nicht nur Gegenstand der regen Barockforschung sind, sondern auch noch wirklich gelesen werden. Das gilt vor allem für sein Hauptwerk, den *Abentheurlichen Simplicissimus Teutsch,* der in den Lehrplänen für die Gymnasien aufgeführt wird und in zahlreichen populären Ausgaben und Bearbeitungen vorliegt, vom Jugend- und Schulbuch bis zur illustrierten Kostbarkeit. In geringerem Maße hat auch die *Courasche* an diesem Erfolg teil, der nicht auf den deutschen Sprachraum beschränkt ist: Unter den deutschsprachigen Romanschriftstellern der Zeit ist allein Grimmelshausen in die Weltliteratur eingegangen.

Es verwundert daher nicht, daß sein Werk zu einem Lieblingsgegenstand der Forschung geworden ist: Über keinen anderen Dichter des 17. Jahrhunderts wird so viel und so kontrovers geschrieben wie über Grimmelshausen, wobei allerdings die hochgradige Spezialisierung und der zuweilen esoterische Charakter der Forschungsbeiträge kaum dazu geeignet sind, eine breitere Öffentlichkeit zu erreichen. In Vor- und Nachworten, in Festreden, selbst in Literaturgeschichten leben oft genug alte Deutungsklischees undifferenziert weiter.

Mag die häufig nur für Spezialisten verständliche oder interessante Forschungsdiskussion eine notwendige Folge der Wissenschaftsentwicklung sein, der Mangel an wissenschaftlich fundierten, lesbaren Gesamtdarstellungen wird dadurch um so deutlicher. Die Ursache für diesen Sachverhalt ist wohl in der Tradition der Grimmelshausenforschung zu suchen, in der bis zu einem gewissen Grad durchaus notwendigen, in den Auswirkungen aber eher unglücklichen Fixierung auf biographische, philologische und quellenkundliche Probleme, die selbst heute noch nicht überwunden ist. Auch die knappen, abrißartigen Monographien der letzten Jahre bleiben, soweit sie wissenschaftlichen Ansprüchen genügen, diesen Fragestellungen verpflichtet.

Die vorliegende Darstellung geht einen anderen Weg, der von der Konzeption der ‚Arbeitsbücher‘ bestimmt ist, die historische Perspektiven vermitteln, zu den Originaltexten hinleiten und zu eigener, kritischer Arbeit anregen wollen. Das Buch bietet daher keine Faktensammlung mit dem Akzent auf den traditionellen Hauptgebieten der Grimmelshausenforschung, sondern den Versuch einer geschichtlich fundierten Auseinandersetzung mit den Texten und ihrer Rezeption. Vollständigkeit war dabei kein Ziel: Weder konnten alle Werke Grimmelshausens ausführlich behandelt werden, noch war es möglich, jeden Forschungsbeitrag zu besprechen oder auch nur in den Bibliographien zu erwähnen. Gleichwohl werden die wichtigsten Forschungspositionen vorgestellt und in einer Weise diskutiert, die dem Leser ein kritisches Urteil ermöglichen soll.

Das Buch ist in fünf Arbeitsbereiche gegliedert, denen sich eine ausführliche Zeittafel anschließt. Der erste Arbeitsbereich befaßt sich mit dem historischen, gesellschaftlichen und literarischen Kontext, in dem Grimmelshausen und sein Werk gesehen werden müssen. Im Mittelpunkt des zweiten Arbeitsbereichs steht der *Simplicissimus* (einschließlich der *Continuatio*), der folgende handelt im ersten Teil von weiteren Simplicianischen Schriften *(Courasche, Springinsfeld, Vogelnest)* und im zweiten von epischen Kleinformen ('Kalendergeschichten'). (Ursprünglich war vorgesehen, die Simplicianischen Schriften im Zusammenhang mit dem *Simplicissimus* zu erörtern – zur Zyklusfrage vgl. AB III.A.1.3.2. –, doch sollten die einzelnen Arbeitsbereiche nicht noch ungleichgewichtiger werden.) Der vierte Arbeitsbereich ist einem in der Regel vernachlässigten Aspekt von Grimmelshausens Schaffen gewidmet: Erbauung und Politik in 'Idealroman' und Traktat. Den Abschluß bilden ausgewählte Kapitel aus der Wirkungsgeschichte Grimmelshausens vom 17. Jahrhundert bis zum Ende der nationalsozialistischen Herrschaft.

Dem Ziel, zu einer geschichts- und problembewußten Auseinandersetzung mit Grimmelshausens Werk hinzuführen, dient auch die Zeittafel Helmut G. Hermanns: Während sich der erste Arbeitsbereich thematisch vorrangig auf die deutschen Verhältnisse konzentriert, rückt die Zeittafel Grimmelshausens Leben und Werk in das breitere Spektrum der europäischen Zusammenhänge und betont den naturwissenschaftlichen und realpolitischen Erforschungs- und Eroberungsdrang, mit dem Italiener, Franzosen, Engländer, Holländer und Dänen die Geheimnisse der Natur zu erschließen und die Erde ihren Interessen nutzbar zu machen suchten. So betrachtet erweist sich die Epoche, trotz ihrer teilweise noch mittelalterlich-rückständigen Tendenzen, von einer geradezu faszinierenden Modernität, die bei einem einseitigen Blick auf die (deutsche) belletristische Literatur leicht übersehen wird.

Zitiert wird in der Regel nach den 'Gesammelten Werken in Einzelausgaben' (Niemeyer, Tübingen). *Simplicissimus* und *Continuatio* können ohne Schwierigkeit auch in der seitengleichen Edition Scholtes benutzt werden. Auch andere Ausgaben lassen sich mit Hilfe der Buch- und Kapitelangaben problemlos verwenden (Ausnahme: *Vogelnest I,* das keine Kapitelzählung kennt). Hinweise auf Literatur in den einzelnen Arbeitsbereichen beziehen sich auf die entsprechenden Teilbibliographien; dort wird gegebenenfalls auf andere Teilbibliographien oder die Gesamtbibliographie weiterverwiesen.

Ein Teil des Buches entstand während eines Aufenthalts am Zentrum für interdisziplinäre Forschung der Universität Bielefeld. Dem ZiF und Wilhelm Voßkamp, dem Leiter der Forschungsgruppe 'Funktionsgeschichte literarischer Utopien in der frühen Neuzeit', danke ich für diese Gelegenheit, unter annähernd utopischen Bedingungen zu arbeiten.

Arbeitsbereich I

Voraussetzungen

A. Deutschland im 17. Jahrhundert

1. Die politische Situation

1.1. Die Herausbildung des frühmodernen Staates

Im Verlauf des 16. und 17. Jahrhunderts bildeten sich in den europäischen Monarchien neue politisch-staatliche Organisationsformen heraus, die sich so sehr von den mittelalterlichen unterschieden, daß man von der ‚Geburt' des modernen Staates in dieser Zeit gesprochen hat. Das Neue dieses modernen oder frühmodernen Staates bestand darin, daß er stetig zunehmende Aufgaben und Kompetenzen an sich zog und damit als Konkurrent der älteren Gewalten auftrat und in die Rechte der Stände eingriff. Allmählich entwickelte sich, begünstigt von Doktrinen des jetzt rezipierten römischen Rechts, ein Begriff der staatlichen Souveränität, der mit den Vorstellungen des Lehnswesens nicht zu vereinbaren war. Die Tendenzen, die auf eine größere Konzentration der Regierungsaufgaben in den Händen der Fürsten und damit auf eine Stärkung ihrer Macht zielten, stießen bei den betroffenen Ständen natürlich auf Widerstand. Die Entwicklung verlief dabei durchaus unterschiedlich: In manchen Ländern war die Auseinandersetzung zwischen den Ständen und den neuen staatlichen Gewalten auch im 17. Jahrhundert noch nicht abgeschlossen; nicht immer waren die Bestrebungen der ‚modernen' Staatlichkeit, sich von den Bindungen an die Stände zu befreien, erfolgreich; und selbst in den Ländern, in denen sich eindeutig der Fürstenabsolutismus durchsetzte, bildete sich keine einheitliche politische Organisationsform heraus. Daß sich die neue staatliche Gewalt, die durch die absolute Monarchie am prägnantesten repräsentiert wurde, gleichwohl weitgehend gegenüber den Ständen durchsetzen konnte, hängt mit der großen Krise des Adels im Spätmittelalter zusammen: „Wirtschaftlich geschwächt durch die Auswirkungen der Agrardepression, politisch gebunden durch den permanenten Konkurrenzkampf um Herrschafts- und Machtchancen, um Immunitäten, Rechte und Privilegien, kulturell verunsichert durch den Verlust einer ehemals glänzenden, unbestrittenen Position, sozial irritiert durch den Konkurs und Untergang vieler Standesgenossen und das unaufhörliche Nachwachsen neuer Schichten in den Stand, schaffte es der europäische Adel in vielen Ländern nicht, die lehnsherrliche Eigenberechtigung als Prinzip der politischen Organisation gegenüber der neuen Gewalt des territorialen Flächenstaates zu verteidigen" (Hinrichs, S. 180).

Daß das Ergebnis dieses Prozesses nicht immer die absolute Monarchie war, zeigt das englische Beispiel. Doch manifestiert sich im Absolutismus der moderne Staat am deutlichsten, wenngleich seine Kennzeichen – u. a. ‚Souveränität', Zentralisierung, stehendes Heer, Einflußnahme auf die kirchlichen und wirtschaftlichen Verhälnisse – nicht an den absoluten Fürstenstaat gebunden waren. Viele Theoretiker glaubten freilich, daß die absolute Monarchie am besten geeignet wäre, die krisenhaften Erschütterungen des Staates durch die Religions- und Bürgerkriege zu überwinden, und sie sahen in der Übernahme weitgehender neuer Kompetenzen durch den absoluten Herrscher die Voraussetzung für eine dauerhafte politische Ordnung.

Beispielhaft zeigt sich diese Entwicklung zur absoluten Monarchie in Frankreich, das im 17. Jahrhundert zu einem weithin nachgeahmten Vorbild wurde. Begünstigt von allgemeinen ökonomischen und gesellschaftlichen Bedingungen war es Heinrich IV. nach den verheerenden Religionskriegen des 16. Jahrhunderts gelungen, die Grundlagen für einen modernen Einheitsstaat zu legen, die von Richelieu systematisch ausgebaut wurden. „Während der König stieg, sank der übrige Adel", so beschreibt Norbert Elias die Gleichgewichtsverlagerung im gesellschaftlichen Gefüge Frankreichs, einen Prozeß, in dessen Verlauf sich ein großer Teil des Adels in eine zunehmende Abhängigkeit vom König begab (*Die höfische Gesellschaft*, S. 232). Allerdings ging die Entmachtung der Stände keineswegs ohne größere Erschütterungen vonstatten, vor allem dann, wenn sich ständische und religiöse Opposition miteinander verbanden. Die Erhebung der Fronde (1648–1652) war die letzte Herausforderung der königlichen Macht, die vor allem an den widerstreitenden Interessen der Frondeure scheiterte und die letztlich zur entscheidenden Stärkung des französischen Staates führte. Durch Ludwig XIV., der 1661 die Herrschaft antrat, durch seinen Prestigeanspruch, durch Selbsterhöhung und Verklärung seiner eigenen Person, durch „das Verlangen, nicht nur Macht über andere zu besitzen und auszuüben, sondern sie auch ständig durch Worte und Gebaren aller anderen öffentlich anerkannt und derart doppelt gesichert zu sehen" (ebd. S. 203), erhielt das französische Königtum die Form, die für das monarchische Europa vorbildlich werden sollte.

Reinhart Koselleck hat auf den religiösen Bürgerkrieg als Ausgangssituation des klassischen Absolutismus hingewiesen, darauf, daß die Struktur des absolutistischen Staates eine Antwort auf diesen Bürgerkrieg darstelle (S. 11 f.). Angesichts der drohenden Anarchie bildete der auf Militär und Beamtentum gegründete Fürstenstaat einen von der Religion losgelösten, rationalen Handlungsbereich heraus, der in der Lehre von der Staatsräson seinen theoretischen Ausdruck fand. Das damalige Königtum stand, so Koselleck, unter dem „historische[n] Auftrag", den inneren Frieden wieder herzustellen, wobei das „postulierte Monopol der Friedensstiftung durch den Monarchen [...] seine absolute Verantwortlichkeit" erforderte (S. 14). Jedenfalls ließ sich auf diese Weise die absolute

Herrschaft des Souveräns legitimieren, und die zeitgenössischen Theoretiker des Absolutismus verweisen sehr deutlich auf die Ausgangssituation des Bürgerkriegs und die Notwendigkeit, einen von der Religion losgelösten Eigenbereich der Politik zu schaffen und die verschiedenen Religionsparteien der staatlichen Autorität zu unterwerfen.

Die Abhandlungen der Staatsrechtler und politischen Schriftsteller des 16. und 17. Jahrhunderts stellen sich dem Problem, wie der offensichtlichen Gefährdung des Staates und des Individuums durch Reformation und Gegenreformation, durch Bürgerkriege und Revolutionen begegnet werden könne. So entwickelte Jean Bodin, auf den die Staatslehre des modernen Absolutismus zurückgeht, 1577 in seinen *Six livres de la République* als Antwort auf die französischen Bürgerkriege und die damit verbundenen staatlichen Auflösungserscheinungen den Begriff der Souveränität des Staates, den er als „eine höchste, von Gesetzen ledige Gewalt über Bürger und Untertanen" definierte („Majestas est summa in cives ac subditos legibus soluta potestas." [Vgl. Jean Bodin: Über den Staat, Stuttgart 1976, S. 19]). Die Monarchie gilt ihm als die beste Staatsform, ein Widerstandsrecht, wie es die Monarchomachen behaupten, wird entschieden abgelehnt:

> Da es auf Erden nach Gott nichts Größeres gibt als die souveränen Fürsten, die Gott als seine Statthalter eingesetzt hat, damit sie der übrigen Menschheit befehlen, ist es notwendig, auf ihre Stellung achtzuhaben, um in Unterwürfigkeit ihre Majestät achten und verehren und über sie in Ehrerbietung denken und sprechen zu können. Wer sich gegen den König wendet, versündigt sich an Gott, dessen Abbild auf Erden der Fürst ist. (Ebd. S. 39)

Die souveräne Gewalt steht jedoch nur über dem positiven Recht, den überkommenen legalen und gewohnheitsmäßigen Bindungen, und meint kein schrankenloses Willkürregiment. Die Grenzen der absoluten Herrschaft werden, wie alle Theoretiker der Souveränität betonen, vom göttlichen Recht und vom Naturrecht – vor allem dem auf Eigentum – gesetzt.

Vor einem ähnlichen politischen Hintergrund, den Religionskriegen in den Niederlanden, kommt der niederländische Humanist Justus Lipsius (*Politica seu civilis doctrina libri sex,* 1589) auf neustoischer Grundlage zur Theorie eines zentralisierten, auf Militär und Beamtentum gegründeten Macht- und Wohlfahrtsstaats. Das Werk fand auch in Deutschland weite Verbreitung. Ebenfalls aus der geschichtlichen Situation des Bürgerkriegs heraus entwickelt Thomas Hobbes seine politische Theorie (vgl. Koselleck, S. 18 ff.). In seinem *Leviathan* (1651) konstruiert er ein Herrschaftssystem, das den Untertanen Schutz und Sicherheit vor den Gefahren eines gesetzlosen Naturzustandes („bellum omnium contra omnes") um den Preis bedingungsloser Unterwerfung gewährt. Das Problem des Verhältnisses von Moral und Politik, das alle Theoretiker der Souveränität und der Staatsräson beschäftigte, löst Hobbes auf seine Weise, nicht durch Unterordnung der Moral unter die Politik, sondern indem er angesichts der Bürgerkriegssituation die Differenz zwischen den beiden Bereichen aufhebt:

„Die moralische Qualifikation des Souveräns besteht in seiner politischen Funktion, Ordnung zu stiften und Ordnung zu halten" (Koselleck, S. 26). Zugleich kommt es zu einer folgenreichen Spaltung des Menschen in ein privates und ein öffentliches Wesen: in seinen Handlungen ist er Untertan, den Gesetzen des Staates unterworfen, seine Gesinnung dagegen ist frei („in secret free"; vgl. Koselleck, S. 29). In die staatsrechtlichen Diskussionen seiner Zeit hat sich auch Grimmelshausen eingeschaltet, allerdings indem er strikt gegen die ‚modernen' Auffassungen der Staatsräson und der Staatslehre des Absolutismus argumentiert (*Simplicianischer Zweyköpffiger Ratio Status;* vgl. AB IV.2.2.).

Die geschichtliche Wirklichkeit bleibt freilich weit hinter den Forderungen der Theoretiker der Souveränität und des fürstlichen Absolutismus zurück. Zwar ging aus den Krisen und Bürgerkriegen des ‚konfessionellen Zeitalters' der Staat gestärkt hervor, doch konnte von einer völligen Durchdringung der verschiedenen Bereiche des Staatswesens durch die planende und ordnende Kraft der neuen Staatlichkeit keine Rede sein. So wenig der absolute Staat Bodinscher Prägung sich über Normen des natürlichen und göttlichen Rechts hinwegsetzen wollte, so wenig läßt sich die absolute Herrschaft des 17. Jahrhunderts mit dem totalen Staat moderner Prägung vergleichen. Auch im barocken Fürstenstaat, in dem die große Politik auf die fürstlich-zentrale Sphäre konzentriert und der Einfluß der Stände zurückgedrängt wird, bleibt der Einfluß regionaler und lokaler Gewalten bestehen: „So ist der Absolutismus relativ zu sehen angesichts der weiteren Existenz ständischer Herrschaft auf der nicht-zentralen Ebene. Aber aus der ständischen Gleichsetzung von Land und Landschaft (= Stände) des 16. Jh. wird die fürstliche Identifizierung von Staat und Landesherr" (*Handbuch der deutschen Geschichte,* S. 409).

1.2. Die politischen und religiösen Verhältnisse im Deutschen Reich

Die absolute Monarchie vermochte sich nicht in allen europäischen Staaten durchzusetzen. Besonders im Westen Europas, in den Vereinigten Niederlanden und in England, entstanden Ausprägungen des modernen Staates, die man als Alternativen zum Absolutismus bezeichnet hat (Hinrichs, S. 197 ff.). Aber auch da, wo die Entwicklung auf den absoluten Fürstenstaat hinführte, haben jeweils besondere geschichtliche und gesellschaftliche Bedingungen für eine Fülle verschiedener Erscheinungsformen des absoluten Staates gesorgt. Besonders deutlich wird dieser Umstand im Deutschen Reich und seinen Territorien.

Allerdings war das Reich ein Gebilde besonderer Art, ein Konglomerat von einigen hundert geistlichen und weltlichen Fürstentümern, reichsunmittelbaren Rittern, Reichsstädten und Reichstälern. Sein Oberhaupt war ein Kaiser, der seine Macht vor allem Territorien verdankte, die außerhalb des Reichsverbandes standen. Die Tendenz zur Einschränkung der zentralen Gewalt, die sich schon im Mittelalter bemerkbar gemacht (Goldene Bulle, 1356) und sich auch in den Reformgesetzen von 1495 und der Wahlkapitulation von 1519 niedergeschlagen hatte, verstärkte sich mit den Erfolgen der reformatorischen Bewegungen. Das Ende der Regierungszeit Karls V. brachte statt der erstrebten Universalmonarchie den völligen Sieg der Reichsstände. Der Augsburger Religionsfrieden von 1555 beendete vorläufig die Kämpfe der Reformationszeit und gewährte den Landesherrn Religionsfreiheit und das *ius reformandi,* d.h. das Recht, in ihren Territorien allein über Religionsangelegenheiten zu entscheiden. Andersgläubigen blieb bei dieser Sachlage, die später mit der Formel „cuius regio eius religio" treffend beschrieben wurde, nur die Auswanderung. Bei den Reichsstädten, vor allem den konfessionell gemischten und katholischen Städten, war die Lage komplizierter, weil ihnen in der Praxis das *ius reformandi* bestritten wurde – womit zukünftige Konflikte schon vorprogrammiert waren. Ohnehin konnte von Religionsfrieden keine Rede sein, wenn auch jetzt die Augsburger Konfession reichsrechtlich anerkannt war. Allenfalls handelte es sich um einen vorübergehenden Waffenstillstand, denn keine der Parteien war bereit, die andere in ihrem jeweiligen Besitzstand endgültig anzuerkennen. Zudem war mit dem Ausschluß der Zwinglianer, Kalvinisten und Täufer für künftigen Konfliktstoff gesorgt, waren es doch gerade die Kalvinisten, die sich in der Folgezeit besonders aggressiv zeigten. Gegen die weitere Ausbreitung von Luthertum und Kalvinismus und die Gegenwehr und Rückeroberungspolitik des Katholizismus (‚Gegenreformation') vermochte dieser ‚Frieden' wenig. Im Gegenteil: Durch die Verbindung von Territorium und Konfession ergaben sich fortwährend Streitigkeiten zwischen den Territorien und durch die Beziehung aller drei Konfessionen zu fremden Mächten die Gefahr ausländischer Intervention. Insgesamt bot der Augsburger Religionsfrieden den Territorien die Möglichkeit, sich zu größerer politischer Selbständigkeit weiterzuentwickeln.

Bei derartigen Bedingungen konnte von einem Absolutismus auf Reichsebene nicht die Rede sein, wenngleich Karl V. und später Ferdinand II. versuchten, die zentrifugalen Tendenzen aufzuhalten bzw. rückgängig zu machen. Es waren die Territorien, die sich durch die Schwächung der zentralen Reichsgewalt neue Befugnisse verschafften, die Intensivierung der eigenen Regierungstätigkeit betrieben und nach Möglichkeit die Macht der Landstände einschränkten. Nur ausnahmsweise gewannen die Stände die Oberhand (Ostfriesland), in manchen Territorien regierte der Fürst mit den Ständen, doch in vielen Fällen wurde die Macht der ‚Landschaft' im Verlauf des 17. Jahrhunderts zurückgedrängt, d.h. Landtage wurden nicht mehr einberufen, willkürliche Steuern erhoben, alte Privilegien aufgehoben, religiöser Zwang ausgeübt. Dieses Vorgehen richtete sich nicht nur gegen den Adel, sondern ebenso gegen die Städte, die mehr oder weniger gewaltsam von den Landesherren unterworfen wurden.

Mit der stetigen Zunahme der Staatsaufgaben wurde es nötig, die Landesverwaltung neu zu organisieren und ständige Zentralbehörden für das Finanzwesen (Kammer), für Justizangelegenheiten (Rat) und für Politik (Geheimer Rat) zu errichten. Hinzu kamen Kirchenbehörden, in erster Linie in den protestantischen Territorien, gelegentlich aber auch in katholischen Ländern, und schließlich in größeren Staaten eine zentrale Militärverwaltung. Die intensive Staatstätigkeit mit Hilfe eines wachsenden Behördenapparates führte zu einer Vereinheitlichung des Territoriums und einer Einflußnahme des Staates auf die verschiedensten gesellschaftlichen Bereiche, wobei Rechts- und Erziehungswesen, öffentliche Wohlfahrt und Sicherheit, Wirtschaft und Kirchenwesen in einer Fülle von Verordnungen reguliert wurden. Es blieb kaum ein Aspekt des menschlichen Lebens von dieser obrigkeitlichen Planung und Fürsorge ausgenommen, der Erziehungs- und Regulierungsanspruch des staatlichen oder städtischen Regiments, die Tendenz zur ‚Sozialdisziplinierung' der Untertanen (Oestreich) kannte – in der Theorie – keine Grenzen.

Im Verlauf der zunehmenden Durchdringung der Territorien durch das fürstliche Regiment veränderte sich auch der Charakter der Staatsgewalt. Waren die Herrscher häufig zunächst noch von patriarchalischen Vorstellungen geleitet, betrachteten sie sich also als Landesväter, die für ihre Landeskinder zu sorgen hatten, so machten sich bald ‚modernere' absolutistische Vorstellungen bemerkbar: „Unmerklich wandelte sich das patriarchalische Verhältnis vom Landesvater zu seinen Landeskindern um in ein Verhältnis von Herrscher und Untertanen, zwischen denen es nur Befehl und Gehorsam gab" (*Handbuch der deutschen Geschichte*, S. 197).

Diese Entwicklung in den Territorien geschah in einem verfassungsmäßigen Rahmen, über den keineswegs Klarheit herrschte, auch nicht nach dem Westfälischen Frieden von 1648, dessen Bestimmungen als „eine immerwährende Satzung und ein Grundgesetz des Reiches" zu einem Bestandteil der Reichsverfassung gemacht wurden (*Instrumenta Pacis Westphalicae*. Hrsg. von Konrad Müller, Bern [2]1966, S. 149). Wäre die Diskussion über Zustand und Verfassung des Reiches nur von theoretischem Interesse, bestünde kein Anlaß, sich hier damit zu beschäftigen. Doch inmitten der Auseinandersetzungen zwischen dem Kaiser und den Ständen, die sich mit der Reformation noch verschärften, hatten juristische Aussagen über die verfassungsmäßige Konstruktion des Reichs, also über das Verhältnis von Kaiser und Reichsständen, auch eine eminent politische Bedeutung. Dafür sprechen auch die zahlreichen Flugschriften und politischen Lieder, in denen die juristischen Argumente politisch eingesetzt wurden.

Erst die Kämpfe der Reformationszeit erschütterten die Vorstellung, daß das Deutsche Reich die unmittelbare Fortsetzung des Römischen Imperiums sei und daß eine klare Abhängigkeit der Stände vom Kaiser bestehe: „Mit der neuen Lehre vom Herrschaftsvertrag zwischen Kaiser und Ständen und vom ständischen Widerstandsrecht bildete sich erst eigentlich eine neue Auffassung vom Wesen der Reichsverfassung, die die Autorität des römischen Kaiserrechtes erschütterte" (Dickmann, S. 125). Die Lehre vom Reich als einer Fürstenaristokratie und vom verfassungsmäßigen Widerstandsrecht der ‚niederen Obrigkeiten' bestimmte seit dem Landgrafen Philipp von Hessen, dem führenden Politiker des Protestantismus in der Reformationszeit, die Handlungsweise der protestantischen Reichsstände.

Jean Bodin, der die Vorstellung vom Reich als einer ständischen Aristokratie übernahm, löste zahlreiche Versuche aus, die Verfassung des Reiches mit Hilfe seines Begriffs der Souveränität zu bestimmen. Auf der einen Seite wurde argumentiert, daß es keine Kontinuität des römischen Reichs und Rechts gebe und daß die Machtvollkommenheit der römischen Herrscher nicht gegeben sei, sondern daß die Befugnisse der deutschen Kaiser nur als Lehnshoheit definiert werden könnten; auf der anderen Seite wurde die römisch-rechtliche Lehre von der Allgewalt des Kaisers vertreten, auch von konservativ-lutherischer Seite. Immer häufiger wurde darauf hingewiesen, daß eine eigene deutsche Rechtstradition bestehe und daß das römische Recht niemals vollständig rezipiert worden sei, bis schließlich Hermann Conring 1643 die Rezeptionstheorie quellenmäßig widerlegte und den Gedanken zurückwies, daß es jemals ein universales Reich gegeben habe: „Der historische Mythos vom Reich war damit ebenso radikal zerstört, wie der Glaube an seinen religiösen Mythos längst erstorben war" (Wolf, S. 238).

Daß sich mit solchen Anschauungen vor und während des Dreißigjährigen Krieges trefflich Politik machen ließ, versteht sich von selbst: Man konnte entweder den Reichsständen vorwerfen, sie kämen ihrer Treuepflicht gegenüber ihrem rechtmäßigen Oberhaupt nicht nach, oder umgekehrt darauf hinweisen, daß der Kaiser in tyrannischer Weise die ‚Libertät' der Stände zu unterdrücken suche. Die massivsten Angriffe gegen das Kaisertum bzw. das Haus Habsburg kamen von Bogislav Philipp von Chemnitz (Hippolithus a Lapide), der in seiner *Dissertatio de ratione status in imperio nostro Romano-Germanico* (1640) das Reich als ständische Aristokratie darstellte, wobei sich der Kaiser von anderen Reichsständen nur durch einige Scheinvorrechte unterscheide, die er allerdings infolge der Schwäche der Kurfürsten aufs äußerste mißbraucht habe. Gegen die Anmaßung und Rechtsverletzung des Hauses Habsburg helfe nur eine Beendigung der konfessionellen Streitigkeiten und eine entschlossene Koalition gegen die Zerstörer der deutschen Freiheit:

> Vereinigt alle Eure Waffen gegen die Söhne des toten Tyrannen [Ferdinands II.] und gegen diese ganze Familie, die nur an sich selber denkt, die unserem Reich und unserer alten Freiheit solches Unheil gebracht hat, gegen das Haus Habsburg! Es werde, wie ihm gebührt, ein für allemal aus Deutschland vertrieben; seine Erblande, die es im weitesten Umfang vom Reich bekommen hat und als Reichslehen besitzt, sollen wieder zum Reichsgut geschlagen werden! (*Geschichte in Quellen*, Bd. 3, S. 335)

Daß Chemnitz „wegen seines unversöhnlichen Hasses gegen das Haus Österreich über das Ziel hinausgeschossen" habe, mache eine fundierte Auseinandersetzung mit dem Werk nicht unnötig, heißt es in Samuel Pufendorfs Schrift *De statu imperii Germanici* (1667), in der die Verfassungsentwicklung und der gegenwärtige Stand der Reichsverfassung – nach dem Ende des Dreißigjährigen Krieges – beschrieben wird (Samuel Pufendorf: *Die Verfassung des deutschen Reiches*, Stuttgart 1976, S. 102). Auch Pufendorf sieht die Probleme, die sich aus der ungeklärten Frage der staatlichen Souveränität ergeben. Er faßt seine Auffassung in dem berühmt gewordenen Urteil über die Staatsform des Reiches zusammen:

> Es bleibt uns also nichts anderes übrig, als das deutsche Reich, wenn man es nach den Regeln der Wissenschaft von der Politik klassifizieren will, einen irregulären und einem Monstrum ähnlichen Körper zu nennen, der sich im Laufe der Zeit durch die fahrlässige Gefälligkeit der Kaiser, durch den Ehrgeiz der Fürsten und durch die Machenschaften der Geistlichen aus einer regulären Monarchie zu einer so disharmonischen Staatsform entwickelt hat, daß es nicht mehr eine beschränkte Monarchie, wenngleich der äußere Schein dafür spricht, aber noch nicht eine Föderation mehrerer Staaten ist, vielmehr ein Mittelding zwischen beiden. Dieser Zustand ist die dauernde Quelle für die tödliche Krankheit und die inneren Umwälzungen des Reiches, da auf der einen Seite der Kaiser nach der Wiederherstellung der monarchischen Herrschaft, auf der anderen die Stände nach völliger Freiheit streben. (S. 106 f.)

1.3. Der Dreißigjährige Krieg

Die Vorstellung, daß der Dreißigjährige Krieg 1618 mit dem sogenannten Prager Fenstersturz begonnen habe und 1648 mit dem Friedensschluß von Münster und Osnabrück beendet worden sei, daß er sich aus einem Religionskrieg zwischen Protestanten und Katholiken zu einer gesamteuropäischen Auseinandersetzung entwickelt habe, vereinfacht einen komplexen Sachverhalt in unzulässiger Weise (vgl. Steinberg, S. 5 ff.). Die Daten 1618 und 1648 verstellen den Blick auf die Verflechtungen von Reichs- und europäischer Politik, sehen das historische Geschehen zu sehr unter dem Blickwinkel der Reichsgeschichte. Als europäischer Konflikt war der Dreißigjährige Krieg keineswegs mit dem Westfälischen Frieden zu Ende, und die Spannungen, die ihn auslösten, datierten nicht erst vom Jahre 1618. Es war ein Kampf um die Vorherrschaft in Europa, ein Kampf zwischen Habsburg und Bourbon, in dem die französische Seite zunächst durchaus in der Defensive stand. Für die französische Politik ging es darum, die Einkreisungspolitik der Habsburgischen Mächte Spanien und Österreich zu durchbrechen, die für Frankreich bedrohliche Formen annahm: 1617 wurde in einem Geheimvertrag Spanien das Elsaß, damals eine österreichische Provinz, zugesagt, 1620 sicherte sich Spanien die Alpenpässe in Graubünden, ein Jahr später wurde – nach der Ächtung des Winterkönigs – die Pfalz von Spanien und der Katholischen Liga besetzt. Als dann 1635 auch noch Trier in spanische Hand fiel, war die Einkreisung Frankreichs von den Pyrenäen bis zu den spanischen Niederlanden eine Realität. Mit dem Ende des Konflikts auf deutschem Boden und den Bestimmungen des Friedensvertrags von 1648, die die Stellung des Kaisers im Reich stark beeinträchtigten, und mit der Schwächung Spaniens (Pyrenäenfriede von 1659) war das französische Ziel erreicht, sich aus der Umklammerung zu befreien. Frankreich hatte sich als führende europäische Macht etabliert, die Drohung einer habsburgischen Universalmonarchie war gebannt.

Der Krieg war im Kontext des Reiches zugleich ein Kampf zwischen den Reichsständen und dem Kaiser um die Vorherrschaft im Reich. Während es den Ständen darum ging, ihre im Lauf der Jahrhunderte erworbenen Rechte zu behaupten, sprach aus der Handlungsweise Ferdinands II. – wie zuvor Karls V. – „eine moderne Staatsgesinnung, die den ständischen Privilegien das Recht des Souveräns entgegensetzte" (Dickmann, S. 22). Mit der Verpflichtung Wallensteins schuf sich Ferdinand II. eine von der Liga unabhängige militärische Basis und ein Werkzeug für seine reichsabsolutistischen Bestrebungen. Die Niederwerfung der protestantischen Stände und der Sieg über Dänemark zeigten den Kaiser auf dem Höhepunkt seiner Macht, die er durch Exekutionsverfahren und das Restitutionsedikt von 1629 spüren ließ. In diesem Dekret bestimmte er aus eigener Machtvollkommenheit über strittige Probleme des Augsburger Religionsfriedens und ordnete die Rekatholisierung des gesamten seit 1552 säkularisierten Kirchenbesitzes an. Dabei ging es nicht nur um eine Umwälzung der Religionsverhältnisse, sondern zugleich um eine völlige Umgestaltung der territorialen Verhältnisse vor allem in Norddeutschland. Auch die katholischen Stände waren nicht bereit, diesen Zuwachs der kaiserlichen Macht zu akzeptieren, und auf dem Regensburger Kurfürstentag von 1630 mußte Ferdinand eine eindeutige Schwächung seiner Machtposition hinnehmen: Er vermochte es nicht, die Wahl seines Sohnes zum römischen König durchzusetzen und wurde gezwungen, Wallenstein zu entlassen und das kaiserliche Heer zu reduzieren. Zur gleichen Zeit griff Schweden in das Kriegsgeschehen ein und schuf völlig neue Lage. Das schwedische Eingreifen war propagandistisch sorgfältig vorbereitet worden; Gustaf Adolf II. erschien als Retter der deutschen Stände vor den Machtansprüchen des Kaisers, während vom schwedischen Großmachtstreben, dem Kampf um die Beherrschung der Ostsee und von finanz- und wirtschaftspolitischen Erwägungen einschließlich der französischen Subventionen nicht so offen die Rede war. Daß die protestantischen deutschen Fürsten eine gewisse Zurückhaltung bewahrten und häufig gezwungen werden mußten, sich der schwedischen Sache anzuschließen, hat neben einer durchaus vorhandenen Loyalität zum Reich den Grund, daß man bei einer geplanten Neuordnung Deutschlands unter schwedischer Führung erst recht um die ständische Freiheit fürchten mußte. Schiller urteilte in seiner *Geschichte des Dreißigjährigen Kriegs* über Gustaf Adolfs Tod: „Die wohltätige Hälfte seiner Laufbahn hatte Gustav Adolf geendigt, und der größte Dienst, den er der Freiheit des Deutschen Reichs noch erzeigen kann, ist – zu sterben" (*Sämtliche Werke*. Hrsg. von Gerhard Fricke u. Herbert G. Göpfert, Bd. 4, München 1958, S. 637).

Der Frieden von Münster und Osnabrück brachte die Auseinandersetzungen, soweit sie die Struktur des Reichs betrafen, zu einem Abschluß. Die Verträge verkündeten eine allgemeine Amnestie, setzten alle Kurfürsten, Fürsten und Stände wieder ein, entwirrten die pfälzisch-bayerischen Probleme, schlossen die Reformierten in den Religionsfrieden ein und regelten die territorialen Verhältnisse entsprechend dem Zustand im Jahre 1624. Für die Reichsverfassung bedeutete der Westfälische Frieden eine endgültige Bestätigung der Rechte der Stände, ohne die in Reichssachen künftig kaum etwas geschehen konnte, während sie selber Bündnisfreiheit erhielten. Damit war der Kampf zwischen Kaiser und Reichsständen entschieden. Von einer Geschichte des Reiches läßt sich von nun an nur noch mit Einschränkungen sprechen; die Geschichte der großen Territorien tritt an ihre Stelle. Die entscheidenden Bestimmungen des Friedensvertrages (Art. VIII, § 1–2) lauten:

§ 1. Damit aber vorgesorgt sei, daß künftig in der politischen Ordnung keine Streitigkeiten entstehen, sollen alle und jede Kurfürsten, Fürsten und Stände des Römischen Reichs in ihren alten Rechten, Vorzügen, Freiheit, Privilegien und der freien Ausübung der Landeshoheit sowohl in geistlichen als auch in weltlichen Angelegenheiten, in ihren Gebieten, Regalien und deren aller Besitz kraft dieses Vertrages so befestigt und bestätigt sein, daß sie von niemandem jemals unter irgendeinem Vorwand tätlich gestört werden können oder dürfen.
§ 2. Ohne Widerspruch sollen sie das Stimmrecht in allen Beratungen über Reichsgeschäfte haben [...]; nichts dergleichen soll künftig jemals ohne die auf dem Reichstag abgegebene freie Zustimmung und Einwilligung aller Reichsstände geschehen oder zugelassen werden.
Vor allem aber soll das Recht, unter sich und mit dem Ausland Bündnisse für ihre Erhaltung und Sicherheit abzuschließen, den einzelnen Ständen immerdar freistehen, jedoch unter der Bedingung, daß dergleichen Bündnisse nicht gegen Kaiser und Reich und dessen Landfrieden oder besonders gegen diesen Vertrag gerichtet, sondern so beschaffen seien, daß der Eid, durch den ein jeder dem Kaiser und Reich verpflichtet ist, in allen Stücken unverletzt bleibt. (*Instrumenta Pacis Westphalicae.* Hrsg. von Konrad Müller, Bern [2]1966, S. 134)

In der Bewertung des Friedens hat es eine erstaunliche Umkehrung gegeben. Während Zeitgenossen bis auf wenige Ausnahmen den Friedensschluß feierten und noch Schiller darauf hinwies, daß Europa „ununterdrückt und frei" aus dem Krieg hervorgegangen sei, „in welchem es sich zum erstenmal als eine zusammenhängende Staatengesellschaft erkannt" habe (Sämtliche Werke, Bd. 4, S. 366), sind die Stimmen im 19. und 20. Jahrhundert vorwiegend negativ: Der Westfälische Frieden wurde als Ausdruck deutscher Ohnmacht interpretiert, wobei sich die Schuld, je nach Standpunkt, der mangelnden Reichsgesinnung der deutschen Fürsten oder der Politik der Habsburger zumessen ließ. Gleichwohl kann das Vertragswerk „als das Grundgesetz des neuzeitlichen Europa" gelten (Dickmann, S. 495): Es setzte an die Stelle der einstigen Kirchen- und Glaubenseinheit eine Gemeinschaft souveräner Staaten, regelte als letztes und wichtigstes Grundgesetz des Reiches endgültig zahlreiche verfassungsrechtliche Streitfragen, brachte wichtige Entscheidungen über die kirchlichen Verhältnisse und bedeutete einen Fortschritt zum modernen Toleranzgedanken (ebd. S. 8 f.).

2. Die wirtschaftliche Situation

2.1. Zur wirtschaftlichen Entwicklung Deutschlands bis zum Dreißigjährigen Krieg

Während die verfassungsrechtlichen und politischen Folgen des Dreißigjährigen Krieges ohne größere Schwierigkeiten beschrieben werden können, fehlen die Voraussetzungen dafür, die Frage nach den sozialen und wirtschaftlichen Auswirkungen des Krieges eindeutig zu beantworten. Vieles hängt davon ab, wie man die wirtschaftliche Entwicklung Deutschlands bis zum Kriegsausbruch interpretiert: Ob man also davon ausgeht, daß ein schon früher erkennbarer Niedergang der deutschen Wirtschaft durch den Dreißigjährigen Krieg allenfalls verstärkt wurde, oder ob man im Krieg selbst die Ursache für den Niedergang erkennt.

Die wirtschaftliche Situation im 16. Jahrhundert wird gewöhnlich mit folgenden Stichworten bezeichnet: Preisrevolution, Ausweitung des Handels und Verlagerung seiner Schwerpunkte durch die Entdeckung neuer Seewege, Niedergang der Hanse, Ausdehnung des städtischen Gewerbes und ländlichen Verlagswesens, Erhöhung der Produktion im Bergbau, Frühkapitalismus. Zugleich darf jedoch nicht vergessen werden, daß die große Mehrheit der Bevölkerung (im Durchschnitt etwa 80%) in der Landwirtschaft tätig war.

Die sogenannte Preisrevolution, eine langsame Steigerung von Preisen und Löhnen von etwa 1470 bis zum Beginn des Dreißigjährigen Krieges, führte für einen großen Teil der Bevölkerung zu einer Minderung des Realeinkommens, da die Preise für Nahrungsmittel stärker anstiegen als die Löhne. Die Ursachen für die Preisrevolution des 16. Jahrhunderts lagen in dem Bevölkerungszuwachs im Reich von etwa 10 Millionen im Jahr 1470 auf etwa 15–17 Millionen bei Kriegsausbruch und in einer starken Vermehrung des Geldes (Inflation). Dies führte zu einer erhöhten Nachfrage, ohne daß es zu entsprechenden Produktivitätsfortschritten gekommen wäre. Nutznießer war vor allem die Landwirtschaft, die Bauern allerdings nur dann, wenn die Herrschaften nicht in der Lage waren, „die steigenden Agrareinnahmen über eine Erhöhung der Feudallasten in ihre Kassen zu lenken" (Henning, S. 181).

Besonders im Osten des Reiches verschlechterte sich die wirtschaftliche und rechtliche Lage der Bauern beträchtlich. Dort kam es durch die Rückgewinnung wüst gewordener Flächen und durch das Einziehen von Bauernland (‚Bauernlegen') zu einem allmählichen Ausbau der Gutswirtschaften. Damit verbunden waren vermehrte Dienstleistungen der Bauern, die Beschränkung ihrer Freizügigkeit und eine Verschlechterung des Besitzrechts (unerbliches Besitzrecht). Und da der Gutsherr in der Regel auch die Gerichtsbarkeit ausübte, bildete sich schließlich eine „Gutsuntertänigkeit" heraus (Lütge, *Sozial- und Wirtschaftsgeschichte*, S. 217), die den Bauern der Herrschaft auslieferte, eine Entwicklung, die dann durch den Dreißigjährigen Krieg und seine Folgen noch beschleunigt wurde. Im Westen Deutschlands waren die Eingriffe in die Agrarverfassung weniger schwerwiegend, doch auch hier vermehrten die Feudalherren die Abgaben und Frondienste und versuchten gleichzeitig, ihre eigenen Rechte zu erweitern. Allerdings kam es trotz der blutigen Niederlage in den Bauernkriegen von 1525/26 in Westdeutschland nicht zu einer zweiten Leibeigenschaft. Doch weisen die späteren Unruhen in Süddeutschland und Österreich auf die weiterhin steigenden bäuerlichen Lasten und die fortdauernde Unterdrückung hin.

Der überwiegende Teil der Bevölkerung Deutschlands im 16. und 17. Jahrhundert lebte auf dem Land, nur etwa 20% in Städten, von denen im 16. Jahrhundert nur wenige eine Bevölkerungszahl von 10000 überschritten. Gleichwohl stellten die Städte mit ihren Funktionen in Handel, Geldverkehr und Gewerbe eine entscheidende wirtschaftliche Macht dar. Im Bereich des Fernhandels machten sich im Verlauf des 16. und 17. Jahrhunderts größere Verlagerungen bemerkbar, die von der Erschließung des Seeweges nach Ostindien und der Entdeckung Amerikas ausgingen und allmählich zu einem wirtschaftlichen Übergewicht der westeuropäischen Staaten führten, obwohl der Überseehandel – gemessen am gesamten Handelsvolumen Europas – zunächst nur eine geringe Bedeutung hatte. Die Edelmetalleinfuhren aus Amerika wurden zum großen Teil zur Finanzierung der Kriegszüge der Habsburger in den Niederlanden und Italien benutzt, ohne die Staatsfinanzen der spanischen Könige bzw. deutschen Kaiser zu sanieren. Es kam im Gegenteil zu spektakulären Staatsbankrotten, die auch das Handelshaus der Fugger einige Millionen kosteten. Überhaupt wurden in der Mitte des 16. Jahrhunderts krisenhafte Erscheinungen sichtbar. In Augsburg z.B., der Stadt mit der größten Kapitalzusammenballung im Reich, machten einige der wichtigsten Kaufmanns- und Finanziersfamilien Bankrott oder erlitten so starke Verluste, daß sie sich finanziell nicht mehr erholen konnten, sondern einige Zeit später endgültig zusammenbrachen (die Welser 1614, die Fugger 1650). Auf der anderen Seite stieg das Vermögenssteuereinkommen der Stadt, trotz der Einbußen der großen Vermögen, bis zum Ausbruch des Dreißigjährigen Krieges insgesamt weiter an, setzte sich das wohlhabende Handelsbürgertum mit dem prachtvollen Rathaus Elias Holls von 1615–20 ein Denkmal. Allerdings lassen die überlieferten Steuerlisten Fragen offen, da sie nichts über die Gruppe der städtischen Unterschichten (Dienstboten, Tagelöhner, Bettler, Arme, fahrendes Volk, ‚unehrliche Leute') aussagen, die einen großen Teil der städtischen Bevölkerung ausmachte. Es bleibt vor allem die Frage offen, ob nicht „im Gesamtbild der deutschen Städte vor 1618 Reichtum und Armut gleichzeitig zunahmen" (*Handbuch der deutschen Wirtschafts- und Sozialgeschichte*, S. 485).

Generelle Aussagen über die wirtschaftliche Entwicklung der deutschen Städte sind kaum möglich. Manche Handelsstädte verloren an Bedeutung (z.B. Lübeck, Regensburg, Ulm und – seit dem ersten Drittel des 17. Jahrhunderts – Augsburg), andere wie Frankfurt, Nürnberg, Leipzig und Hamburg profitierten von erweiterten Handelsbeziehungen und neuen Entwicklungen im gewerblichen Bereich. Am Beispiel Hamburgs zeigt sich auch, daß der Niedergang der Hanse keineswegs alle Städte des Bundes betraf, wenngleich kein Zweifel daran bestehen kann, daß dieser einst so mächtige Städtebund im 16. und beginnenden 17. Jahrhundert viel von seinem politischen und wirtschaftlichen Gewicht eingebüßt hatte. Dagegen konnten die oberdeutschen Städte im 16. Jahrhundert ihre Stellung zunächst verbessern und sich dank ihrer günstigen Lage und ihrer Kapitalkraft in viele Handelsbeziehungen einschalten. Allerdings machten sich auch hier in der zweiten Hälfte des 16. Jahrhunderts krisenhafte Erscheinungen bemerkbar, die mit der verstärkten internationalen Konkurrenz (und der fehlenden staatlichen Absicherung der eigenen Handelstätigkeit im Ausland) und dem risikoreichen Zwang zur Fremdfinanzierung zusammenhingen.

Die starke Stellung der oberdeutschen Städte war auch eine Folge von wirtschaftlichen Aktivitäten außerhalb des Handels, der Bereitschaft, neue Produktionszweige zu erschließen oder schon bestehende zu fördern. Voraussetzung dafür war die Ansammlung von Kapital in der Hand der Fernkaufleute und Finanziers, die größere Investitionen und Beteiligungen an Gesellschaften verschiedenster Art möglich machte. Besonders wichtig waren die Bereiche Bergbau, Hüttenwesen, Metallverarbeitung und das Textilgewerbe, die die beiden größten Produktionssektoren der deutschen gewerblichen Wirtschaft darstellten. Der hohe Kapitaleinsatz prägte besonders die weitere Entwicklung des sogenannten Verlagswesens, vor allem in der Textilwirtschaft. In diesem System war die Produktion dezentralisiert, während der Absatz in der Hand des kapitalkräftigen Verlegers lag. Bei hohem Kapitaleinsatz war die Produktion entsprechend groß – es wurde mit Geschäftskapitalien bis zu 1 Million Gulden gearbeitet –, andererseits entstanden durch die Arbeitsteilung zwischen Verleger (Kapitalist) und Verlegten (Arbeiter) und ihren unterschiedlichen finanziellen Möglichkeiten Abhängigkeiten, denn der Produzent hatte häufig keinen Zugang zu den Rohstoffen und für den Absatz fehlte ihm die dazu erforderliche Organisation. Doch ist es „fraglich, ob ohne solche Abhängigkeiten schaffende Produktionsformen eine solche Blüte der nichtlandwirtschaftlichen Bereiche mit zusätzlichen Einkommensmöglichkeiten im 15. und 16. Jahrhundert hätten entstehen können" (Henning, S. 220).

Die Grundzüge des gesamtwirtschaftlichen Verlaufs im 16. und frühen 17. Jahrhundert lassen sich demnach etwa so skizzieren: In der Landwirtschaft, dem immer noch größten Wirtschaftsfaktor, zeigte sich im 16. Jahrhundert eine stetige Preissteigerung, die „vermutlich von einem relativen Sinken des Sozialprodukts begleitet" war (Kellenbenz, S. 291). Diese ‚Preisrevolution' wurde erst zu Beginn des 17. Jahrhunderts unterbrochen, als Produktionsüberschüsse für einen rapiden Preisverfall sorgten und damit weitere Krisenerscheinungen (Kreditkrise) auslösten. Handel und Gewerbe expandierten zunächst in der ersten Hälfte des 16. Jahrhunderts, während von der Jahrhundertmitte an einige Bereiche zurückgingen (Silber- und Kupferproduktion) und zahlreiche Handelshäuser in Schwierigkeiten gerieten. Gleichwohl kann auch in diesen Bereichen von ei-

nem generellen Niedergang nicht die Rede sein, eher von einer Verlagerung des
Schwergewichts unter den Wirtschaftszweigen und einer Verschiebung ihrer
geographischen Schwerpunkte.

2.2. Die Auswirkungen des Dreißigjährigen Krieges

„Ein Menschenalter von Blut, Mord und Brand, beinahe völlige Vernichtung der
beweglichen Habe, Zerstörung der unbeweglichen, geistiges und materielles
Verderben des gesamten Volkes", so charakterisierte Gustav Freytag die Auswirkungen des „großen Krieges" in seinen *Bildern aus der deutschen Vergangenheit* (Bd. 4, Leipzig o. J., S. 86). „Im Jahre 1648 war Deutschland weder besser
noch schlechter daran als im Jahre 1609: es war lediglich anders, als es ein
halbes Jahrhundert zuvor gewesen war", schrieb Steinberg 1966 (S. 7). Zwischen diesen Extremen schwankte in den letzten hundert Jahren die Beurteilung

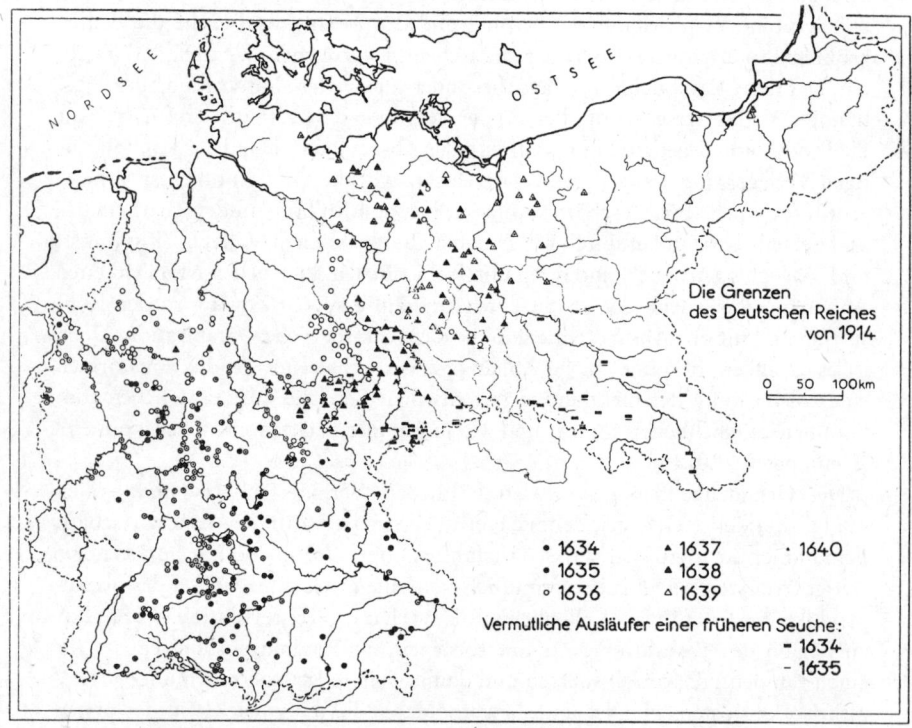

1. Die Ausbreitung der Pest in den deutschen Städten 1634–40
(Aus: Franz, *Der Dreißigjährige Krieg*, S. 6)

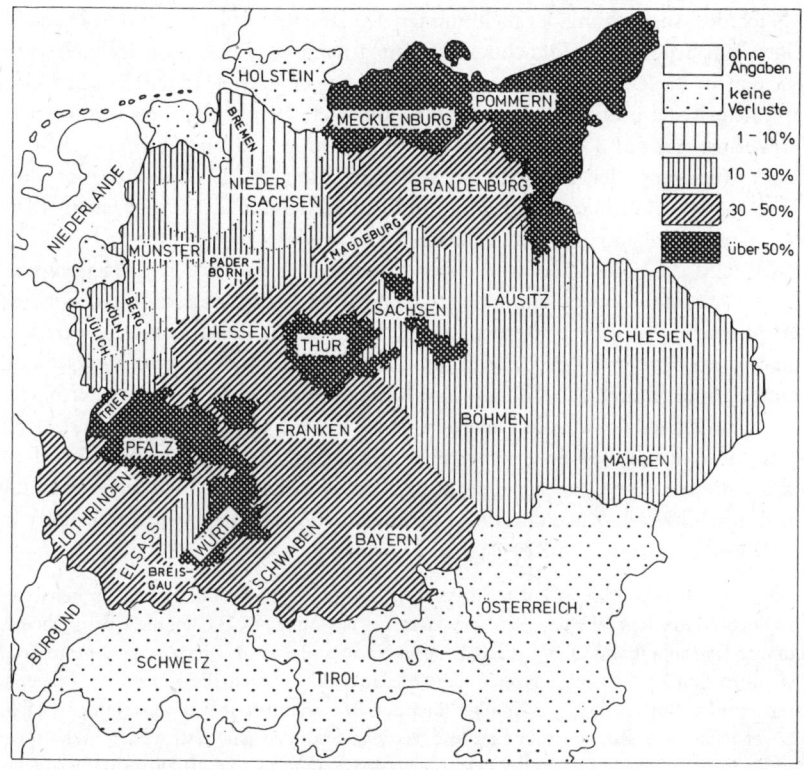

2. Bevölkerungsverluste während des Dreißigjährigen Krieges
(Aus: Franz, *Der Dreißigjährige Krieg*, S. 8)

der Auswirkungen des Dreißigjährigen Krieges, wobei zunächst die Kriegsfolgen sicherlich weit überschätzt wurden. Auf der anderen Seite blieb Steinberg im großen und ganzen die Belege für seine These schuldig. Da der Krieg die verschiedenen Landschaften in unterschiedlicher Härte und Dauer betraf und da die Quellenüberlieferung sehr ungleichmäßig ist, sind generalisierende Aussagen über die Auswirkungen des Krieges kaum möglich.

Die detaillierten Untersuchungen von Günther Franz zeigen zunächst, daß die unmittelbaren Kriegsverluste relativ gering waren. Weder war die Anzahl der Gefallenen bei Schlachten besonders groß, noch kann man die Übergriffe auf die Zivilbevölkerung für einen bedeutenden Bevölkerungsrückgang verantwortlich machen. Es war vor allem die Pest, die die Bevölkerung dezimierte, doch da die Kriegsbedingungen ihre Auswirkungen entscheidend verstärkten, ist es „schlechthin unmöglich, die Pesttoten nicht zu den Kriegsfolgen zu rechnen" (Franz, *Der Dreißigjährige Krieg*, S. 7).

Nach der Auswertung der nicht immer zuverlässigen Quellen kommt Franz zu folgendem Ergebnis: „Vorsichtiger Wertung nach wird man also rechnen müssen, daß in diesen 30 Notjahren etwa 40% der deutschen ländlichen Bevölkerung dem Krieg und den Seuchen zum Opfer gefallen sind. In den Städten mag der Verlust nur auf 33% geschätzt werden" (ebd. S. 59). Insgesamt ist also mit einem Rückgang der deutschen Bevölkerung von 15–17 Millionen vor dem Krieg auf 10–11 Millionen im Jahre 1648 zu rechnen. Karte 2 gibt einen Überblick über die regionalen Unterschiede.

Während die befestigten Städte sich in der Regel vor direkten Kriegseinwirkungen schützen und Flüchtlinge der Umgebung aufnehmen konnten, bot sich den Menschen in den Dörfern und auf dem flachen Land wenig Schutz. Vor allem in der letzten Phase des Krieges, als es zu Kämpfen in ganz Deutschland kam und marodierende Soldaten- und Räuberbanden das Land unsicher machten, verschlechterte sich die Lage der ländlichen Bewohner entscheidend, denn jetzt wurde durch die wiederkehrenden Schädigungen ein geregeltes Wirtschaften unmöglich. Die Chronik eines hessischen Pfarrers gibt, auch wenn man die darin geschilderten Zustände nicht verallgemeinern kann, einen Eindruck von der Not der schlimmsten Kriegsjahre:

Anno 1634. Diss Jahr ist ein recht gefährliches und allen Evangelischen ein betrübtes und hochschädliches Jahr gewesen. [Schlacht bei Nördlingen.] Da sie, die Überpliebente, dan ihre Retirada in die Obergrafschaft unser Vaterland und uf Mentz zu genommen und das ganze Land [...] ganz ausgeplündert, denen bald hernach die Keiserliche folgeten, ihren Feind zu suchen, sie auch hinüber über den Rhein jagten, aber in unserm Land Alles, was jene ubergelassen, wegraubeten und verwüsteten, also gar, daß weder Viehe noch Pferde, Schweine, Federviehe oder dergleichen so wenig in Stätten als Dörfern uberpliebe.
Bald fielen die Schweden uber Rhein herüber und jagten die Keiserischen aus ihrem Quartier, bald jagten diese hinwieder jene hinaus. Dadurch dan das ganze Land zwischen Meyn und Rhein gar erschöpfet wurde, und dorfte sich kein Mensch ufm Land blicken lassen, ihm wurde nachgejaget wie einem Wild, da er ergriffen, onbarmherzig zerschlagen und umb Verrahtung Geld oder Viehe oder Pferd mehr als auf türkische Weise geknöbelt, an heißen Ofen nackend angebunden, aufgehenkt [...].
Umb solcher Tyrannei willen und daß kein Lebensmittel mehr ufm Land waren, wurden alle Dörfer, nicht eines ausgenommen, von allen Einwohnern verlassen.
[1635 brach auch in diesem Gebiet die Pest aus, doch die Überlebenden trösteten sich damit, daß sie mehr zu erben hofften, „als sie verlohren hatten".]
Da rüstete sich jederman zur Ernde, die ererbte Früchte einzutun, deren dan der ganze Rockflur [= Roggenflur] durchaus reichlich voll war, als lang nicht gesehen und daher noch genent wird die grosse Ernde. Aber die Hoffnung war vergebens, Got wolte uns durch unser Nachbarn und Freunden Schaden nicht reich machen, darumb verhenget es Gott, dass in diesem Jahr eben zur Erndezeit der Keiserliche General Gallas plötzlich in dis Land zwischen Meyn und Rhein einfiel, ubers ganze Land sich ausbreitete, alle Früchte (die dan meinstenteils gebunden, aber wegen Mangel an Pferden nicht können eingebracht werden) aufm Feld und Dörfern ausgedroschen, was sie nicht selbsten zu brauchen, an Meyn- und Reinstätte verkauften und so rein Arbeit macheten, dass in wenig Tagen zumal kein Frucht mehr im Land zu bekommen war.

Darauf folgete eine sehr grosse Teuerung. [...]

Uf solche Teuerung folgete auch gross Hungersnot, die von anno 1635 ad 1638 inclusive gewährt. Jedoch waren die zwei ersten Jahre klemmer als die zwei letzte. Es trieb der Hunger die Leute so hart, dass sie die Schindaas wegfraassen, wo sie dieselben auch antreffen konten (als ich dan gar viel mit meinen Augen gesehen) [...]. (*Quellen zur Geschichte des deutschen Bauernstandes in der Neuzeit.* Hrsg. von Günther Franz, Darmstadt ²1976, S. 117f., 120f.)

Die kriegführenden Parteien standen vor der Schwierigkeit, große Heere besolden und unterhalten zu müssen. Trotz beträchtlicher Subventionen von französischer und päpstlicher Seite fehlte es an entsprechenden Mitteln, so daß die reine Geldbesoldung bald durch eine Naturalversorgung ergänzt wurde und es zu einem System der Selbstversorgung der Soldaten kam, das die besetzten Gebiete zu ruinieren drohte, zumal der gesamte Troß, um ein mehrfaches größer als die Armee, miterhalten werden mußte (die Armee der Liga umfaßte in den letzten Kriegsjahren neben 40000 Soldaten noch weitere 140000 Personen). Wallenstein war den Problemen durch ein System der Kriegswirtschaft begegnet, dessen Ziel es war, „den Krieg aus dem Lande zu ernähren, zugleich aber dessen Lieferfähigkeit zu erhalten oder zu steigern" (*Handbuch der deutschen Geschichte,* S. 505). Neben hohen Kontributionen, die z.T. freilich wieder in die heimische Wirtschaft zurückflossen, brachten die mit Plünderungen verbundenen Beutezüge mancher Heerführer beträchtliche Verluste. Dagegen verdienten Heereslieferanten und Spekulanten, und es gab Kriegsgewinnler, „die sich an dem schwunghaften Handel mit Schuldtiteln und landwirtschaftlichen Vermögenswerten beteiligten und nicht selten die raschesten Exekutionsmandate über verschuldete Grundbesitzer erlangten" (*Handbuch der deutschen Wirtschafts- und Sozialgeschichte,* S. 413).

Die materiellen Kriegsschäden waren immens, wenn auch regional unterschiedlich. Sie sind allerdings nicht immer genau zu berechnen. Eine sicherlich propagandistisch übertriebene Rechnung der kaiserlichen Seite spricht davon, daß die Schweden etwa 2000 Schlösser, 18000 Dörfer und 1500 Städte zerstört oder schwer beschädigt hätten: das wäre etwa ein Drittel des Bestandes (vgl. Langer, S. 8). Die Erholung wurde in den Gebieten verzögert, die in den siebziger Jahren erneut Kriegsschauplatz wurden, so vor allem die durch die französischen Kriegszüge verheerten Gebiete am Rhein, aber auch Teile Brandenburgs, wo die Schweden auf Veranlassung Ludwigs XIV. eingefallen waren. Es dauerte bis ins 18. Jahrhundert hinein, ehe die Bevölkerungsverluste ausgeglichen und der Stand der Vorkriegszeit von etwa 15–17 Millionen Einwohnern wieder erreicht wurde. Dabei kam es auch zu beträchtlichen Bevölkerungsverschiebungen, für die neben direkten Kriegsfolgen vor allem religiöse Unduldsamkeit und wirtschaftliche Not verantwortlich waren (Gegenreformation in den habsburgischen Ländern; Bauernaufstand in der Schweiz; Aufhebung des Edikts von Nantes: Flucht der Hugenotten).

Zu den ersten Aufgaben nach dem Krieg gehörte es, die verwüsteten Flächen zu kultivieren, Bauernstellen zu besetzen und das Land zu bearbeiten, um die Steuerkraft wiederherzustellen. Diese Aufgabe wurde dadurch erschwert, daß das Kriegsende mit einer allgemeinen Agrarkrise zusammentraf, einem starken Verfall der Getreidepreise und entsprechend negativen finanziellen Folgen für die Landwirtschaft. Die unterschiedlichen Entwicklungstendenzen im Osten und Westen Deutschlands verstärkten sich noch. Im Westen blieb das Besitzrecht der Bauern erhalten, im Osten hatte der Krieg eine weitere Verschlechterung der Lage der Bauern und eine Vergrößerung der Güter zur Folge. Beide Vorgänge hatten zwar eine lange Vorgeschichte, doch brachte der Dreißigjährige Krieg mit seinen Bevölkerungsverlusten und -verschiebungen eine entscheidende Verschärfung dieser Tendenzen. Der Mangel an Bauern führte zu einer Vergrößerung der Güter und damit zu einer stärkeren Belastung der verbliebenen Bauern, die immer größere Flächen im Frondienst bestellen mußten und als ein „Betriebsmittel der gutsherrlichen Wirtschaft" in die Leibeigenschaft gedrückt wurden (Franz, *Der Dreißigjährige Krieg*, S. 123).

Auch im Bereich von Handel und Gewerbe begann die Nachkriegszeit mit einer Depression, die erst gegen Ende des Jahrhunderts überwunden wurde. Konservatismus der Zünfte und Kapitalmangel behinderten den Wiederaufbau, zudem hatte das exportorientierte Gewerbe frühere Absatzgebiete verloren. Lütge erblickt in „diesem Abreißen, oft gewalttätigen Zerreissen der volks- und weltwirtschaftlichen Verbindungen, die wieder anzuknüpfen in den meisten Fällen nicht mehr möglich war, [...] die eigentlichen, die entscheidenden, am weitesten in die Zukunft reichenden Verheerungen des Großen Krieges" (Lütge, *Die wirtschaftliche Lage Deutschlands*, S. 539).

2.3. Merkantilismus

„Insgesamt hinterließ der Dreißigjährige Krieg ein verwüstetes Land mit einer völlig heruntergekommenen Wirtschaft, ein idealer Ansatzpunkt für eine aktive Wirtschaftspolitik des Staates oder des ihn repräsentierenden Fürsten" (Henning, S. 244). Das Hauptziel der Wirtschaftspolitik des Reiches und der Territorien nach dem Krieg mußte es sein, die schweren Kriegsschäden zu beseitigen und die Voraussetzungen für eine wirtschaftliche Erholung zu schaffen, schon um die eigenen Einnahmen und damit die eigene Macht zu stärken. Zwar waren Eingriffe des Staates bzw. der Fürsten in die Wirtschaft nichts Neues, doch erhielten sie im 17. Jahrhundert eine neue Qualität, da in ihnen zum erstenmal so etwas wie ein System oder eine Theorie der Wirtschaftspolitik erkennbar wird, die aufs engste mit dem Absolutismus verbunden, aber nicht auf ihn beschränkt ist. Zur Kennzeichnung dieser Wirtschaftspolitik hat sich der Begriff ,Merkantilismus' eingebürgert, zugleich werden nationale Ausprägungen der damit gemeinten Politik mit Bezeichnungen wie Colbertismus und Kameralismus belegt.

Der merkantilistischen Wirtschaftspolitik ging es im Einklang mit ihrer Auffassung von einem Zusammenhang von politischer Macht und wirtschaftlichem Reichtum vor allem darum, die Wirtschaftszweige im eigenen Land zu fördern, von denen eine Mehrung des wirtschaftlichen Reichtums zu erwarten war. Reichtum wurde gemessen am Besitz von Geld und Edelmetall, und es kam darauf an, eine aktive Handelsbilanz zu erzielen, also den Außenhandel so zu regulieren, daß möglichst viel Geld oder Edelmetall ins eigene Land strömte, die Einfuhren dagegen reduziert wurden. Um dieses Ziel zu erreichen, mußten – bei möglichst niedrigem Lohnniveau – die Wirtschaftszweige entwickelt werden, für deren Produkte gewinnbringende Absatzchancen auf den ausländischen Märkten bestanden.

Zu den Voraussetzungen einer erfolgreichen merkantilistischen Wirtschaftspolitik gehörte die Schaffung einer geschlossenen Volkswirtschaft, d.h. Binnenzölle mußten bereinigt, Maße, Gewichte und Münzwesen vereinheitlicht, Verkehrswege verbessert werden. Freilich gelang dies selbst in Frankreich, dem Vorbild des neuzeitlichen absolutistischen Staates, nicht völlig, doch lassen die Maßnahmen Colberts erkennen, worum es ging: um die wirtschaftliche Absicherung der Machtpolitik Frankreichs.

Anders als Frankreich war das Deutsche Reich kein zentralisiertes Staatsgebilde, sondern nach dem Westfälischen Frieden ein loser Verband mit weitgehend souveränen Territorien (vgl. 1.2.), von denen die meisten zu klein waren, um eine eigenständige Wirtschaftspolitik betreiben zu können. Doch auch die Organe des Reiches beschäftigten sich mit wirtschaftlichen Fragen und erließen Gesetze, die wirtschaftspolitische Fragen von nationalem Interesse zu lösen suchten. Dabei wurden auch ausgesprochen merkantilistische Maßnahmen ergriffen, so das Einfuhrverbot für alle französischen Waren 1676 bis 1679 und die Verhängung einer totalen Handelssperre gegen Frankreich im Jahre 1689. Doch insgesamt blieben angesichts der territorialen Eigeninteressen die wirtschaftspolitischen Einflußversuche des Reichstags nur von beschränkter Wirkung. Es gelang z.B. nicht, die Belastung des deutschen Binnenmarktes durch die zahllosen Zölle und Abgaben entscheidend zu verringern.

Zu den Territorien, die zu einer eigenen Wirtschaftspolitik fähig waren, gehörten Österreich, Brandenburg, Bayern, Sachsen, Braunschweig-Lüneburg und einige andere Staaten. In ihnen kommt es im Verlauf der zunehmenden Zentralisierung und Rationalisierung der Verwaltung zu den entsprechenden wirtschaftlichen Begleitmaßnahmen, die der Vergrößerung der Einnahmen und der Stärkung der eigenen Macht dienen sollten. Zunächst war es erforderlich, die Bevölkerungsverluste in den vom Dreißigjährigen Krieg betroffenen Gebieten auszugleichen, wobei die gegenreformatorische Politik in Österreich ebenso für einen großen Zustrom in die aufnahmewilligen Länder sorgte wie die Aufhebung des Edikts von Nantes (1685), die eine Flucht der Hugenotten nach Deutschland auslöste. Die Hugenotten bereicherten vor allem das Gewerbe und trugen zu einer wesentlichen Aufwärtsentwicklung von Wirtschaft und Handel in den Gastländern bei. Im Rahmen der merkantilistischen Wirtschaftspolitik wurden ihnen – so etwa durch das Potsdamer Edikt vom 8. November 1685 – zahlreiche Freiheiten und Privilegien zugesichert.

Auch der erste deutsche Theoretiker des Merkantilismus, Johann Joachim Becher (1635–1682), sah in der Erhöhung der Bevölkerungszahl eines Landes das oberste Ziel der staatlichen Wirtschaftspolitik und schuf mit seinem *Politischen Discurs Von den eigentlichen Ursachen / deß Auf- und Abnehmens / der Städt / Länder und Republicken / in specie, Wie ein Land Volckreich und Nahrhaft zu machen / und in eine rechte Societatem civilem zu bringen* (1668) das wissenschaftliche Standardwerk für die nächsten Jahrzehnte. Richteten sich Bechers Ratschläge an alle deutschen Fürsten, so verengte Philipp Wilhelm von Hornigk (1640–1714) seine wirtschaftlichen Analysen und Empfehlungen auf Österreich, dessen wirtschaftliche und politische Macht er ohne Rücksicht auf die anderen Staaten zu befördern suchte. Seine Vorschläge folgen typisch merkantilistischen Vorstellungen und zielen auf eine Verarbeitung der Rohstoffe im Inland (Behinderung der Ausfuhr und Begünstigung der Einfuhr von Rohstoffen), Entwicklung des einheimischen Gewerbes (Förderung der Ausfuhr und Verhinderung der Einfuhr von Fertigwaren), Hebung der Produktivität durch eine bessere Ausbildung der Arbeitskräfte. Auch der Förderung der Landwirtschaft wird – im Gegensatz zu anderen Merkantilisten – großer Wert beigemessen. Der Titel von Hornigks Buch von 1684 läßt keinen Zweifel an seinem Ziel aufkommen: *Oesterreich Uber alles wann es nur will. Das ist: wohlmeinender Fürschlag Wie mittelst einer wolbestellten Lands-Oeconomie, die Kayserl. Erbland in kurzem über alle andere Staaten von Europa zu erheben / und mehr als einiger derselben / von denen andern Independent zu machen.* Allerdings gilt für den Begriff ‚Merkantilismus‘, daß er zu einem System zusammenfügt, „was von den Theoretikern der Wirtschaftspolitik erhofft und erträumt, in der historischen Realität jedoch niemals völlig konsequent verwirklicht wurde" (Hinrichs, S. 193).

3. Die soziale Situation

3.1. Die Ständeordnung

Bei Luther heißt es: „im eusserlichen, weltlichen leben da soll die ungleicheyt bleyben, Wie denn die Stende ungleych sein. Ein Baur füret ein ander leben und Stand denn ein Burger. Ein Fürst ein andern Stand denn ein Edelmann. Da ists alles ungleych und soll ungleich bleiben [...] Das will Gott also haben, der hat die Stend also geordnet unnd geschaffen" (Weimarer Ausgabe, Bd. 52, 1915, S. 136 f.).

Die ständische Gesellschaft im 17. Jahrhundert war das Ergebnis eines langen historischen Entwicklungsprozesses und stellte ein recht komplexes System dar, in dem – wenigstens theoretisch – jeder Mensch seinen festen Platz hatte. An der Spitze der Hierarchie stand der Kaiser. Der Adel gliederte sich in reichsunmittelbaren und landsässigen Adel. Zum reichsunmittelbaren Adel gehörten, mit den

Kurfürsten an der Spitze, die geistlichen und weltlichen Reichsfürsten, Reichsgrafen, Reichsfreiherren, Reichsritter und der Deutsche Ritterorden. Neben der Unterscheidung von hohem und niederem Adel (beim Grafen beginnt der Hochadel) gab es eine Teilung in alten (vor 1400) und neuen Adel. In den Ständevertretungen mancher Territorien gab es Rangstufungen innerhalb des Adels, etwa zwischen Herrenstand und Ritterstand. Das Recht der Adelsverleihung lag beim Kaiser, war aber für einfache Adelstitel und Wappen bereits delegiert. Vor allem die Briefadelserhebung von verdienten bürgerlichen Beamten, von Kriegslieferanten und Offizieren sorgte für dauernden Neuzugang im niederen Adel. Auch das Patriziat der freien Reichsstädte und einiger landesfürstlicher Städte wurde zum Adel gerechnet und zog sich immer mehr von wirtschaftlicher Betätigung zurück, der es ursprünglich Reichtum und Ansehen verdankte.

Zu den wichtigsten Vorrechten des Adels gehörten neben privilegiertem Gerichtsstand, Jagdrechten, Grundsteuerfreiheit „praktisch auch die Ausübung grundherrschaftlicher Obrigkeit und niedere Gerichtsbarkeit samt Kirchenpatronat" (*Handbuch der deutschen Wirtschafts- und Sozialgeschichte*, S. 577). Sein wirtschaftlicher Rückhalt lag in der Herrschaft über Grund und Boden und die Menschen, die ihn bewirtschafteten. Im östlichen Deutschland erreichte der Adel durch die Zerstörung bäuerlicher Freiheiten eine besonders starke Stellung. Freilich waren die Unterschiede auch innerhalb des landbesitzenden Adels beträchtlich, und der Junker, der nur einen kleinen Hof besaß, konnte kaum mit Herrschaften verglichen werden, die über Tausende von untertänigen Bauerngütern verfügten. Wolf Helmhard von Hohberg, niederösterreichischer Freiherr und Herr über dreißig Untertanen, schrieb dazu:

Die Beschaffenheit des auf dem Lande wohnenden Adels ist nicht einerley / etliche haben nur eine geringe Wohnung / und wenige Unterthanen in dem Dorff / darinn sie wohnen / und müssen sich / so gut sie können / damit behelffen / sich strecken nach der Decken / biegen und schmiegen / den Mantel nach dem Wetter kehren / und die Ausgaben nach dem Einkommen einrichten: Etliche aber haben nicht allein eines / sondern viel mehr Dorffschafften und gantze Herrschafften / samt aller Jurisdiction und Obrigkeit; etliche haben auch gewisse Regalien / als Mäute / Jagten / Halsgerichte und Fischwasser. (*Georgica Curiosa Aucta. Das ist: Umständlicher Bericht und klarer Unterricht Von dem [...] Adelichen Land- und Feld-Leben [...], Bd. 2, Nürnberg 1716 (¹1682), S. 11; vgl. Brunner, S. 57 f.)*

Die Geistlichkeit galt zwar formell noch als erster Stand, doch hatte sich mit der Reformation ihre tatsächliche Stellung in der gesellschaftlichen Hierarchie verändert. Das galt vor allem für die evangelischen Territorien, wo sie häufig nicht mehr in den Landtagen vertreten war. Zwar gab es auch hier noch Bischöfe und Domkapitel, doch insgesamt war die protestantische Geistlichkeit auf das Predigeramt ausgerichtet und hatte betont bürgerlichen Charakter. Dagegen wurden in der katholischen Kirche die Bischofsstühle noch ausschließlich vom Adel und teilweise von den regierenden Fürstenhäusern besetzt. Manche Domkapitel verlangten sogar „sechzehn [...] oder doch acht adlige Ahnen der Bewerber, aber nur die niederen geistlichen Weihen" (*Handbuch der deutschen Wirtschafts- und Sozialgeschichte*, S. 578).

Während Hof- und Staatsbeamte und nach dem Dreißigjährigen Krieg auch Berufsoffiziere zu immer größerer gesellschaftlicher Bedeutung aufstiegen, verloren die Städte und damit auch das Stadtbürgertum im Rahmen des sich entwikkelnden absolutistischen Territorialstaates an Gewicht. Die Verfassungs- und Gesellschaftsordnung der Städte war ziemlich starr, wenn auch recht verschieden. In Nürnberg, einer Stadt mit Patriziat, folgten in der Rangordnung anschließend die Nichtpatrizier (reiche Kaufleute), die mit Patriziertöchtern verheiratet waren, die Kaufleute und die „Gemeinen". In Bremen, einer Stadt ohne Patriziat, nennt die Kleider- und Luxusordnung von 1656 vier Stände, wobei die ersten beiden eng zusammengehörten und für neuen Zuzug offen waren: „1. Bürgermeister, Ratsherrn, Doktoren und Licentiaten, 2. Älterleute der Kaufmannsgesellschaft, übrige Gelehrte, vornehme Kaufleute, Brauer, 3. Ämter- und Zunftbürger, Schiffer, geringere Kaufleute und Höker, 4. Schiffsvolk, Fuhrleute, Arbeiter und Dienstboten" (*Handbuch der deutschen Wirtschafts- und Sozialgeschichte*, S. 580). In den Residenzstädten war es der Fürst, der an der Spitze der gesellschaftlichen Pyramide stand, gefolgt vom hohen Adel (und gegebenenfalls hohen Klerus), den Beamten (aus dem niederen Adel und dem Bürgertum) und Militärs. Daran schloß sich das Berufsbürgertum an. Als unterster Stand der Städte werden entweder Taglöhner und Dienstboten oder Vermögenlose aufgeführt, denen aber noch die unterständischen Gruppen der unehrlichen Berufe (Scharfrichter, Abdecker usw.) und der Bettler folgten. Außerhalb der Hierarchie standen die Juden, die in einigen Städten in Ghettos lebten (Frankfurt), häufig aber aus den Städten in ländliche Nachbarorte abgedrängt oder aus manchen Ländern (österreichische Erblande) sogar völlig vertrieben wurden.

Die rechtliche Stellung der Bauern war sehr unterschiedlich. In Franken und Schwaben gab es noch freie Reichsdörfer, in Vorarlberg und Tirol waren die Bauern in Landtagen vertreten, doch in anderen Gebieten, vor allem im Osten, wurde ihre rechtliche Stellung immer schwächer und die soziale Lage immer bedrückender. Aufstiegschancen innerhalb des Bauernstandes ergaben sich, als nach Kriegsende freigewordene Bauernstellen wieder zu besetzen waren. Allerdings nahm der Anteil der klein- und unterbäuerlichen Schicht an der Dorfbevölkerung zu, so daß in einigen Gegenden die Bauern schon um 1690 eine Dorfminderheit darstellten (vgl. *Handbuch der deutschen Wirtschafts- und Sozialgeschichte*, S. 582). Zu den ländlichen Unterschichten zählten neben den Kleinhausbesitzern besitzlose Tagelöhner und Knechte, während Schäfer in manchen Gebieten als unehrliche Leute galten. Bauern-, Gesinde- und Schäferordnungen regelten das Leben auf dem Land.

3.2. Der Hof

Im Verlauf der Auseinandersetzungen zwischen den Fürsten und den Landständen kam es in den Territorien, in denen sich die absolutistischen Tendenzen durchsetzten, zu einer politischen Entmachtung der Stände, ohne daß sich am ständischen Aufbau der Gesellschaft etwas änderte (vgl. 1.1.). Obwohl die Landstände schon im Verlauf des 16. Jahrunderts in die Defensive gedrängt worden waren, wurde der Dualismus von Adel und Territorialfürstentum endgültig erst im 17. Jahrhundert zugunsten der Fürsten entschieden. Mit dem Dreißigjährigen Krieg begann in Deutschland das Zeitalter des absolutistischen Fürstenstaates. Während die Rechte der Landtage ignoriert oder beseitigt wurden, bildeten sich neue Macht- und Führungszentren: Hof, Beamtenschaft, stehendes Heer.

Mit den zunehmenden Herrschaftsansprüchen der Fürsten und der fortschreitenden Zentralisierung wuchsen die fürstlichen Behörden, wobei schon im Verlauf des 16. Jahrhunderts zwischen Hof- und Landesbeamten unterschieden wurde. Während die Zentralbehörden, die im Auftrag des Herrschers ihre Verwaltungsaufgaben in den verschiedenen Ressorts durchführten und so allmählich das Territorium vereinheitlichten, hatten Hof und Hoforganisation eine andere Funktion, nämlich die der Repräsentation der Macht. Christian Wolffs Bestimmung von 1721 gilt auch für das 17. Jahrhundert: „Wenn die Unterthanen die Majestät des Königes erkennen sollen, so müssen sie erkennen, daß bey ihm die höchste Gewalt und Macht sey. Und demnach ist nöthig, daß ein König und Landes-Herr seine Hoff-Staat dergestalt einrichte, damit man daraus seine Macht und Gewalt zuerkennen Anlaß nehmen kan" (Christian Wolff: *Vernünfftige Gedancken Von dem Gesellschafftlichen Leben der Menschen Und insonderheit Dem gemeinen Wesen [...]*, Halle 1721; Nachdruck Frankfurt/M. 1971, S. 499 [§ 466]).

Vorbild für den fürstlichen Hof in Deutschland wurde seit dem Ende des Dreißigjährigen Krieges immer mehr das französische Modell, wie es sich im Versailles Ludwigs XIV. darbot (erbaut 1661–1689), wenn sich auch in Wien, der bedeutendsten Hofhaltung im Reich, der spanische Hofstil hielt. Die Nachahmung des in Versailles zelebrierten luxuriösen Hofstils und die Repräsentation absolutistischer Macht durch kostspielige Bauten und Feste überforderte freilich die Finanzkraft der kleineren Territorien Deutschlands. Hier konnte sich ein groteskes Mißverhältnis zwischen herrscherlichem Anspruch und tatsächlichem politischem und wirtschaftlichem Leistungsvermögen herausbilden, unter dem vor allem die Untertanen zu leiden hatten.

Der Sinn des Hofzeremoniells lag in der Repräsentation der fürstlichen Macht und der Disziplinierung der höfischen Gesellschaft, d. h. vor allem des Adels. Der Hof als soziales System regulierte das Verhalten, erlegte Zwänge auf, bot Beschäftigungsmöglichkeiten, stellte den Menschen in eine spannungsreiche, auf Rang und Stand eifersüchtig achtende Welt, in deren Zentrum der Fürst stand. Höfische Repräsentation, höfisches Zeremoniell, höfische Feste und Feiern sorgten auch dafür, daß der soziale Unterschied zur Welt der Untertanen unüberbrückbar wurde, wie sich auch in der Anlage der barocken Schlösser und Gärten der Anspruch einer eigenen, von der Umgebung abgetrennten Welt erkennen läßt (zum Hof vgl. Elias, *Die höfische Gesellschaft*, und Kruedener).

Wie es an den einzelnen Höfen zuzugehen hatte, regelten mehr oder weniger ausführliche Hofordnungen. Das Muster der Hoforganisation glich sich in den meisten Territorien, sieht man von den unterschiedlichen Größenverhältnissen ab. An der Spitze standen die obersten Hofämter (Obersthofmeister, Oberstschenk usw.), Hofbeichtväter (kath.) oder Hofprediger (ev.), und die Abstufungen gingen über Hofmusik- und Theaterintendanten, Leibärzte, Hofkämmerer, Offiziere der Leibwache und Schloßwache, Hofkünstler etc. hinunter zu den Pagen und den gewöhnlichen Domestiken. Auch die Gattinnen und die Prinzen und Prinzessinnen verfügten über einen eigenen kleinen Hofstaat mit Hofdamen und Erziehern. Zum Hof gehörten ferner die Inhaber von Ehrentiteln und Ehrenämtern (Kämmerer, Kammerjunker, Ehrendame) und die Inhaber zentraler Staatsämter. Hinzu kam eine beträchtliche Zahl von Bediensteten für die verschiedenen Bereiche der Hofhaltung.

Der Hof war ein bedeutender ökonomischer Faktor, der nicht nur den zahlreichen Bediensteten Verdienstmöglichkeiten bot, sondern auch Handel und Gewerbe der Residenzstadt entscheidend prägte. Wurde das Personal von den Höfen besoldet und versorgt, so erforderte das Leben am Hof für die höheren Chargen, die eigentlichen Höflinge, einen erheblichen Aufwand an eigenen Mitteln. Auch der landsässige Adel wurde an den Hof gezogen, denn je mehr sich die Höfe zu den entscheidenden Machtzentren entwickelten, um so weniger konnte es sich der Landadel aus Gründen des Prestiges leisten, der Residenz fernzubleiben. In den Residenzstädten entstanden Stadthäuser, in denen sich die Landadligen wenigstens während der ‚Saison' aufhielten und sich somit den sozialen Zwängen des Hofes unterwarfen. Neben den sozialen spielten wirtschaftliche Zwänge eine wichtige Rolle, nicht nur, weil der große Aufwand den Adel in finanzielle Schwierigkeiten bringen und vom Fürsten abhängig machen konnte, sondern auch deswegen, weil für den kleinen und verarmten Adel eine Anstellung am Hof die einzige Möglichkeit war, die Existenz zu sichern und am Hofleben teilzunehmen.

Bei den mannigfachen Zwängen und Abhängigkeiten wundert es nicht, daß auch im 17. Jahrhundert die Kritik am Hofleben, die auf eine lange Tradition zurückblickt, ein bedeutendes Thema der Literatur darstellt (vgl. dazu die Arbeit von Kiesel). So zeigt sich der Hofmann wider Willen in den zahlreichen kritischen Epigrammen Friedrich von Logaus, der einem völlig verarmten schlesischen Adelsgeschlecht entstammte, aus wirtschaftlichen Gründen zum Fürstendienst gezwungen war und aus seinen unerfreulichen Erfahrungen keinen Hehl machte. Ähnlich fällt das Urteil des schon erwähnten Landedelmanns Wolf Helmhard von Hohberg aus. Selbst wegen seiner Konfession von Ämtern ausgeschlossen, warnt er: „Der grosse Glantz an den Höfen / ist mehr ein Feuer das brennet und verzehret / als daß es leuchten und erklären solle / daß also der Welsche weislich sagt: Entrare in Pelago della Corte, è provocar la fortuna: Sich in das Hof-Meer begeben / ist so viel / als das Glück zum Duel heraus fordern [. . .]" (*Georgica Curiosa Aucta* [. . .], Bd. 1, Nürnberg 1716, S. 155). Halten die

Hofleute die Landadligen für „Wäldler, Waldtroscheln, Mistjunker und Acker-
edelleute", so sieht der landsässige Edelmann in dem „geschliffenen und politen
Adel" „Zweyzüngler und falsche Judasbrüder" (zitiert nach Brunner, S. 196).
Die Abneigung gegen Hof und Stadt bedeutet keineswegs, daß Hohberg den
höfischen Bildungsweg des Adels ablehnte, doch, verbunden mit dem Land, sieht
er vor allem die Gefahren des Hoflebens:

> Zum Widerspiel aber geben die Herrschafften / Fürsten und Obrigkeiten bisweilen
> selbst Ursach / weil sie an ihren Höfen solche Hof- und Cammer-Räthe halten / die auf alle
> Griff und Fündlein gedencken / wie den Unterthanen das Marck aus den Beinen möge
> gesogen werden / und je öffter und stärcker sie solches finden und einzwingen können / je
> in grössern Ansehen sind sie / und überreden die Obrigkeit noch darzu / daß es ohne
> Schaden und Verderben der Unterthanen geschehen könne / so doch ihrem eigenen Gewis-
> sen und der Warheit gäntzlich zu wider ist / indem die Armuth und das Elend der Unter-
> thanen / ein Vorläufferin ist des Verderbens / und des endlichen Ruin ihrer Obrigkeit und
> Herrschafft / dardurch sie umb Leib und Seel kommen können [...]. (*Georgica Curiosa
> Aucta* [...], Bd. 2, Nürnberg 1716, S. 13)

3.3. Gelehrtes Bürgertum und neuzeitlicher Staat

Auch in der ständischen Gesellschaft waren Aufstiegsmöglichkeiten gegeben,
wenngleich die steilen Karrieren einiger Feldherrn des Dreißigjährigen Krieges
sicherlich Ausnahmen waren. Hingegen war die einfache Nobilitierung von Beamten, Gelehrten, Offizieren, Kriegslieferanten und Unternehmern keine Selten-
heit. Allerdings sorgte der ältere Adel dafür, daß die eigenen Interessen nicht
geschädigt wurden, etwa dadurch, daß man einen Ahnennachweis verlangte, um
als landtagsfähig zu gelten oder um für Domkapitelstellen in Frage zu kommen.
Aber wenn auch die Kluft zwischen den Neuadeligen und dem alten Adel mit
seinen an Grundbesitz gebundenen Privilegien bestehen blieb, vermochten es die
Gelehrten, sich einen privilegierten Platz in der Ständeordnung zu erobern. Erich
Trunz hat dargestellt, wie die humanistischen Gelehrten des 16. Jahrhunderts
bemüht waren, „gesellschaftlich eine geschlossene Gruppe zu bilden und als
solche einen hohen Rang einzunehmen" (S. 149). Sie konnten sich dabei auf die
Theorie der *nobilitas literaria* berufen, die in der italienischen Renaissance entstanden war und davon ausging, daß der echte Gelehrte um seiner Wissenschaft
willen dem Adel gleichwertig sei, daß somit den Gelehrten als dem geistigen Adel
der Nation die gleichen Privilegien wie dem Geburtsadel zukämen. Trunz faßt
die Hauptpunkte eines *Tractatus de nobilitate* (1617) des Greifswalder Rechts-
gelehrten M. Stephani so zusammen:

> ‚Nobilitas literaria' oder auch ‚nobilitas scientiae' heißen die Doctoren, vor allem die
> der Rechte. Der ‚nobilitas generis', dem Geburtsadel, wird die ‚nobilitas literaria' rechtlich
> völlig gleichgestellt. Die Doctoren müssen unter Bürgerlichen bei Tisch ebenso gesetzt
> werden wie Adelige. Gegen sie verübte Beleidigungen werden so streng wie Beleidigungen
> gegen Adelige bestraft. Sie sind frei von körperlichen Strafen und dürfen nicht gefoltert

werden. Sie haben vor Gericht eine mehr geltende Stimme als Bürgerliche. Wenn ein Doctor und ein Bürgerlicher unter gleichem Verdacht stehen, einen Mord verübt zu haben, wird die Tat dem Bürgerlichen zugeschrieben. Ein Doctor darf einen Schmied oder anderen Nachbarn, der ihn durch Lärm bei der Arbeit stört, vertreiben. Ein Doctor ist frei von allen Steuern und Abgaben usw. (Trunz, S. 150f.)

Wichtiger ist jedoch der gesellschaftlich-politische Kontext, der diese Aufwertung der humanistischen Gelehrtenschicht ermöglicht. Sie hängt mit dem Entstehen des neuzeitlichen Staats zusammen und seinem steigenden Bedarf an juristisch ausgebildeten Beamten für die verschiedenen Bereiche der Verwaltung. Diese Verbindung von humanistischem Gelehrtentum und Fürstenhof kann zwar bis in die Anfänge des italienischen Humanismus zurückverfolgt werden, erhält aber in der Periode der Konsolidierung des neuzeitlichen Staates und seiner Gefährdung durch Bürgerkriege und konfessionelle Spaltung ein besonderes Gewicht: Die Gelehrtenschicht kann sich als Stütze des Staates etablieren, der humanistische Gelehrte versteht sich als idealer Staatsdiener und tritt in Konkurrenz mit dem Adel.

Vor allem im Fürstenstaat des 16. Jahrhunderts wurden zahlreiche Funktionen in der Hof-, Gerichts- und Finanzverwaltung mit Gelehrten bürgerlicher Herkunft besetzt, da der Adel die erforderliche Kompetenz für die neuen Aufgaben nicht besaß oder sich weigerte, in den Staatsdienst zu treten (vgl. Hinrichs, S. 181). Es bestand aber keineswegs ein ‚Bündnis‘ zwischen humanistischem Gelehrtentum und Fürstentum mit dem Ziel, den Adel zu entmachten. Die alte ständische Gliederung wurde nicht in Frage gestellt, sondern es ging nur darum, die politischen Ansprüche des Adels zurückzuweisen. Mit der Förderung einer humanistisch gebildeten Beamtenschaft, die sich auch in Erhebungen in den Amtsadel ausdrückte, stellten die Fürsten dem alten Adel einen Konkurrenten zur Seite, „einen Konkurrenten und zugleich einen Wegweiser zur neuen Realität des Fürstendienstes" (Hinrichs, S. 181). Im Verlauf des 17. Jahrhunderts kehrte sich denn auch die Entwicklung um, und mit der Festigung des absolutistischen Regiments kam es zu einer ‚Reprivilegierung‘ des Adels, der sich die humanistische Bildungspropaganda zunutze gemacht und durch ein Universitätsstudium die erforderlichen Qualifikationen für die gehobene Beamtentätigkeit erworben hatte.

Zwischen der dünnen Schicht der Angehörigen der gelehrten Berufe und dem ‚Volk‘, den ‚Ungelehrten‘, gab es eine Zwischenschicht. Es handelte sich um Leute, die nur die Lateinschule absolviert oder ihr Universitätsstudium abgebrochen hatten und nun als Kaufleute, Buchdrucker, Wundärzte oder Apotheker tätig waren. Zu dieser Gruppe von Personen, „die von den Gelehrten nicht zu den ihren gezählt wurden, die aber auch nicht ungelehrt sein wollten" (Trunz, S. 158), gehörte vor allem die große Zahl der Schreiber, die an fürstlichen und städtischen Kanzleien – oder wie Grimmelshausen als Regimentsschreiber – wirkten, doch über untergeordnete Stellen nicht hinauskamen. Höher standen die Sekretäre und Amtleute, doch auch mit ihnen wollte die *nobilitas literaria* ebensowenig zu schaffen haben wie mit den halbgelehrten Advokaten, Lehrern, Alchimisten und Goldmachern.

3.4. Bildungswesen

Die Geschichte der Pädagogik interessiert sich im 17. Jahrhundert vor allem für die vorausweisenden Theoretiker und Programmatiker wie Wolfgang Ratke (1570–1635) und Johann Amos Comenius (1592–1670), die mit ihrer Betonung der Muttersprache und der Realien als Vorläufer der pädagogischen Reformbestrebungen des 18. Jahrhunderts gelten. Doch daß ihre Reformschriften das Schulwesen im 17. Jahrhundert entscheidend verändert hätten, läßt sich nicht behaupten. Immerhin griff seit der Reformation der Staat, d. h. die einzelnen Territorien, ordnend in das Schulwesen ein. Eine allgemeine Schulpflicht postulierten zuerst die Schulordnungen von Weimar (1619), Gotha (1642) und Württemberg (1649), ohne daß damit wirklich der regelmäßige Schulbesuch – vor allem auf dem Lande – durchgesetzt werden konnte. Dazu fehlte es sowohl an einer effektiven Schulorganisation als auch an Geld für die Ausstattung von Schulen und die Bezahlung von Lehrern. In der braunschweigischen Schulordnung von 1651 werden die Mängel des Schulwesens darauf zurückgeführt, daß qualifizierte Lehrer nicht an der Schule bleiben wollten. Der Grund dafür sei, „daß die praeceptores so viel zu ihrem Sold sich nicht zu erfreuen gehabt, davon sie notdürftiges Essen und Trinken, zu geschweigen Kleider und andere unentbehrliche Notdurft nehmen könnten", und „daß sie keine Ehre, sondern hingegen lauter Verachtung und Beschimpfung in bürgerlichen Konversationen und Zusammenkünften zu erwarten gehabt" hätten (zitiert nach Paulsen, S. 485). Auf dem Land war die Lage deswegen so schlecht, weil es letztlich an dem guten Willen der Grund- und Gutsherren lag, ob etwas für die Schulen getan wurde. Gleichwohl war ein gewisses Interesse an einer allgemeinen Volksbildung vorhanden, das über die von der Reformation gegebenen Anstöße hinausging. Dabei sollte selbstverständlich die ständische Hierarchie nicht in Frage gestellt werden, sondern es war an eine für den jeweiligen Stand angemessene Erziehung gedacht, der der Gedanke zugrunde lag, daß eine gewisse Schuldbildung die Leistungsfähigkeit der Untertanen im Rahmen des modernen Verwaltungs- und Machtstaats nur steigern würde.

Auch in den Städten gab es den Dorfschulen ähnliche Elementar- und Trivialschulen, auf die das niedere Bürgertum angewiesen war und wo allenfalls elementare Kenntnisse vermittelt wurden. Im allgemeinen verbindet man jedoch mit dem städtischen Schulwesen Einrichtungen, die auf die Bedürfnisse des höheren Bürgertums zugeschnitten waren und ein hohes Bildungsniveau garantierten, also die protestantische Gelehrtenschule (Lateinschule, Gymnasium) und das Jesuitengymnasium.

Die protestantische Lateinschule des 17. Jahrhunderts basierte auf dem christlich-humanistischen Bildungsideal, wie es von Johannes Sturm und Philipp Melanchthon im 16. Jahrhundert als „sapiens atque eloquens pietas" formuliert worden war. Der Akzent lag auf der Erlernung des Lateinischen, der formalen, sprachlich-literarischen Bildung und der Hinführung zur *eloquentia latina*. Die Lehrpläne der Lateinschulen orientierten sich an der Universität, auf die sie vorbereiteten. Zahlreiche Städte setzten „ihren Stolz daran, eine Lateinschule nach Sturmschem Muster zu besitzen" (Barner, S. 261), und die meisten der ‚gelehrten' protestantischen Dichter des 17. Jahrhunderts erhielten hier die Grundlagen ihrer Bildung. Vor allem die Gymnasien in Straßburg, Königsberg, Halle, Leipzig, Nürnberg, Breslau und Danzig wurden für den Bildungsgang großer deutscher Barockautoren bedeutsam. Aber auch in Gelnhausen, dem Geburtsort Grimmelshausens, gab es eine Lateinschule nach herkömmlichem Muster mit den Schwerpunkten auf Religionsunterweisung und Latein. Ein dokumentarischer Nachweis, daß Grimmelshausen wenigstens einige Klassen dieser Schule besucht hat, liegt allerdings nicht vor. (Gewißheit gibt es hier ebensowenig wie in vielen anderen Punkten der Biographie des jungen Grimmelshausen. Vgl. D. 1.).

Zu den Kritikern dieses humanistisch geprägten Schultyps mit seiner Betonung der verbalen Fähigkeiten gehörten auch Ratke (Ratichius) und Comenius, die eine stärkere Berücksichtigung der Realien und Unterricht in der Muttersprache forderten. Ähnlich argumentierte Johann Balthasar Schupp (1610–1661), Prediger in Hamburg:

> Es ist die Weißheit an keine Sprach gebunden. Warumb solte ich nicht in Teutscher Sprache eben so wohl lernen können / wie ich GOtt erkennen / lieben und ehren solle / als in Lateinischer? Warumb solte ich nicht eben so wohl in Teutscher Sprache lernen können / wie ich einem Krancken helffen könne / auff Teutsch / als auf Griechisch oder Arabisch? Die Frantzosen und Italiäner lehren und lernen alle Facultäten und freyen Künste in ihrer Muttersprache. (*Schrifften*, Bd. 2, o. O., o. J. [Hanau ca. 1667], S. 186)

Doch trotz der Forderungen der Reformer mit ihrem auf die nützliche Praxis gerichteten Blick bleibt das traditionelle Gymnasium ‚Regelschule', auch wenn sich zuweilen kleine Zugeständnisse an die reformerische Pädagogik in Schulordnungen und Lehrplänen nachweisen lassen.

Allerdings hatte die Poesie der Muttersprache schon früh einen Platz auch im gelehrten Bildungswesen gesichert. An der Universität war es August Buchner, der als Professor der Poesie und Rhetorik in Wittenberg eine ganze Generation von Poeten zur neuen Dichtkunst Opitzscher Prägung hinführte, darunter Paul Gerhardt, Johann Klaj, Justus Georg Schottelius und Philipp von Zesen. Auch die protestantischen Gymnasien nahmen sich der deutschsprachigen Dichtung an. Wichtig war vor allem die Pflege des neuen deutschen Kunstdramas, wenn auch weiterhin auf zahlreichen Schulbühnen das Lateinische dominierte (Barner, S. 250).

Das katholische Gegenstück zur protestantischen Gelehrtenschule, das Jesuitengymnasium, ging keinerlei Kompromisse mit einer volkssprachlichen, ‚realistischen' Pädagogik ein. Auch das Jesuitentheater, das in Städten wie München und Wien zum prachtvollen Hoftheater werden konnte, bediente sich der lateinischen Sprache. Das Bildungswesen der Jesuiten – auch die katholischen Universitäten wurden nach und nach ihre Domäne – stand im Dienst der Gegenreformation. Bei der Ausbildung des Nachwuchses in den Jesuitenschulen ging es darum, den Gegner mit seinen eigenen humanistischen Waffen zu schlagen (Barner, S. 327). Die Orientierung an dem Vorbild der protestantisch-humanistischen Gelehrtenschule lag nahe. Wie bei Sturm („sapiens atque eloquens pietas") war die Pädagogik der Jesuiten auf das Ideal der *eloquentia* ausgerichtet, verband sie Christentum und Humanismus. Gleichwohl besteht ein grundlegender Unterschied zwischen beiden Schulkonzeptionen, den Barner im Hinblick auf die zentrale rhetorische Komponente so beschreibt: „Der eloquentia-Betrieb Sturmscher Prägung will den Menschen in derjenigen Fähigkeit ausbilden, die ihn als animal loquens vor allen anderen animalia auszeichnet. Nur unter diesem Gesichtspunkt ist es legitim, von einem ‚humanistischen' Schultyp zu sprechen; er trägt seinen Sinn wesentlich in sich selbst. Der jesuitische Rhetorik-Unterricht hingegen steht von vornherein im Zeichen konkreter Zwecke; er hat beizutragen zum großen Werk der Gegenreformation" (S. 331). Es ging um die Verteidigung des wahren Glaubens, um die Widerlegung der Ketzer und die Bekehrung der Abgefallenen – eine Aufgabe, für die in den Erziehungsanstalten der Jesuiten die erforderlichen Streiter ausgebildet wurden. Die Erfolge der Jesuitenschule im 16. und 17. Jahrhundert sind daher eng mit denen der Gegenreformation verbunden. In den katholischen Ländern bestand nahezu ein jesuitisches Erziehungsmonopol, denn die anderen Orden konnten sich nur selten gegen die Jesuiten behaupten. Die Macht des Ordens im pädagogischen Bereich wurde noch dadurch gestärkt, daß sie sich an den Universitäten durchsetzen und durch sorgfältig geplante Beziehungen zu den Höfen mehr und mehr auch die Prinzenerziehung übernehmen konnten (Barner, S. 324 f.).

In der zweiten Hälfte des 17. und Anfang des 18. Jahrhunderts trat mit den sogenannten Ritterakademien ein weiterer Schultyp neben die protestantischen und jesuitischen Gymnasien. Hier werde, heißt es bei Schupp, die adlige Jugend „nicht schulfüchsisch, sondern königlich und fürstlich und ihrem Stande gemäß auferzogen [...], sowohl in der wahren Gottesfurcht als auch in allerhand guten Künsten, Sprachen und ritterlichen exercitiis, von Lehrern, welche Gott und die Welt kennen" (zitiert nach Paulsen, S. 515). Die Akademien hatten das Ziel, den Adel auf seine Funktionen am Hof, in der Staatsverwaltung und im Militär vorzubereiten. Sie wurden in Residenzstädten errichtet, so daß die Schüler am Hofleben teilnehmen konnten. Den pädagogischen Zielen entsprechend waren die Lehrpläne gestaltet, die die modernen Sprachen und Wissenschaften (Staatswissenschaften, neuere Geschichte, Geographie, Naturwissenschaften) – neben den höfisch-ritterlichen Übungen – bevorzugten. Dabei ging es vor allem um die praktische Anwendung, so wenn die Mathematik auf Feldvermessung, Baukunst und Fortifikationswesen zugeschnitten wurde: Die jungen Herren sollten, fordert das Programm einer Ritterakademie, „durch reelle demonstratio per experimenta und praxin sofort den usum der Sache erlernen, Risse machen und den Übungen im freien Feld fleißig beiwohnen" (zitiert nach Paulsen, S. 522). Die Ritterakademien hatten nur verhältnismäßig geringe Schülerzahlen (etwa 20 bis 40 in Wolfenbüttel); die Kosten waren hoch. So gingen diese Anstalten, exklusive Schulen für den Hochadel, die zugleich die Universitäten ersetzen sollten, nach einer kurzen Blütezeit ein. Die private Erziehung durch Hofmeister wurde durch die Ritterakademien keineswegs ersetzt.

Die Forderung einer weltmännischen, an der Praxis orientierten und im öffentlichen Leben brauchbaren Bildung blieb nicht auf die Ritterakademien und damit den Adel beschränkt. Christian Weise, der seine Erfahrungen als Hofmeister und als Professor am Weißenfelser „Gymnasium illustre Augusteum", das wie eine Ritterakademie aufgezogen war, gesammelt hatte, brachte als Rektor des Gymnasiums in Zittau seine Bildungskonzeption auch in eine bürgerlich-gelehrte Umgebung ein. Dabei tastete er den äußeren, traditionellen Rahmen des Zittauer Gymnasiums nicht an, sondern versuchte, seine Schüler in zahlreichen Privatlektionen, aber auch mit Hilfe des intensiv gepflegten Schultheaters, zu ‚politischen', d.h. weltklugen Menschen zu erziehen. Das Konzept einer betont weltlichen praktischen Bildung, die Fähigkeiten und Umgangsformen vermittelte, die für den Staats- und Fürstendienst von Nutzen sein würden, hatte einen bemerkenswerten Erfolg. Von weither kamen Schüler zu Weises Unterricht, darunter auch zahlreiche von Adel. Sein Einfluß auf das Schulwesen war groß, wie sich einer postumen Würdigung seines Schaffens entnehmen läßt: „Er stund dem Zittauischen Gymnasio 30. Jahr lang mit grossem Nutzen vor / und hat in solcher Zeit so viele vortreffliche Schul-Leuthe gezeuget / daß fast wenige Schulen in Teutschland mehr anzutreffen / darinnen nicht seither ein Weisianer dociret / oder man wenigstens dessen Methode in der teutschen Oratorie und Poesie beliebet hat" (zitiert nach Barner, S. 214).

Während der Adel dem Besuch bürgerlicher Gelehrtenschulen häufig ablehnend gegenüberstand, galt ein Universitätsstudium als durchaus annehmbar. Die Vorbereitung zum Studium lag – wenn kein Besuch eines Gymnasiums oder einer Ritterakademie vorausgegangen war – in den Händen von Hofmeistern, die auch während des Studiums und auf der Kavalierstour zu Diensten stehen mochten. Die meisten Studenten kamen jedoch aus dem höheren, akademisch gebildeten Bürgertum, während Angehörige von kleinbürgerlichen oder bäuerlichen Schichten nur ausnahmsweise zum Studium (Theologie) gelangten. An dem Aufbau der Universität hatte sich wenig geändert: Die *artes liberales* (Artistenfakultät, philosophische Fakultät) bildeten immer noch die Basis, auf die die höheren drei Fakultäten der Theologie, Rechtswissenschaften und Medizin aufbauten. Der Lehrbetrieb, in lateinischer Sprache, spielte sich in den traditionellen Formen der Vorlesung, Disputation und Deklamation ab und zielte auf die Überlieferung eines gegebenen Lehrbestandes. Eine erste Auflockerung des erstarrten Universitätsbetriebs bildete die Gründung der Universität Halle (1694), an der Christian Thomasius wirkte, der schon einige Jahre vorher (1687) seine Kollegen an der Leipziger Universität mit der Ankündigung einer Vorlesung in deutscher Sprache schockiert hatte. In diesem „Discours Welcher Gestalt man denen Frantzosen in gemeinem Leben und Wandel nachahmen solle" wird dem Bild des pedantischen, muffigen Gelehrten ein weltmännisches Gelehrtenideal gegenübergestellt, das „honnêteté, Gelehrsamkeit / beauté d'esprit, un bon gout und galanterie" vereinigen soll, denn „wenn man diese Stücke alle zusammen setzt / wird endlich un parfait homme Sâge oder ein vollkommener weiser Mann daraus entstehen / den man in der Welt zu klugen und wichtigen Dingen brauchen kan" (Christian Thomasius: *Deutsche Schriften*. Hrsg. von Peter von Düffel, Stuttgart 1970, S. 45).

Ausgeschlossen vom höheren Bildungswesen waren die Frauen. Nur in den Ordnungen für die niederen Schulen werden sie erwähnt, so in der Bestimmung über die allgemeine Schulpflicht in der Gothaer Schulordnung von 1642: „Die Kinder sollen jedes Orths alle / keines ausgenommen / Knaben und Mägdlein das gantze Jahr stets nach einander in die Schule gehen [...]" (zitiert nach Hettwer, S. 198). Im übrigen waren sie auf häuslichen Unterricht angewiesen, den sich allenfalls Adel und höheres Bürgertum leisten konnten. Ein Vorläufer in den Bemühungen, den Frauen den Weg zur Bildung zu öffnen, ist der Nürnberger Patrizier Georg Philipp Harsdörffer (1607–1658), der mit seinen *Frauenzimmer Gesprächspielen* (1641 ff.) ihre intellektuellen und literarischen Interessen zu fördern suchte: „Fürwar es ist ihnen den Weg deß Verstands zu gehen nicht verbotten / man wolle sie dann von der Gemeinschaft anderer Menschen absondern / und sie für Sinn- und Redlose Bilder halten [...]" (*Frauenzimmer Gesprächspiele*, Teil 3, Nürnberg 1643; Neudruck Tübingen 1968, S. 16).

3.5. Soziale Unruhen (Bauernaufstände, städtische Unruhen, Verfolgungen)

Das 17. Jahrhundert ist nicht nur das Zeitalter des Dreißigjährigen Krieges, der Türkenkriege und der Machtpolitik Frankreichs, es ist zugleich eine Periode innerer Auseinandersetzungen und sozialer Unruhen, die zwar weniger spektakulär als die großen machtpolitischen und religiösen Konfrontationen sein mögen, dafür aber auf die Konflikte innerhalb einer scheinbar so wohlgeordneten Gesellschaft verweisen. Auf drei Bereiche soll im folgenden eingegangen werden: Bauernkriege und -aufstände, soziale Unruhen in Städten, Verfolgungen von ,Hexen'.

Das Scheitern des großen Bauernkrieges von 1525/26, in dem etwa 100000 Menschen getötet wurden, besiegelte das Los der Bauern für die nächsten Jahrhunderte. Doch kam es trotz ihrer Ohnmacht angesichts fortdauernder wirtschaftlicher und religiöser Unterdrückungsmaßnahmen immer wieder zu lokal begrenzten Aufständen, bisweilen zu regelrechten Kriegen. Betroffen waren u. a. das Erzbistum Salzburg, Ober- und Niederösterreich, die Schweiz, der Oberrhein, Bayern und Böhmen, während sich im Osten Deutschlands der Widerstand vor allem in Streikmaßnahmen und der Verweigerung von Dienstleistungen äußerte (Franz, *Geschichte des deutschen Bauernstandes,* S. 183 ff.). Zahlreiche Aufstände gab es während des Dreißigjährigen Krieges, als zu den ohnehin bedrückenden Lasten noch Kriegseinwirkungen, Kontributionen und Verfolgungen durch Soldatenbanden hinzukamen. Nicht nur Krieg und Hungersnot, wie 1633/34 in Bayern, führten zur Rebellion, auch die konsequente Rekatholisierungspolitik des Salzburger Erzbischofs, der Habsburger und des Bayerischen Kurfürsten löste bewaffnete Konflikte mit den Bauern aus.

Größere kriegerische Auseinandersetzungen ereigneten sich in Oberösterreich, im ,Land ob der Enns', das vom Kaiser an Maximilian I. von Bayern verpfändet worden war. Die Ursachen der Erhebung – die bayerischen Beamten preßten das Land aus und trieben eine rücksichtslose Rekatholisierungspolitik – faßt ein zeitgenössischer Spruch zusammen:

> Der Jesuiten Gleißnerei
> Und des Statthalters Tyrannei,
> Des Vicedomes Dieberei
> und der Amtleut Finanzerei,
> Dazu der schwere G'wissenszwang,
> Der Auflagn unerschwinglich Drang:
> Die habn gemacht in diesem Land
> Unter der Baurschaft den Aufstand.

(*Historische Volkslieder und Zeitgedichte vom 16. bis 19. Jahrhundert.* Hrsg. von August Hartmann, Bd. 1, München 1907, S. 214)

Der erste Widerstand gegen die Vertreibung der protestantischen Geistlichen wurde im Mai 1625 im sogenannten ,Frankenburger Würfelspiel' grausam unterdrückt. Der bayerische Statthalter Graf Herberstorff zwang die Bauern von fünf Pfarreien, 38 Personen (Bürgermeister, Dorfrichter, Ratspersonen etc.) auszuliefern, die dann paarweise um ihr Leben würfeln mußten. Siebzehn Verlierer wurden gehenkt, zwei wurden begnadigt. Starke Garnisonen sollten weiteren Aufruhr verhindern und die Durchführung der Zwangsmaßnahmen garantieren. Den Bauern wurde befohlen, den katholischen Gottesdienst zu besuchen und sich zum katholischen Glauben zu bekennen oder auszuwandern. Die Bauern bereiteten jedoch heimlich den Aufstand vor, der im Mai 1626 ausbrach und zunächst erfolgreich verlief. Das Heer der Bauern, insgesamt etwa 40000 Mann stark, besiegte in verschiedenen Begegnungen kaiserliche und bayerische Truppen, scheiterte aber schließlich bei der Belagerung von Linz. Dort fiel auch ihr Anführer Stephan Fadinger. Erst als der kaiserliche General Gottfried von Pappenheim mit 8000 Soldaten aus Norddeutschland herbeigefordert wurde, gelang es, die Bauern entscheidend zu besiegen und den Aufstand niederzuschlagen. Es sollen 10000 Bauern gefallen sein. Das Land wurde weiter ausgepreßt, die Rekatholisierung fortgesetzt. Eine große Auswanderungswelle, vor allem nach Franken, war die Folge.

Die Bauern betrachteten ihren Aufstand als Notwehr gegen land- und religionsfremde Unterdrücker („Von Bayerns Joch und Tyrannei | und seiner großen Schinderei | Mach uns, o lieber Herr Gott, frei!"); sie meldeten keine sozialrevolutionären Forderungen an. Sie betonten ausdrücklich, daß sich ihr Kampf gegen die religiöse und soziale Unterdrückung durch die bayerischen Beamten richte und daß es ihnen nur um die Rückkehr zu früheren Zuständen gehe. Die Forderungen nach Religionsfreiheit und nach Wiederherstellung der kaiserlichen Oberherrschaft, von der sie sich eine Erleichterung ihrer sozialen Lage versprachen, stellten also keine Ablehnung der bestehenden Herrschaftsverhältnisse dar, sondern der Aufstand war für die Bauern das letzte Mittel, auf ihre ausweglose Situation aufmerksam zu machen. Dabei versuchten sie zu unterscheiden zwischen Notwehr gegen die unmittelbaren Unterdrücker und der grundsätzlichen Bejahung einer rechtmäßigen Obrigkeit, eine Unterscheidung, die auf wenig Verständnis stoßen mußte.

Weitere Unruhen während des Krieges gab es in Österreich, Böhmen, im Breisgau und im Elsaß, daneben einen allgemeinen Kleinkrieg zwischen Bauern und Soldaten. Aber die Bauernaufstände endeten keineswegs mit dem Dreißigjährigen Krieg. So kam es z.B. in den fünfziger Jahren in einigen Schweizer Kantonen zu größeren Auseinandersetzungen mit den autokratisch regierenden Städten, in Böhmen forderten die Bauern 1679/80 die Rückkehr zu den alten Freiheiten und Gerechtigkeiten, was Kaiser Leopold I. 1680 zu einem eher wirkungslosen Appell veranlaßte, in dem die Herren aufgefordert wurden, ihre Untertanen „christ- und mildiglich zu tractiren und mit ihnen also umzugehen und zu gebären, damit sie samt Weib und Kindern auch leben, dem gemeinsamen Wesen zum Besten erhalten und hierdurch allerseits der göttliche Segen und Landeswohlfahrt erworben und festgestellet werden möge [. . .]" (*Quellen zur Geschichte des deutschen Bauernstandes in der Neuzeit.* Hrsg. von Günther Franz, Darmstadt ²1976, S. 165).

In den Städten führten militante reformatorische oder gegenreformatorische Maßnahmen wiederholt zu Streitigkeiten und Verfassungskonflikten, zumal es nie entschieden worden war, in welchem Umfang den freien Reichsstädten das *ius reformandi* zuzugestehen sei. Im Fall von konfessionell gemischten Städten, die verpflichtet waren, den Zustand von vor 1555 beizubehalten, boten sich immer wieder Möglichkeiten zu Eingriffen von außen, wenn es die politische und militärische Lage erlaubte. So wurde im Verlauf des Dreißigjährigen Krieges süddeutschen Städten mit evangelischer Mehrheit wie Augsburg, Biberach, Dinkelsbühl, Kaufbeuren und Ravensburg „gewaltsam das Gepräge einer rein katholischen Stadt aufgedrückt" (Dickmann, S. 33). Als in Aachen einheimische Lutheraner und zugewanderte Kalvinisten die katholische Mehrheit bedrohten und die Zünfte nach einem Aufruhr 1611 einen rein evangelischen Rat wählten, griff ein Jahr später der spanische Feldherr Spinola ein und setzte die katholische Herrschaft wieder ein, während den Protestanten Kirche und Gottesdienst innerhalb der Stadtmauern verboten wurde. Wenige Jahre zuvor (1606/07) hatte sich

Maximilian I. von Bayern zum Vollstrecker der Reichsexekution gegen die freie Reichsstadt Donauwörth ernennen lassen, die Stadt als Pfand für seine Unkosten behalten und ihre Rekatholisierung betrieben, als dort die provokativ auftreten- de katholische Minderheit von den Lutheranern angegriffen worden war.

Zu den ökonomischen Krisenerscheinungen zu Beginn des Dreißigjährigen Krieges gehörte die sogenannte Kipper- und Wipper-Inflation (Kipper und Wip- per: Geldhändler, die mit der Münzwaage die vollwertigen Stücke aussortieren, um sie nach dem Einschmelzen zum Metallwert zu verkaufen). Sie wurde ausge- löst durch eine Verschlechterung des Geldes, d. h. eine stetige Verringerung des Silbergehaltes der Münzen, die es Fürsten, Städten, Münzpächtern und Speku- lanten ermöglichte, sich auf illegale Weise zu bereichern, Projekte zu finanzieren und Darlehen mit schlechtem Geld zurückzuzahlen. Auch der Kaiser wurde in die Machenschaften hineingezogen, um die Finanzierung seiner politischen und militärischen Aktionen in Böhmen und im Reich sicherzustellen. Dem Konsor- tium, das 1622/23 alle Münzen in Böhmen, Mähren und Niederösterreich vom Kaiser pachtete und sich „in der schamlosesten Weise" bereicherte, gehörte auch Wallenstein an (Redlich, S. 9 f.). Es kam zu Akten der Selbsthilfe, Bauern und Handwerker weigerten sich, schlechtes Geld anzunehmen, Unruhen brachen aus:

Demnach die Teuerung in allen Sachen und sonderlich in Victualien, principaliter verur- sacht durch die falschen Münzer, Wipperer, Kipperer, je länger je mehr überhand genom- men, daß nicht allein Handel und Wandel fast ganz erlegen, sondern auch in viel Land und Städten die Bäcker und Bierbrauer, anders zu schweigen, weder Brot backen noch Bier brauen wollen oder können, also der arme Mann mit Weib und Kindern mit hungrigem Bauch die Wände ansehen müssen, als ist des Unwesens halber an vielen Orten, sonderlich zu Goslar, Eisleben, Hall in Sachsen, Brandenburg, Spandau, Freiberg ein großer Auflauf vom gemeinen Mann erfolgt, so teils der Wipperer Kipperer Häuser gestürmt und aller darin preis gemacht. Dergleichen ist auch in Magdeburg geschehen, allda in Stillung des Pöbels in 16 tot gemetzget und in 200 elendig verwundet worden. (*Der Dreißigjährige Krieg in Augenzeugenberichten*, S. 118)

In Brandenburg wurden die Aufstände nicht zuletzt dadurch ausgelöst, daß die Regierung verlangte, alle Abgaben müßten in guter alter Münze bezahlt werden, und sich weigerte, die schlechte Münze entgegenzunehmen, für die sie doch selber verantwortlich war (Abel, *Massenarmut*, S. 145 f.). In den zahlrei- chen Flugschriften, die das Kipper- und Wipperunwesen anprangerten, fehlte der Sinn „für tragische Verkettungen und die Schuld der münzberechtigten Stän- de" (Redlich, S. 37). Was erkannt wurde, war die Verarmung breiter Schichten und die Bereicherung der Geldhändler, die das Münzgeschäft skrupellos betrie- ben und die erzielten Gewinne in Landbesitz anlegten: „Der schier unermeßliche Reichtum des größten aller ,Kipper und Wipper', Wallensteins, stammte großen- teils aus der Beteiligung an der kaiserlichen Münzverschlechterung und der An- lage des Gewinns in konfiszierten böhmischen Gütern, wobei er seinen Herrn und Kaiser ordentlich übers Ohr haute" (Redlich, S. 38).

Neben den religiösen Konflikten und den Kipper und Wipper-Unruhen brachen in den Städten verschiedentlich Verfassungskonflikte zwischen der regierenden Oberschicht und den Zünften aus. Sie hatten ihre Ursache im Widerstand des zünftig organisierten Bürgertums gegen die absolutistischen Tendenzen der meist von Patriziern oder patrizierähnlichen Gruppierungen gestützten Räte. Es waren in erster Linie Reichsstädte, die solchen häufig mit sozialen Unruhen verbundenen Erschütterungen ausgesetzt waren, so z.B. Lübeck (1666), Köln (1680–1686) und Hamburg (1684–1686). Zu einem blutigen Aufstand kam es 1612–1614 in Frankfurt a.M., in dessen Verlauf es den Bürgern zunächst gelang, sich gegen den von den Patriziergesellschaften beherrschten Rat durchzusetzen, einen Bürgervertrag zwischen dem Rat und den aufrührerischen Zünften zu erzwingen und schließlich den der Mißwirtschaft und der Wortbrüchigkeit überführten Rat aus der Stadt zu vertreiben. Dabei trugen die Konflikte innerhalb der rebellierenden Gruppen zur Verschärfung der Lage bei, denn für die besitzlosen Tagelöhner und Manufakturarbeiter war angesichts einer akuten Wirtschaftskrise und neuen Steuerverschärfungen eine bloße Verfassungsreform wenig hilfreich. Schließlich wurde die Reichsacht ausgesprochen, wurden die Anführer des Aufstandes – an ihrer Spitze Vinzenz Fedtmilch – gefangengenommen und die alten Machtverhältnisse wiederhergestellt. Am 28. Februar 1616 fanden die Hinrichtungen der Anführer statt. Noch zu Goethes Zeiten konnte man den auf dem Brückenturm aufgesteckten Schädel Fedtmilchs sehen, wenn man von Sachsenhausen nach Frankfurt zurückkehrte. Goethe, der sich „als Knabe schon gern die Geschichte dieser Aufrührer" erzählen ließ, bezeichnete Fedtmilch und seine Genossen als unglückliche Menschen, „welche man wohl als Opfer, die einer künftigen bessern Verfassung gebracht worden, ansehen dürfe" (*Dichtung und Wahrheit*, I, 4; Hamburger Ausgabe, Bd. 9, S. 149; vgl. Horst Karasek: *Der Fedtmilch-Aufstand oder: Wie die Frankfurter 1612/14 ihrem Rat einheizten*, Berlin 1979).

Im Verlauf der Frankfurter Unruhen wurde im August 1614 die Judengasse, das Ghetto, von einer aufgebrachten Menge gestürmt und geplündert und die ganze Gemeinde, etwa 2500 Personen, aus der Stadt vertrieben. 1616 zogen die Vertriebenen unter dem Schutz kaiserlicher Truppen wieder in Frankfurt ein. Die Plünderung des Ghettos und die Vertreibung seiner Einwohner war der Höhepunkt in einer Reihe von Maßnahmen gegen die Juden, die von den Zünften ausgingen. In einer Zeit wirtschaftlichen Niedergangs, der Arbeitslosigkeit und Verschuldung wurde die Verantwortung einmal mehr den Juden zugeschoben, die zudem unter dem Schutz des verhaßten Patriziats und des Rates standen, von denen sie für profitable Geldgeschäfte gebraucht wurden. Die Frankfurter Judengemeinde, schon im 13. und 14. Jahrhundert von Pogromen heimgesucht, lebte seit 1460 in einem Ghetto, in ihrer persönlichen und wirtschaftlichen Entfaltung durch vielerlei diskriminierende Vorschriften gehindert. „Der Juden zu Franckfurt Stättigkeit und Ordnung" (1613) setzte Bußgelder für alle möglichen Vergehen fest und bestimmte etwa auch:

Juden sollen Zeichen tragen.

Damit auch die Christen vor den Juden zuerkennen seyen / so sollen alle vnd jede Juden vnd Jüdinnen / sie seyen frembdt oder Ingesessen / ausserhalb der Judengassen / in vnd zwischen den Messen / jhr gebührlich Zeichen / als mit nahmen ein runden gelben Ring / offentlich und mit jhren Mänteln vnverdeckt an jhren Kleidern tragen [...].
(*Deutsches Lesebuch. Bd. 1/1: Das Zeitalter des Barock.* Hrsg. von Johannes Anderegg, Frankfurt/M. 1970, S. 57)

Wenn es auch nicht mehr zu schweren Verfolgungen und Massakern wie im späten Mittelalter kam, blieb die Lage der Juden im Reich prekär. Im 16. Jahrhundert wurden sie aus mehreren deutschen Territorien (Bayern, Pfalz, Brandenburg) ausgewiesen, 1670 auch aus den österreichischen Erblanden. Die Judenfeindlichkeit Luthers stärkte den Antisemitismus in den evangelischen Ländern. Gleichwohl war ein gewisser wirtschaftlicher Aufstieg nicht zu verkennen. Die erfolgreichsten stiegen zu ,Hofjuden' auf und wurden als Finanziers der deutschen Fürsten unentbehrlich.

Das Nachlassen der Judenverfolgungen im 16. und 17. Jahrhundert – im Vergleich zum späten Mittelalter – ging Hand in Hand mit einer stetigen Intensivierung der Verfolgung von sogenannten Hexen, die in der ersten Hälfte des 17. Jahrhunderts einen schrecklichen Höhepunkt erreichte. Trevor-Roper hat auf diesen Zusammenhang hingewiesen: „Im 16. Jahrhundert verdrängt die Hexe allmählich den Juden, und im 17. Jahrhundert hat sich diese Umkehrung fast vollständig vollzogen. Wenn der allgemeine Sündenbock für den Schwarzen Tod in Deutschland der Jude gewesen war, so wird es für die Religionskriege die Hexe sein" (S. 114). Daß das nicht ausnahmslos zutrifft, zeigen die Vertreibung der Frankfurter Juden und der fortdauernde Antisemitismus, doch ist es sicherlich gerechtfertigt, auf die Parallelen zwischen den Judenverfolgungen des 14. und 15. Jahrhunderts und den Hexenverfolgungen des 16. und 17. Jahrhunderts hinzuweisen: „Beide Male handelt es sich um eine Aufrichtung von Feindbildern, die dazu dienten, Teilgruppen der Gesellschaft die Schuld an ungelösten oder gar unlösbaren Problemen zuzuweisen" (Brackert, S. 176).

Obwohl es schon im Mittelalter, häufig im Zusammenhang mit der Ketzerinquisition, zu Hexenverfolgungen vor allem in den Alpen und Pyrenäen gekommen war, erreichte die Hexenjagd im 16. und 17. Jahrhundert eine neue Dimension, wurde sie zu einem großangelegten System. Ausgangspunkt war eine Bulle von Papst Innozenz VIII., die 1484 die Inquisitoren Heinrich Institoris und Jakob Sprenger ermächtigte, das kanonische Inquisitionsverfahren auch gegen Hexerei anzuwenden. Das Gesetzbuch für die Hexenverfolgung lieferten Sprenger und Institoris selber mit ihrem *Malleus Maleficarum* von 1487, dem berüchtigten *Hexenhammer,* der die einzelnen Punkte des Hexenglaubens zusammenfaßte und in einem „Criminal-Codex [...] praktische Anweisungen für den geistlichen und weltlichen Richter zur Führung der Hexenprozesse" gab (Merzbacher, S. 27). Um die weltlichen Richter in die Prozesse einzuschalten, legte der *Hexenhammer* besonderes Gewicht auf den Schadenzauber. Für die Prozeßführung entscheidend war, daß die Anklage durch die Denunziation ersetzt und das Beweisverfahren durch die Anwendung der Folter charakterisiert wurde: „Die Hexe wird außerhalb des gemeinen Rechts gestellt. Alle Schutzmaßnahmen gegen die Tortur sind beseitigt. Es gibt nur ein einziges Ziel: Das Bekenntnis der Verdächtigen um jeden Preis. [...] Wer einmal verhaftet war, war in der Regel verloren. Hinrichtung und Vermögenskonfiskation bildeten nur den förmlichen Abschluß des Prozesses" (Merzbacher, S. 28).

Der *Hexenhammer* war im 15., 16. und 17. Jahrhundert in 29 Auflagen verbreitet und löste zahlreiche weitere Traktate über das Hexenwesen aus, darunter auch eine Schrift des Juristen und Staatsrechtlers Jean Bodin, der sich in seiner *De magorum daemonomania* (1580, deutsch von Fischart 1581) als fanatischer Hexenverfolger offenbarte. Für den lutherischen Juristen Benedikt Carpzow (1595–1666), der seinen Zeitgenossen als unbedingte Autorität galt, war die Hexenjagd die Konsequenz des göttlichen Befehls zur Ausrottung der Zauberer („Die Zauberinnen sollst Du nicht leben lassen!" 2. Mos. 22, 18), und er stellte die Verfasser des *Hexenhammer* „auf die gleiche Stufe wie die Kirchenväter Augustinus und Isidorus" (Merzbacher, S. 31).

Obwohl die Hexeninquisition bei geistlichen und weltlichen Fürsten zunächst auf Widerstand stieß, breiteten sich die Prozesse aus und nahmen in der Zeit von 1580 bis 1630 epidemischen Charakter an. Den Höhepunkt erreichten die Hexenverfolgungen in den Bistümern Bamberg und Würzburg, wo in den zwanziger Jahren des 17. Jahrhunderts weit über 1000 Personen verbrannt wurden. Erst das Eingreifen der Schweden unterbrach diese Verfolgungswelle. Der letzte Hexenprozeß in Würzburg fand 1749 statt. Er endete mit dem Tod der Angeklagten. Protestantische Fürsten hielten sich keineswegs abseits, wie etwa der Fall des kunstsinnigen und literarisch tätigen Herzogs Heinrich Julius von Braunschweig zeigt, unter dessen Regierung der Hinrichtungsplatz wie ein kleiner Wald ausgesehen haben soll, „so dicht standen die Brandpfähle" (Trevor-Roper, S. 147).

Es gab zwar auch Stimmen, die sich gegen diesen organisierten Verfolgungswahn, seine zugrunde liegenden Prinzipien und das fragwürdige Gerichtsverfahren wandten, doch konnten sie sich zunächst nicht durchsetzen. Schon im 16. Jahrhundert hatte sich Johann Weyer (Wier) gegen die Hexenprozesse gewandt (*De Praestigiis Daemonum et Incantationibus ac Veneficiis*, 1563), was ihm heftige Angriffe Bodins eintrug. Im 17. Jahrhundert folgten ihm die Jesuiten Adam Tanner und vor allem Friedrich Spee, der in seiner *Cautio Criminalis*, 1631 anonym erschienen, aus eigener Anschauung die Praxis der Hexenprozesse seiner Zeit scharf verurteilte. Doch erst Christian Thomasius, der sich auch auf Spee berief, hatte Erfolg im Kampf gegen die Hexenprozesse, allerdings in einer Zeit, als die Verfolgungen ohnehin schon im Abklingen waren.

Die Frage, warum ein derartiges System von Vorstellungen gerade auch von den Gebildeten fast ohne Ausnahme widerspruchslos akzeptiert oder gar propagiert wurde, läßt sich nicht völlig befriedigend beantworten. Man hat verschiedene Gründe genannt (vgl. Trevor-Roper, Brackert). Trevor-Roper geht davon aus, daß der ideologische Kampf zwischen Reformation und Gegenreformation den absterbenden Hexenwahn wiederbelebt habe: „Das Wiederaufleben der absurden Dämonenlehre des ‚Hexenhammer‘ war nicht die logische Konsequenz irgendwelcher religiöser Gedanken, sondern die soziale Folge eines neubelebten ideologischen Kampfes und des daraus entstandenen Klimas der Angst" (S. 136). Die Hexenverfolgungen ließen sich nicht nur im kirchlichen Machtkampf als Mittel der Disziplinierung benutzen, die Prozesse konnten auch als politische Waffe gebraucht werden: In Lemgo gegen Ende des 17. Jahrhunderts waren sie „nichts [...] als ein politischer Machtkampf, bei dem die Machthaber den Prozeß als wirksamste Waffe gegen ihre Kritiker benutzten" (Karl Meier-Lemgo: *Geschichte der Stadt Lemgo*, Lemgo ²1962, S. 175). Daß mit dem Denunziationsverfahren manche persönliche Rechnung beglichen werden konnte, liegt auf der Hand. Materiellen Anreiz boten Belohnungen für Denunziationen und natürlich die Konfiskation des Vermögens, von der Denunziant, Gericht und Gerichtsherr profitierten.

Zu den tieferliegenden Motivationen der Hexenverfolgungen führt die Tatsache, daß die meisten Opfer Frauen waren. Zwar wurde auch Männern der Prozeß gemacht, doch schien es sich eher um ein Verbrechen zu handeln, für das man Frauen besonders anfällig glaubte: „Also schlecht ist das Weib von Natur, da es schneller am Glauben zweifelt, auch schneller den Glauben ableugnet, was die Grundlage für die Hexerei ist", heißt es im *Hexenhammer* (Übs. von J. W. R. Schmidt, Berlin 1906, Bd. 1, S. 100). Auch bei Weyer, der die Frauen der Verfolgung zu entziehen suchte, herrschen ähnliche Vorstellungen vom Wesen der Frau: Zum einen führt er das Hexenwesen „auf die grundsätzliche und von der Tradition bestätigte Schwachheit der Frauen zurück, auf ihre größere Bereitschaft zu jeder Art von Verführung und Einbildung; zum anderen auf die den Frauen eigene Melancholie, die Quelle unzähliger krankhafter Einbildungen" (Brackert, S. 147).

Dieses Bild der Frau ist das der mittelalterlichen Kirche und Theologie, das auf einigen Bibelstellen und entsprechenden Kommentaren der Kirchenväter beruht und mit seinem frauenfeindlichen Tenor bis weit in die Neuzeit wirkte. Im Brief des Apostels Paulus an die Korinther wird die Unterordnung der Frau, die beim Beten ihr Haupt verhüllen müsse, so begründet: „Der Mann aber soll das Haupt nicht bedecken, denn er ist Gottes Bild und Abglanz; die Frau aber ist des Mannes Abglanz. Denn der Mann ist nicht vom Weibe, sondern das Weib ist vom Manne. Und der Mann ist nicht geschaffen um des Weibes willen, sondern das Weib um des Mannes willen" (1. Korinther 11, 7–9).

Auf diese und ähnliche Textstellen, verkürzt auf ihre frauenfeindlichen Tendenzen, stützen sich die Argumente der Kirchenväter und der mittelalterlichen Theologie. Für sie gilt als Ideal die freiwillige Jungfräulichkeit, während der Stand der Ehefrau deutlich niedriger gewertet wird. So meint Ambrosius, die Jungfrau sei frei von den spezifisch weiblichen Schwächen und Unvollkommenheiten (Labilität, Glaubensschwäche): „Auf dem Boden solcher Auffassungen konnte sich jener extreme asketische Frauenhaß entfalten, der bis ins Mittelalter und die frühe Neuzeit hinein fortgewirkt hat. Dieser Frauenhaß sieht in der Verführungskraft der Versucherin, in der Frau, in Eva, die eigentliche Gefahr, die den Mann an der Verwirklichung des asketischen Ideals hindert" (Becker u. a., S. 19). Thomas von Aquin wertet die Frau auch als biologisches Wesen ab; sie ist nicht – wie der Mann – völliges Ebenbild Gottes. Luther mildert diese Anschauungen etwas, wenn er die Rolle der Haushaltung und der Ehe aufwertet und deswegen empfiehlt, die größere Unvollkommenheit der Frau zu tolerieren (vgl. Becker u. a., S. 21–23). Wie sich die Stereotypen der Frauenverachtung am Leben erhalten, zeigen noch Harsdörffers Definitionen von „Weib" in seinem *Poetischen Trichter*: „Deß Adams Klappersieb / die Männin und Gesellin seines Lebens. [...] Dardurch der Menschen Geschlecht muß fortgepflanzet werden. Die Abbildung der Unbeständigkeit / die Vorbildung der Gebrechlichkeit / die Mutter deß Betruges / das Sinnbild der Meuchellist / die Erfinderin der Schalkheit / die Grundquelle der Boßheit / die Unvollkommenheit selbsten [...]" (*Poetischer Trichter*, Teil 3, Nürnberg 1653; Neudruck Darmstadt 1969, S. 481; vgl. auch AB III. A. 2.1. über Grimmelshausens *Courasche*).

Auch wenn man davon ausgeht, daß das Bild von der Hexe als Frau eine archetypische Vorstellung sei (Cohn, S. 251), ändert sich nichts an der Realität der frauenfeindlichen Konzeption der Kirche, die im Gegenteil altem Volksglauben erst seine tödliche Wirkung verliehen haben mag. Man kann sehr wohl behaupten, daß „die Hexenverfolgung sehr viel mit dem Verhältnis der Geschlechter, mit Sexualverdrängung, mit einer tiefen Angst des Mannes vor der Frau, vor der Natur, vor der Sinnlichkeit zu tun hatte, daß der Sexualhaß mittelalterlicher Askese sich hier mit der leistungsorientierten, aber genußabweisenden Leibfeindlichkeit der Reformation zu einer vielleicht heiligen, aber sicherlich nicht lebensfördernden Allianz verband und die Prozesse in einem Interesse am Leben hielt, dessen wahre Gründe den Verfolgern so unentdeckt blieben wie den Verteidigern" (Brackert, S. 174f.).

B. Literatur und Gesellschaft im 17. Jahrhundert

1. Zur gesellschaftlichen und politischen Funktion der Literatur

Karl Viëtor forderte 1926 eine Haltung der Forschung, „welche die Dichtung schon im Stadium der Gestaltung als mitbestimmt begreift durch die soziale Schicht, an die sie (durchaus auch ohne Bewußtsein des Produzierenden) sich richtet; wie sie auch selber wieder auf das Leben zurückwirkt, die Ausbildung gesellschaftlicher Lebensformen und gesellschaftlicher Lebenswerte mitbestimmt [...]. Vor allem aber gilt es die Funktion zu bestimmen, mit der die Kunst jeweils in die gesamtgeistige Struktur der Epoche eingeordnet ist; ihre wechselnde ‚Stelle' in der sozial differenzierten Gemeinschaft, ihre Sendung in deren Leben" (S. 152). Für die Dichtung des 17. Jahrhunderts, auf die sich Viëtor bezieht, gilt zunächst einmal bei aller Differenzierung im einzelnen, daß es sich um ‚Gesellschaftsdichtung' handelt. „Vor der Emanzipation des Subjekts war fraglos Kunst, in gewissem Sinn, unmittelbarer ein Soziales als danach", heißt es bei Adorno (*Ästhetische Theorie*. Gesammelte Schriften, Bd. 7, Frankfurt 1970, S. 334; vgl. auch Urs Herzog: *Deutsche Barocklyrik*, München 1979, S. 16 ff.). Der gesellschaftliche Grundcharakter der Literatur des 17. Jahrhunderts wird besonders deutlich bei der Gelegenheitsdichtung, den Casualcarmina, die, obschon von den Poetikern der Zeit häufig angegriffen, massenhaft entstehen und den Menschen von der Wiege bis zur Bahre begleiten: „Es wird", schreibt Opitz, „kein buch / keine hochzeit / kein begräbnüß ohn vns gemacht; vnd gleichsam als niemand köndte alleine sterben / gehen vnsere gedichte zuegleich mit jhnen vnter" (*Buch von der Deutschen Poeterey* [1624], Stuttgart 1970 u. ö., S. 16). Zwar erkennt man die Problematik einer derartigen Massenproduktion auf Bestellung und (häufig) gegen Bezahlung, doch tut das der an gesellschaftlichen Konventionen orientierten Praxis keinen Abbruch. Der Auftrag als Voraussetzung der Produktion, in der bildenden Kunst und der Musik seit je fraglos akzeptiert, charakterisiert aber nicht nur die Casualcarmina, sondern steht auch – allerdings nicht immer so direkt – hinter anderen Literaturgattungen, ob es sich um anlaßgebundene religiöse Dichtung, um das pädagogisch und religiös motivierte Schul- und Jesuitendrama oder um höfische Festspieldichtung handelt.

Schon der rhetorische Grundcharakter der Literatur des 17. Jahrhunderts und die ungebrochene Gültigkeit des horazischen „aut prodesse volunt aut delectare poetae" verweisen auf ihre ‚Öffentlichkeit'. Dichtung soll lehrhaften Zwecken dienen und zu einem tugendhaften Leben anleiten. So sieht Opitz den vornehmsten Zweck der Dichtung in „vberredung vnd vnterricht auch ergetzung der Leute" (ebenda, S. 17), und August Buchner beschreibt am Beispiel von Dichter und Geschichtsschreiber, wie der lehrhafte Effekt am besten zu erzielen sei:

> Lehren also beyde / was zu thun oder zulassen sey; nicht zwar durch gebiethen und verbiethen / oder durch scharffsinnige Schlußreden (welches beydes unangenehm / weil ihm niemand gerne vorschreiben lässet / und auch dem meisten theil zu wieder ist / was schwer und nicht wol ohne Mühe gefasset werden kann /) sondern durch allerley Exempel und Fabeln / welches die alleranmuthigste Art zu lehren ist / und bey denselben / die sonst nicht so gar erfahren sind / zum meisten verfängt: in dem Sie hierdurch ohn allen Zwang und mit einer sondern Lust / fast spielend zur Tugend / und dem was nützlich ist / angeführet werden. (Augustus Buchner: *Anleitung zur deutschen Poeterey. Poet*, Tübingen 1966, S. 29 f. [*Poet*])

Die Lehre von dem, „was zu thun oder zulassen sey", umfaßt mehr als allgemeine ethische Anweisungen oder Kataloge christlicher Tugenden: Die Vermittlung ethischer Normen, die Anleitung zur ‚Tugend' schließt gesellschaftliche und politische Verhaltensweisen ein, verweist also darauf, „daß sich die Poesie, indem sie ihren ethischen Auftrag erfüllte, unmittelbar auf gesellschaftliches und politisches Geschehen bezog" (Mauser, *Dichtung, Religion und Gesellschaft*, S. 24).

Mauser argumentiert in diesem Zusammenhang, daß das Prinzip der Tugenderfüllung „eines der wirksamsten Mittel der Disziplinierung breiter Bevölkerungskreise" darstelle und die Poesie, indem sie zur ‚Tugend' anhalte, „Ruhe und Ordnung" im absolutistischen Staat bewahren helfe. Mithin sei Dichtung im 17. Jahrhundert „losgelöst von gesellschaftlich-politischem Funktionszusammenhang gar nicht denkbar" (ebd. S. 24). Man braucht nur daran zu denken, daß es z. B. in Gryphius' Trauerspielen nicht nur darum geht, exemplarische Märtyrergestalten vorzuführen und christliche Vanitas-Vorstellungen zu demonstrieren, sondern daß zugleich auch politische Verhaltensweisen und Theorien ganz im Sinn des absolutistischen Staats vermittelt werden. Auch die Gattung des höfisch-historischen Romans stellt sich in den Dienst des absolutistischen Staates, mag der Roman – wie im Fall von John Barclays *Argenis* (1621, deutsch von Opitz 1626) – als offene Propagandaschrift für die absolute Monarchie auftreten oder – wie bei Anton Ulrich von Brauchschweig-Wolfenbüttel – als exklusive Standeskunst von der fraglosen Allgemeingültigkeit der höfisch-absolutistischen Welt und ihrer Werte ausgehen. Wenn schon ein „löblicher Poet [...] allezeit solche Gedichte [schreibet] / die zu GOttes Ehre zielen / grosse Herren / und gelehrte Leute belustigen / die Unverständigen unterweisen / der Verständigen Nachsinnen üben / die Einfältigen lehren / die Betrübten trösten / und der frölichen Freude vermehren" (Georg Philipp Harsdörffer: *Poetischer Trichter*, Teil 1, Nürnberg 1648; Neudruck Darmstadt 1969, S. 8), dann verwundert es nicht, daß die Poesie eben diesen großen Herren und ihren Beratern als etwas Nützliches gilt, nützlich für den Staat und den Herrscher. Das ist nicht nur in dem Sinn zu verstehen, daß die ‚freien Künste' und damit auch die Dichtkunst zur Fürstenerziehung beitragen können, sondern auch so, daß sie die Funkion erfüllen, die Untertanen für die Obrigkeit einzunehmen. Im weit verbreiteten *Gründlichen Bericht / Von Anordnung guter Policeyen vnd Regiments* von Giovanni Botero (deutsche Übersetzung zuerst 1596) heißt es dazu:

Darumb so thuts von nöten / daß man die Unterthanen erstlich also gewinne / und an sich ziehe / daß sie es für ihren höchsten Nutze halten / uns unterthan zu seyn / unnd für uns unnd unsere Herrschafften zu streiten: welchs man mit disen Mitteln / dadurch die Huld unnd Gunst der Leuthen / und die Reputation zu wegen gebracht wirdt / davon wir droben geredt / zu wegen bringen kan. Inn sonderheit aber ist darzu sehr befürderlich / so sie bey der Gerechtigkeit geschirmet / im Frieden geschützet / unnd bey guter Nahrung erhalten werden. Welches orts die Liebe zur Religion / zun freyen Künsten / unnd zu der Tugend / und deßhalben auch zu den Geistlichen / zun Gelehrten / und zu den Tugendhafften / leichtlich den preyß und vorzug behellt. Wer solche Personen auff seiner seiten hat / der wirt ohne zweifel das uberige Volck auch leichtlich gewinnen und an sich bringen. Dann die Geistlichen haben des gemeinen Volcks Hertz unnd Gewissen / die Gelehrten aber iren Verstand gleichsam als in ihrem Gewalt und Händen: und was diese urtheilen unnd setzen / das giltet bey jedermäniglichem sehr viel: Die einen / von wegen ihrer Heyligkeit und Ehrwürde: die andern / von wegen ihrer Kunst und Reputation oder

Ansehens. [...] Es sind auch die Künstler / so ihrer Kunst halben vortreffenlich / und darneben tugendthafft / was sie auch können und treiben / sehr dienstlich / das Volcke damit zu belustigen unnd auffzuhalten: also daß ein Fürst oder Herr / wann er solche auffenthalten thut / damit leichtlich diß erlanget / daß er von den seinen geliebet / und von allen hoch geachtet wirt. (Giovanni Botero: *Gründlicher Bericht / Von Anordnung guter Policeyen vnd Regiments: auch Fürsten vnd Herren Stands.* [...] Straßburg 1596, Bl. 280 f.; vgl. Mauser, *Dichtung, Religion und Gesellschaft,* S. 280 ff.)

An einer anderen Stelle schreibt Botero, einer Rebellion der Untertanen könne vorgebeugt werden „vermittelst der Künsten und Tugenden / dadurch ein Fürst oder Herr zu wegen bringt / unnd erlanget / daß er von seinen Unterthanen beydes geliebet und in Ansehen gehalten wirt" (ebd. Bl. 21). Es sind aber auch die Dichter selber, die Staat und Herrschern ihre Dienste antragen und damit darauf verweisen, wo sie ihre Interessen am besten aufgehoben sehen. Insgesamt gilt: „Die Verfasser und die Adressaten von Poesie sind im 17. Jahrhundert Menschen, die fest in einer ständischen Ordnung stehen. Diese Ordnung ist zugleich eine ethische. Jede Bekräftigung ethischer Normen, jede Verherrlichung ethischer Werte, jede Verteufelung des Lasters – alles, was zum Thema Tugend gesagt wird, trägt dazu bei, die gesellschaftliche Ordnung, die sich auf diese ethischen Regulative stützt, zu rechtfertigen, zu festigen, ja mit der Aura des Gottgewollten auszustatten" (Mauser, *Dichtung, Religion und Gesellschaft,* S. 289). Auch für den satirischen Romanschriftsteller Grimmelshausen trifft zu, daß er wie jeder andere Barockdichter in einer „vom Geist der Sozialregulierung der Stadt und der absolutistischen Tendenz des Staates gemeinsam bestimmten, ganz realen Umwelt" lebt (Oestreich in *Barock-Symposion,* S. 21).

2. Zur Situation der Schriftsteller im 17. Jahrhundert; Sprachgesellschaften

Bis auf wenige Ausnahmen wie Jakob Böhme oder der Epigrammatiker Johann Grob gehörten die bürgerlichen deutschen Dichter dem von Erich Trunz charakterisierten Gelehrtenstand an, dessen Vertreter auf eine Gymnasial- und Universitätsausbildung zurückblicken konnten und im Berufsleben als „Geistliche, Richter, Lateinlehrer, Hochschullehrer, fürstliche und städtische Beamte und Ärzte" wirkten (Trunz, S. 155). Sie alle hatten in ihrer Ausbildung die Artistenfakultät durchlaufen, waren also mit Rhetorik und Poetik vertraut und hatten somit auch die gelehrte philologische Vorbildung erworben, die als unerläßlich für die Dichtung galt. Zur Zwischenschicht zwischen den ‚Gelehrten' und ‚Ungelehrten', die Trunz für Absolventen von Lateinschulen ohne Universitätsstudien ansetzt, zählte wohl Grimmelshausen, der die Lateinschule in Gelnhausen besucht haben dürfte und es immerhin zum Schreiber und Sekretär brachte. Sieht man von Grimmelshausen ab, auf dessen Außenseiterstellung noch einzugehen ist, kann man das Bestreben der ‚gelehrten' Dichter erkennen, sich vom „Pövel" abzusetzen (Birken: „Wer für Herrn Omnis schreibt / ist der Gelehrt zu nennen?") und dem Hof zuzuwenden. Daß es Martin Opitz und den Literaten seiner Generation gelungen war, Anerkennung an Höfen für ihre gelehrt-literarischen

Bemühungen in der Muttersprache zu finden, machen die Adelserhebungen von Opitz (1627) und später von Rist (1646), Zesen (1653) und Birken (1655) deutlich. Wichtig wird auch, daß sich immer mehr Adlige literarisch betätigen und dabei von den gleichen ‚gelehrten‘ Bildungsvoraussetzungen ausgehen. Wenn auch besonders Aristokraten ihre Dichtung als „Neben-Werck“ bezeichnen (vgl. Barner, S. 229), so ist doch auch für nichtadelige Autoren das Dichten keineswegs ‚Beruf‘. Die Autoren leben als Geistliche, Universitätsprofessoren, Ärzte, Stadt-, Landes- oder Hofbeamte, sind keine ‚freien‘ Schriftsteller.

Eine – allerdings unfreiwillige – Ausnahme macht hier Philipp von Zesen, dem es trotz akademischer Ausbildung, literarischen Erfolgen und Nobilitierung nicht gelang, eine feste Anstellung zu finden. Die Gründe dafür liegen sicherlich nicht nur in seinen sprachlich-literarischen Extravaganzen, sondern haben ebensosehr zu tun mit fehlendem Fingerspitzengefühl im sozialen Bereich. Insofern wirft sein Fall ein bezeichnendes Licht auf die Stellung des ‚geistigen‘ Adels im Vergleich zum Geburtsadel und zeigt, daß die postulierte Gleichwertigkeit der *nobilitas literaria* eben das war – ein Postulat (vgl. A. 3.3.).

Zesen war nach einigen Widerständen 1648 in die Fruchtbringende Gesellschaft aufgenommen worden, der Fürst Ludwig von Anhalt-Köthen vorstand. Es kam sofort zu Konflikten, denn Zesen hatte zwar gemäß den Gebräuchen der Sprachgesellschaft sein neuestes Werk, die dritte Auflage seiner Poetik, vor dem Druck Fürst Ludwig zur Begutachtung vorgelegt, doch auf die vorgebrachte Kritik alles andere als nachgiebig reagiert. Es ging dabei nicht nur um Zesens gewagte Orthographie, sondern auch um die „Usurpation eines fürstlichen Titelprädikats für den Dichter zum Zwecke der Erhöhung seines Sozialprestiges“ (Sinemus, S. 211). Das äußerte sich darin, daß er Dichtern das fürstliche Titelprädikat „Durchleucht“ zuordnete, hervorgehoben durch größeren Schriftgrad und Fettdruck, und so metaphorische Panegyrik (Dichterfürst, Dichterkrone) „in die soziale Realität einer Titulatur“ überführte (ebd. S. 213) und damit die Grenzen zwischen beiden Bereichen zu verwischen suchte: „Er nimmt offenbar die in der Metapher der Dichter- und Fürstenkrone sinnbildlich gestiftete Gemeinsamkeit als reale und beansprucht das in Herrschafts- und Sozialordnung verankerte Prestigesymbol für den Dichter bürgerlicher Provenienz“ (ebd. S. 212). Die Folgen dieser Haltung, in der sich wohl weniger ‚bürgerliches‘ Selbstbewußtsein als vielmehr ein aus humanistischen Quellen gespeistes Dichterselbstgefühl spiegelt, waren einschneidend: Nachdem Zesen Kompromißvorschläge zurückgewiesen hatte und ihm der Ausschluß aus der Fruchtbringenden Gesellschaft angedroht worden war, setzte eine Kampagne ein, die man als Rufmord bezeichnen muß und die wesentlich dazu beitrug, daß Zesen nirgends Fuß fassen konnte und sich als ‚freier‘ Schriftsteller durchschlagen mußte.

Die Fruchtbringende Gesellschaft, an der Zesen scheiterte, war die bedeutendste Sprachgesellschaft des 17. Jahrhunderts. Sie hatte sich die Pflege der deutschen Sprache und der ‚alten deutschen Tugenden‘ zum Ziel gesetzt und, wie andere Gesellschaften dieser Art auch, den Brauch eingeführt, die Mitglieder mit

Gesellschaftsnamen zu bezeichnen. Es ist umstritten, ob diese Namensgebung als spielerische Aufhebung der Standesunterschiede gedeutet werden kann, also die Konzeption der *nobilitas literaria* wenigstens ansatzweise einen Niederschlag in der Wirklichkeit gefunden hat. Immerhin wurden bürgerliche Dichter und Gelehrte in die mehrheitlich adelige Gesellschaft aufgenommen, wehrte Ludwig den Versuch ab, die Fruchtbringende Gesellschaft zu einem Ritterorden umzugestalten: „Der Zweck ist alleine auf die Deutsche sprache und löbliche tugenden, nicht aber auf Ritterliche thaten alleine gerichtet, wiewohl auch solche nicht ausgeschlossen [...]" (*Der Fruchtbringenden Gesellschaft ältester Ertzschrein.* Hrsg. von G. Krause, Leipzig 1855, S. 98). Zudem kamen die entscheidenden Leistungen von der bürgerlichen Humanistenschicht, die sich damit auf ihre Weise gegenüber den überwiegend unproduktiven adeligen Mitgliedern profilieren konnte. Wenn sich Ludwig wohl auch nicht eine ausgesprochene Förderung der bürgerlichen Intelligenz als Ziel gesetzt hatte, so war das doch indirekt das Ergebnis seiner Gesellschaftspolitik, die vielleicht auch deshalb auf Widerstand in adeligen Kreisen stieß. Allerdings gelang es mit dieser Gesellschaftspolitik nicht nur, die humanistischen Gelehrten und Literaten für die anstehenden ‚kulturpatriotischen' Aufgaben zu gewinnen und damit ihre gesellschaftliche Position zu stärken, sondern sie wurden damit zugleich in die Pflicht des Staates und der Staatsverwaltung genommen. Doch so groß die Leistungen der Fruchtbringenden Gesellschaft und ihrer Mitglieder bürgerlicher Herkunft zunächst auch waren, mit dem Tode Ludwigs von Anhalt-Köthen (1650) änderte sich das Bild, und die Gesellschaft nahm in der Tat immer mehr das Gepräge einer Rittergesellschaft an (vgl. Otto, S. 25). Das machte sich nicht nur in der Aufnahmepolitik und dem Rückgang der literarischen und wissenschaftlichen Leistungen bemerkbar, sondern auch im sozialen Bereich. Für die gesellschaftliche Praxis dieser Zeit der ‚Reprivilegierung' des Adels sind die Worte Georg Neumarks, des (bürgerlichen) Sekretärs der Gesellschaft, bezeichnend:

> Es hat aber die Meinung allhier gar nicht / daß große Herren und hohe Fruchtbringende Gesellschafter / sich mit den Niedrigern / in verächtliche und allzugemeine Kundschaft einlaßen: oder die Niedrigere / weil Sie auch Ordensgenossen / denen vornehmen Standespersonen / wie Etliche aus unbescheidener Kühnheit und thörichter Einbildung / sich unterstanden / alzu nahe treten; Sondern vielmehr erheischender Nohtdurft und Umstände nach / in unterthänigster Aufwartung und geziehmender Demuht verharren sollen. (Georg Neumark: *Der Neu-Sprossende Teutsche Palmbaum,* Nürnberg 1668; Neudruck München 1970, S. 77 f.)

Die Sprachgesellschaften „waren die eigentlichen literarischen Zentren des 17. Jhs." (van Ingen, *Überlegungen,* S. 101). In ihnen zeigte sich die Interessengemeinschaft einer *nobilitas literaria,* die mit ihrer Betonung von Leistung, Kunst und Tugend implizite Kritik an den Prinzipien des alten Adels übte und sich zugleich als die berufenen Staats- und Fürstendiener vorstellte. Die Mitgliedschaft in der Fruchtbringenden Gesellschaft, aber auch in der überwiegend bürgerlichen Deutschgesinnten Genossenschaft und dem Nürnberger Pegnesischen Blumenorden, bedeutete nicht nur eine Auszeichnung der literarischen und kulturellen Leistung der humanistischen Gelehrtenschicht, sondern sie hatte zugleich soziale Funktionen, indem sie den Gedanken einer Gemeinschaft des geistigen Adels auch noch in Zeiten wachhielt, in denen ihr Einfluß schon wieder zurückgedrängt wurde.

Auch wenn Martin Opitz meinte, daß „es mit der Poeterey alleine nicht auß gerichtet sey / vnd weder offentlichen noch Privatämptern mit versen könne vorgestanden werden" (*Buch von der Deutschen Poeterey* [1624], Stuttgart 1970 u. ö., S. 6), so gehörten doch literarische Fähigkeiten ganz im Sinne humanistischer Vorstellungen zu den Voraussetzungen für diese Tätigkeiten. Das bedeutete aber auch, daß man mit dichterischen Hervorbringungen – neben einer qualifizierten Fachausbildung – für sich werben konnte: Es war nicht ungewöhnlich, daß die dichterische Produktion gerade dann aufhörte, wenn der Verfasser die erstrebte Anstellung gefunden hatte. Daß sich zwischen dem hohen Anspruch der *nobilitas literaria* und der Wirklichkeit immer wieder Diskrepanzen bemerkbar machten, entging auch zeitgenössischen Beobachtern nicht, die sich etwa an der massenhaften Gelegenheitsdichterei stießen oder den falschen Anspruch antiquierter Gelehrsamkeit entlarvten. Das wahre Selbstverständnis der humanistischen Dichter-Gelehrten formulierte jedoch Opitz, indem er sich von adeligem Müßiggang und bürgerlichem Geldgeiz absetzte:

> Derentwegen wolle vns ja niemandt verargen / daß wir die zeit / welche viel durch Fressereyen / Bretspiel / vnnütze geschwätze / verleumbdung ehrlicher leute / vnd sonderlich die lustige vberrechnung des vermögens hinbringen / mit anmutigkeit vnsers studierens / vnd denen sachen verschliessen [hinbringen] / welche die armen offte haben / vnd die reichen nicht erkauffen können. (Ebd. S. 71)

Allerdings in der Hoffnung auf den größten Lohn,

> den die Poeten zue gewarten haben; das sie nemlich inn königlichen vnnd fürstlichen Zimmern platz finden / von grossen vnd verständigen Männern getragen / von schönen leuten [...] geliebet / in die bibliothecken einverleibet / offentlich verkauffet vnd von jederman gerhümet werden. (Ebd. S. 69)

3. Buchmarkt, Verlagswesen

Untersuchungen über die deutsche Buchproduktion im 17. Jahrhundert gründen sich fast ausschließlich auf die Kataloge, die jeweils im Frühjahr und Herbst zu den Messen in Frankfurt und Leipzig erschienen. Allerdings sind die aus den Meßkatalogen gewonnenen Zahlen aus verschiedenen Gründen wenig zuverlässig: So werden weite Bereiche der Literaturproduktion, etwa das Volksschrifttum oder die Buchproduktion Süddeutschlands, überhaupt nicht registriert; auf der anderen Seite gibt es Mehrfacheintragungen von Büchern, die dann nicht erschienen. Trotz dieser Mängel sind die Statistiken geeignet, Tendenzen zu verdeutlichen (vgl. die Tabellen bei Kapp-Goldfriedrich). Sie zeigen z. B., daß die deutsche Buchproduktion im 17. Jahrhundert – wie die übrige Wirtschaft – durch den Dreißigjährigen Krieg stark beeinträchtigt wurde und sich erst im 18. Jahrhundert wieder erholte. Daneben lassen sich auch qualitative Veränderungen erkennen: Besonders wichtig, auch für die Entwicklung der deutschen Literatur, ist dabei der Umstand, daß sich im Verlauf des 17. Jahrhunderts der Anteil der Bücher in lateinischer Sprache an der Gesamtproduktion allmählich verminderte, bis kurz vor der Jahrhundertwende erstmals mehr deutsche als lateinische Bücher veröffentlicht wurden. Das Überwiegen der lateinischen Publikationen verweist auf den gelehrten, akademischen Hintergrund der in den deutschen Meßkatalogen verzeichneten Buchproduktion, der auf ein entsprechendes Publikum schließen läßt (vgl. B. 5). Eine grobe Aufschlüsselung nach Sachgebieten zeigt ein erdrückendes Übergewicht theologischer Veröffentlichungen, deren Anteil an der Gesamtproduktion durchweg über 40% beträgt, während die poetische Produktion nur etwa den zehnten Teil der theologischen auszumachen scheint (allerdings sind gerade hier die Auslassungen der Meßkataloge besonders groß; vgl. Szyrockis Kritik der Berechnungen Martinos). Im Verhältnis von theologischen und dichterischen Veröffentlichungen tritt ein entscheidender Wandel erst im Verlauf des 18. Jahrhunderts (genauer: ab 1740) ein.

Auf den Buchmessen in Frankfurt und Leipzig fand der große Buchhandelsverkehr statt, an dem vor allem Verleger und Buchhändler teilnahmen, wobei allerdings die Verleger auch Buchhändler waren: „Die meßfähigen Verlegersortimenter bildeten den Kern des deutschen Buchhandels der Tauschhandelszeit. Der reine Sortimenter, der ‚Buchführer' im engeren Sinne, stand tief unter ihm [...]" (Kapp-Goldfriedrich, Bd. 2, S. 92). Das vorherrschende Geschäftsverfahren war der Tausch: Verleger tauschten ihre Verlagsprodukte mit den Erzeugnissen anderer Verleger, die ebenfalls zugleich Sortimenter waren. Angesichts des ungeordneten Münzwesens und merkantilistischer Tendenzen in der Wirtschaftspolitik war der Tausch bedruckter Bogen die einfachste Verrechnungsmethode, denn so konnte der Verkehr nahezu bargeldlos vollzogen werden. Das bedeutete aber auch, daß Verleger nur mit einem niedrigen Kapital arbeiteten (und daher z. B. zu größeren Autorenhonoraren nicht in der Lage waren): „ehe die Bücher wieder in bar Geld verwandelt sind, müssen sie durch gar viele Hände gehen", heißt es 1667 in einer Eingabe der Leipziger Buchhändler (zitiert nach Kiesel-Münch, S. 126).

Daß die politische Entwicklung Buchproduktion und Buchhandel beeinträchtigte, wird in der gleichen Eingabe beklagt. Zu den Ursachen für den Niedergang des Verlags- und Buchhandelswesens in den protestantischen Territorien zählten auch die Erfolge der Gegenreformation. Es sei nämlich

vor den Kriegs Zeiten und do in dem Königreich Böhmen, Oesterreich, Schlesien, Mehren und andern Keyserlichen Landen, das Babstumb noch nicht eingeführet gewesen, ein großer Abgang von guten Lutherischen Büchern gewesen, seithero aber alles reformiret, ist ohne Unsern erinnern hieraus auch zu schließen, daß auch hierdurch Unsere Nahrung nicht wenig geschwächet worden. (Kapp-Goldfriedrich, Bd. 1, S. 493)

Manche Verleger suchten ihre Lage durch eine zweifelhafte, freilich weitverbreitete Praxis zu verbessern: durch den Nachdruck. Die landesherrlichen oder kaiserlichen Privilegien, die allein vor dem Nachdruck schützen konnten, waren in der Praxis „nur ein Palliativ; in ihrem Schutzbezirk eng begrenzt – die kaiserlichen hatten eigentlich nur für die Reichsstädte Bedeutung, wurden selbst in kaiserlichen Erblanden nicht beachtet, die landesherrlichen nur in den betreffenden Territorien – versagten sie in den rechtlosen Zeiten des Dreißigjährigen Kriegs völlig den Dienst" (ebd. Bd. 1, S. 495). An dem einträglichen Geschäft beteiligten sich nicht nur deutsche Verleger, auch die Holländer profitierten mit ihren technisch weit überlegenen Leistungen vom Nachdruckwesen.

Daß nicht nur der ursprüngliche Verleger Schaden erlitt, sondern auch der Autor leer ausging, war bei einer solchen Produktionsweise unvermeidlich. Aber auch sonst waren Autoren keineswegs an der ökonomischen Verwertung ihrer geistigen Arbeit beteiligt. Zwar konnten sie seit der Mitte des 17. Jahrhunderts mit einem Honorar für ihr Manuskript rechnen, aber eine weitergehende Gewinnbeteiligung gab es nicht: „Seit sich der Begriff ‚Honorar' als Bezeichnung für die Abfindung des Autors durch den Verleger eingebürgert hatte, konservierte er die Vorstellung, das Verfassen eines Buches sei ein nebenberufliches und unentgeltbares ‚nobile officium'" (Kiesel-Münch, S. 144). Daß es Autoren ausnahmsweise trotzdem möglich war, ansehnliche Einkünfte zu erzielen, beweisen Eintragungen in Sigmund von Birkens Tagebuch, wo für das Jahr 1665 Honorare in Höhe von 450 Gulden angegeben werden. Häufiger war jedoch der Fall, daß sich die Verfasser mit einigen Freiexemplaren begnügen mußten. Andererseits war der Brauch verbreitet, sich Dedikationen honorieren zu lassen (Geldzuwendungen, Patronage), wobei freilich den Adressaten zuweilen der Geduldsfaden riß. Am 23. 4. 1670 heißt es im Züricher Ratsprotokoll: „Weilen das Dedizieren als eine Species mendicandi zu gemeyn werden will, so wurde Herr N. N. von Hessen-Kassel (Name im Original nicht genannt) für sein präsentiertes Büchli: ‚Das Fried und Liebesbandli' mit 2 Reichsthaler abgespisen und ihm die Exemplare nicht abgenommen" (Kapp-Goldfriedrich, Bd. 1, S. 320). Während es sich Schriftsteller wie Birken oder Zesen nicht leisten konnten, nur um der Kunst und des Ruhmes willen zu publizieren (Zesen bezeugt, daß er eigens Buchmessen besuchte, um von den Verlegern das ihm Zustehende zu erhalten), gilt für die meisten gelehrten Schriftsteller dieser Zeit Kapps Einschätzung, daß für sie die Schriftstellerei nur ein Nebengeschäft darstellte, bei dem finanzielle Erwägungen nicht die Hauptrolle spielten.

Äußerungen Grimmelshausens über seine Verleger und die Gründe seines Wechsels von Felßecker in Nürnberg zu Dollhopf in Straßburg gibt es nicht, doch andere Stimmen zeigen, daß auch im 17. Jahrhundert ein eher gespanntes Verhältnis zwischen Autoren und Verlegern herrschte. Harsdörffer z. B., der Nürnberger Patrizier, schreibt 1651 über die Verleger in seiner Stadt: „Unsre

Verleger sind jetzt sehr stolz und kommen ungerne an neuen Verlag, wann sie nicht wol versichert sind wegen des Abgangs." Deswegen lasse er jetzt in Hamburg drucken, „weil ich mit unseren hiesigen Eseln nicht können zurecht kommen" (zitiert nach Spahr in *Barock-Symposion*, S. 75). Außerdem nennt er die Verleger „grob und geizig", während Birken 1664 noch deutlicher wird, wenn er die Nürnberger Verleger so charakterisiert: „Hier mag ichs den 3 Endtern nit gönnen, Felseckern nit trauen, Locher kans nit machen, und Gerhard hat nit Zeit dazu" (ebd. S. 75). Felßecker, der Verleger Grimmelshausens, der auch in Birkens Äußerungen am schlechtesten wegkommt, scheint wohl die zweifelhafteste Gestalt gewesen zu sein. Er habe, so Bechtold, „vor allem durch Ausnützung des günstigen Augenblicks, Zähigkeit und rücksichtlosen Gebrauch seiner Ellenbogen, es verstanden, in der Stadt, in der er als armer Buchdruckergeselle eingewandert war, zu Wohlstand und Ansehen zu kommen" (zitiert nach Koschlig, *Ingenium*, S. 243). Zu diesen Praktiken gehörte wohl auch eine Klage Felßeckers gegen den Straßburger Verleger Dollhopf, der beschuldigt wird, zwei Schriften Grimmelshausens widerrechtlich nachgedruckt zu haben. Die Berechtigung der Klage kann man durchaus bezweifeln – der Nachdrucker war wohl Felßecker selbst, nicht der Beschuldigte (vgl. Koschlig, *Ingenium*, S. 256 ff.) –, wesentlicher als der Inhalt des Rechtsstreits mit unbekanntem Ausgang scheint jedoch der Umstand, daß solche Auseinandersetzungen über den Kopf des Autors hinweg vonstatten gingen, daß dieser also keine Kontrolle über die Verwertung eines einmal abgelieferten Manuskriptes hatte. Auch gegen Eingriffe in seine Werke war er im Grunde machtlos: Sie konnten nicht nur von Behörden veranlaßt (Zensur), sondern auch aus kommerziellen Gründen vom Verleger oder einem von ihm beauftragten Korrektor vorgenommen werden. Die Druckgeschichte des *Simplicissimus* stellt ein gutes Beispiel für derartige Eingriffe dar, hinter denen Koschlig – soweit der Verlag Felßeckers betroffen ist – das Wirken des Korrektors Johann Christoph Beer vermutet (vgl. u. a. AB II.1.3.1.).

Über die Auflagenhöhe von Büchern im 17. Jahrhundert fehlen genaue Informationen. Im allgemeinen rechnet man mit einer durchschnittlichen Auflage von 1500 Exemplaren, wobei es natürlich je nach Art des Buches zu beträchtlichen Abweichungen nach oben oder unten kommen konnte. Einheitliche Preise für Bücher gab es noch nicht. Die Höhe des Verkaufspreises war abhängig von Format, Umfang, Papierqualität, Ausstattung (Kupferstiche), der Entfernung vom Druckort und natürlich auch der Nachfrage. Da die Höhe der Buchpreise auch den potentiellen Käuferkreis einengen mußte, finden sich genauere Angaben über diesen Bereich in B. 5. (Publikum).

Werbung für Verlagsprodukte ist in verschiedenen Formen seit dem 15. Jahrhundert bekannt. Es gab u. a. Verlags-, Buchhändler- und Meßkataloge (Frankfurt seit 1564, Leipzig seit 1595), Verlagsankündigungen auf den letzten Buchseiten und „Werbeeffekte durch das Buch selbst: Titelblatt, Vorrede, Abbildungen, Schriftart, Papier, Beigaben (z.B. Register) u.a." (Ukena in *Barock-Symposion*, S. 506). Seit dem 17. Jahrhundert erweiterten sich die Werbemöglichkeiten durch das Aufkommen von Zeitungen: Die erste Buchanzeige – zugleich Beginn der Zeitungswerbung überhaupt – erschien am 21. 2. 1622 in der Straßburger *Relation*. Allerdings spielte bei der Zeitungswerbung die ‚schöne Literatur‘ nur eine untergeordnete Rolle, während Flugschriften mit aktueller Thematik, Fachliteratur, Gebrauchs-, Erbauungs- und Unterhaltungsliteratur für ein breiteres Publikum und amtliches Schrifttum dominierten. Von den bedeutenden Barockdichtern kommt in den von Ukena untersuchten Anzeigen nur Zesen vor, allerdings erst anläßlich der Versteigerung seiner Bibliothek (Ukena in *Barock-Symposion*, S. 509 f., S. 516).

4. Zensur

Zensur galt im 17. Jahrhundert als eine allgemein anerkannte Aufgabe staatlicher und kirchlicher Behörden. Während kirchliche Zensurmaßnahmen schon bald nach der Erfindung des Buchdrucks mit beweglichen Lettern einsetzten, griff die weltliche Macht seit dem Ausbruch der Reformation mit Verordnungen in das Druck- und Verlagswesen ein. Am Anfang steht ein Edikt Karls V. von 1521, gefolgt von Bestimmungen in verschiedenen Reichsabschieden und Edikten, bis schließlich „die Reichspreßgesetzgebung in der revidierten Reichspolizeiordnung vom 9. November 1577 ihren Abschluß fand" (Kapp-Goldfriedrich, Bd. 1, S. 539). Die Verordnungen des 16. Jahrhunderts bildeten die gesetzliche Grundlage für die Bücherzensur bis zum Ende des Reiches (1806); sie waren auch die Grundlage für die Zensurbestimmungen in den Territorialstaaten und den Städten und prägten das Wirken der kaiserlichen Bücherkommission. Daneben fand weiterhin kirchliche Zensur statt; der *Index librorum prohibitorum* erschien 1564 zum ersten Mal.

„Von Buchtruckern Schmähschrifften schmählichen Gemähls, Gedichten und Anschlägen" handelt Titel 35 der reformierten Polizeiordnung von 1577. Hier heißt es nach einem Hinweis auf die Erfolglosigkeit früherer Erlasse:

§ 2. [...] So setzen und ordnen Wir, auch hiermit ernstlich gebietend, daß hinfüro Buchtrucker, Verläger, oder Händler, wo und an welchen Orten die im Heil. Reich gesessen seyn, bei Niederlegung ihres Handwerks, auch einer schweren Peen, nach Ermässigung ihrer ordentlichen Oberkeit unnachlässig zu bezahlen, keine Bücher, klein oder groß, wie die Namen haben möchten, in Truck ausgehen lassen sollen, dieselben seyen dann zuvor durch ihre ordentliche Oberkeit eines jeden Ortes, oder ihre darzu Verordnete, besichtiget und der Lehr der Christlichen Kirchen, deßgleichen den auffgerichten Reichsabschieden gemäß befunden, darzu daß sie nit aufrührisch oder schmählich, es treff gleich hohe und niedere Stände, gemeine oder sondere Personen an, und deßhalb approbirt und zugelassen.
[...]
§ 3. Und setzen, ordnen und wollen Wir, daß alle und jede Oberkeiten, Uns und dem H. Römisch Reich unterworfen, ernstlich Einsehens thun und verschaffen sollen, daß nit allein dem, wie obgemelt, treulich nachkommen und gelebt würde, sondern daß auch nichts, so der Christl. allgemeinen Lehr und zu Augspurg auffgerichten Religion Frieden ungemäß und widerwärtig, oder zu Unruhe und Weiterung Ursach geben, noch auch keine Famosbücher oder Schrifften, es habe der Author seinen Namen darunter gesetzet oder nit,

deßgleichen auch nichts schmählichs oder Paßquillisch, oder in andrer Weiß, wie das Namen haben, und in was Schein das beschehen möcht, gedicht, geschrieben, in Truck bracht, gemahlt, geschnitzt, gegossen oder gemacht, sondern wo solche und dergleichen Bücher, Schrifften, Gemählde, Abgüß, Geschnitz und Gemächts, in Truck oder sonst vorhanden wären, oder künfftiglich außgingen, und an Tag kommen, daß dieselbe nicht feyl gehabt, gekaufft, umbtragen, noch außgebreit, sondern den Verkauffern genommen, und so viel immer moglich, untergetruckt werden. Und soll nicht allein der Verkauffer, oder Feylhaber, sondern auch der Käuffer, und andere, bey denen solche Bucher, Schmähschrifften oder Gemälds, Paßquills oder andere Weiß, sie seyen geschrieben, gemahlet oder getruckt, befunden, gefanglich angenommen, gutlich oder wo es die Nothdurfft erfordert, peinlich, wo ihm solche Bücher, Gemälds oder Schrifft herkommen, gefragt, und so der Author oder ein ander, wer der wäre, von dem er, der gefangen, solche Schrifft, Gemähld oder Bücher überkommen, unter derselben Oberkeit gesessen, der soll allsbald auch gefänglich eingezogen: wäre er aber unter einer andern Herrschafft wonhafftig, derselben soll solcher zur Stund durch die Oberkeit, da der erst Feyl-, oder Inhaber solcher Schrifften betretten, angezeigt, die abermals, wie vor laut, handeln, und dem also lang vorgeschriebener Maß nachgefraget und nachgegangen, bis der rechte Author befunden, der alsdann sampt denjenigen, so es also umbgetragen, feyl gehabt oder sonst außgeben, vermög der Recht, und je nach Gelegenheit und Gestalt der Sachen, darumb andren zum abscheulichen Exempel, mit sonderm Ernst gestrafft werden. (Zitiert nach Kapp-Goldfriedrich, Bd. 1, S. 783 f.)

Um die Kontrolle über das Bücherwesen zu erleichtern, folgte noch eine Bestimmung, die die Abschaffung aller „Winckeltruckereyen" vorsah und forderte, „daß im gantzen Römischen Reich die Buchtruckereyen an keinen anderen Örtern, dann in den Städten, da Churfürsten und Fürsten ihre gewöhnliche Hoffhaltung haben, oder da Universitates seyn, oder in ansehnlichen Reichsstädten verstattet [...] werden sollen" (ebd. S. 785).

Angesichts der politischen Zersplitterung des Reiches und der weitgehenden Souveränität der Territorialstaaten konnte freilich von einer allgemeinen Durchsetzung der Zensurvorschriften keine Rede sein. Durchsetzbar waren die Reichsgesetze nur in den habsburgischen Erblanden, wo dies auch im Sinn der Gegenreformation geschah, und in den Reichsstädten. In Frankfurt wurde 1569 eigens eine kaiserliche Bücherkommission etabliert, die im Verlauf des 17. Jahrhunderts immer stärker im gegenreformatorischen Sinn in das Bücher- und Messewesen eingriff.

Die Territorien und freien Städte schufen sich ihre eigene Zensurgesetzgebung, wobei die Reichsgesetze bzw. die kirchlichen Zensurmaßnahmen als Vorbild dienen konnten. Die Vorschriften und ihre Durchführung mochten von unterschiedlicher Strenge und Konsequenz sein, zensiert wurde jedoch überall. Eine konsequente Zensurpolitik wurde schon früh in Bayern betrieben, wo sich gegenreformatorische Zielsetzungen mit Bestrebungen zur Konsolidierung des absolutistischen Territorialstaats verbanden. Zu dem Zweck der „Abschließung des Landes gegen Alles Nichtkatholische" erging ein Verbot, Druckerzeugnisse zu verkaufen bzw. zu erwerben, die nicht aus den bekannten katholischen

Druckorten stammten. Überdies suchte man die verbotene Literatur, die sich schon im Land befand, auszumerzen: „Ablieferungspflicht für verbotene oder auch nur verdächtige Bücher, Kontrolle der Bibliotheken, Haussuchungen, Visitationen von Druckereien, Buchläden und Jahrmarktständen, Kontrolle des Nachlasses Verstorbener, sodann die vorherige schriftliche Approbation für alle im Staatsgebiet zu druckenden Schriften und die Konzessionierung des Druckgewerbes und des Buchhandels sowie der Theateraufführungen – gehörten zu den verordneten Maßnahmen" (Breuer, S. 40).

Diente die Zensur in Bayern und anderen katholischen Territorien zur Festigung der religiösen und staatlichen Einheit, so war die strikte Zensurpolitik mancher Reichsstädte Ausdruck ihrer schwierigen Lage zwischen den großen Parteiungen. So unterwarf das lutherische Nürnberg das Bücherwesen einer strengen Aufsicht und suchte die Publikation aller Schriften zu unterbinden, die die außenpolitische Situation der Stadt beeinträchtigen konnten. Der Rat duldete sogar eine Druckerei, die vorwiegend katholische Schriften produzierte, ging aber auf der anderen Seite 1648 mit Nachdruck gegen Georg Philipp Harsdörffer vor, dessen Loblied auf den schwedischen General Wrangel als „Pasquill" gegen den Kaiser und Bayern interpretiert und daraufhin eingezogen wurde, weil es „ihme alß einem priuato nicht gebührt, große Potentaten in seinem vermainten lobgesang durch zuziehen, vielweniger solches ohne vorhergehende censur oder bewilligung [...] trucken zulaßen", und man befürchtete, daß die Stadt „deßen in vielweg zu entgelden haben dürffte" (zitiert nach Jöns, in *Barock-Symposion*, S. 91, 90; vgl. auch Paas, bei dem das betreffende Gedicht abgedruckt ist).

Harsdörffers Schwierigkeiten mit der Zensur stellten sicherlich keinen Einzelfall dar. Aber auch wenn Archivstudien in Zukunft weitere Belege für die Verhinderung oder Beschlagnahme von Publikationen ans Licht fördern werden, der indirekte Einfluß der Zensur auf die Haltung von Autoren ist damit nicht zu fassen. Man könnte z. B. annehmen, daß sich Dichter an die von der Obrigkeit aufgestellten Spielregeln halten, gezwungenermaßen oder auch, indem sie sie zu ihren eigenen machen; es wäre ebenso möglich, daß sie sie zu unterlaufen suchen. So liegt die Frage nahe, ob der Hang zum Allgemeingültigen und Exemplarischen der dichterischen Aussage, der weite Bereiche der Dichtung des 17. Jahrhunderts charakterisiert, nicht auch andere als poetologische Gründe haben könnte, also im Einzelfall auf eine bewußte oder schon verinnerlichte Reaktion auf das Vorhandensein von Zensurbehörden hindeutet. Oder es ließe sich argumentieren, daß Grimmelshausens satirische Schreibweise, die es den Interpreten zuweilen recht schwer macht, auf die Intentionen des Verfassers zu schließen (vgl. etwa die Schwierigkeiten der Interpreten mit der Jupiter-Episode), auch zur Absicherung des Autors dienen könnte. Wenn also durch die Institution der Zensur vielleicht nur wenige Werke am Erscheinen gehindert werden konnten, weil es Ausweichmöglichkeiten gab, so ist ein indirekter Einfluß, auch in der Form ausgesprochener Selbstzensur, keineswegs auszuschließen.

5. Das Lesepublikum oder: Wer las Grimmelshausens Romane?

Während die zünftigen Gelehrtendichter des 17. Jahrhunderts deutlich zu erkennen geben, daß sie keineswegs für jedermann schrieben, zielt Grimmelshausen mit seinem *Simplicissimus* gerade auf diesen „Herrn Omne" (VI, 1; S. 472). Wer ist damit gemeint und was bedeutet es für die Verbreitung seiner Werke, daß Grimmelshausen angeblich „dem Geschmack eines weiten Leserkreises des 17. Jahrhunderts entsprach" (Volkmann, Sp. 1144)? Schrieb Grimmelshausen „mit Rücksicht auf ein wenig gebildetes, gesund empfindendes Leserpublikum arbeitender bürgerlicher und bäuerlicher Schichten" (Streller, S. 164), für die „niederen, nicht literaturfähigen Schichten" (Viëtor, S. 178) oder gar für die „Volksmassen" (*Geschichte der deutschen Literatur von 1600–1700*, S. 470)?

Es ist schwierig, zu exakten Angaben über Größe und Art des Lesepublikums im 17. Jahrhundert zu gelangen. Es fehlt nicht nur an zuverlässigen Daten, sondern auch an genauen Abgrenzungen: Je nachdem, ob man sich auf das potentielle Publikum ‚gelehrter' Literatur beschränkt oder die Rezipienten der erbaulichen oder ‚volkstümlichen' Literatur miteinbezieht, kommt man zu völlig verschiedenen Ergebnissen. Einigermaßen überschaubar ist das Publikum der gelehrten Literatur. Hier treffen Adrian Beiers Bemerkungen von 1690 in seinem *Kurtzen Bericht von der Nützlichen und Fürtrefflichen Buch-Handlung* zu, daß nämlich „der gemeine Hauffe den Buchladen nicht viel kothig machet" und daß als Produzenten und Konsumenten von Literatur in erster Linie ein und dieselbe Personengruppe in Frage kommt:

> Seine [des Buchhändlers] Wahren sind von- und vor niemand als Gelehrten / keufft iemand von and'n Professionen zu Zeitn ein Teutsch- oder bey andern Nationen in seiner Mutter-Sprach gestelletes Büchlein / so geschiehets zufälliger Weise und selten / daß daruf keine Rechnung oder Staat zu machen. (Zitiert nach Kapp-Goldfriedrich, Bd. 2, S. 14)

Wenn Erich Trunz davon ausgeht, daß es zu Anfang des 17. Jahrhunderts in Deutschland etwa 50000 Personen mit Universitätsbildung gab, und Martino für das 17. Jahrhundert diesen Personenkreis auf durchschnittlich 60000 schätzt, so ist damit ein wesentlicher Teil des potentiellen Publikums literarischer Werke erfaßt. Allerdings wird man diesen Kreis erweitern müssen, und zwar vor allem um jene Zwischenschicht zwischen den ‚Gelehrten' und ‚Ungelehrten', die zwar keine abgeschlossene Universitätsbildung vorweisen konnte, doch durch den Besuch der Lateinschule (und vielleicht ein abgebrochenes Studium) eine gewisse Bildung erworben hatte. Zu dieser Schicht zählten viele Kaufleute, Buchdrucker, Apotheker, Wundärzte, Schreiber und kleine Advokaten (vgl. Trunz, S. 158). Selbst wenn sich daher die Anzahl der Personen, die fähig waren, ‚gelehrte' Bücher zu lesen, vielleicht auf 100000 belief (Szyrocki, S. 24), so ist damit noch nichts über die Zahl der tatsächlichen Käufer und Leser poetischer Werke gesagt. Es ist nicht nur zu berücksichtigen, daß die schöngeistige Literatur nur einen kleinen Teil der gesamten Buchproduktion ausmachte, sondern es wäre auch nach dem Leseverhalten innerhalb dieser großen Gruppe potentieller Leser zu fragen. Untersuchungen haben etwa ergeben, daß die großen, zünftigen Gelehrtenbibliotheken kaum moderne deutsche Dichtung enthielten, daß also bei den Fachgelehrten (Juristen, Medizinern, Theologen) möglicherweise wenig Interesse für zeitgenössische Literatur bestand (vgl. Engelsing, *Der Bürger als Leser*, S. 79–100). Auf der anderen Seite enthüllen die Kataloge der Bibliotheken von Adligen und Patriziern „klar die betonte Vorliebe dieser Klasse für die Dichtkunst und insbesondere für die Poesie der romanischen Länder" (Martino, S. 117). Allerdings stellt sich die Frage, ob die schmale und höchst zufällige Materialbasis Verallgemeinerungen zuläßt (vgl. Szyrocki, S. 25 f.).

Neben einer gewissen Bildung, einem Bedürfnis nach Lektüre und einer keineswegs selbstverständlichen Aufgeschlossenheit für weltliche Literatur gehörte auch ein gewisser Wohlstand zu den Voraussetzungen eines potentiellen Lesers und Buchkäufers (Lesegesellschaften oder jedermann zugängliche Bibliotheken gab es noch nicht): Bücher waren verhältnismäßig teuer. Zwar gab es noch keine Festpreise, doch Regeln, nach denen sich die Verkaufspreise richteten. Bestimmend waren vor allem Umfang, aber auch Auflagenhöhe, Ausstattung (Kupfer) und Entfernung des Druckortes vom Verkaufsort. Die umfangreichen höfisch-historischen Romane der Zeit z. B. konnten sich nur relativ wohlhabende Leute leisten – höhere Beamte, Adlige –, denn der Preis von 8 Reichstalern, der für Lohensteins *Arminius* (1689/90) angesetzt wird, „stellte etwa das Monatsgehalt eines Subalternbeamten dar". Oder anders gerechnet: Für diesen Betrag konnte man etwa „130 Kilo Rindfleisch ohne Knochen oder 80 Kilo Speck erstehen" (Martino, S. 112 f.). Schon von der Preisgestaltung her ist also das Publikum für dichterische Werke stark eingeschränkt, wenngleich weniger umfangreiche Werke natürlich billiger waren.

Obwohl in einigen Territorien die allgemeine Schulpflicht im Verlauf des 17. Jahrhunderts wenigstens auf dem Papier eingeführt worden war, muß man davon ausgehen, daß der Analphabetismus auf dem Land und in den Städten noch weit verbreitet war. Die Landbevölkerung war großenteils illiterat, ebenso die Unterschichten in den Städten. Es verwundert nicht, daß Nachlaßinventarien aus bayerischen Dörfern oder die Nachlässe von Frankfurter Tagelöhnern und Dienstboten keine Bücher verzeichnen (vgl. Gebauer, S. 422 f.). Wenn diese und andere Gruppen damit als Rezipienten der zeitgenössischen Kunstdichtung ausfallen, so bedeutet das keineswegs, daß sie ganz ohne Dichtung waren. Hier lebte die Volkspoesie in ihren verschiedenen Formen, überwiegend mündlich weiterverbreitet (Vorlesen, Predigt, Aufführung). Das städtische Proletariat und die Landbevölkerung stellten aber durchaus auch einen ‚Markt' dar, der von reisenden Kleinhändlern (Hausierern, Kolporteuren) versorgt wurde, die Kalender, Flugblätter, Lieder, Volks- und Schwankbücher, Betbücher und Traktate aller Art anzubieten hatten. Allerdings war das eine Art von Dichtung, mit der die tonangebenden ‚gelehrten' Literaten nichts zu tun haben wollten.

Wie stand es nun um Grimmelshausens Publikum und die Verbreitung seiner Werke? Zweifellos war der *Simplicissimus* für die Verhältnisse des 17. Jahrhunderts ein großer Bucherfolg, doch kann von einer massenhaften Verbreitung der Schriften Grimmelshausens keine Rede sein: „Von dem Roman Grimmelshausens sind nach der Erstauflage von 1668 bis ca. 1671 weitere fünf Neuausgaben und ein Raubdruck [...] erschienen. Nimmt man an, daß [...] die für diese Zeit übliche Auflage von 1500 Stück nicht wesentlich überschritten wurde, ist es angemessen, für die Jahre 1668–1671 eine Gesamtauflage von 10 000 bis 12 000 Exemplaren des Simplicissimus anzusetzen. Im Verhältnis zur Reichsbevölkerung, die um 1670 ca. 12 Millionen Menschen – davon vielleicht zwei Drittel Erwachsene – umfaßt haben mag, ist dies eine recht bescheidene Zahl: nur 0,15 % aller erwachsenen Reichsbewohner kamen als Käufer des Romans in Betracht, und auch, wenn man zugrundelegt, daß ein Exemplar des Buches von fünf oder sechs Personen gelesen wurde, bleibt die Zahl der möglichen Leser noch unter einem Prozent. Bei den übrigen Simpliciaden, die im Falle des Springinsfeld nur eine, im Falle der Courage zwei und beim Vogelnest 1 drei weitere Auflagen erreichen konnten, verringert sich dieser Satz entsprechend erheblich. [...] Aber auch, wenn man mit einem vorwiegend städtischen Publikum des Simplicissimus rechnet, ergibt sich ein nur unwesentlich verändertes Bild" (Gebauer, S. 385).

Die Werke Grimmelshausens waren nicht billiger als andere zeitgenössische Bücher. Wenn der *Simplicissimus* etwa einen halben Reichstaler (12 Groschen) kostete, konnte als Käufer kaum ein kleinbürgerliches oder bäuerliches Publikum in Frage kommen, denn für einen derartigen Betrag mußten ein Barbier, ein Schulmeister, ein ungelernter Arbeiter oder eine Magd ein bis zwei Wochen arbeiten (Gebauer, S. 411). Allerdings brauchte ein Leser nicht zugleich ein Käufer zu sein, und außerdem gab es andere Rezeptionsformen, wie Leibniz' Bericht von der Verwendung des *Simplicissimus* als Predigtmärlein zeigt (zitiert bei Koschlig, S. 48 f.).

Gleichwohl legen die vorhandenen Zeugnisse den Schluß nahe, daß Grimmelshausens Romane vom gleichen Publikum rezipiert worden sind, das auch die übrige zeitgenössische Kunstdichtung trug. Die bisher bekanntgewordenen, zugegebenermaßen eher zufälligen Belege zeigen als Leser Grimmelshausenscher Werke gebildete Literaten und Aristokraten, wobei die Reihe von Leibniz, der in einem Brief an Sophie von Hannover den *Simplicissimus* an die Seite des *Francion* von Charles Sorel stellt, über Romanciers wie Johann Beer und Daniel Speer zu Angehörigen des Hochadels wie dem Markgrafen von Ansbach reicht. Bibliotheksverzeichnisse und Besitzvermerke in den noch erhaltenen Ausgaben, die Gebauer ausgewertet hat, sprechen dafür, „daß die Schriften des ‚geringen Dorfschultes‘ Grimmelshausen gerade in den Büchersammlungen der oberen Schichten ihren Platz neben den Werken der übrigen zeitgenössischen Poeten hatten" (Gebauer, S. 428). Auch aus dem Werk Grimmelshausens selbst läßt sich schließen, daß es sich an ein Publikum richtete, das mit der zeitgenössischen

Literatur vertraut war (vgl. D. 3.). Daß manche der gelehrten Poeten möglicherweise keine allzuhohe Meinung von ihrem satirischen Kollegen hatten, steht auf einem anderen Blatt (vgl. AB III. A.1.3.2.).

C. Der deutsche Roman im 17. Jahrhundert

1. Voraussetzungen

Die Geschichte des deutschen Barockromans beginnt mit der verspäteten Rezeption der europäischen Renaissanceliteratur. Der Anstoß ging von den Reformprogrammen aus, mit denen Martin Opitz und die Fruchtbringende Gesellschaft die deutsche Literatur und Sprache auf neue Bahnen bringen wollten, indem sie eine entschiedene Abkehr von der deutschsprachigen Dichtung des 16. Jahrhunderts und ihren als antiquiert empfundenen Stoffen und Formen forderten und auf die Überlegenheit der fortgeschritteneren Literaturen Süd- und Westeuropas hinwiesen. Für den Roman bedeutete diese Einstellung, daß man die ‚Historien‘ der vorigen Jahrhunderte verächtlich als ‚Narrenpossen‘ beiseite schob und sich zeitgenössischen ausländischen Romanen zuwandte, die als Vorbilder für eine eigene Romanproduktion dienen konnten. Dabei machte sich allerdings bei den namhaften Übersetzern eine deutliche Bevorzugung des ‚hohen‘ Romans bemerkbar.

Der Anteil der Romanliteratur an der poetischen Produktion war im 17. Jahrhundert noch nicht sehr groß, von einem raschen Anstieg der Romanproduktion und einer entsprechenden Erweiterung des Lesepublikums, wie sie das 18. Jahrhundert kennzeichnet, war noch nichts zu spüren. Zwar fehlte es nicht an Klagen zeitgenössischer Kritiker über die hereinbrechende Flut von Romanen, doch verliert diese angesichts der bekannten Zahlen ihren bedrohlichen Charakter. Die Feststellung des Romanhassers Gotthard Heidegger von 1698, daß vierteljährlich „einer oder mehr Romans" erschienen – was er selber als ein „ohnendlich Meer" bezeichnet (*Mythoscopia Romantica oder Discours von den so benanten Romans,* Zürich 1698; Neudruck Bad Homburg 1969, S. 13) –, dürfte den tatsächlichen Gegebenheiten recht nahe kommen, auch wenn man angesichts der unbefriedigenden bibliographischen Verhältnisse mit einer gewissen ‚Dunkelziffer‘ rechnen muß. Jedenfalls kamen z. B. im Erscheinungsjahr des *Simplicissimus* (1668) noch vier weitere Romane, darunter drei Übersetzungen, heraus, im nächsten Jahr (1669) dagegen nur zwei. Allerdings steigen diese Zahlen gegen Ende des Jahrhunderts etwas an – 1689 und 1690 dürften jeweils sieben Romane erschienen sein. Noch für 1740 wird erst eine jährliche Quote von zehn Romanen angegeben, während dann in der Folgezeit eine gewaltige Ausweitung der Romanproduktion stattfindet. Auch die Zahlen, die Arnold Hirsch für das 17. und frühe 18. Jahrhundert vorgelegt hat, bestätigen dieses Bild: Nach diesen Angaben, deren Basis allerdings unklar bleibt, erschienen in den Jahren von 1615 bis 1669 insgesamt 87 Romane (19 Originalromane und 58 Romanübersetzungen), von 1670 bis 1724 dagegen 466 Romane (315 Originalromane und 151 Übersetzungen) (Arnold Hirsch: *Barockroman und Aufklärungsroman*. In: Études Germaniques 9, 1954, S. 97). Das bedeutet für den ersten Zeitraum einen Jahresdurchschnitt von 1,58, für den zweiten einen Durchschnitt von 8,47 (Martino, S. 114). Aber selbst wenn man davon ausgeht, daß im 17. Jahrhundert nicht sehr viele Romane erschienen sind, und vielleicht auch noch annimmt, daß Romanleser „nur einen kleinen Teil des ohnehin spärlichen Publikums der Dichtung" darstellen (Martino, S. 115), bleibt darauf hinzuweisen, daß einige Romane durch zahlreiche Auflagen eine überdurchschnittlich große Leserschaft erreicht haben dürften.

2. Die Gattungen des Barockromans

2.1. Die Problematik der Gattungstypologie

Die Bezeichnungen für die verschiedenen Gattungen des Barockromans bieten ein verwirrendes Bild. Im allgemeinen geht die Literaturgeschichtsschreibung von zwei bzw. drei Hauptgattungen aus: Neben dem Schäferroman, der zuweilen nicht als eigene Gattung Berücksichtigung findet, sind dies der höfisch-historische (bzw. höfische, heroisch-galante, idealistische, idealistisch-feudale, usw.) Roman und der Pikaro- oder Schelmenroman, der auch als niederer, realistischer oder realistisch-volksverbundener Roman bezeichnet wird. Die Gefahr der üblichen Typologien des Barockromans mit ihrer Gegenüberstellung festumrissener Idealtypen besteht darin, daß die individuellen Physiognomien der Werke verlorengehen und daß sich dadurch die Annahme einer weitgehenden Uniformität der barocken Romanliteratur festsetzt. Trotzdem haben diese Typologien angesichts der zu ordnenden Stoffmassen einen gewissen Sinn, denn es lassen sich in der Tat grundsätzliche Unterschiede zwischen hohen und niederen Romanen des 17. Jahrhunderts erkennen, die sich u. a. aus den dargestellten Weltausschnitten und der sozialen Stellung der Romanfiguren, aus Romanstruktur und Stil ergeben. Die Betonung der Gegensätze zwischen hohem und niederem Roman sollte aber nicht dazu führen, den einzelnen Romanen einen eigenen Charakter abzusprechen, die Existenz von ‚Mischformen‘, die sich einer derart schematischen Gegenüberstellung entziehen, zu übergehen und vor allem die historische Entwicklung und Differenzierung innerhalb der verschiedenen Gattungen zu übersehen.

2.2. Der höfisch-historische Roman

2.2.1. Voraussetzungen

Eigenständige deutsche höfisch-historische Romane erschienen erst recht spät, lange nachdem die Gattung durch zahlreiche Übersetzungen vor allem aus dem Französischen, aber auch aus dem Lateinischen, Italienischen und Englischen nach Deutschland eingeführt worden war. Unter den Romanen, die in der ersten Hälfte des 17. Jahrhunderts nach Deutschland gelangten, nimmt die *Argenis* von John Barclay (lat. 1621, frz. 1623, deutsche Übersetzung von Opitz 1626) eine besondere Stellung ein: In der Begründung der Tradition der Einheit von Liebes- und Staatsgeschichte, dem Versuch, die Formprinzipien des hellenistischen Romans mit verschlüsselter zeitgenössischer Politik und einer Verherrlichung des absolutistischen Herrschaftssystems zu verbinden, liegt der entscheidende Beitrag dieses Werkes zur Geschichte des höfisch-historischen Romans. Barclay erneuert die kunstvolle Technik Heliodors (3. Jh. n. Chr.) in beispielhafter Weise – unvermittelter Anfang, allmähliche, die Romangegenwart beeinflussende Aufhellung der Vorgeschichte, Begrenzung der Handlungsdauer – und übernimmt mit der Form auch das Schema der Liebesgeschichte eines jungen Paars, das gegen seinen Willen auseinandergerissen und nach mancherlei Gefährdungen psychischer und physischer Art wiedervereinigt wird und so den Lohn für die bewährte Beständigkeit erhält. Da sich aber das Liebesgeschehen in der *Argenis* fast ausschließlich unter hohen Standespersonen abspielt, für die private und öffentliche Sphäre identisch sind, wird es möglich, das alte Romanschema um eine politische Dimension zu erweitern, die nun an den höfisch-historischen Roman des 17. Jahrhunderts prägen sollte. Wie sich das glückliche Ende durch immer neue Unglücksfälle und Verwirrungen fast beliebig hinauszögern läßt, so ist es möglich, die einfache Grundstruktur von Heliodors *Aithiopika* oder Barclays *Argenis* durch die Einführung weiterer Liebespaare fast unübersehbar zu verwickeln. Auf diese Weise entstehen die barocken Großromane, die – obwohl nicht sehr zahlreich – die traditionelle Vorstellung vom höfisch-historischen Roman des 17. Jahrhunderts bestimmen.

Sieht man von Übersetzungen und schematisch verfertigten, eher kommerziell orientierten Spätprodukten ab, so lassen sich die wichtigsten deutschen höfisch-historischen Romane des 17. Jahrhunderts rasch aufzählen: Am Anfang stehen die beiden schon in den vierziger Jahren des Jahrhunderts konzipierten Romane von Andreas Heinrich Bucholtz, *Herkules* (1659/60) und *Herkuliskus* (1665); es folgen Anton Ulrichs von Braunschweig-Wolfenbüttel *Aramena* (1669–73) und *Octavia* (1677 ff.), Philipp von Zesens biblische Romane *Assenat* (1670) und *Simson* (1679), Heinrich Anselm von Zigler und Kliphausens *Asiatische Banise* (1689) und Daniel Casper von Lohensteins *Arminius* (1689/90). Ob man Grimmelshausens biblischen Josephsroman (1666) und seine beiden legendenhaften Romane *Dietwalt und Amelinde* (1670) und *Proximus und Lympida* (1672) zu den höfisch-historischen Barockromanen rechnen will, hängt davon ab, wie eng man die Gattungsgrenzen zieht. Von den genannten Werken gehören die Romane von Bucholtz, Anton Ulrich und Lohenstein zu den epischen Großdichtungen des Barock – Bucholtz' *Herkules* etwa hat einen Umfang von 1920 Quartseiten, die Nürnberger Ausgabe der *Octavia* umfaßt 6922 Seiten im Oktavformat –, während die Romane Zesens, Ziglers und erst recht Grimmelshausens einen weit geringeren Umfang aufweisen.

Wenn man versucht, die Gemeinsamkeiten der deutschen höfischen Romane des 17. Jahrhunderts aufzuzählen, gelangt man zu einigen allgemeinen Feststellungen, die genügen, den höfischen vom niederen Roman in seinen verschiedenen Verwirklichungen abzugrenzen, ohne freilich ein adäquates Bild von den einzelnen Werken zu vermitteln. So bricht der höfische Roman mit der Erzähltradition der vorhergehenden Jahrhunderte, indem er sich nach französischem Vorbild gewissen poetologischen Forderungen unterwirft: In den meisten Fällen bedeutet das eine Orientierung an der Romanstruktur Heliodors bzw. seiner Nachfolger in Renaissance und Barock, die Einführung einer mehr oder weniger konkreten historischen Dimension und schließlich eine starke Betonung der moralischen Wirkungsabsicht, die in einigen Romanen mehr politisch, in anderen mehr religiös ausgerichtet sein kann. Es handelt sich um ‚hohe' Romane in mehrfacher Hinsicht: Den weitläufigen geschichtlichen, politischen oder biblischen Ereignissen und den darin verwickelten hohen Persönlichkeiten entspricht ein gehobener Stil, der freilich nicht, wie die Poetiker anmerken, auf der Höhe des Epos zu stehen braucht; und daß die Romane nicht nur von Fürsten und anderen Standespersonen berichten, sondern auch ihr Publikum vorwiegend in der höfischen Welt und ihrem Umkreis suchen, lassen – neben den Preisen – die Widmungen und Vorreden erkennen.

2.2.2. Zur Theorie des höfisch-historischen Romans

Trotz der Erörterung der Romanzi durch die italienischen Theoretiker der Renaissance und Julius Caesar Scaligers Erwähnung der spätantiken *Aithiopika* Heliodors als Muster epischer Dichtung (*Poetices libri septem*, Lyon 1561; Neudruck Stuttgart-Bad Cannstatt 1964, S. 144) blieb dem Roman zunächst ein Platz in den deutschen Poetiken des 17. Jahrhunderts versagt. Erst Sigmund von Birken fügte ihn 1679 in das System seiner Poetik ein, und im Gefolge von Huets *Traité de l'origine des romans* (1670, dt. und lat. 1682) entstanden dann auch in Deutschland selbständige Abhandlungen über den Roman. Die überwiegende Zahl der Zeugnisse – es sind vor allem Romanvorreden – bezieht sich allerdings auf den höfisch-historischen Roman, während die beiden anderen Hauptgattungen des Romans im 17. Jahrhundert weniger reichlich bedacht werden.

Von besonderer Bedeutung für die Entwicklung des deutschen höfischen Romans und seine theoretische Fundierung waren neben der *Argenis* die Übertragungen aus dem Französischen, mit denen eine auf den Prinzipien der *doctrine classique* gegründete Romankunst nach Deutschland gelangte. Früher als hier hatten sich in Frankreich die Romanschriftsteller bemüht, die Vorwürfe gegen den ‚regellosen' Roman zu entkräften und ihre Werke in Einklang mit den herrschenden poetologischen Vorstellungen zu bringen. So wurde der *roman héroïque* im Verlauf der ersten Hälfte des 17. Jahrhunderts einer auf aristotelischer Tradition beruhenden Ästhetik unterworfen und die Forderung nach Wahrscheinlichkeit (vraisemblence), Angemessenheit (bienséance) und moralischem Nutzen auch für eine Gattung erhoben, die bis dahin außerhalb der poetologischen Erörterungen gestanden hatte. Im Zusammenhang mit der *vraisemblence* kommt es zur geschichtlichen Fundierung des *roman héroïque*, zuerst in Werken wie de Gerzans *Histoire afriquaine de Cleomede et de Sophonisbe* (1627/28, dt. 1647) und Desmarets' *Ariane* (1632, dt. 1643 und 1644), dann vor allem in den Romanen de La Calprenèdes und der Scudéry.

Madeleine de Scudérys Vorrede zu ihrem *Ibrahim ou l'illustre Bassa* (1641, dt. 1645) ist das entscheidende Dokument der neuen Romanästhetik. Ihr liegt die Anschauung zugrunde, daß jede Kunst auf Regeln beruhe und daß sich diese Regeln für den Roman nach dem Muster des Epos und der *Aithiopika* Heliodors definieren ließen. Der wichtigste Grundsatz der neuen Romankunst ist die Wahrscheinlichkeit: „Elle est comme la pierre fondamentale de ce bastiment; et ce n'est que sur elle qu'il subsiste. Sans elle rien ne peut toucher; sans elle rien ne sçauroit plaire [...]" (I, Préface: Sie ist wie das Fundament dieses Gebäudes, und allein auf ihr ruht es. Ohne sie kann nichts rühren, ohne sie könnte nichts gefallen). Eine Reihe von formalen und inhaltlichen Gesichtspunkten werden in diesem Zusammenhang genannt: Da ist die Rede von den Einheiten der Handlung und der Zeit, die durch eine organische Verbindung von Haupt- und Nebenhandlungen bzw. die zeitliche Begrenzung des Geschehens durch die medias in res-Technik erreicht werden sollen; von der psychologischen Durchdringung der Charaktere und vor allem von der Notwendigkeit, die Romanhandlung derart in einen passenden historischen und kulturellen Rahmen einzufügen, daß ‚Wahrheit' und Fiktion kaum noch zu unterscheiden sind. ‚Lüge' und ‚Wahrheit' müssen, wie es später in der *Clélie* (1654–60) heißt, „so schicklich verwirrt werden / daß man keines vom andern könte erkennen / auser daß das / was man erfindt / fast allezeit warscheiniger scheinen muß / als die Warheit" (*Clelia: Eine Römische Geschichte*, übs. von Johann Wilhelm von Stubenberg, Nürnberg 1664, Bd. 4, S. 778).

In Deutschland wurden zunächst weniger romanästhetische Probleme als vielmehr Fragen der Rechtfertigung des Romans erörtert, wobei auch die Diskussion über Wahrheit und Wahrscheinlichkeit, Geschichte und Erfindung apologetischen Zwecken diente. Schon der Vorredner zum ersten deutschen Amadis-Buch (1569) stellte die Fiktion über die ‚History', weil so der exemplarische Zweck der Dichtung besser erreicht werden könne. Mit der Einschränkung, daß es sich um ‚wahrscheinliche' Erfindung handeln müsse und daß eine Verbindung von Geschichte und Fiktion besonders geeignet sei, die Forderung der Wahrscheinlichkeit zu erfüllen, folgte der höfisch-historische Roman des Barock dieser Bewertung. Harsdörffer z. B. betont ohne Zögern den Vorrang des Erdichteten vor der Geschichte und kommt zu dem Ergebnis, daß die Freiheit, die die Fiktion gewähre, dem moralischen Zweck der Dichtung weit zuträglicher sei (Vorrede zu Stubenbergs Übersetzung von Biondis *Eromena* [1650]).

In einem Zeitalter, für das das Horazische „aut prodesse volunt, aut delectare poetae" uneingeschränkte Gültigkeit hat und die Dichtung von der rhetorischen

Wirkungsabsicht geprägt ist, kann es nicht verwundern, daß der Wirkungsabsicht gerade in Verbindung mit der Rechtfertigung des Romans ein großer Raum zugewiesen wird. Hierbei dominiert eindeutig das *docere* (vor dem *movere*), das sich vor allem auf zwei Aspekte konzentriert, einen theologischen und einen politischen. Die theologische Wirkungsabsicht verkörpert sich am entschiedensten in Andreas Heinrich Bucholtz, dem (späteren) Superintendenten der Kirchen und Schulen Braunschweigs, der den üblichen „Helden- und Liebes-Geschichten" seine christlichen „Wunder-Geschichten" entgegensetzt. Für den politischen Aspekt sei hier nur an Barclays *Argenis* oder an Sigmund von Birkens Vorrede zu Anton Ulrichs *Aramena* (1669) erinnert, in der der Roman als „Hof- und Welt-Spiegel" und als „Staats-Lehrstuhl" vorgestellt wird. Allerdings zeigt dieser Fall auch deutlich, wie Politisches und Religiöses miteinander verbunden sind, denn zeitgenössische Leser wie Catharina von Greiffenberg interpretieren die *Aramena* als Abbild der göttlichen Weltordnung und rühmen die Kunstfertigkeit des Dichters, der die Schicksale schön zu führen und das Lebenslabyrinth richtig zu verwirren wisse, bis die Schlußapotheose die im Verborgenen schon immer vorhandene Ordnung Gottes ans Licht bringe. Dazu paßt auch die Parallelität von kunstvoller Romanstruktur und Geschichte bzw. von Romanautor und Gott, von der Leibniz in Briefen an Anton Ulrich schreibt.

Die Kritik am Roman, die während des 17. Jahrhunderts geäußert wird, richtet sich in der Regel nicht gegen die Gattung selbst, sondern hat bestimmte Erscheinungen wie den *Amadis* und die noch häufig gedruckten Prosaromane des 15. und 16. Jahrhunderts (‚Volksbücher') im Auge. Erst gegen Ende des Jahrhunderts wird von kalvinistischer Seite radikale Romankritik geübt, die auf einer theologisch motivierten Verurteilung alles fiktiven Erzählens gründet (Gotthard Heidegger: *Mythoscopia Romantica*, 1698). Für Heidegger steht fest: „wer Romans list / der list Lügen" (S. 71). Maßstab der Wahrheit ist die Bibel. Besonders verwerflich sind deshalb gerade die Romane, die Geschichte – auch biblische Geschichte – und Fiktion miteinander verbinden und sich damit anmaßen, Gott und seine Werke, die Geschichte, korrigieren zu wollen. Ein weiteres auf die Bibel gegründetes Argument betrifft die Tatsache, daß das Lesen von Romanen den Menschen von seiner eigentlichen Bestimmung ablenke: Der gräuliche „Zeit-raub", den das Romanlesen bedeute, halte ihn davon ab, die ihm von Gott gegebene Zeit für sein Seelenheil zu nutzen (vgl. Walter Ernst Schäfers Nachwort zum Neudruck, S. 347 f.)

2.2.3. Roman und Absolutismus

Daß der höfisch-historische Roman bisweilen als repräsentativer Romantypus des Barock bezeichnet wird, ist sicherlich auch in seiner Affinität zur herrschenden politischen Doktrin der Zeit, dem Absolutismus, begründet. Mit seinen klaren politischen Ordnungsvorstellungen, die im Einklang mit den absolutistischen Tendenzen der Zeit stehen, unterscheidet er sich grundsätzlich von den

Prosaromanen des 15. und 16. Jahrhunderts. So stellt John Barclays *Argenis*, ein Roman, der neue Maßstäbe für die Verbindung von Roman und Politik setzte, eine den neuen Zeitumständen angepaßte Übertragung der Theorien Jean Bodins in die Form des Romans dar. Es ist ein Schlüsselroman, der in den Auseinandersetzungen der jüngsten französischen Geschichte zwischen Königtum auf der einen, Adel und Hugenotten auf der anderen Seite die Partei des Königs ergreift und die Ansprüche der Stände als Anmaßung zurückweist. Hinter den Angriffen auf die Hugenotten und den ständischen Adel steht die politische Einsicht, die Barclay mit maßgebenden politischen Theoretikern des 16. und 17. Jahrhunderts teilt, daß ein zentralistischer, straff organisierter Staat nur verwirklicht werden könne, wenn zwischen Souverän und Untertanen keine vermittelnde Schicht von unabhängigen Machtträgern trete, also weder Stände noch religiöse Organisationen den Herrscherwillen verfälschen könnten. Das Ziel ist ein Machtstaat, der im Innern von einem absolut herrschenden Regenten getragen wird und dank seiner inneren Stärke eine aggressive Außenpolitik betreiben kann.

Die an Heliodor orientierte Struktur der meisten höfisch-historischen Romane ist dafür verantwortlich, daß die politischen Programme selten in ihrer Verwirklichung gezeigt werden. In dem Moment, in dem die Friedensherrschaft einsetzt, enden normalerweise die Romane. So propagiert zwar Barclay den Bodinschen Absolutismus, seine Realisierung ist jedoch – aus poetologischen und historischen Gründen – in die Zukunft verlegt. Dagegen bleiben fünfzig Jahre später in Zesens *Assenat* (1670) die politischen Vorstellungen nicht nur Programm, es ist gerade ihre Durchsetzung in der politischen Praxis, die im Mittelpunkt dieses Josephsromans steht. Joseph gilt hier als „ein rechter Lehrspiegel vor alle Stahtsleute", als „lehrbild" aller „Beamten der Könige und Fürsten" (*Assenat*, Amsterdam 1670; Neudruck Tübingen 1967, S. 328), der seinen ganzen Ehrgeiz auf die Errichtung eines rational organisierten absolutistischen Macht- und Wohlfahrtsstaates setzt. Dabei stützt er sich auf einen loyalen Beamtenstand und verweist so darauf, wie sehr der moderne, zentralisierte Staat mit seinen stetig wachsenden Aufgaben auf einen gut funktionierenden Beamtenapparat angewiesen ist.

Während bei Barclay und Zesen die Religion nur eine dem umfassenden Machtanspruch des Staates untergeordnete Rolle spielt, wenden sich andere Autoren gegen diese Art der ‚Staatsräson' und bestehen auf einer religiösen Begründung des politischen Handelns. So geht Bucholtz von Luthers Auslegung des vierten Gebots aus, in der dieser die weltliche Obrigkeit dem ‚Vaterstand' zurechnet und damit sein Konzept von der patriarchalischen Familie ins Politische überträgt. Mit diesem patriarchalischen Absolutismus lutherischer Provenienz, der sich als bewußtes Gegenstück zur (scheinbar) innerweltlich-politischen Argumentation Barclays versteht, verbindet Bucholtz unzeitgemäße Vorstellungen von der Größe eines übernationalen deutschen Reiches, die allenfalls als Reaktion auf den tatsächlichen Zerfall des Reiches verständlich werden. Einen anderen Weg schlägt Grimmelshausen ein, der in seiner Schrift *Ratio*

Status (1670) ‚gute' und ‚böse' Staatsräson unterscheidet und in seinen ‚Idealromanen' zu durchaus unterschiedlichen Urteilen über die abolutistische Staatsauffassung gelangt (vgl. AB IV. 2.2.).

Wenn aber ein Fürst selbst zur Feder greift, erübrigen sich derartige Diskussionen: Die exklusive Welt, die sich in den Romanen Anton Ulrichs von Braunschweig-Wolfenbüttel spiegelt, ist diejenige des fürstlichen Absolutismus, die für
sich und ihre Gesetze fraglose Allgemeingültigkeit beanspruchen kann, weil der
Autor von einem Publikum ausgeht, das seine Wertvorstellungen teilt. Daß die
„Fürstlichen Geschichten" Anton Ulrichs eine besondere Stellung in der Geschichte des deutschen höfischen Romans einnehmen, verdanken sie weitgehend
dieser durchaus intendierten Exklusivität und der hohen Stellung ihres Verfassers, die für die Authentizität der geschilderten Welt bürgt. Wird in anderen
höfisch-historischen Romanen die absolutistische Staatsauffassung diskutiert
oder ihre Durchsetzung in der politischen Praxis vorgeführt, so geht es bei Anton
Ulrich um eine idealisierte Selbstdarstellung der fürstlich-absolutistischen Welt.

2.3. Der niedere Roman

2.3.1. Voraussetzungen

Unter der Bezeichnung ‚niederer' Roman verbergen sich Werke, die vor allem in
ihrer kritischen Haltung gegenüber dem ‚hohen' Roman des 17. Jahrhunderts
übereinstimmen, sich im übrigen aber nicht ohne weiteres in ein einfaches Schema pressen lassen. Bemerkenswert an der Geschichte des niederen Romans in
Deutschland ist der Umstand, daß trotz früher Übertragungen spanischer Pikaroromane (seit 1614; vgl. 2.3.3.) der eigene pikarische Roman fünf Jahrzehnte
auf sich warten läßt. Nach Vorbereitungen durch die Prosasatire Moscheroschs
setzt der deutsche niedere Roman erst mit Grimmelshausens *Simplicissimus*
(1668) ein, der zugleich sein Höhepunkt werden sollte. Dieser späte Einsatz stellt
vielleicht eine der Ursachen für die Modifikation dar, die das schon durch die
Übersetzungen veränderte spanische Modell bei Grimmelshausen erfährt. Hinzu
kommt, daß sich inzwischen in Frankreich ein eigenständiger Zweig des niederen Romans, der *roman comique,* entwickelt hatte, der durch Charles Sorels
Francion auch für Grimmelshausen von Bedeutung wurde.

Die Geschichte des deutschen niederen Romans ist reich an Mischformen und
Abwandlungen und macht eine sinnvolle Gliederung, sei es nach weiteren Unter-
gattungen oder nach Autoren, schwierig. Die herausragenden Gestalten sind
Grimmelshausen und Johann Beer, das einzige klar definierte Subgenre ist der
politische Roman. Die übrigen Erscheinungen des niederen Romans lassen sich
kaum in die überlieferten Gattungsschemata fassen. Vieles deutet darauf hin,
daß der niedere Roman sich viel schneller von vorgegebenen formalen und
inhaltlichen Konzeptionen löste als der höfisch-historische Roman.

2.3.2. Zur Theorie des niederen Romans

Theoretische Äußerungen zum deutschen niederen Roman im 17. Jahrhundert sind nicht sehr zahlreich. Es gibt kein deutsches Gegenstück zu den Abhandlungen Charles Sorels (*La Bibliothèque françoise*, 1664; *De La Connoissance des bons livres*, 1671), die das dialektische Verhältnis von *roman comique* und *roman héroïque* prägnant beschreiben, die verschiedenen Romangattungen charakterisieren und ihre Unterschiede herausarbeiten. Auch in seinem *Francion*, den Grimmelshausen schätzte und Beer mindestens kannte, befaßt sich Sorel mit der Rechtfertigung der „bons Romans comiques & Satyriques", die ihm wahrhaftiger als die anderen Romane vorkommen:

Ist es nicht wahr / daß die Comödiantische und Satyrische Art zu schreiben / sehr anmuhtig und nutzbar ist? Man sihet da alle Sachen in ihrem natürlichen Wesen / alle Thaten die erscheinen da ohne einige Verstellung − an statt daß man in ernsthaftigen Büchern ein gewisses Aufsehen hat / welches verhindert / daß man auf solche Weyse redet / und das macht / daß die Historien unvollkommen seyn / und mehr mit Lügen als der Warheit außgefüllet. Wann man Lust hat zu der Sprach / wie man in der Warheit haben sol / wor kan man sie besser finden als hier? Ich halte / daß man in diesem Buch die gantze Sprach finden könne / und daß ich kein Wort vergessen habe / das man unter gemeinen Leuten gebraucht / welche man sonst nicht allenthalben findet: dann in den gar zu bescheidenen Büchern / da hat man nicht die Freyheit / daß man sich damit ergetzen könne / und dennoch seynd diese schlechte Sachen oft viel lustiger als die hohen. Was mehr ist / so habe ich hier gar eigentlich die Natur und das Thun der Leute beschrieben / welche ich hier angeführet habe [...]. (Dt. Übersetzung von 1662; zitiert nach Koschlig, *Ingenium*, S. 78 f.)

Die Kritik richtet sich gegen den hohen Roman seiner Zeit, die ‚unwahren' Ritter- und Schäferromane, die sich auf einen engen Ausschnitt der Wirklichkeit beschränken und wesentliche Bereiche des Lebens und der Sprache ausklammern. Was Sorel dagegen vorschwebt, ist ein Roman, der alle „Bereiche des menschlichen Lebens ohne idealisierende Stilisierung oder auswählende Reduktion auf nur bestimmte soziale oder ethische Perspektiven" umfaßt (Voßkamp, S. 36).

Die Autoren des niederen Romans in Deutschland teilen Sorels Ablehnung des ‚hohen' Romans; auch sie verstehen ihre Werke als Gegenbilder zum höfisch-historischen Roman, von dem sie sich in wesentlichen Aspekten unterscheiden: in der Figur des Helden und seiner Welt, in der Struktur der Erzählung, in der Erzählweise. Grundsätzliche poetologische Opposition zeigt sich im ausgesprochenen Wahrheitsanspruch des niederen Romans, der dem Wahrscheinlichkeitskriterium des hohen Romans entgegengestellt wird. Ähnlich wie Sorel zielt darauf auch Grimmelshausen, wenn er im *Simplicissimus* die „rechten Historien" und „warhafften Geschichten" den „Liebes-Büchern" und „Helden-Gedichten" wertend gegenüberstellt (III, 18; S. 262); ebenso Johann Beer, der Wahrheit und Nützlichkeit in Beziehung bringt. In seinen *Teutschen Winter-Nächten* (1682) heißt es im Anschluß an Herrn Ludwigs Jugendgeschichte:

Natürliche Sachen sind endlich nicht garstig, und deswegen werden solche Sachen erzählet, damit wir uns in der Gelegenheit derselben wohl vorsehen und hüten sollen. Ich habe vor diesem in manchen Büchern ein Haufen Zeuges von hohen und großen Liebesgeschichten gelesen, aber es waren solche Sachen, die sich nicht zutragen konnten noch mochten. War also dieselbe Zeit, die ich in Lesung solcher Schriften zugebracht, schon übel angewendet, weil es keine Gelegenheit gab, mich einer solchen Sache zu gebrauchen, die in demselben Buche begriffen war; aber dergleichen Historien, wie sie Monsieur Ludwigen in seiner Jugend begegnet, geschehen noch tausendfältig und absonderlich unter uns. Dahero halte ich solche viel höher als jene, weil sie uns begegnen können und wir also Gelegenheit haben, uns darinnen vorzustellen solche Lehren, die wir zu Fliehung der Laster anwenden und nützlich gebrauchen können.

Was hilft es, wenn man dem Schuster eine Historia vorschreibet und erzählet ihm, welchergestalten einer einesmals einen göldenen Schuh gemachet, denselben dem Mogol verehret, und also sei er hernach ein Fürst des Landes worden? Wahrhaftig, nicht viel anders kommen heraus etliche gedruckte Historien, welche nur mit erlogenen und großprahlenden Sachen angefüllet, die sich weder nachtun lassen, auch in dem Werke selbsten nirgends als in der Phantasie des Scribenten geschehen sind. (*Die teutschen Winter-Nächte & Die kurzweiligen Sommer-Täge*. Hrsg. von Richard Alewyn, Frankfurt 1963, S. 205 f.)

Wenn Johann Beer an einer anderen Stelle schreibt, „daß dieser ganze Entwurf mehr einer Satyra als Histori ähnlich siehet" (ebd. S. 7), dann bestätigt er damit, daß die Autoren des niederen Romans ihre Werke den satirischen Schriften zurechnen. So interpretiert man die spanischen Pikaroromane, auch den nur oberflächlich rezipierten *Don Quijote*, so äußern sich die Verfasser in Vorreden und Kommentaren über ihre eigenen Werke: Grimmelshausen, Beer und Weise, obwohl sie verschiedene Ausformungen des niederen Romans vertreten, stimmen in dieser Selbstinterpretation überein. Unterschiede bestehen jedoch in der jeweiligen Norm, die als notwendig für die satirische Schreibart erachtet wird. So handelt es sich etwa bei Grimmelshausen um eine heilsgeschichtlich geprägte Norm, während bei Christian Weise Tugend und Laster auf ein pragmatisches Tugendideal bezogen sind. Anders als der höfische Roman, der die bestehenden Wertvorstellungen idealisiert, sucht der niedere Roman die geltenden Normen „prinzipiell ex negativo durch Demonstration einer mangelhaften Welt" zu bestätigen (Voßkamp, S. 34). Von Grimmelshausens Begriff der satirischen Schreibweise und ihrer Tradition wird noch ausführlicher gehandelt (AB II.2.1.1.).

2.3.3. Novela picaresca und roman comique in Deutschland

Wie bei den anderen Gattungen des Barockromans gingen auch beim niederen Roman Übersetzungen ausländischer Romane der Eigenproduktion voraus. Zunächst erschienen Übertragungen und Bearbeitungen spanischer Pikaroromane: der anonyme *Lazarillo de Tormes* (1554, deutsch 1617; eine Übersetzung von 1614 blieb ungedruckt), Mateo Alemáns *Guzmán de Alfarache* (1599/1605, dt. 1615), Francisco López de Úbedas *Picara Justina* (1605, dt. nach einer italienischen Fassung 1620/27). Miguel de Cervantes' *Don Quijote* (1605/15), vom ersten Übersetzer als eine Art Schwankbuch mißverstanden, erschien erst 1648 in einer unvollständigen und verstümmelten deutschen Fassung. Von den französischen *romans comiques* wurde allein Charles Sorels *Histoire comique de Francion* (1623/26/33) ins Deutsche übertragen (1662 und 1668). Allerdings fand auch ein weiterer spanischer Pikaroroman über eine französische Bearbeitung seinen Weg nach Deutschland (Francisco de Quevedo Villegas: *Historia de la vida del Buscón,* 1626, dt. 1671). Die deutsche Übertragung von Teilen von Richard Heads *The English Rogue* (1665 ff.) machte sich schon den Erfolg des *Simplicissimus* zunutze, wie der Titel *Simplicianischer Jan Perus* (1672) erkennen läßt.

Das Bild vom spanischen Pikaroroman, das der deutsche Leser des 17. Jahrhunderts und damit auch Grimmelshausen erhielt, beruhte nicht auf einer Kenntnis der spanischen Originale, sondern wurde weitgehend von Übersetzungen und Bearbeitungen geprägt, die in einer anderen geschichtlichen Situation, einem anderen sozialen, politischen und religiösen Kontext entstanden: So verwundert es nicht, daß die Übersetzungen den veränderten Umständen Rechnung trugen und sich eigene Intentionen der Übersetzer bemerkbar machten, zumal derartige Freiheiten beim Übersetzen, das meist zugleich ein Bearbeiten war, als nichts Außergewöhnliches empfunden wurden.

Anders hätte Aegidius Albertinus' *Der Landtstörtzer: Gusman von Alfarche oder Picaro genannt* nicht zustande kommen können, ein Werk, das den ersten Teil von Alemáns Roman mit einem apokryphen zweiten Teil von Juan Martí verband und gleichwohl eine eindeutige Linie verfolgte: Albertinus verstand seine Version des *Guzmán* wie seine anderen Schriften als Beitrag zur Gegenreformation. Im ersten Teil der Bearbeitung erzählt Albertinus die Biographie des Pikaro, nur von wenigen reflektierenden Partien unterbrochen; der allegorisch-erbauliche zweite Teil zeigt den geläuterten Sünder. Er stellt seinen Helden als Beispiel für ein überindividuelles Heilsgeschehen dar und beschreibt, wie man die Welt, den Ort der Sünde, durch gute Werke und ein tugendhaftes Leben überwinden kann. Die Frage, ob mit den Änderungen und Zusätzen die Intention des spanischen Originals verfälscht wird, ist unterschiedlich beantwortet worden, denn die Antwort hängt weitgehend davon ab, wie man den spanischen Roman interpretiert. So stellen für Rötzer, der Auffassungen von Américo Castro und Marcel Bataillon folgt, die spanischen Pikaroromane und damit auch der *Guzmán* „die verzweifelte Anklage einer rassischen Minorität gegen die herrschende Gesellschaft" dar (Rötzer, *Picaro,* S. X), während andere Interpreten im *Guzmán* ein Werk der religiösen Unterweisung sehen, das die Forderungen der Gegenreformation erfülle (vgl. Parker, S. 22). Daher kann Rötzer davon sprechen, daß Albertinus die „sozialen Implikationen" des *Guzmán* zugunsten orthodoxer katholischer Lehre unberücksichtigt lasse (S. 112), während Parker Albertinus als den konsequenten Fortsetzer Alemáns bezeichnet. Unbestritten bleibt, daß Albertinus die religiöse Komponente einseitig verstärkte und die

Grenze vom Roman zum Erbauungsbuch überschritt. Sein *Gusman* wurde bis 1670 noch siebenmal neu aufgelegt.

Ähnlich erfolgreich war der deutsche *Lazarillo* von 1617, der im 17. Jahrhundert noch sechs weitere Auflagen erlebte und schon durch die Wahl der Vorlage zur Entschärfung der sozialkritischen Spitzen des spanischen Romans beitrug: Diese Übersetzung gründete sich auf die gereinigte spanische Fassung (zuerst 1573), die entstand, nachdem die Originalfassung wegen ihrer antiklerikalen Tendenz 1559 auf den Index der verbotenen Bücher gesetzt worden war. 1620 erschien dann Juan de Lunas zweiter Teil des *Lazarillo* (dt. 1653), der das ursprüngliche Konzept moralisierend abwandelte und den Helden als Einsiedler sterben ließ. Der Roman verliert so seine ursprünglichen sozialkritischen und satirischen Züge. Das Leben des Lazarillo wird zum Exempel „für die Instabilität des Glücks in dieser Welt, die nur durch die Absage an die Welt überwunden werden" kann (Rötzer, S. 54).

In eine andere Welt führt der französische *roman comique*, in dem sich Elemente des spanischen Pikaroromans, des hohen Romans und einheimischer Kurzerzählungen verbinden (vgl. Henri Coulet: *Le Roman jusqu'à la Révolution*, Bd. 1, Paris 1967, S. 192). Der Held von Sorels Francion „hat nur noch die Neigung zum Vagieren und Abenteuern mit dem Picaro gemein, im übrigen ist er ein gentilhomme und keineswegs eine âme vulgaire" (Koschlig, *Ingenium*, S. 74). Ihm fehlen jegliche asketische Anwandlungen, und er endet keineswegs als Einsiedler, sondern erringt mit seiner Geliebten eine seinem noblen Herzen entsprechende soziale Stellung. Zugleich gibt der Roman ein umfassendes satirisches Bild der französischen Gesellschaft des 17. Jahrhunderts und trifft als literarische Satire das Preziösentum seiner Zeit. Es sind zwei deutsche Übersetzungen bekannt: Die erste erschien 1662 in Frankfurt *(Warhafftige vnd lustige Histori / Von dem Leben des Francion)*, die zweite 1668 in Leiden *(Vollkommene Comische Historie des Francions)*. Grimmelshausen kannte die Übersetzung von 1662 (vgl. auch AB II.1.3.2.).

D. Grimmelshausen: Leben und Umwelt

1. Die untypische Biographie eines Barockdichters: Umriß

Die Biographie Grimmelshausens verdient nicht nur deshalb Interesse, weil sie sich so radikal vom typischen Lebenslauf eines humanistischen Gelehrtendichters unterscheidet, sondern sie muß auch deswegen einbezogen werden, weil es einen engen Zusammenhang zwischen Roman und Leben zu geben scheint, der bei einem wesentlichen Teil der biographischen Forschung zu dem eher gewagten Versuch einer wechselseitigen Erhellung von *Simplicissimus* und Biographie geführt hat. Der Grund für dieses methodische Vorgehen liegt in der einfachen Tatsache, daß für die ersten zwanzig Lebensjahre Grimmelshausens keinerlei dokumentarisches Material überliefert ist und man glaubte (und weiterhin glaubt), Roman und Dichterbiographie in Beziehung setzen zu dürfen. Während man allerdings in der Anfangszeit der Grimmelshausenforschung den Roman als quasi-autobiographisches Werk las, war man später vorsichtiger und suchte durch eine vergleichende Betrachtung von historischen Begebenheiten, Anspielungen in anderen Werken und Biographie des Romanhelden die Lücken in Grimmelshausens Lebenslauf zu schließen. Damit wird man sich mangels zureichender Dokumentation behelfen müssen, auch wenn sich die so erschlossene Biographie des Romanciers vor allem durch einen Wortschatz aus dem Bereich der Möglichkeit auszeichnet („wird er wohl auch dabei gewesen sein").

Geboren wurde er 1621 oder 1622 im hessischen Gelnhausen. Näher läßt sich das Geburtsdatum nicht bestimmen, will man nicht den letztlich unbeweisbaren astrologischen Kombinationen Weydts folgen. Man nimmt an, daß er nach dem frühen Tod seines Vaters Johann Christoph – seine Mutter heiratete 1627 in zweiter Ehe den Sohn eines Frankfurter Buchhändlers – in Gelnhausen blieb und von seinem Großvater Melchior Christoph aufgenommen wurde, der sich nicht mehr „von Grimmelshausen" nannte, wie ja auch seine Existenz als Bäcker und Besitzer einer Weinwirtschaft kaum mit einem Adelsprädikat in Einklang zu bringen ist.

In der lutherischen Reichsstadt Gelnhausen, die damals etwa 1500 Einwohner zählte, gab es eine Lateinschule, die Grimmelshausen einige Zeit besucht haben dürfte. Doch 1634 griff der Krieg auch auf die Wetterau über, und Gelnhausen fiel nach der Schlacht bei Nördlingen (5./6. September 1634), mit der die Schweden ihre Vormachtstellung in Süddeutschland verloren, den nachrückenden kaiserlichen Truppen zum Opfer. Die Stadt wurde geplündert und gebrandschatzt (um den 15. 9. 1634), die Bevölkerung floh in die von Schweden und Hessen besetzte Festung Hanau. Selbst fünfzig Jahre danach hatte sich Gelnhausen noch nicht von den Kriegsfolgen erholt, Anlaß für ein Schreiben des Rats an den Kurfürsten von der Pfalz, in dem darauf verwiesen wird,

Daß diese stadt von des Herrn Cardinal Infants armee bei dero Rückzug nach deren hispanischen Niederlanden in anno 1634 außgeplündert, die bürgerschaft meisten theils niedergemacht, die übrige vertrieben und die Statt selbsten in Brandt gesteckt, und so verwüstet worden, daß bei denen noch darzu gekommenen Sterbenslauffen [Pest] selbige eine geraume Zeit nicht bewohnt worden. (Zitiert nach Könnecke, Bd. 1, S. 142 f.)

Für die folgenden Jahre in Grimmelshausens Leben ist man auf Spekulationen angewiesen. Letztlich ist es der *Simplicissimus,* der – bestätigt durch punktuelle außerliterarische Evidenz – überhaupt erst den Versuch möglich macht, das Leben des jungen Grimmelshausen zu rekonstruieren: „Auf der Suche nach einer Spur des Dichters folgen wir weiter dem Lebensschicksal des Simplicius", heißt es unmißverständlich bei Weydt (*Grimmelshausen,* S. 3). Die weiteren Stationen des in die Kriegswirren hineingerissenen Grimmelshausen wären also – nach dem angenommenen Aufenthalt in Hanau – die Verschleppung durch einen

Trupp kroatischer Soldaten ins Stift Hersfeld (Anfang 1635); anschließend, am 25. 2. 1635, wenn man einer Angabe im *Ewig-währenden Calender* Grimmelshausens Glauben schenken kann, die Gefangennahme durch hessische Soldaten, die ihn nach Kassel führten; dann die Teilnahme – jetzt auf kaiserlicher Seite – an der Belagerung von Magdeburg (Mai 1636) und der Schlacht bei Wittstock (4. Oktober 1636), die der sächsisch-kaiserlichen Armee eine schwere Niederlage brachte. Aber gerade die Schilderung der Schlacht bei Wittstock im *Simplicissimus* (II, 27), die häufig als Beleg für Grimmelshausens aus dem persönlichen Erlebnis gespeiste, realistische Darstellungsweise genommen wurde, ist ein Produkt kunstvoller Quellenverarbeitung und zeigt so die Gefahren des Versuchs auf, Grimmelshausens Biographie aus dem Roman herauszufiltern. Jedenfalls scheint Grimmelshausen nach einigem Hin und Her fest in kaiserlichen Diensten gestanden zu haben, zunächst wegen seiner Jugend sicherlich nicht als aktiver Soldat. In den Jahren 1637 und 1638 gehörte Grimmelshausen wahrscheinlich dem Leibdragonerregiment des kaiserlichen Feldmarschalls Graf Hans von Götz an, der in Westfalen stationiert war, bis er Ende März 1638 zum Entsatz Breisachs an den Oberrhein befohlen wurde. Hier hatte sich die Lage für die Kaiserlichen entscheidend verschlechtert, nachdem es Bernhard von Sachsen-Weimar gelungen war, Rheinfelden und Freiburg zu erobern, und er nicht mehr daran gehindert werden konnte, die den Oberrhein beherrschende Festung Breisach zu belagern. Alle Versuche, Breisach zu entsetzen, scheiterten. Die Festung fiel am 9. Dezember, aber schon vorher war der glücklos operierende Götz abgesetzt und verhaftet worden.

Die verwirrende, kaum unterscheidbare Mischung von fiktivem und wirklichem Lebenslauf findet erst mit den Dokumenten ein Ende, die Grimmelshausen im Dienst Hans Reinhards von Schauenburg zeigen, der seit 1638 die Besatzung der Reichsstadt Offenburg befehligte. Wann Grimmelshausen in das neugeworbene Regiment übertrat, ist allerdings nicht belegt, wenngleich eine vielzitierte Kalendergeschichte („Platteißlein") das Jahr 1639 nahezulegen scheint (*Ewig-währender Calender,* S. 140–142). Vom Musketier stieg Grimmelshausen zum Schreiber in der Regimentskanzlei auf. Schriftstücke in seiner Handschrift sind von 1644 an überliefert (vgl. Penkert, S. 10ff.). Kurz vor Kriegsende nahm er noch einmal an einem Feldzug in Bayern teil, und zwar als verantwortlicher Sekretär in der Regimentskanzlei des Obristen Johann Burkhard von Elter, eines Schwagers des Offenburger Kommandanten. Nach seiner Rückkehr nach Offenburg heiratete der inzwischen zum Katholizismus übergetretene Grimmelshausen am 30. August 1649 Catharina Henninger, die am 10. November 1628 geborene Tochter Johann Henningers, eines angesehenen Zaberner Bürgers und späteren Ratsherrn, der ebenfalls im Regiment des Schauenburgers gedient hatte. Der Eintrag im Kirchenbuch der katholischen Pfarrei lautet:

Eiusdem diei der Ehrbare Johann Jacob Christoff Von Grimmelshausen des Lob. Elterischen Regiments Secretarius, Herrn Johannis Christoffen Grhsn.-Burger zu Gelnhaußen hinderl. Ehel. Sohn: mit der Tugendsamen Catharina Henningerin praedicti dñi Heningers

Ehel. Dochter. (Arthur Bechtold: *Grimmelshausen-Einträge in den Kirchenbüchern von Oberkirch und Renchen.* In: Die Ortenau 1–2, 1910/11, S. 116)

Die Eheschließung bedeutete für Grimmelshausen einen gesellschaftlichen Aufstieg und „ist gleichzeitig die äußere Dokumentation seines Übergangs vom unruhigen Soldatenleben in die Seßhaftigkeit eines bürgerlichen Standes" (Weydt, *Grimmelshausen*, S. 8). Im selben Jahr trat er in den Dienst seines früheren Kommandanten Hans Reinhard und dessen Vetter Carl Bernhard von Schauenburg, deren Stammsitz in Gaisbach bei Oberkirch lag. Grimmelshausen siedelte sich in Gaisbach an und bekleidete dort von 1649 bis 1660 die Stelle eines schauenburgischen ‚Schaffners'. In den Jahren 1657/58 schenkte er auch Wein aus. Von 1662 bis zum Frühjahr 1665 versah Grimmelshausen eine ähnliche Verwalterstelle auf der nahegelegenen Ullenburg, die Dr. Johannes Küeffer, ein bekannter Straßburger Arzt mit Verbindungen zu den dortigen literarischen Kreisen, als Pfandlehen erhalten hatte. Anschließend betrieb er wieder eine Wirtschaft in Gaisbach, die er – wie seine erste – ‚Zum Silbernen Stern' nannte, bis es ihm 1667 mit der erfolgreichen Bewerbung um die Schultheißenstelle im benachbarten Renchen endgültig gelang, die Existenz seiner vielköpfigen Familie – zehn Kinder wurden zwischen 1650 und 1669 geboren – zu sichern. Fast die gesamte literarische Produktion Grimmelshausens, bis auf zwei schon 1666 erschienene Schriften, wurde während seiner Renchener Zeit veröffentlicht. Ab 1673 wurde der Oberrhein wieder Kriegsschauplatz, und der Eintrag über Grimmelshausens Tod im Renchener Kirchenbuch verweist in etwas unklarer Weise darauf, daß sich der Schultheiß wegen der herrschenden Kriegsunruhen zum Kriegsdienst gemeldet hatte. Er starb jedoch am 17. August 1676, „durch frommen Empfang des Sakraments der Eucharistie gestärkt", im Kreis seiner Familie. Seine Frau Catharina überlebte ihn um beinahe sieben Jahre; sie starb am 23. März 1683.

2. Beruf

Mit seiner Heirat, der Ansiedlung in dem kleinen Gaisbach bei Oberkirch und der Übernahme einer Stelle als ‚Schaffner' oder ‚Oeconomus' bei Hans Reinhard und Carl Bernhard von Schauenburg begann für Grimmelshausen ein ausgesprochen bürgerliches Dasein, das ihm schließlich auch – über eine weitere Schaffnerstellung und ein Zwischenspiel als Gastwirt – als Schultheiß von Renchen die Sicherheit einer öffentlichen Anstellung brachte. Als Schaffner, d. h. Vermögensverwalter, Wirtschafts- und Rechnungsführer, erhielt Grimmelshausen neben einer Dienstwohnung und Naturalleistungen (Korn, Wein) eine Besoldung von 50 Gulden im Jahr. Im Verlauf seiner Tätigkeit für die Schauenburger erwarb er einigen Grundbesitz, den er allerdings nach Beendigung des Dienstverhältnisses teilweise zur Begleichung der von ihm erwirtschafteten Fehlbeträge (Rezesse) verwenden mußte. Als er sich 1667 beim Bischof von Straßburg um die Renchener Schultheißenstelle bewarb, reichte sein Vermögen nicht aus, die erforderliche Kaution zu stellen, und sein Schwiegervater, inzwischen Ratsherr in Zabern, mußte einspringen. Ein Schultheiß war, so definierte es Adelung, „eine obrigkeitliche Person [...], welche für die Aufrechterhaltung der Polizey [= öffentliche Ordnung, Verwaltung] und guten Ordnung sorgt, die Befehle des Gerichtsherren vollziehet, die Abgaben einsammelt und weiter liefert, zuweilen auch der Dorfrichter, oft aber noch von demselben verschieden ist" (Johann Christoph Adelung: *Grammatisch-kritisches Wörterbuch der Hochdeutschen Mundart,* revidiert von Franz Xaver Schönberger, Wien 1808, Bd. 3., Sp. 1675; vgl. Mauser, *Grimmelshausen,* S. 57). Niedere Gerichtsbarkeit und Polizeigewalt gehörten also zu Grimmelshausens Aufgabenbereich – Akten zeigen ihn beispielsweise beschäftigt mit Ehekontrakten und anderen Verträgen, Strafverfügungen (etwa wegen unerlaubten Weinzapfens) und Amtshilfe für die übergeordneten Behörden –, ebenso die Eintreibung und Verwaltung herrschaftlicher Gelder. Mit dem Beginn der Kriegshandlungen 1673 stellten sich neue Probleme, und die erhaltenen Dokumente weisen Grimmelshausen als politisch einsichtigen Fürsprecher für die Einwohner seines Amtsbereichs gegenüber dem Straßburger Bischof und Landesherrn Franz Egon von Fürstenberg aus. Es ging um eine gerechtere Verteilung der drückenden Kontributionen, ein Anliegen, das der mit der französischen Seite sympathisierende Bischof nicht günstig aufnahm. Die benachbarten Gemeinden hätten ausdrücklich versprochen, schreibt Grimmelshausen 1673, „Ihren gebührenden antheil" an den vergangenen und zukünftigen Quartierkosten und Kontributionen zu übernehmen:

> Wie dan solches nicht allein den Rechten und Vernunfft-Gemeß, daß in dergleichen fällen Ein Glied dem Andern Secundirn: und die gemeine onera mit portirn solle, Sondern es gibt auch solches die wahre Policey, damit nit Ein ordt durch so schwere ohnerschwingliche lässte gantz Verderbt und Gnädigster Herrschaft zu untüchtigen Underthanen gemacht werde [...]. (Zitiert nach Penkert, S. 18)

Gerade dies scheint aber trotz der Mahnungen Grimmelshausens in Renchen, das bald darauf Kriegsschauplatz wurde, geschehen zu sein. Die Unfähigkeit oder Unwilligkeit der Untertanen, ihren Abgabeverpflichtungen nachzukommen, ist mehrfach dokumentiert: „Wegen der Underthanen im Amt Oberkirch erzeigender Widerspentzigkeit" wurde am 16. September 1674 eine Kommission eingesetzt; es sei nichts aus den Untertanen des Amtes Oberkirch herauszubringen, heißt es im Januar 1676, obwohl die Beamten durch ein „scharpfes Decret" zu hartem Durchgreifen angehalten worden seien; und Ende 1676 meldet ein Bericht, die Untertanen hätten „ihre äußerste armuth undt höchste Unmoglichkeit den geringsten pfenning anietzo zuzugeben", vorgewendet (zitiert nach Könnecke, Bd. 2, S. 196–198).

Grimmelshausen befand sich in einer schwierigen Situation, in einem Geflecht sozialer Abhängigkeiten und gesellschaftlicher Hierarchien, in die er sich einfügte und die sein Leben bestimmten. Auch wenn er sich nachdrücklich für die Interessen Renchens und seiner Bewohner einsetzte, war er letztlich Vertreter der Obrigkeit gegenüber den Untertanen. Entgegen den romantisierenden Vorstellungen vom Volksmann und Volksdichter Grimmelshausen mußte ihn sein Amt von vornherein von der bäuerlichen Bevölkerung, dem ‚Volk‘, distanzieren. Das war in seiner früheren Funktion als Schaffner nicht anders. Hier war er – in seiner ersten Stellung – „reiner Interessenvertreter der schauenburgischen Adelsfamilie gegenüber den Bauern" (Gebauer, S. 352), der die Abgaben einzutreiben, die säumigen Zahler zu mahnen und gegebenenfalls durch Gerichtsbeschlüsse die Erfüllung der herrschaftlichen Forderungen zu erzwingen hatte. Dies war um so schwieriger, als die den Schauenburgern abgabepflichtigen Gegenden durch den Krieg schwer mitgenommen waren, so daß es den Bauern „oft beim besten Willen nicht möglich war, voll und rechtzeitig ihren Pflichten nachzukommen" (Könnecke, Bd. 2, S. 42).

Eine seiner zahlreichen Reisen zur Untersuchung verschiedener Forderungen („Gehorsambe relation meiner Verrichtung zu Cappel den 19ten und 20ten Augusti Anno 1654.") zeigt, daß in manchen Fällen der Umfang der Lasten unklar geworden war und die Unsicherheit weitere Nachforschungen erforderlich machte; die „relation" macht aber auch deutlich, wie nachdrücklich Grimmelshausen die Forderungen seiner Dienstherrn vertrat:

> Waß N 10 ahnbelangt, ist Hannß Speth Zu Waldtulm mit brieffen und Colligenten überwißen worden, daß Er die 90 fl. 5 sch. Capital schuldig, hatt sich vernehmen laßen, wan Er diß Capital von seinen schlechten gueth verzinßen müßle, könde Er nit mehr darauff haußen; ist Ihme darauff hin 14 Tage bedenckh Zeit gegeben worden, nach Verlauffung derselben sich zuentschließen, ob Er Jahrlich die Zinß Reichen: oder Meinen Gn. Herrn das Gueth heimschlagen wolle. (Zitiert nach Könnecke, Bd. 2, S. 83)

Wo es nicht möglich war, die Forderungen auf diese Weise einzutreiben, gehörte es zu Grimmelshausens Aufgaben, die Interessen seiner Dienstherrn vor Gericht zu vertreten und durchzusetzen (vgl. Könnecke, Bd. 2, S. 87 f.). Auch während seines Schaffnerdienstes auf der Ullenburg werden die Gerichte bemüht, um Schuldner zur Zahlung zu bewegen bzw. die Exekution zu beantragen. Der Rebmann Georg Hurst schuldet „22 fl. 2 sch. 9 pf.", weist aber darauf hin, daß er durch bestimmte Leistungen seine Schuld verringert habe, und bittet um Aufschub für den Restbetrag. Nachdem der „Schaffner replicirt" und die Einlassungen Hursts zurückgewiesen hatte, kommt das Gericht am 9. Februar 1665 zum Beschluß:

> Beschaydt. Hurst soll deme vom Ambt ergangenen Decret zu folg, Inner 4 Wochen diser geklagte schuldt sambt den Uncosten bezahlen oder seine Reben im Herßpengrundt gerichtlich verkaufft undt die schuldt darauß bezahlt werden. (Zitiert nach Könnecke, Bd. 2, S. 174)

Daß in den dichterischen Werken Grimmelshausens, die zeitlich später liegen, eine kritische Distanz zu einer derartigen Tätigkeit zu verspüren ist (vgl. z.B. *Vogelnest*, S. 67 f.), mag auf seine Erfahrungen als Vertreter herrschaftlicher Interessen zurückgehen. Ob sich allerdings „seine Einstellung zur sozialen und

wirtschaftlichen Situation der Bauern tatsächlich entscheidend verändert hat",
wie Gebauer unter Berufung auf Grimmelshausens spätere dichterische Werke
schließt (S. 354), läßt sich auf diese Weise nicht feststellen: Derartige direkte
Rückschlüsse vom Werk auf das Leben, wie sie in der Grimmelshausenforschung eine lange, unglückliche Geschichte haben, negieren den Fiktionscharak-
ter der Texte. Außerdem ist es nicht undenkbar, daß schon der Schaffner Grimmelshausen – wie dann auch der Schultheiß – manches an der zeitgenössischen
Praxis der Herrschaftsausübung auszusetzen fand, ohne daß er deswegen darauf
hätte verzichten müssen, seinen genau festgelegten Amtspflichten nachzukommen.

3. Grimmelshausen – „gesellschaftlich alleingelassen"?

Der Großvater des Dichters, der Bäcker Melchior Christoph, den man, „um
einen modernen, aber passenden Ausdruck anzuwenden, für einen Radikalen zu
halten" habe, soll wegen dieser Gesinnung sein Adelsprädikat aufgegeben haben
(Könnecke, Bd. 1, S. 109). Wie Urkunden bezeugen, hat der Simplicissimusdichter schon früh wieder auf den Adelstitel zurückgegriffen, ohne daß bekannt
wäre, daß er damit einen gesellschaftlichen Anspruch verbunden hätte. Allerdings ist es bemerkenswert, daß nur die beiden höfisch-erbaulichen Romane des
Dichters (*Dietwalts und Amelinden anmuthige Lieb- und Leids-Beschreibung*,
1670; *Des Durchleuchtigen Printzen Proximi, und Seiner ohnvergleichlichen
Lympidae Liebs-Geschicht-Erzehlung,* 1672) und ein politischer Diskurs
(*Zweyköpffiger Ratio Status*, 1670) unter seinem eigentlichen Namen erschienen sind. Diese drei Schriften sind Angehörigen des Adels gewidmet. Sie enthalten Beigaben und Ehrengedichte, die nicht außer acht gelassen werden können,
wenn es um das Selbstverständnis Grimmelshausens und die Bestimmung seines
sozialen Standorts geht.

Nicht nur die Widmungen an oberrheinische Adlige lassen auf ein Bemühen
Grimmelshausens schließen, mit dem Adel seiner Landschaft in ein Verhältnis zu
kommen, auch die beigegebenen Gedichte verweisen möglicherweise darauf,
daß es dem „geringen Dorfschultes" – so bezeichnete ihn Quirin Moscherosch –
„um Anerkennung, Achtung, vielleicht sogar Gleichberechtigung beim Adel" zu
tun war (Koschlig, *Ingenium, S.* 106). Jedenfalls erlauben die Lobpreisungen
seiner Person – dick aufgetragenes Selbstlob, wenn die entsprechenden Texte aus
seiner Feder stammen – diesen Schluß. So heißt es im „Glückwünschenden
Zuruff An den unvergleichlichen Herrn / Herrn Joh. Christoff von Grimmelshausen", den ein gewisser Urban von Wurmsknick auff Sturmdorff zu *Dietwalt
und Amelinde* beisteuerte, nach einem ausführlichen Lob des *Simplicissimus*:

> Aber wo geraht ich hin? Edler Herr von Grimmelshausen!
> Mich deucht ich hör seine Wort stets in meinen Ohren sausen:
> Was ich an das Tag-Liecht bringe Geschicht zu des Nechsten Nutz /
> Zu der bösen Welt Auffdeckung und dem tollen Neid zu Trutz /

Der mag rasen immerhin / und mich als ein Hund anbellen /
Auch vor Zorn und grimmer Wuht als Gifft-sauffend aufgeschwellen /
Werd ich doch nicht unterlassen anzusetzen meinen Kiel /
Nur zu Lieb der edlen Wahrheit / ob ich gleich gewinn nicht viel.

(Dietwalt und Amelinde, S. 102)

Etwas später schreibt der pseudonyme Verfasser im Zusammenhang mit *Dietwalt und Amelinde:*

O wie wird sein edler Nahm auch durch diß Buch sich erschwingen /
Und bey dem gelehrten Volck aus der massen wol erklingen?
[...]
Wol! Herr Grimmelshausen sey lange Jahre reich beglücket /
Und werd hier von jederman hold und liebwehrt angeblicket.

(Ebd. S. 103)

Daß Grimmelshausen damit auf Angriffe des Adels und der Gelehrten antwortet, wie Koschlig annimmt (*Ingenium,* S. 107), läßt sich ebensowenig belegen wie die Vermutung, daß es nicht allein um den geistigen Adel des Dichters geht. Eindeutig ist hingegen das Bemühen um literarische Anerkennung, das auch aus der Werbung für seine satirischen Schriften und den Hinweisen auf die eigene Universalität spricht. Im „Sonnet" des Vorspanns zu *Dietwalt und Amelinde* wird er als wahrer Proteus bezeichnet, ohne daß jedoch der grundsätzliche Zusammenhang seines Werkes verlorengehe:

Er schreibe was Er woll / von schlecht: von hohen Sachen /
von Schimpf / von Ernst / von Schwäncken die zu lachen machen
vom Simplicissimo, der Meuder und dem Knaan
von der Courage alt / von Weiber oder Mann
vom Frieden oder Krieg / von Bauren und Soldaten
von Aenderung eins Staads / von Lieb von Heldenthaten
so blickt doch klar herfür / daß Er nur Fleiß ankehr
wie Er mit Lust und Nutz den Weg zur Tugend lehr.

(Dietwalt und Amelinde, S. 7)

Grimmelshausen war kein Teil der oberrheinischen Adelswelt. Als Schaffner oder als Schultheiß fehlte ihm eine entsprechende gesellschaftliche Stellung, ein Mangel, der auch durch den Adelstitel nicht wettzumachen war. Da er auf keine formale akademische Ausbildung zurückblicken konnte, war ihm die Möglichkeit genommen, sich auf andere Weise der exklusiven Adelswelt anzunähern; zugleich schloß ihn dieser Umstand vom akademisch gelehrten Bürgertum und dem damit verbundenen Status aus. Sowohl das Werben um Anerkennung als auch die empfindliche Reaktion auf literarische Kritik von seiten ‚gelehrter' Schriftsteller (Zesen) verweisen auf das Außenseitertum Grimmelshausens in einer von Tradition, Besitz und gelehrter Bildung geprägten Umwelt.

Auch wenn man „die falsche Vorstellung vom isolierten ‚Dorfpoeten' Gr." nicht teilt (Weydt, *Grimmelshausen,* S. 36), wird deutlich, daß Grimmelshausen am sogenannten literarischen Leben seiner Zeit wenig beteiligt war. Von persönlichen (oder brieflichen) Beziehungen zu zeitgenössischen Literaten ist bis auf geringfügige Ausnahmen nichts bekannt. Nur einmal steuert er Verse zu einem Werk eines anderen bei, kein bekannter Literat verfaßte Widmungsgedichte für Werke Grimmelshausens. (Mögliche Ausnahmen wären allenfalls die Gedichte, die die höfisch-erbaulichen Romane einrahmen, wenn sie – wie allein Weydt annimmt – nicht von Grimmelshausen selber stammen.) Das Widmungsgedicht Grimmelshausens an Quirinus Moscherosch (*Poetisches Blumen-Paradiß*, 1673) galt dem Werk eines Nachbarn, des in Bodersweier bei Kehl als Pfarrer wirkenden Bruders des Satirikers Johann Michael Moscherosch. Von Quirinus Moscherosch stammt andererseits die einzige Charakteristik Grimmelshausens, die auf persönlicher Bekanntschaft beruht. In einem Brief vom Januar 1674 an Sigmund von Birken, in dem er sich über den Nürnberger Verleger Felßecker beklagt, findet sich folgendes Postscriptum:

Es hat der beruffene Simplicissimus, sonsten mein Nachbar, u. nur ein geringer Dorfschultes, aber ein Dauß Eß, u. homo Satyricus in folio, bey H. Felßeckern vor weynachten ein Tractätlein trucken lassen, deßen Titel des Teutschen Michels Sprachengepräng, nach art des Mahlers Farben gemäng, darinnen er die Teutschen SprachHelden recht Satyrisch anzäpfet; möchte wol wünschen, wann Ihm einer nur mit 1. par bögen das Maul stopfte, wanns mein Amt zuliesse, wolte ichs nicht unterlassen. Halte aber er werde in ein wefzennest gestochen haben, die sich schon an ihm rechen werden [...]. (Zitiert nach Hans-Rüdiger Fluck: *Quirin Moscherosch – ein ,Nachbar' Grimmelshausens*. In: Daphnis 5, 1976, S. 557 f.)

Daß man Grimmelshausen die Kritik am pedantischen Gebaren, am übertriebenen Purismus und an extremen orthographischen Reformversuchen von seiten der Betroffenen (Straßburger Tannengesellschaft, Zesen und seine Deutschgesinnte Genossenschaft) heimgezahlt hätte, davon ist nichts bekannt. Der Brief weist jedoch nicht nur darauf hin, daß sich Grimmelshausen mit seinem *Teutschen Michel* (1673) in eine Distanz zum organisierten literarischen Leben seiner Zeit begeben hatte, sondern macht auch deutlich, daß seine gesellschaftliche Stellung („ein geringer Dorfschultes") gegen ihn verwendet werden konnte. Immerhin fehlt es nicht an Anerkennung der menschlichen und literarischen Qualitäten des Simplicissimusdichters („Dauß Eß, u. homo Satyricus in folio": Teufelskerl und Satiriker von großem Format).

Keine der Sprach- und Dichtergesellschaften seiner Zeit führt Grimmelshausen als Mitglied, weder die tonangebende Fruchtbringende Gesellschaft oder die Deutschgesinnte Genossenschaft noch – was näher gelegen hätte – der Pegnesische Blumenorden der Nürnberger oder die Straßburger Tannengesellschaft. Ob der Grund in Grimmelshausens Vorbehalten gegen „das Hochmütige der Gelehrsamkeitsschriftstellerei" zu suchen ist (J. J. Scholte: *Grimmelshausens Beziehungen zur Straßburger Tannengesellschaft*. In: Euphorion 37, 1936, S. 331) oder auf die Ablehnung eines satirischen Schriftstellers schließen läßt, der den

Mangel an formaler akademischer Ausbildung nicht durch eine gehobene gesellschaftliche Stellung auszugleichen in der Lage war, bleibt offen. Bestätigt wird jedoch das Bild von der Einsamkeit, von der Außenseiterrolle des Literaten (nicht des Schultheißen) Grimmelshausen, der – wie es Koschlig formuliert hat – „gesellschaftlich alleingelassen" war (*Ingenium*, S. 11). Damit soll nicht der Vorstellung vom ‚isolierten Dorfpoeten' das Wort geredet werden, denn daß Grimmelshausen über eine beträchtliche Kenntnis der zeitgenössischen Literatur verfügte, deren Rezeption sich in seinen Werken niederschlägt, gehört zu den gesicherten Forschungsergebnissen. An der ‚Einsamkeit' des Schriftstellers Grimmelshausen ändert sich dadurch jedoch nichts.

4. Dichtung und Bildung

Wenn früher die Frage nach dem Bildungsstand und der Literaturkenntnis Grimmelshausens behandelt wurde, dann geschah dies meist – ausgesprochen oder nicht – vor dem Hintergrund der gelehrten Dichtung, mit der das Werk Grimmelshausens nichts gemein zu haben schien: „Wer von der Literatur des 17. Jahrh.s zum Simplicissimus kommt, hat das Gefühl, aus einem wohl angelegten und prunkvoll ausgestatteten Bau in die Natur hinauszutreten" (Newald, S. 375). Gegeneinander ausgespielt werden Begriffe wie Natur, Leben, Wirklichkeit auf der einen und gelehrte Bildung, Schule, Kunst auf der anderen Seite: „Dem Leben und weniger der Lateinschule in Gelnhausen verdankt Grimmelshausen seine Bildung", faßt Newald seine Auffassung des Simplicissimusdichters zusammen, dessen Werk aus „der erzählenden Wiedergabe des Erlebten" komme (ebd. S. 371). Andere sehen „unbewußte Genialität" am Werk (Flemming, S. 384) oder erkennen in Grimmelshausen die Verbindung von „the genius and the uneducated man" (Curt von Faber du Faur: *German Baroque Literature*, Bd. 1, New Haven 1958, S. 286). Auch auf die Vorrede zum *Satyrischen Pilgram* (1666) könnte man in diesem Zusammenhang verweisen, aber gerade sie ist mit ihrer überlegten Verwendung des alten Bescheidenheitstopos ein gutes Beispiel für Grimmelshausens Bildung und seiner Kenntnis literarischer Techniken und Überlieferungen. Momus, der personifizierte literarische Neid, fragt hier, was denn „von einem solchen Kerl wie der Author ist / zu hoffen" sei?

> Man weiß ja wohl daß Er selbst nichts studirt, gelernet noch erfahren: sondern so bald er kaum das ABC begriffen hat / in Krieg kommen / im zehenjährigen Alter ein rotziger Musquedirer worden / auch allwo in demselben liderlichen Leben ohne gute disciplin und Unterweisung wie ein anderer grober Schlingel / unwissender Esel / Ignorant und Idioth, Bernheuterisch uffgewachsen ist [...]. (*Satyrischer Pilgram*, S. 6)

Daß dem nicht so war, ist inzwischen von der Forschung – etwa durch Koschlig und Weydt – klargestellt worden, wenngleich es angesichts der schlechten Quellenlage kaum möglich ist, eine befriedigende Antwort auf die Frage zu geben, wie, wo und wann Grimmelshausen Gelegenheit und Zeit fand, sich die umfangreichen Kenntnisse anzueignen, die aus seinen Werken sprechen. Die

Grundlagen wurden wohl in der protestantischen Lateinschule in Gelnhausen gelegt, die Grimmelshausen sechs oder sieben Jahre besucht haben dürfte. Es war, wie die überlieferten Lehrpläne zeigen, eine an Melanchthons Richtlinien orientierte Schule, die Religionsunterweisung und humanistische Schulung vereinigte und in der Latein von Anbeginn an auf dem Programm stand. Neben Lateinkenntnissen, die nach Weydt „auf einer gehobenen Mittellinie" angesiedelt waren (Weydt, *Nachahmung*, S. 27), hat Grimmelshausen dieser Schule vielleicht auch die Anfangsgründe des Griechischen zu verdanken. Kenntnisse in modernen Fremdsprachen wurden dort allerdings nicht vermittelt. Während z.B. Gryphius, der seine Schulausbildung gleich mehrfach unterbrechen mußte, die Möglichkeit erhielt, seine Studien unter dem Schutz einer adeligen Familie fortzusetzen, bedeutete für Grimmelshausen die Begegnung mit dem Krieg das Ende seiner formalen Ausbildung, die er dann wohl durch eine ausgedehnte eigene Lektüre ersetzt hat. Auch die Tätigkeit in der Offenburger Kanzlei, die von dem Magister Johann Witsch, also einem akademisch gebildeten Mann, geleitet wurde, hat gewiß zu seiner Weiterbildung beigetragen. Der Umstand, daß er überhaupt in die Kanzlei aufgenommen wurde, spricht dafür, daß er mehr als nur eine rudimentäre Volksschulbildung mitbrachte.

Weydt hat in einem Verzeichnis etwa 150 Werke aufgeführt, die Grimmelshausen kannte. Daß man im Einzelfall anderer Meinung sein kann, ändert nichts an dem grundsätzlichen Befund, der Gewißheit einer bedeutenden literarischen Bildung, die keineswegs auf die ‚volkstümliche' deutsche Literatur des 16. Jahrhunderts beschränkt war, wie es das Mißverständnis vom literarisch etwas rückständigen, dafür nationalbewußten Volksdichter nahzulegen scheint:

> Was er verschlungen hat und worin er sich zu Hause fühlte, das war zunächst die volkstümliche deutsche Dichtung des sechzehnten Jahrhunderts von Hans Sachs bis Fischart, die Volksbücher und Schwanksammlungen eingeschlossen. Darin begründet sich von vornherein seine Überlegenheit über die modisch gezierten, auf weiten Bildungsreisen geschulten Zeitgenossen des Barock, daß er nicht entwurzelt war. Er gefiel sich nicht in einem überheblichen Gegensatz gegen das Altfränkische, sondern hing ihm mit Liebe an. (Petersen, S. 591)

Aber auch wenn man Grimmelshausens Liebe für das „Altfränkische", für das seine gelehrten Zeitgenossen in der Tat wenig übrig hatten, einräumt (und Petersens chauvinistische Tendenzen übersieht), dürfen die vielfältigen Beziehungen zur europäischen Renaissance- und Barockdichtung nicht unterbewertet werden. Sicherlich kannte und verwertete Grimmelshausen ‚volkstümliche' deutsche Literatur von der Parzival-Inkunabel von 1477, Schwanksammlungen und Meisterliedern bis hin zu verschiedenen ‚Volksbüchern', doch auf dieser Basis allein wären weder der *Simplicissimus* noch die meisten seiner anderen Werke möglich gewesen. Grimmelshausen war vielmehr mit neueren Entwicklungen der romanischen und deutschen Literatur vertraut, griff auf historische Werke zurück, wenn es um die geschichtliche Fundierung seiner Werke ging, und beteiligte sich etwa in seinem *Teutschen Michel* an der aktuellen Diskussion über den Zustand der deutschen Sprache. Daß es gelingen konnte, derart zahlreiche Quellen Grimmelshausens ausfindig zu machen, stellt ihn in die Nähe der Gelehrtendichter seiner Zeit und ihrer Arbeitsweise: „Nicht Originalität, Erfahrung und Spontaneität gelten im 17. Jahrhundert als Wert, sondern Wissen, Kenntnis und Gelehrsamkeit. Dies trifft auch für Grimmelshausen zu" (Mauser, *Grimmelshausen*, S. 67). Spanisches Erbauungsschrifttum (Antonio de Guevara), europäische Erzähl- und Romanliteratur (Alemáns *Guzmán de Alfarache* in der Bearbeitung von Aegidius Albertinus, Charles Sorels *Francion*, Harsdörffer, Moscherosch, Zesen etc.), Texte der Antike (Horaz' *Ars Poetica*), Hausväterliteratur, astrologische, historische und merkwürdig-kuriose Werke – dies alles hat neben zahlreichen anderen Texten seine Spuren in den Schriften Grimmelshausens hinterlassen. Dazu kommen Nachschlagewerke verschiedener Art, darunter auch die vielzitierte und häufig verwertete *Piazza Universale* des Tommaso Garzoni (deutsch zuerst 1619, 4. Auflage 1659), die ihm aber keineswegs „eine ganze Bibliothek" ersetzte, wie es sich noch Scholte vorstellte (J. H. Scholte: *Zonagri Diskurs von Waarsagern*, Amsterdam 1921, S. 150).

Da Grimmelshausens umfangreiches Werk innerhalb eines verhältnismäßig kurzen Zeitraums, von 1666 bis 1675, erschien, darf man wohl annehmen, daß er wenigstens teilweise auf ältere Vorarbeiten zurückgreifen konnte, denn immerhin war er schon Mitte Vierzig, als seine ersten Schriften erschienen. Ob er allerdings bereits als Soldat in Westfalen Zugang zu Büchern hatte (wie Simplicius, der sich in der Garnison von Lippstadt vom Pfarrer Lesestoff lieh), mag offenbleiben, doch ergaben sich später genügend andere Möglichkeiten: Auf der Ullenburg, die dem literarisch interessierten Dr. Küeffer gehörte, war eine größere Bibliothek vorhanden, ebenso in einem benachbarten Kloster, zu dem Grimmelshausen Beziehungen hatte. Außerdem liegt die Vermutung nahe, daß ihm seine Verleger in Straßburg und Nürnberg Bücher zur Verfügung stellten, und vielleicht halfen ihm auch die Verbindungen seiner Mutter, die 1627 in zweiter Ehe den Sohn eines Frankfurter Buchhändlers geheiratet hatte.

Daß Grimmelshausen seine Werke neben seinen bürgerlichen Tätigkeiten als Verwalter, Gastwirt und Schultheiß niederschrieb, braucht nur insofern zu verwundern, als dies im 17. Jahrhundert üblicherweise nicht die Berufe waren, die Poeten ausübten. Im übrigen war Grimmelshausen kein Ausnahmefall, so daß seine literarische Tätigkeit keiner besonderen Erklärung bedarf. Daher klingen die Vermutungen vom Mäzenatentum der Schauenburger wie ein Teil einer neuen Legende in der so legendenreichen Grimmelshausenforschung: Es gibt keinen Grund für die Annahme, daß „die uns unbekannten Jahre nach 1660 wie die der angeblichen Selbständigkeit im ‚Silbernen Stern' nicht Jahre des Exils, sondern Jahre des gebilligten und geförderten dichterischen Asyls gewesen seien" und „daß man Grimmelshausen, wenn man ihn von der einen Tätigkeit freistellte, mit bibliothekarischen oder literarischen Arbeiten betraut hätte" (Weydt, *Nachahmung*, S. 42, 431 f.).

Bibliographie zu AB I

Die folgende Bibliographie enthält neben den im Text zitierten Werken eine Auswahl weiterer wichtiger Literatur zur allgemeinen Geschichte der Zeit, einschließlich der Sozial-, Wirtschafts-, Rechts- und Kulturgeschichte.

Zu A: Deutschland im 17. Jahrhundert

Abel, Wilhelm: Agrarkrisen und Agrarkonjunktur. Eine Geschichte der Land- und Ernährungswirtschaft Mitteleuropas seit dem hohen Mittelalter, Hamburg u. Berlin ³1978

Abel, Wilhelm: Massenarmut und Hungerkrisen im vorindustriellen Europa. Versuch einer Synopsis, Hamburg u. Berlin 1974

Absolutismus. Hrsg. von Walther Hubatsch, Darmstadt 1973

Ashley, Maurice: Das Zeitalter des Barock. Europa zwischen 1598 und 1715, München 1978

Ballauf, Theodor u. Schaller, Klaus: Pädagogik. Eine Geschichte der Bildung und Erziehung. Bd. 2: Vom 16. bis zum 19. Jahrhundert, Freiburg u. München 1970

Barner, Wilfried: s. Gesamtbibl.

Becker, Gabriele/Brackert, Helmut/Brauner, Sigrid/Tümmler, Angelika: Zum kulturellen Bild und zur realen Situation der Frau im Mittelalter und in der frühen Neuzeit. In: Aus der Zeit der Verzweiflung. Zur Genese und Aktualität des Hexenbildes, Frankfurt/M. 1977, S. 11–128

Blaich, Frich: Die Epoche des Merkantilismus, Wiesbaden 1973

Borkenau, Franz: Der Übergang vom feudalen zum bürgerlichen Weltbild. Studien zur Geschichte der Philosophie der Manufakturperiode, Paris 1934; Nachdruck Darmstadt 1971

Brackert, Helmut: „Unglückliche, was hast du gehofft?" Zu den Hexenbüchern des 15. bis 17. Jahrhunderts. In: Aus der Zeit der Verzweiflung. Zur Genese und Aktualität des Hexenbildes, Frankfurt/M. 1977, S. 131–183

Braudel, Fernand: Die Geschichte der Zivilisation. 15. bis 18. Jahrhundert, München 1971

Brunner, Otto: Adeliges Landleben und europäischer Geist. Leben und Werk Wolf Helmhards von Hohberg 1612–1688, Salzburg 1949

Chaunu, Pierre: Europäische Kultur im Zeitalter des Barock, München u. Zürich 1968

Cohn, Norman: Europe's Inner Demons. An Enquiry Inspired by the Great Witch-Hunt, New York 1975

Deutsche Hofordnungen des 16. und 17. Jahrhunderts. Hrsg. von Arthur Kern, 2 Bde., Berlin 1905–07

Dickmann, Fritz: Der Westfälische Frieden, Münster 1959

Der Dreißigjährige Krieg. Perspektiven und Strukturen. Hrsg. von Hans Ulrich Rudolf, Darmstadt 1977

Der Dreißigjährige Krieg in Augenzeugenberichten. Hrsg. von Hans Jessen, Düsseldorf 1963 (auch als dtv-Taschenbuch 781; danach zitiert)

Durant, Will u. Ariel: Kulturgeschichte der Menschheit. Bd. 11: Europa im Dreißigjährigen Krieg, München 1978 (auch als Ullstein-Taschenbuch 36111)

Eisenbart, Liselotte Constanze: Kleiderordnungen der deutschen Städte zwischen 1350 und 1700. Ein Beitrag zur Kulturgeschichte des deutschen Bürgertums, Göttingen 1962

Elias, Norbert: Die höfische Gesellschaft. Untersuchungen zur Soziologie des Königtums und der höfischen Aristokratie, Darmstadt u. Neuwied [2]1975

Elias, Norbert: Über den Prozeß der Zivilisation. Soziogenetische und psychogenetische Untersuchungen, 2 Bd., Bern [2]1969 (auch als suhrkamp taschenbuch wissenschaft 158/159)

Europäische Hofkultur im 16. und 17. Jahrhundert. Hrsg. von August Buck u. a., 3 Bde., Hamburg 1981

Europäische Wirtschaftsgeschichte. The Fontana Economic History of Europe. Hrsg. von Carlo M. Cipolla. Deutsche Ausgabe hrsg. von K. Borchardt. Bd. 2: Sechzehntes und siebzehntes Jahrhundert, Stuttgart u. New York 1979

Flemming, Willi: Deutsche Kultur im Zeitalter des Barocks, Konstanz [2]1960

Franz, Günther: Der Dreißigjährige Krieg und das deutsche Volk. Untersuchungen zur Bevölkerungs- und Agrargeschichte, Stuttgart u. New York [4]1979

Franz, Günther: Geschichte des deutschen Bauernstandes vom frühen Mittelalter bis zum 19. Jahrhundert, Stuttgart [2]1976

Gegenreformation. Hrsg. von Ernst Walter Zeeden, Darmstadt 1973

Geschichte des jüdischen Volkes. Hrsg. von Haim Hillel Ben-Sasson. Bd. 2: Vom 7.–17. Jahrhundert. Das Mittelalter; Bd. 3: Vom 17. Jahrhundert bis zur Gegenwart, München 1979–80

Geschichte in Quellen. Bd. 3: Renaissance, Glaubenskämpfe, Absolutismus. Bearbeitet von Fritz Dickmann, München [2]1976

Geschichtliche Grundbegriffe. Historisches Lexikon zur politisch-sozialen Sprache in Deutschland. Hrsg. von Otto Brunner, Werner Conze, Reinhart Koselleck, Stuttgart 1972 ff. (bisher erschienen Bd. 1–4)

Handbuch der deutschen Geschichte (Gebhardt). Hrsg. von Herbert Grundmann. Bd. 2: Von der Reformation bis zum Ende des Absolutismus, Stuttgart [9]1970

Handbuch der deutschen Wirtschafts- und Sozialgeschichte. Hrsg. von Hermann Aubin und Wolfgang Zorn, Bd. 1, Stuttgart 1971

Handbuch der europäischen Geschichte. Bd. 3: Die Entstehung des neuzeitlichen Europa. Hrsg. von Josef Engel, Stuttgart 1971

Hanrieder, Norbert: Der oberösterreichische Bauernkrieg, Linz [2]1978

Hartung, Fritz: Deutsche Verfassungsgeschichte vom 15. Jahrhundert bis zur Gegenwart, Stuttgart [9]1962

Heckel, Martin: Staat und Kirche nach den Lehren der evangelischen Juristen Deutschlands in der ersten Hälfte des 17. Jahrhunderts, Tübingen 1968

Henning, Friedrich-Wilhelm: Das vorindustrielle Deutschland 800 bis 1800, Paderborn [3]1977

Hettwer, Hubertus: Herkunft und Zusammenhang der Schulordnungen vom 16. bis 18. Jahrhundert. Eine vergleichende Studie, Diss. Mainz 1964

Hinrichs, Ernst: Einführung in die Geschichte der Frühen Neuzeit, München 1980

Hubatsch, Walther: Das Zeitalter des Absolutismus 1600–1789, Braunschweig [4]1975

Kellenbenz, Hermann: Deutsche Wirtschaftsgeschichte. Bd. 1: Von den Anfängen bis zum Ende des 18. Jahrhunderts, München 1977

Kiesel, Helmuth: ‚Bei Hof, bei Höll‘. Untersuchungen zur literarischen Hofkritik von Sebastian Brant bis Friedrich Schiller, Tübingen 1979

Klein, Ernst: Geschichte der öffentlichen Finanzen in Deutschland (1500–1870), Wiesbaden 1974

Koselleck, Reinhart: Kritik und Krise. Eine Studie zur Pathogenese der bürgerlichen Welt, Freiburg u. München 1959 (auch als suhrkamp taschenbuch wissenschaft 36; danach zitiert)

Kriedte, Peter: Spätfeudalismus und Handelskapital. Grundlinien der europäischen Wirtschaftsgeschichte vom 16. bis zum Ausgang des 18. Jahrhunderts, Göttingen 1980

Kruedener, Jürgen von: Die Rolle des Hofes im Absolutismus, Stuttgart 1973

Kuczynski, Jürgen: Geschichte des Alltags des deutschen Volkes. Bd. 1: 1600–1650, Köln 1980

Lahnstein, Peter: Das Leben im Barock. Zeugnisse und Berichte 1640–1740, Stuttgart 1974

Langer, Herbert: Kulturgeschichte des Dreißigjährigen Krieges, Stuttgart 1978

Lütge, Friedrich: Deutsche Sozial- und Wirtschaftsgeschichte. Ein Überblick, Berlin [3]1966

Lütge, Friedrich: Die wirtschaftliche Lage Deutschlands vor Ausbruch des Dreißigjährigen Krieges. In: Der Dreißigjährige Krieg, hrsg. von H. U. Rudolf, (s. o.), S. 458–539

Maier, Hans: Die ältere deutsche Staats- und Verwaltungslehre, München [2]1980

Mandrou, Robert: Staatsräson und Vernunft, 1649–1775, Frankfurt/M., Berlin u. Wien 1976 (Propyläen Geschichte Europas, Bd. 3)

Meinecke, Friedrich: Die Idee der Staatsräson in der neueren Geschichte. In F. M.: Werke, Bd. 1, München 1957 ([1]1924)

Merzbacher, Friedrich: Die Hexenprozesse in Franken, München [2]1970

Möbius, Helga: Die Frau im Barock, Stuttgart 1982

Möbus, Gerhard: Die politischen Theorien im Zeitalter der absoluten Monarchie bis zur Französischen Revolution, Köln u. Opladen [2]1966

Mottek, Hans: Wirtschaftsgeschichte Deutschlands. Ein Grundriß. Bd. 1: Von den Anfängen bis zur Zeit der Französischen Revolution. Berlin [DDR] [5]1974

Oestreich, Gerhard: Geist und Gestalt des frühmodernen Staates. Ausgewählte Aufsätze, Berlin 1969

Paulsen, Friedrich: Geschichte des gelehrten Unterrichts auf den deutschen Schulen und Universitäten vom Ausgang des Mittelalters bis zur Gegenwart, Bd. 1, Leipzig [3]1919

Polisenský, Josef: Der Krieg und die Gesellschaft in Europa 1618–1648, Wien 1971

Quellen zur Geschichte des Deutschen Bauernstandes in der Neuzeit. Hrsg. von Günther Franz, Darmstadt 1963

Redlich, Fritz: Die deutsche Inflation des frühen siebzehnten Jahrhunderts in der zeitgenössischen Literatur: Die Kipper und Wipper, Köln u. Wien 1972

Rittmann, Herbert: Deutsche Geldgeschichte 1484–1914, München 1975

Schoeps, Hans-Joachim: Deutsche Geistesgeschichte der Neuzeit. Bd. 2: Das Zeitalter des Barock. Zwischen Reformation und Aufklärung, Mainz 1978

Soldan, Wilhelm Gottlieb u. Heppe, Heinrich: Geschichte der Hexenprozesse. Neu bearbeitet und hrsg. von Max Bauer, 2. Bde., Nachdruck der 3. Aufl., Hanau 1968–69

Staatsdenker im 17. und 18. Jahrhundert. Reichspublizistik, Politik, Naturrecht. Hrsg. von Michael Stolleis, Frankfurt/M. 1977

Ständische Vertretungen im 17. und 18. Jahrhundert. Hrsg. von Dietrich Gerhard, Göttingen [2]1974

Steinberg, Sigfrid Henry: Der Dreißigjährige Krieg und der Kampf um die Vorherrschaft in Europa 1600–1660, Göttingen 1967

Trevor-Roper, Hugh Redwald: Religion, Reformation und sozialer Umbruch. Die Krisis des 17. Jahrhunderts, Frankfurt/M., Berlin u. Wien 1970

Trunz, Erich: Der deutsche Humanismus um 1600 als Standeskultur. In: Deutsche Barockforschung. Dokumentation einer Epoche. Hrsg. von Richard Alewyn, Köln u. Berlin 1965, S. 147–181

Vierhaus, Rudolf: Deutschland im Zeitalter des Absolutismus (1648–1763), Göttingen 1978

Weber, Max: Die protestantische Ethik I. Hrsg. von Johannes Winckelmann, München u. Hamburg [2]1969

Wegdwood, Cicely Veronica: Der Dreißigjährige Krieg. München 1967

Wieacker, Franz: Privatrechtsgeschichte der Neuzeit unter besonderer Berücksichtigung der deutschen Entwicklung, Göttingen [2]1967

Wolf, Erik: Große Rechtsdenker der deutschen Geistesgeschichte, Tübingen [4]1963

Wundt, Max: Die deutsche Schulmetaphysik des 17. Jahrhunderts, Tübingen 1939

Zeeden, Ernst Walter: Hegemonialkriege und Glaubenskämpfe, 1556–1648, Frankfurt/ M., Berlin u. Wien 1977 (Propyläen Geschichte Europas, Bd. 2)

Die Zeit des Barock. Europa und die Welt 1559–1660. Hrsg. von Hugh Trevor-Roper, München u. Zürich 1970

Zu B: Literatur und Gesellschaft im 17. Jahrhundert

Alewyn, Richard u. Sälzle, Karl: Das große Welttheater. Die Epoche der höfischen Feste in Dokument und Deutung, Reinbek 1959

Barner, Wilfried: s. Gesamtbibl.

Barock-Symposion: s. Stadt – Schule usw.

Breuer, Dieter: Geschichte der literarischen Zensur in Deutschland, Heidelberg 1982

Breuer, Dieter: Oberdeutsche Literatur 1565–1650. Deutsche Literaturgeschichte und Territorialgeschichte in frühabsolutistischer Zeit, München 1979

Der deutsche Buchhandel in Urkunden und Quellen. Hrsg. von Hans Widmann, 2 Bde., Hamburg 1965

Düsterdieck, Peter: Buchproduktion im 17. Jahrhundert. Eine Analyse der Meßkataloge für die Jahre 1637 und 1658. In: Archiv für Geschichte des Buchwesens 14, 1973, Sp. 163–220

Eisenhardt, Ulrich: Die kaiserliche Aufsicht über Buchdruck, Buchhandel und Presse im Heiligen Römischen Reich Deutscher Nation (1496–1806). Ein Beitrag zur Geschichte der Bücher- und Pressezensur, Karlsruhe 1970

Engelsing, Rolf: Analphabetentum und Lektüre. Zur Sozialgeschichte des Lesens in Deutschland zwischen feudaler und industrieller Gesellschaft, Stuttgart 1973

Engelsing, Rolf: Der Bürger als Leser. Lesergeschichte in Deutschland 1500–1800, Stuttgart 1974

Garber, Klaus: Der Autor im 17. Jahrhundert. In: LiLi. Zeitschrift für Literaturwissenschaft und Linguistik 11, 1981, H. 42, S. 29–45

Gebauer, Hans Dieter: s. Gesamtbibl.

Geschichte der deutschen Literatur von 1600–1700: s. Gesamtbibl.

Geschichte des Deutschen Buchhandels. Bd. 1: Friedrich Kapp: Geschichte des Deutschen Buchhandels bis in das siebzehnte Jahrhundert, Leipzig 1886. – Bd. 2: Johann Goldfriedrich: Geschichte des Deutschen Buchhandels vom Westfälischen Frieden bis zum Beginn der klassischen Litteraturperiode (1648–1740), Leipzig 1908

Hof, Staat und Gesellschaft in der Literatur des 17. Jahrhunderts. Hrsg. von Elger Blühm, Jörn Garber, Klaus Garber. In: Daphnis 11, 1982, S. 1–431

Ingen, Ferdinand van: Die Sprachgesellschaften des 17. Jahrhunderts. Versuch einer Korrektur. In: Daphnis 1, 1972, S. 14–23

Ingen, Ferdinand van: Überlegungen zur Erforschung der Sprachgesellschaften. In: Dokumente des Internationalen Arbeitskreises für deutsche Barockliteratur, Bd. 1, Wolfenbüttel 1973, S. 82–106

Kapp–Goldfriedrich: s. Geschichte des deutschen Buchhandels

Kiesel, Helmuth u. Münch, Paul: Gesellschaft und Literatur im 18. Jahrhundert. Voraussetzungen und Entstehung des literarischen Markts in Deutschland, München 1977

Koschlig, Manfred *(Ingenium):* s. Gesamtbibl.

Literatur und Gesellschaft im deutschen Barock. Aufsätze, GRM-Beiheft 1, Heidelberg 1979

Martino, Alberto: Barockpoesie, Publikum und Verbürgerlichung der literarischen Intelligenz. In: Internationales Archiv für Sozialgeschichte der deutschen Literatur 1, 1976, S. 107–145

Mauser, Wolfram: Dichtung, Religion und Gesellschaft im 17. Jahrhundert. Die ‚Sonnete‘ des Andreas Gryphius, München 1976

Otto, Karl F.: Die Sprachgesellschaften des 17. Jahrhunderts, Stuttgart 1972

Paas, John Roger: Poeta incarceratus: Georg Philipp Harsdörffers Zensurprozeß 1648. In: Literatur und Gesellschaft im deutschen Barock (s. o.), S. 155–164

Schöffler, Herbert: Deutsches Geistesleben zwischen Reformation und Aufklärung. Von Martin Opitz zu Christian Wolff, Frankfurt/M. [2]1956

Sinemus, Volker: Poetik und Rhetorik im frühmodernen deutschen Staat. Sozialgeschichtliche Bedingungen des Normenwandels im 17. Jahrhundert, Göttingen 1978

Sprachgesellschaften, Sozietäten, Dichtergruppen. Hrsg. von Martin Bircher u. Ferdinand van Ingen, Hamburg 1978

Stadt – Schule – Universität – Buchwesen und die deutsche Literatur im 17. Jahrhundert. Vorlagen und Diskussionen eines Barock-Symposions [...] 1974 [...]. Hrsg. von Albrecht Schöne, München 1976. – Folgende Beiträge werden im Text zitiert: Jöns, Dietrich: Literaten in Nürnberg und ihr Verhältnis zum Stadtregiment in den Jahren 1643–1650 nach den Zeugnissen der Ratsverlässe, S. 84–98; Oestreich, Gerhard: Policey und Prudentia civilis in der barocken Gesellschaft von Stadt und Staat, S. 10–21; Spahr, Blake Lee: Nürnbergs Stellung im literarischen Leben des 17. Jh.s, S. 73–83; Ukena, Peter: Buchanzeigen in den deutschen Zeitungen des 17. Jh.s, S. 506–522

Stoll, Christoph: Sprachgesellschaften im Deutschland des 17. Jahrhunderts, München 1973

Streller, Siegfried: s. Gesamtbibl.

Szyrocki, Marian: Buchproduktion und das literarische Publikum im 17. Jahrhundert. In: Probleme der Literatursoziologie und der literarischen Wirkung. Hrsg. von Thomas Höhle und Dietrich Sommer, Halle 1978

Trunz, Erich: s. Bibl. zu A

Viëtor, Karl: Vom Stil und Geist der deutschen Barockdichtung. In: Germanisch-Romanische Monatsschrift 14, 1926, S. 145–178

Volkmann, Herbert: s. Gesamtbibl.

Widmann, Hans: Geschichte des Buchhandels vom Altertum bis zur Gegenwart. Teil I, Wiesbaden 1975

Zu C und D: s. Gesamtbibl. bzw. Bibl. zu AB I, B (Martino) und AB V, Quellenverzeichnis Q 50 (Petersen)

Arbeitsbereich II

Simplicissimus Teutsch und Continuatio

1. Grundlageninformationen

1.1. Texte

Der *Simplicissimus* und die *Continuatio des abentheurlichen Simplicissimi* liegen im Rahmen von Gesamtausgaben und in Einzelausgaben vor. Im folgenden sind die wichtigsten der derzeit erhältlichen Editionen aufgeführt; sie alle enthalten auch die *Continuatio*.

Hrsg. v. Rolf Tarot, Tübingen 1967 (Gesammelte Werke in Einzelausgaben) [auch als Paperback erhältlich; keine Kommentierung; derzeit maßgebliche wissenschaftliche Ausgabe.]

Hrsg. von Siegfried Streller. Werke I–II, Berlin, Weimar 1960 u. ö. [mit Wort- und Sacherklärungen; sprachlich modernisiert.]

Hrsg. von Alfred Kelletat, München 1956 u. ö. [mit Wort- und Sacherklärungen; sprachlich modernisiert; auch als Taschenbuch erhältlich (dtv 2004).]

Hrsg. von Hans Heinrich Borcherdt, Stuttgart 1961 u. ö. (Reclam Nr. 761) [mit Wort- und Sacherklärungen; sprachlich modernisiert.]

1.2. Forschungsliteratur

Alewyn, Richard *(Beer):* s. Gesamtbibl.

Alt, Johannes: Grimmelshausen und der Simplicissimus, München 1936 [Problematischer Versuch, die Entstehungsgeschichte des *Simplicissimus* zu rekonstruieren; Alts Aufbauschema – der Roman als eine ‚Typenfolge‘ – blieb nicht ohne Wirkung auf die Forschung; völkische Note.]

Ashcroft, Jeffrey: Ad astra volandum: Emblems and Imagery in Grimmelshausen's *Simplicissimus.* In: The Modern Language Review 68, 1973, S. 843–862 [Behandelt den Einfluß der Emblematik auf die Bildlichkeit des Romans.]

Battafarano, Italo Michele: Simpliciana utopica. Dall'ascetismo all'idillio prerousseauiano. In: Istituto Universitario Orientale di Napoli. Annali. Sezione Germanica 15, 1972, Nr. 2, S. 7–36 und Nr. 3, S. 7–41 [Ausführliche Behandlung der utopischen Partien des Romans; typisch für Grimmelshausen sei jedoch allein das Lebensmodell in der *Continuatio*: eine ‚Teilsynthese‘, in der das Geistig-Christliche dem Irdisch-Menschlichen nicht mehr schroff entgegengestellt werde.]

Battafarano, Italo Michele: Die Schildwacht bei Hanau. Beitrag zur Definition des Realismus bei Grimmelshausen. In: Istituto Universitario Orientale di Napoli. Annali. Sezione Germanica. Studi Tedeschi 19, 1976, Nr. 1, S. 7–21 [Verweist am Beispiel der Ständebaum-Allegorie und ihrer Quellen auf die Beziehung von Grimmelshausens Kriegs- und Bauerndarstellung zu den Bauernkriegen.]

Battafarano, Italo Michele: Hexenwahn und Teufelsglaube im *Simplicissimus*. In: Argenis 1, 1977, S. 301–372 [Wertet umfangreiches Material zu Hexenwahn und -büchern aus; betont Grimmelshausens skeptische Haltung.]

Bauer, Conny: Das Phönix-Kupfer von Grimmelshausens *Abentheuerlichem Simplicissimus*. Zur Forschungslage. In: Text & Kontext 8, 1980, S. 43–62 [Zusammenfassung der wichtigsten neueren Arbeiten zum Titelkupfer.]

Böckmann, Paul: s. Gesamtbibl.

Bornscheuer, Lothar: Vom Rhetor Chimaera zum freien Schriftsteller. Poetologischer Paradigmawechsel in Grimmelshausens *Simplicissimus*. In: LiLi. Zeitschrift für Literaturwissenschaft und Linguistik 11, 1981, H. 43/44, S. 24–43 [Der *Simplicissimus* als frühes Beispiel für den Übergangsprozeß vom ‚rhetorischen‘ zum ‚ästhetischen‘ Ausdruckssystem: Der Kritik der machiavellistischen ‚politischen‘ Rhetorik in Buch 1–5 stelle Grimmelshausen im 6. Buch das Ideal eines sinnreichen Poeten entgegen, das in manchem auf den Typus des neuzeitlichen freien Schriftstellers hindeute; gewagte, kaum haltbare Argumentation.]

Dallett, Joseph B.: Geheimpoethik. Kritische Betrachtungen zu Hubert Gerschs Untersuchung und zur neueren Grimmelshausen-Forschung. In: Daphnis 10, 1981, S. 349–395 [Auseinandersetzung mit den Thesen Gerschs; Hinweise auf Tarot, Knopf, Geulen u. v. a.]

Dallett, Joseph B.: Auf dem Weg zu den Ursprüngen: Eine Quellenuntersuchung zu Grimmelshausens Schermesser-Episode. In: Carleton Germanic papers 4, 1976, S. 1–36 [Beschreibt die mutmaßlichen Vorlagen als Beispiel für Grimmelshausens ‚eklektisches Verfahren‘.]

Domagalla, Leo: Der Kalendermann Grimmelshausen und sein *Simplizissimus,* Diss. Kiel 1942 [Wendet sich gegen die Entwicklungsromanthese und betont dagegen – wenig überzeugend – die Nähe des Romans zur anekdotischen Form des Kalenders.]

Feldges, Matthias: Ein Beispiel für das Weiterleben mittelalterlicher Denkstrukturen in der Barockzeit. In: Wirkendes Wort 20, 1970, S. 258–271 [Deutet die Schermesser-Episode nach der Methode des vierfachen Schriftsinns; Grimmelshausens Dichtung lege die Offenbarung Gottes im Weltbuch aus; spekulativ.]

Gaede, Friedrich: Realismus von Brant bis Brecht, München 1972 [Antimimetische = realistische Dichtung drücke den Zerfall allgemeiner Ordnung aus; die Geschichte des Realismus spiegele die Geschichte des fortschreitenden Gottverlustes; problematischer Realismusbegriff.]

Gaede, Friedrich: Grimmelshausen und die Tradition des Skeptizismus. In: Daphnis 5, 1976, S. 465–482 [Die in der Gestalt des Baldanders verkörperte skeptische Perspektive – Hinweis auf die Aufhebung aller festen Erkenntnis – sei die des ganzen Romans; Hinweise auf den philosophischen Skeptizismus der Antike und den Neoskeptizismus des 16. Jahrhunderts (Montaigne u. a.).]

Gebauer, Hans Dieter: s. Gesamtbibl.

Gerhard, Melitta: Der deutsche Entwicklungsroman bis zu Goethes *Wilhelm Meister,* Halle 1926. [2]1968, S. 61–86: Grimmelshausens *Simplicissimus* [*Simplicissimus* zwischen *Parzival* und *Wilhelm Meister:* ausführlichste ältere Darstellung der Bildungs- bzw. Entwicklungsromanthese.]

Gersch, Hubert: Geheimpoetik. Die *Continuatio des abentheurlichen Simplicissimi* interpretiert als Grimmelshausens verschlüsselter Kommentar zu seinem Roman, Tübingen 1973 [Anregender, wenn auch problematischer Versuch, die *Continuatio* als poetologi-

schen Kommentar zum *Simplicissimus* zu interpretieren, als Dichtungslehre in esoteri-
scher Form und Darlegung hermetischer Lehren; enthält auch einen Forschungsbericht
zum *Continuatio-Problem*.]

Gersch, Hubert: Dreizehn Thesen zum Titelkupfer des *Simplicissimus*. In: Dokumente des
Internationalen Arbeitskreises für deutsche Barockliteratur, Bd. 1, Wolfenbüttel 1973,
S. 76–81 [Horaz als Vorbild für das ‚Monstrum‘ des Kupfers; das Kupfer enthalte
Hinweise darauf, daß der Roman Lehre und Offenbarung biete – und zwar in doppelter
Weise: allegorisch-mystisch und satirisch.]

Geulen, Hans: Wirklichkeitsbegriff und Realismus in Grimmelshausens *Simplicissimus
Teutsch*. In: Argenis 1, 1977, S. 31–40 [Wichtiger Beitrag zur Realismus-Diskussion:
überkommene religiöse Wahrheit und empirisches Geschehen decken sich nicht mehr,
in der immanenten Widersprüchlichkeit der Erscheinungen zeige sich der Wirklichkeitsgehalt des Romans.]

Geulen, Hans: „Verwunderungs und Aufhebens werth“ – Erläuterungen und Bedenken zu
Grimmelshausens *Simplicissimus Teutsch*. In: Daphnis 5, 1976, S. 199–215 [Sieht den
Roman als Ausdruck der Widersprüche und Möglichkeiten seiner Zeit; signifikantes
Beispiel dafür sei das Nebeneinander von theologisch fundierter Welterkenntnis als
Gotterkenntnis und neuzeitlicher theoretischer Neugierde (Blumenberg).]

Gundolf, Friedrich: Grimmelshausen und der Simplicissimus (1923). In: Der Simplicissimusdichter und sein Werk (s. Gesamtbibl.), S. 111–132 [*Simplicissimus* als Bildungsroman, in dem sich das Wesen der deutschen Seele in Gleichnissen des Dreißigjährigen
Krieges bezeuge; vgl. AB V.4.2.]

Gutzwiller, Paul: Der Narr bei Grimmelshausen, Bern 1959 [Behandelt das Narrenmotiv
im Werk Grimmelshausens und versucht, ein ‚neues‘ Bild des Dichters zu geben: Grimmelshausen als dichtender Gaukler, der aus tiefem Leiden an der Welt dichte.]

Haberkamm, Klaus: „Sensus Astrologicus“. Zum Verhältnis von Literatur und Astrologie
in Renaissance und Barock, Bonn 1972 [Entgegen dem Wortlaut des Titels handelt es
sich in erster Linie um eine Arbeit über Grimmelshausen, bei dem eine spezielle astrologische Stufe innerhalb der allegorischen Sinnschicht nachgewiesen werden soll.]

Habersetzer, Karl-Heinz: ‚Ars Poetica Simpliciana‘. Zum Titelkupfer des *Simplicissimus
Teutsch*. In: Daphnis 3, 1974, S. 60–82 und 4, 1975, S. 51–78 [Materialreiche, weit
ausholende Arbeit über das Kupfer und seine Funktion; verweist auf Horaz’ Poetik als
Anregung für das ‚Monstrum‘ und sieht in ihm ein Signal für eine antiaristotelische
Kunstauffassung, einen grotesken Realismus; der offenen Form der Satire entspreche
das bewußt formlose Kompositionsprinzip des Romans.]

Hartmann, Horst: Bemerkungen zu Siegfried Strellers Theorie der Zahlenkomposition. In:
Weimarer Beiträge 5, 1959, S. 428–436 [Grundsätzliche Kritik an der Methode; für die
Interpretation einer Dichtung werde dadurch nichts gewonnen; Replik Strellers ebd.
S. 437–440.]

Heckman, John: Emblematic Structures in *Simplicissimus Teutsch*. In: Modern Language
Notes 84, 1969, S. 876–890; dt. Übersetzung in: Emblem und Emblematikrezeption (s.
Gesamtbibl.), S. 242–256 [Emblematische Elemente und Strukturen in Grimmelshau-
sens Roman und ihre Bedeutung für seine Interpretation.]

Heselhaus, Clemens: Grimmelshausen: Der abenteuerliche Simplicissimus. In: Der deutsche Roman. Vom Barock bis zur Gegenwart. Struktur und Geschichte. Hrsg. von
Benno von Wiese, Bd. 1, Düsseldorf 1963, S. 15–63 u. S. 409–414 [Anregende Interpretation des Werks als satirisch-realisitscher Roman, der die ästhetische Existenz der

Barockwelt entlarve; sieht das mittelalterliche Schema der Exegese nach dem vierfachen Schriftsinn wirksam, allerdings in der Art, daß bestimmte Teile des Romans je eine der vier Bedeutungen zum Ausdruck bringen; verweist auf den möglichen Widerspruch dieser Technik zur satirischen Struktur des Romans.]

Hess, Günter: Deutsch-lateinische Narrenzunft. Studien zum Verhältnis von Volkssprache und Latinität in der satirischen Literatur des 16. Jahrhunderts, München 1971 [Wichtige Arbeit zur Satire und zum Satirebegriff.]

Hoffmann, Werner: Grimmelshausens *Simplicissimus* – nicht doch ein Bildungsroman? In: Germanisch-romanische Monatsschrift NF 17, 1967, S. 166–180 [Ausgehend von einer unhistorischen Ausweitung des Bildungsbegriffs erscheint der *Simplicissimus* als Bildungsroman des deutschen Barock; die Überwindung der Welt könne durchaus Bildungsziel sein; einer der letzten Versuche, die Bildungsromanthese zu retten.]

Jaeger, Stephen C.: Grimmelshausen's Jupiter and the Figure of the Learned Madman in the 17th Century. In: Simpliciana III, Bern u. München 1981, S. 39–64 [Über den medizingeschichtlichen Hintergrund der Jupiter-Gestalt und den Zusammenhang von "madness" und "genius".]

Knopf, Jan: Frühzeit des Bürgers. Erfahrene und verleugnete Realität in den Romanen Wickrams, Grimmelshausens, Schnabels, Stuttgart 1978, S. 59–83: Verleugnete Bürgerlichkeit. Neugierde und Selbstbehauptung in Grimmelshausens *Simplicissimus*. [Die ideologische Stimmigkeit des Romans gehe in dem Maße verloren, „in dem sich der Roman auf die Schilderung schlechter Wirklichkeit einläßt und einlassen muß".]

Koschlig, Manfred *(Verleger)*: s. Gesamtbibl.

Koschlig, Manfred *(Ingenium)*: s. Gesamtbibl.

Lefebvre, Joël: Das Utopische in Grimmelshausens *Simplicissimus*. Ein Vortrag. In: Daphnis 7, 1978, S. 267–285 [Sieht den Roman als Anti-Utopie, da die verschiedenen utopischen Modelle als nicht realisierbar dargestellt werden.]

Lemke, Gerhard: Die Astrologie in den Werken Grimmelshausens und seiner Interpreten. Zur Diskussion über den Sternenglauben in der barocken Dichtung. In: Argenis 1, 1977, S. 63–105 [Fundierte Auseinandersetzung mit den Thesen Weydts und seiner Schüler.]

Lugowski, Clemens: Literarische Formen und lebendiger Gehalt im *Simplizissimus* (1934). In: Der Simplicissimusdichter und sein Werk (s. Gesamtbibl.), S. 161–178 [Der Roman als Zusammenballung von literarischen Formen ohne gemeinsame Eigenart – Symbol für die Zerrissenheit Deutschlands.]

Mähl, Hans-Joachim: Narr und Picaro. Zum Wandel der Narrenmotivik im Roman des 17. Jahrhunderts. In: Studien zur deutschen Literatur. Festschrift für Adolf Beck. Hrsg. von Ulrich Fülleborn und Johannes Krogoll, Heidelberg 1979, S. 18–40 [Behandelt Albertinus, Moscherosch und Grimmelshausen und zeigt, wie bei Grimmelshausen die traditionelle Moralsatire mit dem pikaresken Erzählen in Konflikt gerät.]

Mannack, Eberhard: Politische und verfassungsgeschichtliche Aspekte im Werk von Grimmelshausen. In: Daphnis 5, 1976, S. 333–341 [Die Jupiter-Prophezeiung nehme aktuelle Diskussionen und Wunschvorstellungen über die Verfassung des Reichs auf, um sie als illusorisch zu enthüllen.]

Mauser, Wolfram *(Grimmelshausen)*: s. Gesamtbibl.

Mayer, Gerhart: Die Personalität des Simplicius Simplicissimus. Zur Einheit von Gestalt und Werk. In: Zeitschrift für deutsche Philologie 88, 1969, S. 497–521 [Sieht den Helden als exemplarische ‚Person' im christlich-theologischen Sinn – in der Mitte zwischen ,Charakter' und thematisch überfremdeter ,Figur'; damit erhalte die Form der fiktiven Autobiographie ihre ordnende Mitte.]

Meid, Volker: Utopie und Satire in Grimmelshausens *Simplicissimus*. In: Utopieforschung. Interdisziplinäre Studien zur neuzeitlichen Utopie. Hrsg. von Wilhelm Voßkamp, Stuttgart 1982, Bd. 2, S. 249–265 [Vgl. AB II.2.1.1. und 2.1.3.]

Müller, Klaus-Detlef: Die Kleidermetapher in Grimmelshausens *Simplicissimus*. Ein Beitrag zur Struktur des Romans. In: Deutsche Vierteljahrsschrift für Literaturwissenschaft und Geistesgeschichte 44, 1970, S. 20–46 [Erörtert die sinnbildliche Funktion der Kleidermetapher und kennzeichnet den Roman von seiner Struktur her als allegorisch; weist zugleich darauf hin, daß die geschilderte tatsächliche Welt nicht bruchlos in der religiösen Weltdeutung aufgeht und daß durch die Ichform des Erzählens Elemente erlebter Wirklichkeit in das Werk eingegangen sind.]

Müller-Seidel, Walter: Die Allegorie des Paradieses in Grimmelshausens *Simplicissimus*. In: Medium aevum vivum. Festschrift für Walther Bulst. Hrsg. von Hans Robert Jauss und Dieter Schaller, Heidelberg 1960, S. 253–278 [Ausgehend von den Paradies-Vergleichen sieht Müller-Seidel im allegorischen Rahmen die eigentliche Deutung des Romans enthalten; der Glaube des Barock sei in vollem Umfang lebendig.]

Naumann, Dietrich: Politik und Moral. Studien zur Utopie der deutschen Aufklärung, Heidelberg 1977, S. 67–90: Grimmelshausen. [Ausgehend von der Kritik an der Staatsräson im *Ratio Status* Grimmelshausens behandelt Naumann die utopischen Entwürfe des *Simplicissimus*: der utopische Anspruch werde sukzessiv zurückgenommen.]

Penkert, Sibylle: Grimmelshausens Titelkupfer-Fiktionen. Zur Rolle der Emblematik-Rezeption in der Geschichte poetischer Subjektivität. In: Dokumente des Internationalen Arbeitskreises für deutsche Barockliteratur, Bd. 1, Wolfenbüttel 1973, S. 52–75; auch in: Emblem und Emblematikrezeption (s. Gesamtbibl.), S. 257–285 [Das Titelkupfer mit seinem eschatologischen Kontext als der wahre Schlüssel zum Roman; Beweisführung etwas sprunghaft und nicht immer nachvollziehbar.]

Petersen, Julius: Grimmelshausens „Teutscher Held". In: Euphorion, Ergänzungsheft 17, 1924, S. 1–30 [Grundlegende Quellenuntersuchung; fragwürdige Wertungen.]

Rehder, Helmut: Planetenkinder: Some Problems of Character Portrayal in Literature. In: The Graduate Journal (Austin, Texas) 8, 1968, Nr. 1, S. 69–97 [Etwa gleichzeitig mit Weydt – die Priorität ist umstritten – beschreibt Rehder die Struktur des *Simplicissimus* als eine Folge von Planetenphasen, allerdings in einer anderen Reihenfolge.]

Rehder, Helmut: The Last Hermitage. In: Traditions and Transitions. Studies in Honor of Harold Jantz. Hrsg. von Lieselotte E. Kurth, William H. McClain, Holger Homann, München 1972, S. 64–69 [Simplicius und die anachoretische Tradition.]

Rötzer, Hans Gerd *(Picaro)*: s. Gesamtbibl.

Rohrbach, Günter: Figur und Charakter. Strukturuntersuchungen an Grimmelshausens Simplicissimus, Bonn 1959 [Überzeugende Auseinandersetzung mit der Bildungsromanthese; allerdings verfällt Rohrbach ins andere Extrem, wenn er Simplicius lediglich als thematisch überfremdete Figur versteht und die Form der Autobiographie als ,Vorwand' bezeichnet.]

Romberg, Bertil: Study in the narrative technique of the first person novel, Stockholm 1962, S. 147–176: Der Abenteuerliche Simplicissimus [Die Ich-Erzählung diene der Glaubwürdigkeit und erlaube es dem Leser, sich dem Erzähler zu nähern, der nicht nur Zeit und Gesellschaft, sondern auch sich selbst analysiere; in weiterem Sinn durchaus ein Entwicklungsroman.]

Schäfer, Walter Ernst: Laster und Lastersystem bei Grimmelshausen. In: Germanisch-romanische Monatsschrift NF 12, 1962, S. 233–243 [In der allegorischen Darstellung der Laster (Beispiel: Höllenvision der *Continuatio*) und ihrer erzählerischen Gestaltung werde ein zusammenhängendes System von Ordnungswerten sichtbar; sie dienen als Norm, an der die in satirischer Weise dargestellten Weltverhältnisse gemessen werden.]

Schäfer, Walter Ernst: Der Satyr und die Satire. Zu Titelkupfern Grimmelshausens und Moscheroschs. In: Rezeption und Produktion zwischen 1570 und 1730. Festschrift für Günther Weydt. Hrsg. von Wolfdietrich Rasch, Hans Geulen u. Klaus Haberkamm, Bern u. München 1972, S. 183–232 [Materialreiche Untersuchung der gattungstypischen Sinnbilder der Satire im 16. und 17. Jahrhundert als Voraussetzung für eine Interpretation des *Simplicissimus*-Titelkupfers (und des Romans).]

Schmidt, Lothar: Das Ich im *Simplicissimus*. In: Wirkendes Wort 10, 1960, S. 215–220; zitiert nach dem Abdruck in Pikarische Welt (s. Gesamtbibl.), S. 350–360 [Analyse der autobiographischen Erzählform und der Funktionen des ‚erzählenden‘ und des ‚erzählten‘ Ichs; *Simplicissimus* nicht als Entwicklungs-, sondern als ‚Bekehrungsroman‘.]

Schönert, Jörg: Roman und Satire im 18. Jahrhundert. Ein Beitrag zur Poetik, Stuttgart 1969 [Wichtige Abhandlung mit Hinweisen auf Formen und Funktionen der Satire im 16. und 17. Jahrhundert.]

Schönhaar, Rainer: Pikaro und Eremit. Ursprung und Abwandlungen einer Grundfigur des europäischen Romans vom 17. ins 18. Jahrhundert. In: Dialog. Literatur und Literaturwissenschaft im Zeichen deutsch-französischer Begegnung. Festgabe für Josef Kunz. Hrsg. von R. Schönhaar, Berlin 1973, S. 43–94 [Verfolgt die Wandlungen der Konfiguration von Eremit und Pikaro; ist diese zunächst noch Ausdruck des Dualismus von Zeitlichkeit und Ewigkeit, so sieht Schönhaar schon in der *Continuatio* Anzeichen für eine, weltimmanente Frömmigkeitshaltung.]

Scholte, Jan Hendrik: s. Gesamtbibl.

Spahr, Blake Lee: Grimmelshausen's *Simplicissimus:* Astrological Structure? In: Argenis 1, 1977, S. 7–29 [Gelegentlich polemische Auseinandersetzung mit den Thesen Weydts und seiner Schüler.]

Spriewald, Ingeborg: s. Gesamtbibl.

Stadler, Ulrich: Satire und Romanform. Zur immanenten Poetik des Hans Jacob Christoffel von Grimmelshausen. In: Daphnis 9, 1980, S. 89–107 [Beschreibt die unterschiedliche Verwirklichung der Satire im *Satirischen Pilgram* und im *Simplicissimus,* die mit dem Problem der Rechtfertigung von Satire und Satiriker zu tun habe.]

Streller, Siegfried: s. Gesamtbibl.

Tarot, Rolf: Grimmelshausens Realismus. In: Rezeption und Produktion zwischen 1570 und 1730. Festschrift für Günther Weydt. Hrsg. von Wolfdietrich Rasch, Hans Geulen u. Klaus Haberkamm, Bern u. München 1972, S. 233–265 [Versuch, mit einem sprachtheoretisch fundierten Realismusbegriff die Realismusdebatte auf eine gesicherte Grundlage zu stellen; allerdings scheint mit dem Ergebnis – Grimmelshausens Dichtung sei realistisch, „weil sie erzählerisch die Imitatio der echten Wirklichkeitsaussage ist" – wenig gewonnen.]

Tarot, Rolf: Nosce te ipsum. Lebenslehre und Lebensweg in Grimmelshausens *Simplicissimus Teutsch*. In: Daphnis 5, 1976, S. 499–530 [Der Roman sei e negativo erbaulich; erst im 6. Buch gelange der zuvor in Sündhaftigkeit verstrickte Simplicius zur Selbsterkenntnis.]

Tarot, Rolf: Simplicissimus und Baldanders. Zur Deutung zweier Episoden in Grimmelshausens *Simplicissimus Teutsch.* In: Argenis 1, 1977, S. 107–129 [Die Episoden seien Anweisungen für den Leser, das Fehlverhalten des Helden zu erkennen.]

Tarot, Rolf: Grimmelshausen als Satiriker. In: Argenis 2, 1978, S. 115–142 [Der *Simplicissimus* als Moralsatire in christlich-mittelalterlicher Tradition.]

Tarot, Rolf: Grimmelshausens *Simplicissimus Teutsch Oder Die Geschichte einer „scheußlichen Seele“*? In: Simpliciana II, Bern u. München 1980, S. 7–29 [Weiterer Versuch Tarots, das Werk in einem christlich-mittelalterlichen Kontext anzusiedeln; sieht daher für das ‚Monstrum‘ des Titelkupfers nicht Horaz, sondern mittelalterliche Fabelwesen als Vorbild.]

Triefenbach, Peter: Der Lebenslauf des Simplicius Simplicissimus: Figur – Initiation – Satire, Stuttgart 1979 [*Simplicissimus* als Roman der Vatersuche, der Lebenslauf des Helden als ‚Initiationswanderung‘ zur asketischen ‚Mortifikation des Fleisches‘; Verbindung von typologisch-theologischen, psychoanalytischen und ethnologischen Interpretationsmustern.]

Voßkamp, Wilhelm: s. Gesamtbibl.

Wehrli, Max: Das finstre Licht. Grimmelshausens Lichtspruch im Simplicissimus. In: Deutsche Barocklyrik. Gedichtinterpretationen von Spee bis Haller. Hrsg. von Martin Bircher u. Alois M. Haas, Bern u. München 1973, S. 167–173 [Grimmelshausens Spruch verstanden als Theodizee.]

Welzig, Werner: s. Gesamtbibl.

Weydt, Günther: Planetensymbolik im barocken Roman. Versuch einer Entschlüsselung des *Simplicissimus Teutsch.* In: Doitsu Bungaku. Die deutsche Literatur 36, 1966, S. 1–14; zitiert nach dem Abdruck in: Der Simplicissimusdichter und sein Werk (s. Gesamtbibl.), S. 266–281 [Erste Darlegung der These von der ‚planetarischen‘ Struktur des Romans.]

Weydt, Günther *(Nachahmung)*: s. Gesamtbibl.

Weydt, Günther *(Grimmelshausen)*: s. Gesamtbibl.

Weydt, Günther: *Und sie bewegen sich* [leider?] *doch!* Zu B. L. Spahrs – und G. Lemkes – Zweifeln an der Planetenstruktur des *Simplicissimus.* In: Argenis 2, 1978, S. 3–17 [Versuch, vor allem die Einwände Spahrs zu widerlegen.]

Wiedemann, Conrad: Zur Schreibsituation Grimmelshausens. In: Daphnis 5, 1976, S. 707–732 [Grimmelshausens ‚Identitätsverweigerung‘ sei „Ausdruck eines Widerspruchs gegen bestimmte Identitätsvorstellungen der hohen Literatur, ihres Menschenbilds und ihrer Formgesetze“.]

Winter, Michael: Compendium Utopiarum. Typologie und Bibliographie literarischer Utopien. Bd. 1: Von der Antike bis zur deutschen Frühaufklärung, Stuttgart 1978 [Reichhaltiges Material zur Geschichte des utopischen Denkens; S. 103–105 Grimmelshausens *Simplicissimus.*]

Zieglschmid, A. J. F.: Die ungarischen Wiedertäufer bei Grimmelshausen. In: Zeitschrift für Kirchengeschichte 59, 1940, S. 352–387 [Nachweis, daß sich Grimmelshausen auf die Huterer bezieht; Darstellung ihrer Geschichte und Lebensweise.]

1.3. Voraussetzungen und Entstehung

1.3.1. Textgeschichte

Daß in der Grimmelshausen-Philologie die Frage des rechten Textes des *Simplicissimus* eine so große Rolle spielt(e), hängt mit dem großen Erfolg des Werkes zusammen, der schnellen Folge von autorisierten und unautorisierten Ausgaben. Dabei geht es um mehr als nur akademische Spitzfindigkeiten, denn neben textkritischen Problemen geraten auch die Methoden des Buchgeschäfts in den Blickpunkt. Sechs Drucke des Romans sind zu Lebzeiten des Dichters erschienen, wobei es über die Reihenfolge der Ausgaben und ihre Datierung kaum noch Kontroversen gibt, wohl aber über die Authentizität der späteren Ausgaben. Die editio princeps erschien 1668 (auf dem Titelblatt vordatiert auf 1669, eine im 17. Jahrhundert häufige Praxis, um eine längere Aktualität zu gewährleisten) und enthielt die Bücher 1–5 (Sigle, nach Tarot, E^1). Darauf folgten im Frühjahr 1669, ebenfalls bei Felßecker in Nürnberg, ein hastig gedruckter, fehlerhafter Nachdruck der Erstausgabe (E^2) und die *Continuatio* (Co), die sowohl zusammen mit E^2 als auch einzeln (für die Besitzer von E^1) zu erwerben war. Die Probleme beginnen mit der 3. Ausgabe (E^{3a}), die ebenfalls noch 1669 erschien und – offensichtlich aus kommerziellen Gründen – Grimmelshausens mundartlich geprägte Sprachform normalisierte und glättete. Wie sich dann später herausstellte – nachdem die Ausgabe schon von einzelnen Forschern als eine vom Dichter anerkannte Bearbeitung angesehen worden war –, handelte es sich dabei um einen Raubdruck des Frankfurter Verlegers Georg Müller, der sich so am Geschäft mit dem erfolgreichen Roman beteiligen wollte. Mit den beiden folgenden Ausgaben reagierte der Nürnberger Verleger Felßecker auf den Frankfurter Raubdruck: E^4 erschien noch im Herbst 1669, E^5 dagegen, der sogenannte ‚Barock-Simplicissimus' erst im Herbst 1671 als *Gantz neu eingerichteter allenthalben viel verbesserter Abentheurlicher Simplicius Simplicissimus*. (Eine fast identische Ausgabe, E^6, kann hier außer Betracht bleiben.) Aus der Vorrede zu dieser großzügig mit Kupferstichen gezierten, mit Zusätzen und „Continuationen" aus den (umstrittenen) Kalendern erweiterten Ausgabe wird deutlich, worum es geht, nämlich „um das durch den Nachdruck geschädigte Interesse des ersten, rechtmäßigen Verlegers" (Koschlig, *Verleger*, S. 197). Um so bemerkenswerter ist es daher, daß diese Ausgabe auf dem Text des sprachlich überarbeiteten unrechtmäßigen Drucks basiert, d. h. daß sich Autor – wenn man von seiner Beteiligung an dieser Ausgabe ausgeht – und Verleger der normalisierten und geglätteten Überarbeitung Müllers bedienten, um dessen Ausgabe zu verdrängen. Das Problem ist also, ob es sich tatsächlich um einen authentischen Text handelt, d. h. ob Grimmelshausen einem von ihm offensichtlich geringer eingeschätzten Text zustimmte (vgl. die Vorrede zu E^4, S. 4 der Ausgabe von Tarot) und ob die Zusätze wirklich aus seiner Feder stammen. Zweifel daran hat es immer gegeben. Gleichwohl diente der ‚Barock-Simplicisimus' mehrfach als Grundlage von Neuausgaben. Da es jedoch an eindeutigen Dokumenten fehlt, bleiben die oft von vagen Annahmen und Gefühlen bestimmten Lösungsversuche unverbindlich. Aber auch da, wo ausführliche Indizienbeweise geführt werden, wie es Koschlig, Tarot und die Weydt-Schule versuchen, sind die Ergebnisse viel zu sehr von den jeweils eigenen Erkenntnisinteressen und persönlichen Animositäten beeinflußt, als daß sie Vertrauen in die angewandten Methoden einzu-

flößen vermöchten. Koschlig verweist auf ein Grundproblem der spekulations-
reichen Grimmelshausenforschung, den Mangel an eindeutigen Zeugnissen:
„[...] woher wissen wir mit Sicherheit, daß W. E. Felßecker die fünfte *Simplicissimus*-Ausgabe bezüglich Textgestalt und Umfang tatsächlich mit voller Zustimmung Grimmelshausens hinausgehen ließ?" (*Ingenium*, S. 177). Angesichts der
Skepsis, mit der die ,Ausgabe letzter Hand' zu beurteilen ist, basieren die neueren Ausgaben des Romans auf der Erstausgabe von 1668.

1.3.2. *Novela picaresca und roman comique*

Grimmelshausens *Simplicissimus* steht in der Tradition des niederen Romans,
der sich im 17. Jahrhundert in zwei verschiedenen Ausformungen präsentierte:
dem spanischen Pikaroroman und dem französischen *roman comique*. An beiden Richtungen hat der *Simplicissimus* Teil, wenngleich Grimmelshausen ausdrücklich nur auf Charles Sorel und seinen *Francion* verweist, den Prototyp des
roman comique. Der spanische Pikaro- oder Schelmenroman hatte allerdings in
Deutschland eine wesentlich größere Verbreitung gefunden als die französische
Variante, denn es waren nicht nur mehr Pikaroromane ins Deutsche übersetzt
worden, sie erlebten auch eine größere Zahl von Auflagen. Über Übersetzungen
und Bearbeitungen lernte Grimmelshausen diesen Romantyp kennen, in einer
Form also, die sich wesentlich von der der spanischen Originale unterschied (vgl.
AB I.C.2.3.3.), so daß bei Vergleichen nicht vom spanischen *Lazarillo* oder
Guzmán, sondern von den deutschen Fassungen ausgegangen werden muß.

Man kann versuchen, Szenen und Motive des *Simplicissimus* auf die deutschen Versionen spanischer Romane zurückzuführen, wie es auch – nicht immer
mit eindeutigen Ergebnissen – geschehen ist. Daß die Rechnung der Quellen-
und Motivforscher nicht aufzugehen scheint, liegt nicht daran, daß es solche
Beziehungen nicht gäbe, sondern daran, daß der dichterische Text vieldeutig und
in seiner Komplexität häufig nicht auf eine bestimmte Vorlage zu beziehen ist.
Dazu kommt noch, daß selbst eindeutige Übernahmen aus bestimmten Quellen
in ihrer neuen Umgebung eine völlig andere Funktion erhalten, so daß mit
derartigen punktuellen Quellennachweisen nur wenig mehr als eine Bestätigung
von Grimmelshausens Belesenheit gewonnen ist.

Doch auch ohne philologische Einzelnachweise lassen sich Verbindungen zwischen dem *Simplicissimus* und den deutschen Versionen spanischer Pikaroromane erkennen. So ist für den deutschen *Lazarillo* die Absage an die Welt die
notwendige Konsequenz, die sich aus der Einsicht in ihre Unbeständigkeit ergibt,
und Albertinus' *Landtstörtzer Gusman* demonstriert, wie man die Welt durch
die Verrichtung guter Werke und ein tugendhaftes Leben überwinden kann: Es
sind Sünder- und Büßergeschichten, deren ,Helden' im Spannungsfeld von Sünde
und Heil stehen. Hier liegen durchaus Ähnlichkeiten zum *Simplicissimus* vor,
den man als Bekehrungsroman bezeichnet hat, wenngleich damit die komplexe
Struktur des Romans doch recht vereinfacht wird. Denn diese widersetzt sich der

Reduktion auf eine einseitig religiös-allegorische Interpretation, wie sie sich z. B. aus Rötzers Vergleich mit den verdeutschten Pikaroromanen zu ergeben scheint. So ist es keineswegs ausgemacht, ob Grimmelshausen tatsächlich – wie Albertinus – „soziale Implikationen" ausklammert (Rötzer, S. 145) oder ob die Parallelen zwischen der Religiosität von Albertinus und Grimmelshausen wirklich so eng sind. Während die Quellen- und Motivforschung über dem Detail häufig das Ganze zu vergessen droht, zeigt sich hier die Gefahr, daß vor dem Hintergrund allgemeiner Parallelen und Übereinstimmungen Gemeinsamkeiten überbewertet und Widersprüche ausgeklammert werden.

Ohne Zweifel jedoch verdankt Grimmelshausen der pikarischen Tradition die Konzeption des *Simplicissimus* als fiktive Autobiographie. Anders als die weniger komplexen deutschen Bearbeitungen des *Lazarillo* und des *Guzmán* nutzt er die Technik der Ich-Erzählung wenigstens ansatzweise zu einem dialektischen Perspektivenspiel zwischen erzählendem und erlebendem Ich, wie es sich aus dem retrospektiven Erzählen ergibt.

Für diese Technik konnte die zweite Ausformung des niederen Romans, der *roman comique*, kein Vorbild sein, denn dieser bediente sich – wie der höfische Barockroman – der traditionellen epischen Erzählweise mit eingearbeiteten Ich-Erzählungen. Doch auch er wurde für Grimmelshausen bedeutsam. Koschlig hat gezeigt, daß die „Bekanntschaft Grimmelshausens mit dem *Francion* die Selbstfindung des Erzählers gegenüber dem Moralisten gefördert, wenn nicht überhaupt erst ermöglicht hat" (*Ingenium*, S. 87). Sorel definiert seine Schreibart im Gegensatz zum hohen Roman seiner Zeit, dem er neben Lügenhaftigkeit auch ‚Unvollkommenheit' vorwirft. Gegen diese ‚Unvollkommenheit' – gemeint ist der begrenzte Wirklichkeitsausschnitt – setzt er die „Vollkommenheit der Histori", der nichts Menschliches fremd ist: Mit „Satyrischen Bücher[n]" sei es ebenso

> wie mit dem Menschlichen Leibe / welchen jederman hasset und außlachet / wann er verschnitten ist. Ich habe schon vorhero gesagt / daß weil ich mir vorgenommen habe die Laster der Menschen zu tadeln / und ihre Thorheiten außzulachen / daß ich deßwegen viele Sachen gar natürlich beschreiben müste / damit sie so viel mehr verlachet würden. (Deutsche Übersetzung von 1662; zitiert nach Koschlig, S. 78)

Bei Grimmelshausen, der an einer Stelle mit rühmenden Worten die „Lebens Erzehlung" des *Francion* erwähnt (*Satyrischer Pilgram*, S. 93), finden sich verwandte Vorstellungen. Auch er besteht darauf, daß seine „Histori gantz seye" (*Simplicissimus* II, 1; S. 97) oder daß eine Abschweifung der „Histori umb zu ihrer Vollkommenheit zu gelangen / ohnumbgänglich einverleibt werden" müsse (*Dietwalt und Amelinde*, S. 17). Man darf wohl mit Koschlig von einer Annäherung Grimmelshausens an die satirisch-realistische Erzählweise Sorels sprechen. Damit entsteht jedoch ein Widerspruch zu der moralisch-allegorischen Stilhaltung, für die man – gegen Koschlig – die verdeutschten spanischen Schelmenromane und spanische Erbauungsliteratur verantwortlich machen kann.

Damit ließen sich möglicherweise die Widersprüche des Romans aus dem Versuch Grimmelshausens erklären, zwei einander beinahe ausschließende Traditionen des niederen Romans miteinander zu vereinbaren. Zugleich wäre damit Grimmelshausens Stellung markiert zwischen den Ansprüchen der überlieferten religiösen Weltinterpretation und einer ‚realistischen‘, diesseitigen Sicht der Dinge.

2. Textanalyse

2.1. Der Simplicissimus als satirischer Roman

2.1.1. Grimmelshausens Begriff der satirischen Schreibweise

Die Autoren des niederen Romans rechnen ihre Werke zu den satirischen Schriften (vgl. AB I.C.2.3.2.). Auch Grimmelshausen sieht sich in dieser Tradition, wenn er an verschiedenen Stellen seine Intentionen erläutert und Anleitungen zum rechten Lesen der simplicianischen Schriften gibt: Das beginnt in verrätselter Weise mit dem Titelkupfer des *Simplicissimus,* das die fehlende Vorrede ersetzen muß, und findet seine Fortsetzung in der „kleine[n] Vorrede“ der *Continuatio* und der Vorrede zum zweiten Teil des *Wunderbarlichen Vogelnests,* dem letzten Werk Grimmelshausens.

In der nachgeholten Vorrede zum *Simplicissimus* weist Grimmelshausen zunächst den Verdacht zurück, er wolle „wie die Schalcks-Narrn und Possen-Reisser“ die Leute zum Lachen bewegen, wo ihm doch Lachen ein „Eckel“ sei und es darauf ankomme, „die edle ohnwiederbringliche Zeit“ recht – d. h. zu „unserer Seelen Hail“ – zu nutzen. Bei der folgenden Charakteristik seiner Schreibweise wird deutlich, daß sie allein durch ihre Wirkungsabsicht gerechtfertigt scheint, da die Zärtlinge, wie es in vertrauter Metaphorik heißt, „keine heilsame Pillulen können verschlucken / sie seyen dann zuvor überzuckert und vergült“:

> Ich möchte vielleicht auch beschuldigt werden / ob gienge ich zuviel Satyricè drein; dessen bin ich aber gar nicht zuverdencken / weil männiglich lieber gedultet / daß die allgemeine Laster Generaliter durch gehechlet und gestrafft: als die aigne Untugenden freundlich corrigirt werden; So ist der Theologische Stylus beym Herrn Omne (dem ich aber diese meine Histori erzehle) zu jetzigen Zeiten leyder auch nicht so gar angenehm / daß ich mich dessen gebrauchen solte [...]. (VI, 1; S. 472 = S. 6)

Die Berechtigung der satirischen Schreibart liegt in dem Umstand, daß auf andere Weise, etwa durch Predigten oder erbauliches Schrifttum, ein breiteres Publikum nicht zu erreichen ist. Daß dabei der Satiriker Gefahr läuft, mißverstanden zu werden, erkennt Grimmelshausen; denn wer sich mit der Hülse begnüge und den darin verborgenen Kern übersehe, werde „zwar als von einer kurtzweiligen Histori seine Zufriedenheit: Aber gleichwohl das jenig bey weitem nicht erlangen / was ich ihn zuberichten aigentlich bedacht gewesen [...]“ (VI, 1; S. 473 = S. 7).

Satire, die sich „die harte verweisung der laster vnd anmahnung zue der tugend" zum Ziel gesetzt hat (Martin Opitz: *Buch von der Deutschen Poeterey* [1624], Stuttgart 1970 u.ö., S. 28), bedarf einer Norm, auf die sich die Kritik bezieht und die ihr bzw. dem Satiriker Autorität verleiht. Im 16. und 17. Jahrhundert kann man bei der deutschsprachigen Satire (noch) davon ausgehen, daß diese Norm von der christlichen Lehre bestimmt ist, daß sich die Satire als „Schimpf-, Stachel- oder Strafgedicht" (Harsdörffer) auf unbefragt gültige Wertmaßstäbe gründet. Bei Grimmelshausen verstärkt sich das Gewicht des theologischen Arguments durch den Aspekt der Eschatologie, der schon in der oben zitierten Aufforderung zur rechten Nutzung der Zeit durchscheint und der in der Vorrede zum 2. Teil des *Vogelnests* nachdrücklich hervortritt. Hier werden die früheren Themen wieder aufgegriffen und – wohl aus dem Gefühl, nicht immer angemessen verstanden worden zu sein – schärfer akzentuiert. Auch wenn er annehmen müsse, schreibt Grimmelshausen in der Vorrede zu seinem letzten Werk, daß unter siebzehn Lesern des *Simplicissimus* „kaum einer ist / der da findet / was er ihn unterrichten will", so werde er doch auch künftig „seinen gewöhnlichen lustigen Stylum" gebrauchen, in der Hoffnung, daß verständige Leser den „Kern" zu finden wüßten. Er bleibe bei seiner bisherigen Schreibweise – die Pillen-Metaphorik wird ebenfalls wieder benutzt –, um

> die unbehutsame Menschen (auch mit Exempeln) unter dem Schein kurtzweiliger Geschichte / vor dem jenigen treulich zu warnen / was sie [...] gar leicht vom höchsten Gut absondern / hingegen in deß leidigen Teufels Gewalt / und wann der liebe Gott auß sonderbarer Barmhertzigkeit nicht hilfft / ohn Zweifel in die Ewige Verdammnus bringen mag / worzu er vornehmlich bewogen worden / als er gesehen / wie unzehlbar viele sich in jetzigen elenden / vielleicht letzten Zeiten mit allerhand liederlichen Künsten schleppen / ohne daß sich der ein oder ander Mensch ein Gewissen darumb mache / noch mercke / daß er allbereit dem Höllischen Schlund begune im Rachen zu stecken. (*Vogelnest*, S. 149 f.)

Grimmelshausen versteht sich als satirischer Schriftsteller, wie nicht nur die angeführten Zitate, sondern auch Titel wie *Satyrischer Pilgram* oder verschiedene Titelkupfer mit der – auf einer üblichen, wenn auch falschen Etymologie beruhenden – Satyrgestalt bezeugen. Auch Zeitgenossen sehen seine Werke in diesem Licht, so sein Nachbar Quirinus Moscherosch, der ihn einen „homo Satyricus in folio", also einen Satiriker von großem Format nennt, der in einem Traktat „die Teutschen SprachHelden recht Satyrisch anzäpfet" (vgl. AB I. D.3.), oder der Polyhistor Daniel Georg Morhof, der unter den Beispielen für Prosasatiren auch Grimmelshausens *Satyrischen Pilgram* anführt und konstatiert: „Diese Schreibart erstrecket sich durch alle Dinge / politica, moralia, oeconomica, scholastica, von welchen allen ich viele Exempel beybringen könnte [...]. Solche Arbeiten ergötzen und erbauen zugleich / und können nicht / als von tieffsinnigen oder weitsehenden ingeniis, ersonnen werden" (Daniel Georg Morhof: *Unterricht von der teutschen Sprache und Poesie*. Hrsg. von Henning Boetius, Bad Homburg 1969, S. 356).

Grimmelshausen, der horazisch „mit Lachen die Wahrheit" sagen will, hat sich den Zustand der Welt und des Menschen in seiner Zeit zum Gegenstand seiner satirischen Romane genommen. Die Norm, an der die Verderbtheit von Mensch und Gesellschaft gemessen wird, ist die der christlichen Lehre, die noch so etwas wie einen „ideellen Totalitätsanspruch" geltend machen kann (Schönert, S. 35). Die Wahl des „lustigen Stylus" hingegen ist eine Funktion der intendierten Wirkung und der Spekulation des Publikums auf eine kurzweilige „Histori", die der Autor gerade deswegen zum Vehikel seiner moralistischen Absichten macht.

Die deutsche Literatur des 17. Jahrhunderts kennt mehrere Möglichkeiten der längeren Prosasatire. Zu nennen wären etwa die traditionelle Revueform, wie sie noch Christian Weises *Ertz-Narren* (1672) bestimmt, die Traum- und Reisefiktion Moscheroschs (*Gesichte Philanders von Sittewalt,* 1640 ff.) und schließlich der niedere Roman (Pikaroroman, *roman comique*). Wie sich der ‚niedere' Roman als Gegenbild zum ‚hohen' versteht, so vermag die Satire im 17. Jahrhundert insgesamt „als niedere Gattung eine Ergänzungsfunktion übernehmen, indem sie die Darstellung nichtidealisierter Wirklichkeit an das ‚System' bindet" (Jürgen Brummack: Satire. In: *Reallexikon der deutschen Literaturgeschichte,* Bd. 3, [2]1977, S. 604 f.). Als Dokument der Rechtfertigung verzerrender Darstellungsweisen mit antiaristotelischer Blickrichtung kann Grimmelshausens Titelkupfer gelten.

Das Titelkupfer des *Simplicissimus* mit der mißgestalteten, menschliche und disparate tierische Züge verbindenden Gestalt, die ein Buch voller Zeichen in Händen hält und Larven zu ihren Füßen liegen hat, diese Konstruktion hat viele einander widersprechende Deutungsversuche ausgelöst. Mit dem wiedererwachten Interesse an der Emblematik, allegorischen Denkweisen und einer neuen Einschätzung des Dichters Grimmelshausen verfeinerten sich die Deutungen, die freilich alle auf der nicht stringent beweisbaren Annahme beruhen, daß das Titelkupfer von Grimmelshausen entworfen oder zumindest angeregt wurde.

Doch gewinnt diese Annahme schon dadurch an Wahrscheinlichkeit, daß das Kupfer die Funktion einer Vorrede zu übernehmen scheint und wesentliche Hinweise zur Deutung des Romans und seiner Struktur anbietet: Diese gründen sich auf die für Grimmelshausens Zeitgenossen unmittelbar verständliche Anspielung auf die ‚Satyre', die mit der halb tierisch, halb menschlichen Gestalt auf dem Kupfer gegeben ist, eine Figur, die zugleich „auch ein Sinnbild der dualistischen Konstitution des Menschen ist, ein warnendes Sinnbild, das im Spannungsverhältnis steht zur Gottebenbildlichkeit, zu welcher der Mensch berufen ist" (Schäfer, *Satyr,* S. 219). Voraussetzung für dieses Verständnis ist einmal die im 17. Jahrhundert noch durchaus verbreitete Theorie vom Ursprung der Satire, die auch die barocke Schreibung des Wortes erklärt:

Satyra aber hat seinen ursprung von den *Satyris. Satyris* waren ein Geschlecht der Heyden Wald Götter: deß oberen halben Leibs als Mänschen / ausserhalb daß sie Hörner und lange spitze Ohren hatten / unden zu alß haarichte Geißböcke gestaltet [...].

3. Titelkupfer des *Simplicissimus* (1668)

Solcher *Satyren* oder Heydnischen Wald-Götter Art war: daß sie jedem Mänschen was jhm ubel anstunde / alle Laster und Untugenden / ungeschewt under gesicht sagten: und was sonst Niemand auß forcht sagen dorffte oder sagen wolte / das thaten Sie / mit lächerlichen hönischen geberden / mit grossem gelächter / sperreten das Maul auff spannen weit. (Johann Michael Moscherosch: *Gesichte Philanders von Sittewalt,* Ausgabe Straßburg 1650, Vorrede; zitiert nach Schäfer, *Satyr,* S. 196)

Zum andern ist es die Gebärde der linken Hand, die den Satyr entlarvt, denn ihre Finger sind wohl kaum als Deutungshinweise zu verstehen, die bestimmte Zeichen in dem abgebildeten Buch besonders hervorheben, sondern aus zahlreichen bildlichen Darstellungen und volkskundlichen Überlieferungen geht hervor, daß damit die Geste des ‚Eselbohrens‘, ‚Eselstechens‘ oder ‚Hörneraufsetzens‘ gemeint ist, eine gezielte Spott- und Verhöhnungsgeste, die in Schriften mit satirischer Grundhaltung und den dazugehörigen Illustrationen besonders häufig auftritt und so in Renaissance und Barock als „die traditionelle Spottgeste des Satyrs" gelten kann (Schäfer, *Satyr*, S. 225).

Das Monstrum auf dem *Simplicissimus*-Titelblatt, das die satirische Intention des Textes anzeigt, erweist sich – so Habersetzer und Gersch – zugleich als Verkörperung des Fabelwesens, das Horaz zu Beginn seiner *Ars Poetica* schildert und dort als Warnbild den Verstoß gegen ein klassizistisches Kunstreglement verkörpert (vgl. Habersetzer II, S. 54):

> Wollte zum Kopf eines Menschen ein Maler den Hals eines Pferdes fügen und Gliedmaßen, von überallher zusammengelesen, mit buntem Gefieder bekleiden, so daß als Fisch von häßlicher Schwärze endet das oben so reizende Weib: könntet ihr da wohl, sobald man euch zur Besichtigung zuließ, euch das Lachen verbeißen, Freunde? Glaubt mir, Pisonen, solchem Gemälde wäre ein Buch ganz ähnlich, in dem man Gebilde, so nichtig wie Träume von Kranken, erdichtet, so daß nicht Fuß und nicht Kopf derselben Gestalt zugehören. (Horaz: *Ars Poetica. Die Dichtkunst*. Lateinisch und deutsch. Übersetzt und hrsg. von Eckart Schäfer, Stuttgart 1972, S. 5 [V. 1–9])

Hinter der Kritik an einem auf phantastischer Erfindung beruhenden unorganischen Konglomerat heterogener Teile, das seine Entstehung einem Mißverhältnis von Ingenium und Judicium verdankt, steht die Forderung einer auf Naturnachahmung *(imitatio, mimesis)* und Wahrscheinlichkeit *(verisimilitudo)* gegründeten Literatur. Auf dieser aristotelischen Tradition beruht auch die im 17. Jahrhundert dominierende Theorie des hohen Romans mit ihrer Forderung nach Wahrscheinlichkeit und organischer Handlungseinheit (vgl. Scudéry, Huet), wie sie sich in Frankreich mit der *doctrine classique* durchgesetzt hatte. Als Schreckbild diente auch hier noch das ‚Monstrum' oder die ‚Chimäre' des Horaz (Habersetzer II, S. 69 ff.). Die Satire dagegen hatte sich schon in der Antike von allzu striktem Regelzwang befreit, wie es etwa in Juvenals Wort vom satirischen Mischmasch („farrago", *Satura* I, V. 85 f.) angedeutet ist, das auch Grimmelshausen aufnimmt, wenn er über seinen *Satyrischen Pilgram* schreibt, es sei „kein Ordnung" darin zu finden, nichts sei vorhanden „als ein wercklichs Mischmasch / von lauter Fähl und Mängeln zusammen gestickelt" (*Satyrischer Pilgram*, S. 6). Dieser ironischen Charakterisierung durch den Satiriker, der so auf „die abwechslungsreiche Vielfalt der Themen und Argumente", auf ihre „bunte Würfelung" und ihre „abrupte Verknüpfung" aufmerksam macht, ohne daß die *varietas* einen übergreifenden Zusammenhang auszuschließen braucht (Schäfer, *Satyr*, S. 199), entspricht die Bestimmung der Satire als eines „poema liberum" in der autoritativen Poetik Justus Caesar Scaligers: „Partes in Satyra nullae [...]. Nullum prooemium si non vis, abrupta omnia, non tamen non cohaerentia. [...] Verba vulgaria aut sordida [...]" (*Poetices libri septem*, Lyon 1561; Neudruck Stuttgart-Bad Cannstatt 1964, S. 149). So ist die Satire fürwahr „ein proteisches Gebilde, dessen Freiheit von festgeprägtem Formzwang ein Grundsatz seiner formalen Struktur ist" (Hess, S. 62). Auch der satirische Roman folgt deutlich antiaristotelischen und antiklassizistischen Baugesetzen, denen eine Wirklichkeitsvorstellung zugrunde liegt, „die sich (theoretisch!) gegen

die Ästhetisierung des ‚Tatsächlichen' [durch den ‚hohen' Roman] wendet"
(Voßkamp, S. 39). Fischarts Konzeption eines ‚grotesken Realismus', der Roman als „ein verwirretes ungestaltes Muster der heut verwirrten ungestalten
Welt", gehört in diese Tradition, die zu Grimmelshausen führt und im Titelkupfer zum *Simplicissimus* programmatisch dargestellt ist (Johann Fischart: *Ge-
schichtklitterung*. Hrsg. von Ute Nyssen, Düsseldorf 1963, S. 8).

2.1.2. Narrensatire

Der Weg des Simplicius in die ‚Welt' führt über die Gestalt des Narren und
damit über die Narrensatire der ersten beiden Bücher des Romans. Als der
„Wald-Bruder" in die Stadt kommt, kann er zwar auf zahlreiche Beispiele für
Kriegsgreuel und den Antagonismus zwischen Bauern und Soldaten zurückblik-
ken, ist er durch die Belehrungen des Einsiedels in den christlichen Glauben
eingeführt worden, doch seine Kenntnis der Welt und der menschlichen Gesellschaft läßt zu wünschen übrig:

> Damals war bey mir nichts schätzbarliches / als ein reines Gewissen / und auffrichtig
> frommes Gemüt zu finden / welches mit der edlen Unschuld und Einfalt begleitet und
> umbgeben war; ich wuste von den Lastern nichts anders / als daß ich sie etwan hören
> nennen / oder darvon gelesen hatte [...]. (I, 24; S. 66)

Es ist gerade diese Unschuld, die ihn zu einem geeigneten Medium der Kritik
macht, allerdings auch zum Narren in den Augen einer Gesellschaft, für die die
christlichen Normen keine unmittelbare Verbindlichkeit besitzen („[...] ich konte leichtlich mercken / daß männiglich den ernstlichen Willen GOttes wüste / ich
merckte aber hingegen keinen Ernst / denselben zu vollbringen" [I, 24; S. 66]).
Als reiner „Spiegel, in dem satirisch die Verderbnis der Welt erscheint" (Streller,
S. 22), sagt Simplicius der Hanauer Offiziersgesellschaft die Wahrheit, obwohl
auch ihm das Dilemma des christlichen Satirikers bewußt wird („[...] wegen deß
Befelchs Christi / da er spricht: Richtet nicht / so werdet ihr auch nicht gerichtet." [I, 24; S. 66]). Im Kontrast zu dem die christliche Norm unmittelbar ver-
körpernden Simplicius wird die Verderbtheit der Hanauer Gesellschaft um so
deutlicher hervorgehoben, verbindet sich grelle satirische Sittenschilderung mit
emphatischer Moralsatire, die die Eindrücke des jungen Simplicius zusammen-
faßt (I, 24–25). Man hat eingewendet, daß der junge Simplicius noch nicht
derartiger Gedankengänge fähig sein könne, wie sie in der Moralsatire der Kapitel 24 und 25 geäußert werden, doch kommt es hier weniger auf psychologische
Wahrscheinlichkeit an als vielmehr auf eine eindringliche, durch Beispiele beleg-
te Verdeutlichung der moralischen Perversion der Welt. Es ist eine ‚verkehrte
Welt', eine Welt, in der alle christlichen Werte auf den Kopf gestellt sind und die
Vertreter des wahren Christentums, selbst „unsere erste fromme Christen / die
zu Christi Zeiten gelebt / ja die Apostel selbst / [...] von jedermänniglich vor
Narren gehalten würden" (I, 26; S. 74). Allerdings fügt der Pfarrer noch hinzu –
und verweist damit indirekt auf die weiteren Ereignisse des Romans –, daß

Simplicius bisher nur „Kinderspiel gegen dem jenigen / das sonsten so heimlich als offentlich und mit Gewalt / wider Gott und den Menschen vorgehet / und in der Welt verübet wird", gesehen hat (I, 26; S. 74). Bildlich wird die Umkehrung der Verhältnisse und die Zerrüttung der Gesellschaft in der Traumallegorie vom Ständebaum dargestellt (vgl. 2.2.2.).

Hielten ihn bisher „die Leut vor einen Narren", wenn er ihnen mit der Heiligen Schrift kam (I, 25; S. 73), so wird Simplicius im 2. Buch zum Narren gemacht und in ein Narrenkostüm gesteckt. Damit beginnt die eigentliche Narrensatire. Doch wird er nun, als er „zum Narren werden solte / allererst witzig" (II, 8; S. 115): Er sagt der Hanauer Gesellschaft die Wahrheit und findet sich auf einmal mit „pikarische[r] Durchtriebenheit" in den Lauf der Welt (Heselhaus, S. 33). Durch die vorgeführte Verwandlung wird das Rollenspiel „im Moment der Verkleidung quasi Motiv, [...] die Formen der Rollen-Satire werden also erst ausgebildet und im Leser-Bewußtsein etabliert" (Schönert, S. 39). Daher ist die Frage nach einer psychologischen Erklärung im Sinn von Entwicklung falsch gestellt. Wenn in der Kritik der Hofgesellschaft Simplicius' Welterfahrung und Belesenheit erkennbar werden, so bekräftigen sie nur seine neue Rollenfunktion als weiser Narr und gestatten ihm, „alle Thorheiten zu bereden / und alle Eitelkeiten zu straffen / worzu sich dann mein damaliger Stand trefflich schickte" (II, 10; S. 119). Bewegt er sich mit einer satirischen Schönheitsbeschreibung und der Entlarvung von Modetorheiten noch in einem eher harmlosen Bereich der Moralsatire, so greift er mit seiner Kritik an der eitlen Titelsucht, dem hohlen Anspruch des Adels und der Darstellung der Problematik weltlicher Herrschaft die Grundlagen der Gesellschaftsordnung an, der er als satirisch verkehrte Welt ein Lob der vernünftigen Tiere – im Gegensatz zur Torheit der Menschen – gegenüberstellt. Der Kommentar des Gubernators charakterisiert Simplicius' Narrenrolle so: „Ich halte ihn vor einen Narrn / weil er jedem die Warheit so ungescheut sagt / hingegen seynd seine Discursen so beschaffen / daß solche keinem Narrn zustehen" (II, 13; S. 130).

Die literarische Gattung der Narrensatire hat eine lange Vorgeschichte, und sie hat ihren Höhepunkt längst überschritten, als sie von Grimmelshausen in seinen Roman integriert wird. Diese Integration der Narrensatire in den pikaresken Roman schafft allerdings Probleme, die mit den verschiedenen Voraussetzungen der Gattungen zu tun haben. Die Narrensatire verdankt ihre überragende Stellung im 16. Jahrhundert dem epochemachenden Werk Sebastian Brants, der in seinem *Narrenschiff* (1494) alle nur denkbaren menschlichen Laster unter dem Oberbegriff der Narrheit vereinigte und auf diese Weise „die Satire zum Spiegel des Weltlaufs" zu machen suchte (Böckmann, S. 228), um so den Menschen zur Selbsterkenntnis zu verhelfen. Dabei werden Sünde und Narrheit gleichgesetzt, stehen einfache menschliche Schwächen neben den Todsünden. Kennzeichnend für die Narrensatire, wie sie im 16. Jahrhundert nach dem Vorbild Brants und Murners gepflegt wird, ist der Versuch der „Ausbildung einer auf Totalität abzielenden Narrentypologie" (Mähl, S. 18). In gegenreformatori-

schem Sinn umgedeutet wird die Narrensatire bei Aegidius Albertinus, der zwar
in *Lucifers Königreich vnd Seelengejaidt* (1616) „noch einmal ein umfassendes,
auf enzyklopädische Vollständigkeit abzielendes Bild der von Narren bevölker-
ten Welt entwirft" (Mähl, S. 19), aber wieder auf das alte Schema der sieben
Kardinalsünden und ihre zahlreichen Unterabteilungen zurückgreift und so die
Narrensatire als geschickte Verkleidung kirchlicher Lasterkataloge nutzt. Albertinus hat auch mit seinem deutschen *Gusman von Alfarche* (1615) den spanischen Pikaroroman im gegenreformatorischen Sinn umgeformt, doch zu einer
Verbindung von Narrensatire und – allerdings moraltheologisch umgedeutetem
– Pikaroroman kommt es bei ihm noch nicht, sondern erst bei Moscherosch. Im
zweiten Teil der *Gesichte Philanders von Sittewalt* (1643), einer selbständigen
Arbeit Moscheroschs, vermischen sich die Formprinzipien der traditionellen
Narrenrevue und einer am Pikaroroman orientierten Rahmenhandlung, wobei
„die pikareske Perspektive [...] in einen Widerspruch zur moralsatirischen Perspektive" gerät, d. h. Moscheroschs Held, der sich als Pikaro mit der Welt einlassen muß, durchschaut zugleich „das Narrentreiben der Welt und sich selbst mit
ihr" (Mähl, S. 25, 28).

Diese Problematik wirkt auch bei Grimmelshausen nach, der nicht nur auf
Moscheroschs ,Gesicht' *Soldaten-Leben* als Anregung für seinen *Simplicissimus*
zurückgreifen konnte, sondern vor der gleichen Schwierigkeit steht, nämlich
pikarische und moralsatirische Intentionen miteinander zu verbinden. Das Problem taucht in beiden Stadien des Narrentums des jungen Simplicius auf. Weniger deutlich wird es in der Gestalt des einfältigen Narren in Christo, der der
verderbten Welt als Spiegel dient, in dem sie ihre Narrheit erkennen soll, doch
der zugleich im Zusammenhang der schwankartigen Szenen als „einfältiger
Tropff" erscheint, und zwar nicht nur in den Augen der Gesellschaft, der er
ohnehin als Narr gilt, sondern auch in der Perspektive des Erzählers. Deutlicher
erkennbar ist der Widerspruch zwischen traditioneller Moralsatire und Roman
in den Szenen, in denen Simplicius den weisen Narren spielt, denn die Verwandlung in einen Narren bedeutet zugleich Simplicius' Einführung in die Welt mit
ihren so heftig kritisierten Mängeln: „Der Moralist Grimmelshausen überant-
wortet die Moralsatire Simplicius in seiner Rollenfunktion als weiser Narr [...];
der Erzähler aber betrachtet diesen zugleich als gewitzten Schelm, der sich mit
seiner Rolle bereits im Übergang zum ,Welt-Menschen' befindet und ganz offen
zur pikaresken Durchtriebenheit bekennt [...]" (Mähl, S. 36).

2.1.3. Utopie und Satire

Grimmelshausens *Simplicissimus* ist kein utopischer Roman, gehört aber „zu
jenen Werken, in denen episodenhaft Berichte von utopischen Gesellschaften
oder utopischen Plänen erscheinen" (Winter, S. 103 f.). Dazu zählen in erster
Linie die Vorstellungen von einer neuen Friedensordnung, die der selbsternannte
Jupiter im 3. Buch entwirft, die Reise durch den Mummelsee zum König der

Sylphen und das Wiedertäufer-Kapitel im 5. Buch. In diesen Partien werden Gegenbilder zur gegenwärtigen Ordnung der Dinge, also zur schlechten geschichtlichen Wirklichkeit entworfen, zum Teil in die Zukunft, zum Teil in geographisch isolierte Räume verlegt. Grimmelshausen verbindet so seine Darstellung der Welt als „mundus versatus und perversus" (Habersetzer II, S. 76) mit positiven Gegenbildern, die Maßstäbe liefern, an denen die verzerrt dargestellte Wirklichkeit zu messen ist. Dabei geht es nicht allein um die Lebensführung und die Laster des einzelnen „zu dieser unserer Zeit (von welcher man glaubt / daß es die letzte seye)" (I, 1; S. 9), sondern auch um gesellschaftliche und politische Defekte, um Mängel der geschichtlichen Welt, die direkt und indirekt – durch das Aufzeigen von Alternativen – kritisiert werden. Daß der satirische Angriff auf menschliche ‚Laster' und gesellschaftliche Mißstände nur von einer expliziten oder impliziten Norm aus geschehen und gerechtfertigt werden kann, erklärt die Funktion der (utopischen) Gegenbilder. Das bedeutet, daß eine Interpretation der utopischen Aspekte des Romans von einem Zusammenhang von Satire und Utopie ausgehen muß. Allerdings sind die Maßstäbe, die an die menschliche und gesellschaftliche Wirklichkeit angelegt werden, im *Simplicissimus* auf verschiedene Weise bzw. auf verschiedenen Ebenen gegenwärtig. Durchgehend gilt, daß die Verderbtheit von Mensch und Gesellschaft an der christlichen Lehre als allgemeinster Norm gemessen wird. Diese Norm, immer wieder durch Reflexionen des Erzählers in Erinnerung gerufen, wird auch bildhaft vergegenwärtigt, etwa in den Einsiedlerszenen am Anfang und am Ende; an ihr wird das Verhalten des Helden und anderer Romanfiguren einer exemplarischen Überprüfung unterzogen. Der Vorstellung freilich, daß im Eremiten- und Inselleben, der „Allegorie des Paradieses" (Müller-Seidel), der „Traum vom harmonischen Leben, die Goldene Zeit, die Utopie endlich Wirklichkeit geworden" sei (Lefebvre, S. 281), liegt ein allzu vager Utopiebegriff zugrunde. Bei einem deratigen Dasein fehlt doch wohl das gesellschaftliche Element – sei es in der eher reglementierten Form der Sozialutopie Morusscher Prägung oder der freieren Form der Arkadienutopie. Modelle utopischer Gesellschaften, die den herrschenden gesellschaftlichen und politischen Mißständen als Norm entgegengehalten werden, stellt Grimmelshausen vielmehr – und das wäre neben der christlichen Lehre die zweite Ebene der Kritik – in den Romanpartien dar, die mit den Stichworten Jupiter, Mummelsee und Wiedertäufer bezeichnet werden können. Damit soll keineswegs ein Widerspruch zwischen der allgemeinen Norm der christlichen Lehre und diesen utopischen Gegenbildern postuliert werden. Es handelt sich vielmehr um jeweils verschiedene Ebenen der Argumentation, zumal sich natürlich auch die utopischen Gegenbilder nicht von den allgemeinen christlichen Voraussetzungen lösen lassen.

Gleichwohl stellt sich die Frage, ob es für christliche Autoren überhaupt sinnvoll sei, sich mit innerweltlichen Utopien zu beschäftigen, deren Verwirklichung sie nicht für möglich halten können, es sei denn, die Folgen der Erbsünde (bzw. der Glaube daran) würden aufgehoben. Eine zeitgenössische Antwort darauf, welche Funktion utopische Entwürfe im Kontext einer von christlichen Vorstellungen bestimmten Zeit haben könnten, findet sich am Ende der Epoche in Georg Paschs *Philosophischem Disput über die Dichtungen vom besten Staat* (1704) und dann in seinem Buch *De variis modis moralia tradendi* (1707; vgl. Ludwig Stockinger: *Ficta Respublica. Gattungsgeschichtliche Untersuchungen zur utopischen Erzählung am Beispiel der deutschen Literatur des frühen 18. Jahrhunderts,* Tübingen 1981, S. 116ff.; Paschs Text von 1704 liegt in einer deutschen Übersetzung von Wolfgang Biesterfeld vor, in: Archiv für Begriffsgeschichte 16, 1972, S. 28–47). Hier wird zum erstenmal eine ausführliche Begriffserläuterung der Gattung der *ficta respublica* versucht. Pasch, ein Kieler Universitätsprofessor, ist von der lutherischen Staatslehre geprägt. Die staatliche Ordnung ist notwendig, um das Zusammenleben der Menschen nach dem Sündenfall zu ermöglichen. Der Staat ist aber selber nicht frei von den Folgen des Sündenfalls, ist als Resultat des Sündenfalls notwendig unvollkommen. Wäre der Staat im Zustand der Sündelosigkeit entstanden, führt Pasch weiter aus, „dann wäre sein Entwurf viel zu gut und vollkommen gewesen, viel zu weit entfernt von jedem Mißbrauch und Mangel, jeder Unvollkommenheit und jedem Zwang, daß dort nicht auch höchste, auf geordnete Führung sich gründende Harmonie geherrscht hätte" (zitiert nach Biesterfeld, S. 33). Diesen Zustand nennt Pasch den *status naturalis.* Den Zustand nach dem Sündenfall bezeichnet er als *status legalis.* Welchen Sinn kann es nun haben, sich mit der Vorstellung dieses Naturzustands zu beschäftigen, „wenn keine Gesellschaft jemals zur Ausführung dieser Idee gelangen wird?" (ebd. S. 34) Der Nutzen liegt darin, daß die Vorstellung eines vollkommenen ‚Naturzustandes' als Maßstab dienen kann, an dem sich politisches Handeln der Gegenwart messen läßt:

> Nicht nämlich [...] läßt sich jener ideale Zustand derartig in der Politik erreichen, daß wir gleichsam durch Hinrichtung des überkommenen Staatskörpers ihn in die menschlichen Gesellschaften einführen, sondern vielmehr dadurch, daß wir die Vorstellung dieser Gesellschaft festhalten und sie, soweit es wegen der menschlichen Ohnmacht geschehen kann, zu einer wie auch immer beschaffenen Ähnlichkeit mit der Idee bilden. Es ist also die Aufgabe des guten Staatsmanns, mit dem einen Auge auf den Naturzustand, mit dem anderen aber auf die Möglichkeiten seines gegenwärtigen Betätigungsfeldes zu achten [...]. (Ebd. S. 34f.)

Die *fictae respublicae* sind Darstellungen einer öffentlichen Ordnung unter der hypothetischen Voraussetzung der Erbsündelosigkeit des Menschen. Daß diese Voraussetzung nicht erfüllt werden kann, ändert nichts an ihrer Legitimität und an dem Nutzen von Staatsentwürfen, „die wir deshalb erdichtete nennen, weil sie nicht einen Zustand wiedergeben, der tatsächlich anzutreffen ist, sondern zeigen, welcher er sein und werden müßte" (ebd. S. 35). Ein Zusammenhang zwischen der Richtigkeit einer Norm und der Möglichkeit ihrer Realisierung in der Geschichte besteht weder für Pasch noch für Grimmelshausen.

Schon Thomas Mores *Utopia,* die der Gattung den Namen geben sollte, verwies auf die Bedingung der Erbsündelosigkeit des Menschen und stellte die

Verbindung von Satire und Utopie her: Das Bild eines idealen Gemeinwesens, Utopia, wird der Beschreibung und satirischen Entlarvung der Korruption der zeitgenössischen englischen Gesellschaft als Norm gegenübergestellt. Aber auch ohne einen offenen Angriff auf die zeitgenössische Gesellschaft behält die Utopie dieses doppelte Gesicht, hat die Darstellung oder Beschreibung eines vollkommenen Gemeinwesens eine zweifache Funktion: „it establishes a standard, a goal; and by virtue of its existence alone it casts a critical light on society as currently constituted" (Robert C. Elliott: Saturnalia, Satire, and Utopia. In: The Yale Review 55, 1965/66, S. 534). Satire und Utopie lassen sich nicht voneinander trennen, denn: „the one unanswerable argument for the utopian vision is a hard satirical look at the way things are today" (ebd. S. 536).

Für die Frage nach der Funktion der utopischen Partien im *Simplicissimus* bedeuten diese Erwägungen zunächst, daß eine Beschränkung auf das Problem, ob denn Grimmelshausen an die Möglichkeit der Verwirklichung seiner idealen Welten glaubte, an der Sache vorbeiginge. Wenn man den Zusammenhang von Utopie und Satire und die historischen Voraussetzungen berücksichtigt, verliert der Aspekt der Verwirklichung utopischer Vorstellungen an Bedeutung; es kommt vielmehr auf ihre (indirekt) kritische Funktion an. Der satirische Roman gewinnt seinen Realitätsbezug, seine gesellschaftskritische und politische Schärfe nicht zuletzt durch die Gegenbilder, an denen die mangelhafte Wirklichkeit gemessen wird. Die mögliche Zurücknahme oder Relativierung von utopischen Konzeptionen im Roman bedeutet daher keineswegs, daß sie ihre verweisende Funktion auf Mißstände in dieser Welt verloren haben.

Grimmelshausen stellt in den utopischen Partien seines Romans drei verschiedene Modelle vor, Zitate gewissermaßen aus der Geschichte utopischen Denkens: Jupiters Vision vom deutschen Helden verbindet Elemente traditioneller Sozialutopien und chiliastische Zukunftsvorstellungen zu einer großen Gesamtlösung, das Wiedertäuferkapitel sieht die Lösung der gesellschaftlichen Probleme in einer kleinen Gemeinschaft, und die Mummelsee-Episode läßt sich als Reflexion über die Bedingung der Möglichkeit von Utopie verstehen.

Die Jupiter-Episode: Die Jupiter-Episode, ein Beispiel dafür, wie ein utopisches Programm im Roman selbst der Satire verfällt, steht an zentraler Stelle des *Simplicissimus Teutsch* (III, 3–6). Geht man allein vom Inhaltlichen aus und sieht von den phantastischen Momenten ab, so läßt sich das von Jupiter entwickelte politische Programm als Summe der reformerischen und revolutionären Forderungen charakterisieren, die seit dem 15. Jahrhundert immer wieder erhoben worden sind und ihren stärksten Ausdruck in den Bauernkriegen und der damit verbundenen Publizistik fanden. Julius Petersen hat auf die verschiedenen Traditionen chiliastischer und utopischer Zukunftshoffnungen und -erwartungen hingewiesen, die sich in den Reformgedanken Jupiters niedergeschlagen haben (apokalyptische Motive, Kaisersage, Reformatio Sigismundi etc.). Das Ziel ist letztlich die Beseitigung der Gesellschaftsordnung, wie sie in der Ständebaum-Allegorie bildlich dargestellt ist: Die feudale Herrschaft wird abgeschafft, die „Fürsten und Herrn" – soweit sie nicht bestraft werden oder ihre kriegerischen Fähigkeiten in Asien austoben dürfen – „werden leben müssen wie andere gemeine Leut" (III, 4; S. 213). Die neue Ordnung, die der deutsche Held durchsetzt, gibt den Städten eine entscheidende Rolle. Ihnen wird das umliegende Land zur Regierung übergeben, und das Parlament setzt sich aus je „zween von den klügsten und gelehrtesten Männern" aus den Städten zusammen (III, 4; S. 212), ein Anklang an die Zusammensetzung der zentralen Regierung in Thomas Mores *Utopia*. Die herausgehobene politische Stellung der Städte widerspricht freilich der geschichtlichen Lage im 17. Jahrhundert, die eher durch politische und wirtschaftliche Machteinbußen der Städte zugunsten des erstarkenden Territorialfürstentums gekennzeichnet ist. In dieser Situation nimmt die Utopie Partei für die Stadt, oder – so kann man es auch sehen – es setzen sich Konstanten traditioneller utopischer Konstruktionen durch.

Die politische Neuordnung wird ergänzt durch umfassende soziale Reformen, eine Befreiung von den bedrückenden Verpflichtungen und Abhängigkeiten des Feudalsystems. Der deutsche Held werde, heißt es,

> die Leibeigenschafften sampt allen Zöllen / Accisen / Zinsen / Gülten und Umbgelten durch gantz Teutschland auffheben / und solche Anstalten machen / daß man von keinem Fronen / Wachen / Contribuiren / Gelt geben / Kriegen / noch einiger Beschwerung beym Volck mehr wissen / sondern viel seeliger als in den Elysischen Feldern leben wird [...]. (III, 4; S. 212)

Die soziale und politische Neuordnung kann jedoch ohne eine Beendigung der Religionsstreitigkeiten keinen Bestand haben. Diese will Jupiters deutscher Held durch eine Versammlung von Theologen „aus allen Religionen" beenden, wobei er verschiedene Druckmittel nicht ausschließt (III, 5; S. 216). Im Programm dieses Wunderhelden verbinden sich Chiliasmus und Utopie, kommen Vorstellungen zu Tage, die in eine Reihe mit zahlreichen anderen chiliastischen und utopischen Zukunftserwartungen gehören und die gerade in Südwestdeutschland eine besondere Lebenskraft bewiesen. So mußte ein gewisser Wilhelm Neuheuser 1626 Straßburg verlassen, weil er „allenthalben das fundament umstosse" und „Müntzerische auffruhr und empörung gegen alle Obrigkeit" propagiert habe: Neuheuser hatte in der Tat ein Friedensreich versprochen, eine „Vniversal reformation" gefordert und den Aufbau eines „neuen Jerusalems" angekündigt (Gebauer, S. 212). Politisch-sozialreformerische und religiöse Argumentationsweisen gehen hier ineinander über und machen deutlich, daß sich im 16. und 17. Jahrhundert die beiden Bereiche nicht so ohne weiteres trennen lassen. Das gilt auch für Grimmelshausens Beschreibung der neu zu erbauenden „Statt mitten in Teutschland", die zwar deutliche Züge des himmlischen Jerusalems trägt, aber gleichwohl nicht von vornherein in den politisch unverbindlichen Bereich der religiösen Allegorie verwiesen werden darf.

Das Problem bei Grimmelshausen ist freilich, daß das utopische Gegenbild selbst der Satire anheimfällt. Als Jupiter vom ewigen Frieden „wie zu Augusti Zeiten" spricht, kommentiert Springinsfeld, der Kumpan des Jägers von Soest:

> Und alsdann wirds in Teutschland hergehen wie im Schlauraffenland / da es lauter Muscateller regnet / und die Creutzer-Pastetlein über Nacht wie die Pfifferling wachsen! da werde ich mit beyden Backen fressen müssen wie ein Drescher / und Malvasier sauffen / daß mir die Augen übergehen. (III, 5; S. 214)

Mit dem Hinweis auf die Vorstellung vom Schlaraffenland, die schon lange die Geschichte des utopischen Denkens begleitet, wird der utopische Höhenflug beendet, das Wunschbild von einem Friedensreich auf Erden ins Illusorische und Märchenhafte gewendet. Auch das Programm selbst hat seine phantastischen Momente, etwa die ‚imperialistischen' Vorstellungen, die man „ein Zeugnis des chiliastischen Nationalismus" genannt hat (Wilhelm Kamlah: *Utopie, Eschatologie, Geschichtsphilosophie,* Mannheim 1969, S. 33). Vor allem aber wird sehr schnell deutlich, daß Jupiter keinen gangbaren Weg aufweist, der zu dem gewünschten politischen Endergebnis führen würde, das eine Veränderung der Menschen und der Institutionen zur Voraussetzung hat.

Es bleibt also bei einem fundamentalen Widerspruch: Einerseits wird darauf verwiesen, daß die irdischen Verhältnisse grundlegend verändert werden müssen, andererseits zeigt sich, daß die ideale Ordnung, die den Gottesfürchtigen ein Leben in Ruhe und Frieden garantieren würde, nicht verwirklicht werden kann, weil sie auf Voraussetzungen beruht, die in der geschichtlichen Welt nicht herzustellen sind. Die widersprüchlichen Interpretationen, die die Jupiterepisode in der Forschung gefunden hat, sind das Ergebnis von Versuchen, dieses Paradox zugunsten einer eindeutigen Lösung aufzuheben. So hat man das hier entwickelte politisch-soziale Programm als politische Willensäußerung Grimmelshausen interpretiert, bezogen freilich auf die ferne Zukunft: „Was er zutiefst erträumt, ist die Volkssouveränität, ist eine Welt, in der nicht mehr Geld und Macht, Besitz und Eigennutz Unheil anrichten. [...] Sein Wunschtraum von einem freien Volk unter demokratischer, konfessionsloser Regierung (kühn genug, um in verhüllender Absicht einem weisen ‚Narren' in den Mund gelegt zu werden) überspringt gleichsam die Gesellschaftsformation der bourgeoisen Herrschaft" (Spriewald, S. 127 f.). Diesem Versuch der politischen Aktualisierung, der seine Vorläufer hat, steht die Tendenz der neueren ‚westlichen' Forschung gegenüber, Grimmelshausen im religiösen Kontext des 17. Jahrhunderts zu sehen und die prinzipielle Unmöglichkeit der Verwirklichung der utopischen Vorstellungen als Absage Grimmelshausens an die Gesellschaftsutopie zu interpretieren. So kommt Eberhard Mannack zu dem Schluß, daß diese Wunschvorstellungen wie alles Menschenwerk als „illusorisch" enthüllt werden (S. 341), für Joël Lefebvre „denunziert sich die Prophetie als Wahn" (S. 274) und bei Dietrich Naumann heißt es, die „Dichotomie von Gott und Welt" negiere „implizit die Möglichkeit einer innerweltlichen Utopie" (S. 82). Damit würden dann bei Grimmelshausen letztlich die bestehenden Verhältnisse legitimiert.

Daß die Deutungen so gegensätzlich ausfallen, liegt nicht nur an der satirischen Methode Grimmelshausens, die es nicht leicht macht, ihn beim Wort zu nehmen, sondern hat seinen Grund vor allem darin, daß falsche Fragen an den Text herangetragen werden oder daß eine falsche Alternative angeboten wird. Beide Interpretationsmuster verfahren unhistorisch und verkennen, daß Grimmelshausens Gedankenexperiment in einer Tradition utopischen Denkens steht, für die sich die Frage nach der Verwirklichung nicht stellt: Die Norm, an der die Erfahrungswelt gemessen wird, ist außergeschichtlich und prinzipiell nicht zu verwirklichen. Das war schon die Prämisse von Thomas Mores *Utopia*.

Die Mummelsee-Episode: Die Voraussetzung utopischer Gesellschaften, die Freiheit von den Folgen der Erbsünde, wird in der Mummelsee-Episode zum Thema. In dem utopischen Wasserreich der Sylphen herrscht eine vollkommene Ordnung und zugleich völlige Freiheit, seine Bewohner sind „keiner Sünd / und dannenhero auch keiner Straff / noch dem Zorn Gottes / ja nicht einmal der geringsten Kranckheit unterworffen [...]" (V, 13; S. 417). Doch die scheinbare Vollkommenheit des Reichs der Sylphen, in dem der König keine Herrschaft ausübe, sondern allein „ihre Geschäffte dirigire" (V, 13; S. 418), hat ihren Preis. Anders als der Mensch, dem „Mittel [...] zwischen den heiligen Engeln und den unvernünfftigen Thieren" (V, 13; S. 417), haben die Sylphen keine unsterbliche Seele und sind somit von den himmlischen Freuden ausgeschlossen. Um so unverständlicher erscheint ihnen das Verhalten der Menschen, die sich „durch die zeitliche und irdische Wollüste [...] der frölichen Anschauung deß Allerheiligsten Angesichts GOttes" berauben und sich „in die ewige Verdammnus" stürzen (V, 14; S. 422 f.). Die sehnsüchtige Rede des Sylphen-Prinzen, der die Welt als einen „Probierstein Gottes" charakterisiert, vor dem sich sein Geschlecht bewähren würde, betrifft in Wirklichkeit den Menschen, sein Versagen und seine Möglichkeiten:

> Ach möchte unser Geschlecht an eurer Stell seyn / wie würde sich jeder befleissen / in dem Augenblick eurer nichtigen und flüchtigen Zeitlichkeit die Prob besser zu halten / als ihr / denn das Leben so ihr habt / ist nit euer Leben / sondern euer Leben oder der Todt wird euch erst gegeben / wenn ihr die Zeitlichkeit verlaßt; das aber was ihr das Leben nennet / ist gleichsam nur ein Moment und Augenblick / so euch verliehen ist / GOtt darin zu erkennen / und ihme euch zu nähern / damit er euch zu sich nemmen möge [...]. (V, 14; S. 423)

Die Darstellung des Reichs der Sylphen ist zugleich Reflexion über die Möglichkeit von Utopie, in der Grimmelhausen auf die Voraussetzung der Erbsündelosigkeit hinweist, die den verschiedenen utopischen Konstruktionen der Neuzeit und damit auch der vollkommenen Ordnung des Sylphenreichs zugrundeliegt. Negativ ausgedrückt bedeutet das, daß hier die „Unmöglichkeit der Vollkommenheit und des Absoluten im menschlichen Bereich [...] metaphysisch ausgebaut" wird, denn nach dem Sündenfall gehört zur Möglichkeit der Bewährung gegenüber dem Bösen in der Welt auch die Möglichkeit der Sünde (Lefebvre, S. 277). Der Akzent liegt jedoch nicht auf der im Kontext des christlichen Glaubens selbstverständlichen Auffassung, daß Vollkommenheit nichts Menschenmögliches sei, sondern auf dem Gegenbild der Sylphengesellschaft, das auf der hypothetischen Voraussetzung der Freiheit von den Folgen der Erbsünde basiert. Die im Wesen des Menschen begründete Unvollkommenheit alles Irdischen wird angesichts der Vollkommenheit der gesellschaftlichen und politischen Ordnung der Geisterwelt scharf akzentuiert. Damit ist ein Maßstab gesetzt, an dem sich menschliches Handeln orientieren kann.

Utopie und Satire begegnen sich, wenn Grimmelshausen der Schilderung des utopischen Wasserreichs Simplicius' satirische Beschreibung der Vollkommenheit der Menschenwelt gegenüberstellt: Ein jeder Stand erfülle seine Funktion, statt Eigennutz regierten christliche Liebe und Redlichkeit, die Laster seien ausgestorben (V, 15; S. 426f.). Daß es sich um eine satirische Verkehrung handelt und die geschilderte Welt eine zwar ideale, doch im Vergleich zur wirklichen Welt eine ‚verkehrte Welt' darstellt, ist offensichtlich. Es wird aber auch noch eigens betont, etwa durch den Hinweis, daß „eben deßwegen [...] jetzund so schwäre Krieg auff Erden [sind] / weil je ein Theil vermeynt / das andere diene GOtt nicht recht" (V, 15; S. 427). Im übrigen ist die Bewertung eine Frage der Semantik, wie Simplicius in satirischer Überspitzung deutlich macht:

> Es gibt keine Geitzige mehr / sondern Gesparsame; keine Verschwender / sondern Freygebige; keine Kriegs-gurgeln / so die Leut berauben und verderben / sondern Soldaten / die das Vatterland beschirmen; keine muthwillige faule Bettler / sondern Verächter der Reichthum / und Liebhaber der freywilligen Armuth; keine Korn- und Wein-Juden / sondern vorsichtige Leut / die den überflüssigen Vorrath auff den besorgenden künfftigen Nothfall vor das Volck zusammen heben. (V, 15; S. 427)

Der Utopie und der Reflexion über ihre Bedingung steht also die satirische Entlarvung der Unzulänglichkeit der menschlichen Verhältnisse gegenüber, doch keineswegs so, daß die eine Seite die andere in Frage stellt. Simplicius' Schilderung der ‚verkehrten' irdischen Welt ergänzt vielmehr die Beschreibung des Sylphenreichs. Utopie ist nur möglich, wenn bestimmte Prämissen der menschlichen Existenz negiert werden, und wenn von der Vollkommenheit der wirklichen, geschichtlichen Welt die Rede ist, kann dies nur in der Form der Satire geschehen. Doch in beiden Fällen wird ein Ziel gesetzt, das zwar angesichts der Grenzen des Menschen unerreichbar ist, dem es sich jedoch anzunähern gilt.

Die ungarischen Wiedertäufer: Der dritte utopische Entwurf, der ebenfalls auf die Freiheit von den Folgen der Erbsünde als Bedingung für eine vollkommene Gesellschaft verweist, wird als Ergebnis einer längeren Studienperiode des Helden dargestellt, die erwartungsgemäß in der Erkenntnis gipfelt, „daß kein besser Kunst sey / als die Theologia, wann man vermittelst derselbigen Gott liebet und ihm dienet" (V, 19; S. 440). Im Zusammenhang mit einer so verstandenen Theologie wird Simplicius zum Utopisten:

Nach der Richtschnur derselbigen erfande ich vor die Menschen eine Art zu leben die mehr Englisch als Menschlich seyn könte / wann sich nemlich eine Gesellschafft zusammen thäte / beydes von verehlichten und ledigen / so Manns- als Weibspersonen / die auff Manier der Widertäuffer allein sich beflissen / unter einem verständigen Vorsteher durch ihrer Hand Arbeit ihren leiblichen Unterhalt zu gewinnen / und sich die übrige Zeiten mit dem Lob und Dienst Gottes und ihrer Seelen Seeligkeit zu bemühen [...]. (V, 19; S. 440)

Anders als bei den periodisch wiederkehrenden moralischen Anwandlungen des Helden, die sich auf seine persönliche Lebensführung, also auf die eines Einzelnen, beziehen, sieht der utopisierende Simplicius hier die Verwirklichung eines christlichen Lebens im Rahmen einer sozialen Ordnung, in der es weder Unterdrückung noch Ausbeutung gibt. Wie in den klassischen Utopien der Renaissance füllen Männer und Frauen die ihnen zugewiesenen Rollen in Handwerk, Erziehung, Hauswirtschaft und Krankenpflege in einer genau geregelten Ordnung aus, die das menschliche Zusammenleben auf eine neue, höhere Stufe erhebt:

[...] da war kein Zorn / kein Eifer / kein Rachgier / kein Neid / kein Feindschafft / kein Sorg umb Zeitlichs / kein Hoffart / kein Reu! In Summa / es war durchauß eine solche liebliche Harmonia, die auff nichts anders angestimbt zu seyn schiene / als das Menschlich Geschlecht und das Reich Gottes in aller Erbarkeit zu vermehren [...]. (V, 19; S. 441)

Simplicius, der „hiebevor in Ungarn auff den Widertäufferischen Höfen ein solches Leben gesehen" hatte (V, 19; S. 440), beschreibt eine bestimmte wiedertäuferische Gemeinschaft, nämlich die der Huterischen Brüder, die sich vor allem in Mähren ausgebreitet hatte, doch nach der Schlacht am Weißen Berg nach Ungarn ausweichen mußte. Die Huterischen Brüder blieben bis 1763 in Ungarn, so daß Grimmelshausens Bezeichnung ,ungarische Wiedertäufer' durchaus mit den historischen Gegebenheiten übereinstimmt. Auch die Einzelheiten der sozialen Organisation, die bei Grimmelshausen angeführt werden – Gütergemeinschaft, Trennung der Geschlechter, Kindererziehung, Schulwesen, Arbeitsteilung –, entsprechen dem in den Chroniken überlieferten Bild der Huterer. In ihrer Lebensweise, die einen betont biblischen Charakter annimmt, dominieren die zwei von Grimmelshausen genannten Aspekte, nämlich das Bemühen, „durch ihrer Hand Arbeit ihren leiblichen Unterhalt zu gewinnen / und sich die übrige Zeiten mit dem Lob und Dienst Gottes und ihrer Seelen Seeligkeit zu bemühen" (V, 19; S. 440).

Die Wirtschaftsorganisation der Huterischen Gemeinden zeigte ein hohes Maß an Effizienz, „welche die frühkapitalistische Wirtschaftsweise ihrer Zeit überflügelte und auf eigenen Wegen bereits Züge manufktureller Produktion aus dem übernächsten Jahrhundert vorwegnahm" (Ferdinand Seibt: *Utopica. Modelle totaler Sozialplanung*, Düsseldorf 1972, S. 174). Die Basis der Wirtschaft war nicht die Landwirtschaft, sondern das Handwerk, das einen allseits gerühmten Standard erreichte. Es herrschte Arbeitszwang. In einer Chronik heißt es dazu:

In summa / da war keiner der müessig gieng / es thet ÿedes etwas was Im beuolhen war / Vnnd Was es vermocht vnd kundt. Vnd wär er Vorhin gwesen edel / reich oder arm / Da leerneten auch die pfaffen Arbeiten vnd wercken / welche herZu kamen. (Zitiert nach Zieglschmid, S. 381)

Voraussetzung der utopischen Gemeinschaft ist ein optimistisches Menschenbild. Einem Huterer wird das Wort zugeschrieben: „Ein jeglicher Mensch kann das Gesetz Gottes erfüllen, denn ein jeglicher hat einen freien Willen und kann das Gute annehmen und das Böse verwerfen" (zitiert nach Seibt, S. 167). Die orthodoxe Erbsündelehre katholischer oder lutherischer Prägung hat hier – wie bei anderen Täufergruppen – keinen Platz. Als Gemeinschaft „grundsätzlich zu gutem Weltverhalten befähigter Menschen" verstanden sich die täuferischen Gemeinden „als die einzelnen Lebenszellen einer anderen, einer heilen Welt inmitten der Verderbnis" (Seibt, S. 168).

Natürlich konnte Grimmelshausen nicht an dem Problem vorübergehen, daß die Wiedertäufer der offiziellen Kirche als Ketzer galten, andernfalls – so heißt es – hätte sich Simplicius „von freyen stücken zu ihnen geschlagen / oder wenigst ihr Leben vor das seeligste in der gantzen Welt geschetzt" (V, 19; S. 440). Das Paradox, daß gerade die ‚Ketzer' ein wahrhaft christliches Leben führen, wird deutlich herausgestellt; es wird zur Herausforderung der katholischen Kirche, wenn Simplicius das tätige Christentum der Wiedertäufer über das Klosterleben erhebt:

Ein solch seeliges Leben / wie diese Widertäufferische Ketzer führen / hätte ich gerne auch auffgebracht / dann so viel mich dünckte / so übertraff es auch das Clösterliche: Ich gedachte / köntestu ein solches ehrbares Christliches Thun auffbringen unter dem Schutz deiner Obrigkeit / so wärest du ein anderer Dominicus oder Franciscus; Ach / sagte ich offt / köntest du doch die Widertäuffer bekehren / daß sie unsere Glaubensgenossen ihre Manier zu leben lerneten / wie wärest du doch so ein seeliger Mensch! Oder wenn du nur deine Mit-Christen bereden köntest / daß sie wie diese Widertäuffer ein solches (dem Schein nach) Christliches und ehrbares Leben führten / was hättestu nicht außgerichtet? (V, 19; S. 442)

Anders als bei der Vorstellung der Pläne Jupiters fehlen bei der Beschreibung der vorbildlichen sozialen Organisation der Wiedertäufer die satirischen Seitenhiebe, anders als bei den Projekten des selbsternannten Gottes gibt es keine Ausflüge ins Phantastische. Von dem „phantastischen Entwurf eines christlichen Sozialismus" zu reden (Heselhaus, S. 51), ist allenfalls berechtigt, wenn man das Moment der Verwirklichung mit einbezieht bzw. von einem anderen Menschenbild ausgeht: Simplicius, der lange mit dem Gedanken umgeht, „so einer vereinigten Christlichen Gesellschafft meinen Hof und gantzes Vermögen zum besten" zu geben, wird am Schluß von seinem Knan, der ihm prophezeit, daß er „wol nimmermehr solche Bursch zusammen bringen würdeˢ", auf den Boden der Wirklichkeit zurückgeholt (V, 19; S. 442).

Gleichwohl bleibt darauf hinzuweisen, daß hier ein in kleinerem Rahmen tatsächlich verwirklichtes Modell eines friedlichen, harmonischen Zusammenlebens ausführlich beschrieben wird. Das geschieht aber nicht aus dem Grund, dieses Modell als illusorisch zu entlarven oder als verbindliche Lösung anzupreisen, sondern es geht wie bei den anderen utopischen Partien gerade darum, der geschichtlichen Wirklichkeit und ihren Mängeln ein Gegenbild entgegenzusetzen, eine ideale Ordnung, in der ein Leben nach den Normen des Dekalogs und der Bergpredigt möglich ist.

Daß es in diesem Roman des Dreißigjährigen Krieges um die Sehnsucht nach Frieden und einem friedlichen, harmonischen Zusammenleben in einer gerechten Sozialordnung geht, machen die utopischen Entwürfe überaus deutlich. Die ‚große‘ Lösung Jupiters und seines deutschen Helden wird durch das Gesellschaftsmodell der Wiedertäufer, aber auch durch die Darstellung der Schweiz als eines Ortes, in dem die Leute in „Frieden handlen und wandlen" (V, 1; S. 376), ergänzt. Idyllisch und exotisch zugleich kommt Simplicius dieses ‚irdische Paradies‘ vor, mit dessen Beschreibung Grimmelshausen den konstruktiven utopischen Entwürfen einen idyllischen zur Seite stellt. Gleich zwei Gegenentwürfe bringt die Mummelsee-Episode: Der Darstellung des utopischen Wasserreiches – vollkommen, aber auf Voraussetzungen beruhend, die nicht der menschlichen Natur entsprechen – steht Simplicius‘ satirische Beschreibung der Vollkommenheit der menschlichen Gesellschaft gegenüber, zugleich satirische Entlarvung der wirklichen Beschaffenheit der Welt und ein Bild, wie die menschliche Gesellschaft aussehen könnte, wenn die christlichen Ideale verwirklicht würden. Sowohl die Vollkommenheit der gesellschaftlichen und politischen Ordnung der Geisterwelt als auch die satirische Beschreibung der vollkommenen, freilich ‚verkehrten‘ irdischen Verhältnisse gehören in die Reihe der Gegenbilder, die der schlechten, von Krieg, gesellschaftlichen und politischen Mißständen geprägten Wirklichkeit entgegengesetzt werden.

Diese Entwürfe Grimmelshausens sind keine zufälligen Abschweifungen, ihnen kommt vielmehr eine wesentliche Funktion in der Konzeption des Romans zu. Sie stellen nicht nur die Frage, wie „der Einzelne in dieser schlechten Welt, in diesem Jammertal, bestehen" kann (Winter, S. 104), sondern sie lenken den Blick auch auf die ‚Welt‘, d.h. die Gesellschaft, deren Verbesserungsbedürftigkeit durch die Gegenbilder deutlich gemacht wird, auch wenn radikale Umwälzungen unter den herrschenden geschichtlichen Bedingungen unmöglich sind und eine vollkommene Welt angesichts der Begrenztheit der menschlichen Möglichkeiten grundsätzlich nicht realisierbar ist.

Es kommt nicht darauf an, Grimmelshausen auf jeden Punkt der utopischen Entwürfe festzulegen, denn eine isolierte Interpretation dieser Passagen kann wohl kaum zu überzeugenden Ergebnissen führen. Ihre eigentliche Bedeutung erhalten sie erst als Gegenbilder zur geschichtlichen Wirklichkeit, wie sie im Roman dargestellt ist. Es kommt auf den Funktionszusammenhang von Satire und Utopie an, der es durch die Andeutung einer vollkommenen Welt möglich macht, die Mängel der zeitgenössischen Wirklichkeit um so schärfer hervorzuheben. Charakterisiert wird eine aus den Fugen geratene Welt, deren Verlust an Wertmaßstäben sich nicht nur im Treibenlassen des Helden, sondern auch in der politischen Argumentation eines Olivier erkennen läßt (IV, 15; vgl. AB IV. 2.2). Daß dahinter ein theologisch begründetes Menschenbild steht, ändert nichts an der Tatsache, daß der Romanschriftsteller Grimmelshausen (nicht der Erbauungsschriftsteller) gerade auf die Darstellung dieser ,verkehrten' Welt abzielt, deren Mängel durch die Gegenbilder noch hervorgehoben werden, während sie gleichzeitig die Utopie einer menschenwürdigen Gesellschaft aufrechterhalten.

Die Spannung zwischen dem Anspruch auf ein menschenwürdiges Leben, den Entwürfen einer besseren Welt, und Weltflucht, bleibt dabei durchweg bestehen. Der Beschreibung der gesellschaftlichen (und privaten) Alternativen ist der Zweifel an der Möglichkeit der Verwirklichung mitgegeben, wobei auch der häufig als endgültige Lösung interpretierte Rückzug aus der Welt keine Ausnahme macht. Doch bezieht man den Zusammenhang von Satire und Utopie ein, dann erhalten die utopischen Entwürfe einen Sinn, der unabhängig von der Möglichkeit der Verwirklichung in ihrer Gegenbildfunktion besteht. Sie geben die Maßstäbe an die Hand, die politischen und gesellschaftlichen Zustände einzuordnen und werfen schon durch ihre bloße Existenz ein kritisches Licht auf die Wirklichkeit, der sie entgegengestellt werden.

2.2 Allegorie und Wirklichkeit

2.2.1 Bemerkungen zu Grimmelshausens ,Realismus'

Die Antwort auf die Frage nach dem ,Realismus' Grimmelshausens hängt von dem jeweils zugrunde gelegten Realismusbegriff ab. Allerdings war bis zu Alewyns Buch über Johann Beer Grimmelshausens Realismus kein wirkliches Problem. Den Literarhistorikern des 19. Jahrhunderts galt der *Simplicissimus* schon deshalb als realistischer Roman, weil sie von seinem autobiographischen Charakter ausgingen und die ,phantastischen' Momente wie Hexenfahrt oder Mummelsee-Episode ausklammerten. Autobiographische und historische ,Wahrheit', in der geschichtlichen Wirklichkeit verifizierbare Inhalte waren die Kriterien für diese Auffassung von realistischer Literatur. Auch die Kritik Alewyns an der naiven Auffassung vom *Simplicissimus* als kulturgeschichtlicher Quelle und wahrhafter Lebensbeschreibung orientierte sich noch an derartigen Kriterien; sie werden jedoch gegen Grimmelshausen gewendet, an dessen Werk Alewyn gegenwärtige Erfahrung und schlichte Beobachtung vermißt. Er charakterisiert es als ausgesprochen wirklichkeitsarm, dem Verfasser sei die Wirklichkeit „nicht Endzweck, sondern nur Anlaß zur Entladung seiner leidenschaftlichen Subjektivität" (*Beer*, S. 203; zur Kritik an Alewyns Realismusbegriff vgl. Gebauer, S. 254 ff.).

Besondere Probleme für die herkömmliche Auffassung vom Realisten Grimmelshausen boten von jeher die allegorischen Teile. Konnten sie zunächst noch als ,Einlagen' in einem im übrigen auf eigenen Erlebnissen und Erfahrungen basierenden Roman beiseitegeschoben werden, so stellte sich mit der Erkenntnis seiner Komplexität immer dringlicher die Frage nach ihrer Funktion. Der Weg führte beinahe zwangsläufig zu Interpretationen, die die allegorische Ebene zur entscheidenden erhoben oder das Besondere des Werks in geheimen Verschlüsselungen und verborgenen Strukturen zu erkennen glaubten, womit das Realismusproblem an Dringlichkeit verlor. Und wo, von der Ablehnung der Bildungsromanthese ausgehend, der Held nur als „repräsentative Universalfigur" gesehen wurde, ließ sich die Frage nach dem Wirklichkeitsgehalt völlig ausklammern: „Grimmelshausen gestaltet in seinem Roman eine Figur außerhalb des hierarchischen Gefüges. Sein Simplicissimus ist der sündhafte, erlösungsbedürftige Mensch schlechthin" (Rötzer, S. 132). Angesichts einer derartigen Interpretation verliert die autobiographische bzw. empirische Wirklichkeit an Bedeutung; sie wird – sofern sie überhaupt ins Blickfeld gerät – exemplarisch überhöht und „auf den Nenner der Epoche gebracht" (Knopf, S. 60).

Mit einer ‚spirituellen' Deutung des Romans ist jedoch die Frage nach der ästhetischen Verarbeitung gesellschaftlicher Wirklichkeit ebensowenig erledigt wie mit Tarots sprachtheoretisch fundierter Realismusdefiniton, die das Problem nur auf eine formale Ebene verschiebt. Die Erkenntnis der intendierten Fiktionalität eines Werks macht es noch nicht frei von gesellschaftlichen Bezügen. Ebensowenig läßt sich geschichtliche Realität durch eine Entgegensetzung von Allegorie und Wirklichkeit aus dem Roman herausinterpretieren. Es sind gerade auch die allegorischen (und/oder utopischen) Passagen, die auf die gesellschaftliche Wirklichkeit und auf die Widersprüche zwischen verschiedenen Konzeptionen der Welt und der Weltinterpretation verweisen. Der unhistorische Versuch, einen komplexen Roman aus einer Zeit, in der sich mittelalterliche und neuzeitliche Denkströmungen überlagern, einlinig zu interpretieren und auf eine eindeutige Aussage festzulegen, muß schon deswegen scheitern, weil sich Grimmelshausen durch das Neben- und Gegeneinander verschiedener Deutungsmöglichkeiten einfachen Lösungen verschließt (vgl. 2.1.3). Gerade diese Widersprüche charakterisieren die Stellung des Romans in einer Epoche, die sich von mittelalterlichen Konzepten zu lösen beginnt, gerade hier dringt ‚Realität' in den Roman ein. Der exemplarische Lebenslauf des Simplicius Simplicissimus beschreibt nicht nur, welchen Versuchungen der Mensch ausgesetzt ist und vor welchen Lastern man sich in einer als Folge des Sündenfalls notwendig unvollkommenen Welt hüten muß, er zeigt zugleich Erfahrungen, in denen man die „bürgerlichen Wertvorstellungen von Redlichkeit, Leistung, Bewährung und Tüchtigkeit" erkennen kann (Mauser, S. 70). Der Gegensatz von Leistungsethik und Vanitasglauben im *Simplicissimus* basiert auf einem grundsätzlichen Widerspruch, dem sich der Bürger im 17. Jahrhundert gegenübersah:

Für den Bürger, der sich in der realen Welt zu bewähren hatte und – ohne Vorgabe – nur durch Leistung und Tüchtigkeit seine Existenz sichern und in der Hierarchie – wenn auch nur geringfügig – aufsteigen konnte, für ihn mußte das Leistungsethos zum Glauben an die

Vergänglichkeit alles Irdischen in eine Spannung treten, die nur schwer zu ertragen und nur mühsam zu rechtfertigen war. (Mauser, S. 70).

2.2.2 Die allegorische Darstellung der Kriegsgesellschaft: Ständebaum

Daß der Prosasatire „insonderheit die Fictiones, Träume / Gesichter / Fabeln wohl zu statten" kämen, konnte der Polyhistor und Poetiker Daniel Georg Morhof aus der literarischen Praxis seiner Zeit ablesen (*Unterricht von der teutschen Sprache und Poesie*. Hrsg. von Henning Boetius, Bad Homburg 1969, S. 355), etwa aus dem Erfolg der nach Francisco de Quevedos *Visiones* gearbeiteten *Gesichte Philanders von Sittewalt* von Hans Michael Moscherosch (1640 ff.). Dessen *Gesichte*, besonders das vom *Soldaten-Leben*, das die Erfahrungen des Dreißigjährigen Krieges verwertet, gehören in mehrfacher Hinsicht zur unmittelbaren Vorgeschichte des *Simplicissimus*: mit ihrer Verbindung von Moralsatire und Pikaroroman, mit der Ausbildung einer über Moral- und Ständesatire hinausgehenden spezifischen Zeit- und Gesellschaftskritik und schließlich mit dem poetischen Mittel der Traumvision.

In der ersten großen ,Einlage' des Romans, dem Traum des jungen Simplicius vom Ständebaum, benutzt Grimmelshausen die Möglichkeiten der Traumvision zu einer eindringlichen Deutung des bisher nur mit epischen Mitteln dargestellten Kriegsgeschehens. Satire und Allegorie gehen hier wie auch später in verschiedenen Szenen der *Continuatio* eine Verbindung ein; die Traumsatire verdichtet sich zu einer allegorischen Darstellung der Gesellschaft im Krieg. Der Ständebaum verwandelt sich folgerichtig in einen ,Kriegsbaum'. Das Fazit ziehen die Verse am Schluß:

Durch innerliche Krieg / und brüderlichen Streit /
Wird alles umbgekehrt / und folget lauter Leid.

(I, 18; S. 51)

Die Traumvision ist nicht nur Kommentar zu den Anfangskapiteln des Romans, in denen Grimmelshausen „der lieben posterität" hinterläßt, „was vor Grausamkeiten in diesem unserm Teutschen Krieg hin und wieder verübet worden" (I, 4; S. 17), sondern sie gehört – zusammen mit den anderen diskursiven und allegorischen ,Einlagen' – zu den Schlüsselszenen des Romans. Für Grimmelshausen stellt sich der Krieg nicht als Kampf um die Vormacht in Europa oder als Religionskrieg dar, sondern er sieht ihn aus der Perspektive der direkt Betroffenen, für die es gleichgültig ist, „ob ihre Stadt, Dorf oder Bauernhof von kaiserlichen oder schwedischen Truppen überfallen wurde" (Battafarano, *Schildwacht*, S. 9).

Der Ständebaum selbst bildet die ständische Gesellschaft im Krieg ab, gibt ein Bild der militärischen Hierarchie, an deren Spitze ein adliger „Cavallier" steht („auff jedem Gipffel sasse ein Cavallier"), der mit den ihm untergebenen Soldaten die „ungültigen" Leute auspreßt, die die „Wurtzel" des Baumes bilden und ihm seine Kraft verleihen (I, 15; S. 43 f.). Oberhalb der „ungültigen" Leute herrscht „ein unauffhörliches gegrabel und auffkletterns an diesen Baum" (I, 16; S. 46), gibt es ständig Versuche, in der militärischen Hierarchie nach oben zu gelangen, regieren Neid, Mißgunst und Korruption. Für die unteren Ränge hat die Mobilität in der Regel freilich bald ein Ende, da die höheren Positionen Adligen vorbehalten sind:

> Man setzt den Adel / wann er nur auß der Schalen gekrochen / gleich an solche Ort / da wir uns nimmermehr keine Gedancken hin machen dörffen / wenn wir gleich mehr gethan haben / als mancher Nobilist, den man jetzt für einen Obristen vorstellet. Und gleich wie unter den Bauren manch edel Ingenium verdirbt / weil es auß Mangel der Mittel nicht zu den Studiis angehalten wird: Also veraltet mancher wackerer Soldat unter seiner Muß-quet / der billicher ein Regiment meritirte / und dem Feldherrn grosse Dienste zu leisten wüste. (I, 17; S. 50)

So beendet der Feldwaibel seine Argumentation gegenüber Adelhold, der zu-vor die eigenen Standesprivilegien zu rechtfertigen suchte. Daß die Argumente gegen die Adelsprivilegien von einem „alten Esel" vorgetragen werden, der die „arme Soldaten prügelte wie die Hund" (I, 18; S. 50) und zudem dem Stand angehört, unter dem die Bauern am meisten zu leiden haben, ändert nichts an ihrer Berechtigung. Der Feldwaibel fungiert als Sprachrohr einer adelskritischen Position, die Bildung und Leistung über Herkunft stellt (vgl. Knopf, S. 78).

Man kann davon ausgehen, daß Grimmelshausen einige der Darstellungen der Ständebaumallegorie kannte, darunter die literarische Fassung des Motivs in einer Ausgabe der *Gesichte Philanders von Sittewalt* (vgl. Arthur Bechtold: *Zur Quellengeschichte des Simplicissimus*. In: Euphorion 19, 1912, S. 43) und – wichtiger – den Holzschnitt des sogenannten Petrarcameisters. Bei diesem Holz-schnitt handelt es sich um eine Illustration zur deutschen Ausgabe von Petrarcas *De remediis utriusque fortunae* (*Von der Artzney bayder Glück*, 1532; bis 1620 zahlreiche Auflagen; die Illustrationen entstanden 1519/20). Dargestellt wird die ‚normale' gesellschaftliche Hierarchie, nicht die der Kriegsgesellschaft wie bei Grimmelshausen: In den Wurzeln des Baumes liegen zwei Bauern (bzw. ein Hirt und ein Bauer), auf den Ästen darüber sitzen Handwerker und Kaufleute, darüber geistliche und weltliche Fürsten, über diesen Papst, Kaiser und die drei christlichen Könige; diese bilden jedoch nicht den Abschluß der Hierarchie, denn im Wipfel des Baumes sitzen wiederum zwei Bauern. Battafarano sieht darin ein bildliches Gegenstück zu Petrarcas antifeudaler Kritik (*Schildwacht*, S. 17), und in der Tat wird die Funktion der Bauernfiguren im Baumwipfel nur dann verständlich, wenn man den Holzschnitt in den Zusammenhang des Pe-trarca-Textes stellt (vgl. Gebauer, S. 126 ff.). Hier heißt es:

> Wir seyn alle von einem Vatter geborn / haben einen vrsprung. Da Adam hacket vnd Eva spann / Sage mir / wer war da ein Edelmann? [...] Es begibt sich wol / wer heut ein Edelmann ist / ist morgen ein Bawr / heut reitet er ein Hengst / morgen ein Gurren / Vnd laß mich bedüncken wahr seyn / das Plato sagt / daß kein König dann auß Knechte / vnd kein Knecht dann auß Königen entsprungen vnd geboren sey / also wandelbar vnd unbe-ständig ist das wesen menschliches Standes / Laß dichs nit wunder nemen / ob schon ein

Bawer zu einem Ritter wirdt / vnd [ein] Ritter widerumb ein Bawer. [...] Es ist edler / ein starcker / thätiger / viereckichter Bawer / dann ein fauler / vnnützer vnd feyger Edelmann / [...] Es ist schande daß mans sagen muß / Selten ist eins furnemen Mans Sohn fürtrefflich gewesen / etc. (*Trostspiegel in Glück vnd Vnglück / Francisci Petrarchae*, Frankfurt/M. 1596, Bl. 13^v)

Kritik an der ständischen Hierarchie verbindet sich mit der Vorstellung von der Wandelbarkeit der Welt, zugleich wird die Funktion der bäuerlichen Gestalten deutlich, die die gemeinsame Abstammung aller Menschen und ihre grundsätzliche Gleichwertigkeit veranschaulichen sollen. Auch Grimmelshausen, der an anderer Stelle den alten ständekritischen Spruch „Da Adam hackt und Eva span / wer war damahl ein Edelman?" aufnimmt (*Satyrischer Pilgram*, S. 34) und eine der typischen Bauernklagen zitiert (*Simplicissimus* I, 3; S. 14f.), stellt die Frage nach der Berechtigung der herrschenden Gesellschaftsordnung. Allerdings haben sich die Akzente verschoben. Der Gedanke der ursprünglichen Gleichheit aller Menschen tritt ebenso zurück wie die Fortuna-Vorstellung. Die Betonung liegt jetzt auf der Anklage gegen eine Gesellschaftsordnung, in der der Aufstieg durch Leistung und Tüchtigkeit an den überkommenen Privilegien scheitern muß. Grimmelshausens Verdienst besteht somit nicht in der Erfindung des Motivs, sondern in seiner Abwandlung und Integration in den Roman, in dem Versuch, mit den Mitteln der Allegorie ein anschauliches Bild der zeitgenössischen Gesellschaft und ihrer Konflikte zu entwerfen (vgl. Streller, S. 215).

2.2.3. *Baldanders und der Schermesser-Diskurs*

In der *Continuatio* tritt Allegorisches derart offen in Erscheinung, daß man sie nicht mehr als einfache Fortsetzung des Romans, sondern als poetologischen Kommentar zu den fünf Büchern des *Simplicissimus Teutsch* verstehen wollte (Gersch: *Geheimpoetik*; zur Zyklusfrage vgl. AB III. A.1.3.2.). Die *Continuatio* beginnt – nach Grimmelshausens Rechtfertigung der satirischen Schreibweise – mit der Traumvision der Versammlung des „höllischen Hoffgesinds" und dem Disput „zwischen der Verschwendung und dem Geitz", der in der Geschichte von Iulus und Avarus exemplarisch ausgetragen wird; unmittelbar darauf folgen die Baldanders-Allegorie und der „Discurs mit einem Schermesser"; den Schluß bildet der Insel-Aufenthalt des Simplicius mit seinen verschiedenen allegorischen Momenten.

In einer Bilanz am Ende des 5. Buches charakterisiert Simplicius die Nichtigkeit und Vergeblichkeit seines bisherigen Lebens mit den typischen Metaphern des Zeitalters (Leben als Tod, Schatten, Traum), kommt auf die Gefahren des Krieges zu sprechen, in dem er „viel Glück und Unglück eingenommen" habe, und fährt dann mit den Worten fort:

bist bald hoch bald nider / bald groß bald klein / bald reich bald arm / bald frölich bald betrübt / bald beliebt bald verhaßt / bald geehrt und bald veracht gewesen: Aber nun du O mein arme Seel was hastu von dieser gantzen Räiß zu wegen gebracht? (V, 23; S. 456)

Was sich Simplicius hier vor Augen hält, erscheint ihm in der *Continuatio* als allegorische Gestalt, als Baldanders, dessen „Ursprung auß dem Paradeiß ist" und dessen „Thun und Wesen bestehet so lang die Welt bleibt" (VI, 9; S. 506 = S. 40). Er stellt sich selber als Verwandlungskünstler vor, wird mit Proteus verglichen und führt den Mond, das Zeichen der Wandelbarkeit, in seinem Wappen. Wie kaum ein anderes Sinnbild scheint Baldanders einen wichtigen – für manche Interpreten den entscheidenden – Aspekt des Romans zu illustrieren, nämlich „daß Unbeständigkeit Allein beständig sey", wie es im Motto der *Continuatio* heißt.

Ob die Episode freilich mehr als ein „bloßes Bekenntnis zur barocken Trivialauffassung von der Unbeständigkeit der Welt und des menschlichen Daseins" darstellt (Wiedemann, S. 712), bleibt umstritten. Die Überzeugung, daß mehr dahinter stecken könnte, gründet sich auf einen zweiten Aspekt der Episode, mit dem Grimmelshausen über seine Quelle, das Spruchgedicht *Baldanderst* von Hans Sachs, hinausgeht und der mit dem Topos von der Unbeständigkeit der Welt und des Menschen nicht abgedeckt ist. Baldanders nämlich kann die Menschen „eine Kunst lernen / dardurch sie mit allen Sachen so sonst von Natur stumm seyn / als mit Stühlen und Bäncken / Kesseln und Häffen etc. reden können / massen ich solches Hanß Sachsen auch underwisen [...]" (VI, 9; S. 506 = S. 40). Er hinterläßt Simplicius eine verschlüsselte Botschaft („Ich bin der Anfang und das End / und gelte an allen Orthen. Manoha, gilos, timad [...]"), die dieser als „zimblicher Zifferant" bald entschlüsselt. Der Lehrsatz des Baldanders, gebildet aus den ersten und letzten Buchstaben jeden Wortes, lautet:

> Magst dir selbst einbilden, wie es einem ieden Ding ergangen, hernach einen Discurs daraus formirn, und davon glauben, was der Wahrheit aehnlich ist, so hastu, was dein naerrischer Vorwitz begehret. (VI, 9; S. 507 = S. 41; Groß- und Kleinschreibung sowie die Schreibung von u/v normalisiert.)

Dieser Satz läßt verschiedene Deutungen zu und hat zu weitreichenden Spekulationen über die besondere Kunst des Baldanders geführt. Daß sie mit Dichtung zu tun hat, zeigt schon der Hinweis auf Hans Sachs, der die Kunst, mit stummen Dingen zu reden, in zwei Texten praktiziert habe: Im Schwank *Die ellend klagent roßhaut* erzählt ein Stück Leder ihr Leben, im Gespräch *Von dem verlornen redenten gülden* ist es ein roter Gulden, der seinen Lebensweg schildert und dabei zeigt, wie Geiz, Untreue und zahlreiche weitere Laster die Welt regieren. Es ist die gleiche Art der Allegorisierung, die Grimmelshausen in der anschließenden Lebensgeschichte des ‚Schermessers' anwendet.

Aus dem Kontext geht jedoch hervor, daß Simplicius der neuen Kunst keine allzu große Bedeutung beimißt und sich daher bald – zur Erbauung und zum Zeitvertreib – an die Lektüre von Heiligenlegenden macht. Außerdem legt der Wortlaut des Lehrsatzes („naerrischer Vorwitz") eine eher kritische Intention nahe und weckt Zweifel gegenüber manchen doch recht spekulativen Interpretationen: etwa der Gleichsetzung der Kunst des Baldanders mit der zeitgenössi-

schen Naturphilosophie (Feldges), der Einordnung in die Tradition des Skeptizismus (Gaede, *Skeptizismus*), der Auffassung, daß die Sprachkunstlehre des
Baldanders auf „die kantische Synthesis der Einbildungskraft" vorausweise
(Triefenbach, S. 186), oder den Versuchen einer poetologischen Interpretation
der Episode, die von Gersch am weitesten vorangetrieben wurde (*Simplicissimus*
als „eine Art geheimer Offenbarung" [*Geheimpoetik*, S. 101]).

Wenn Baldanders „Lehrer der Dichtung" ist (Gutzwiller, S. 60), dann handelt
es sich wohl um eine negative Lehre, um die Kritik an einer Kunst, die nur dem
„naerrische[n] Vorwitz" dient, statt sich um „unserer Seelen Hail" zu bemühen
(VI, 1; S. 472). Daß sich Simplicius anschließend der Lektüre erbaulicher Heiligenlegenden widmet, weist in diese Richtung.

Als Simplicius das nächste Mal „an des Baltanderst Lehr und Kunst" denkt,
befindet er sich auf einer Toilette. Das Resultat ist der „Discurs mit einem
Schermesser", einem „Octav von einem Bogen Pappier" (VI, 11; S. 513 =
S. 47), das seiner Bestimmung zu entgehen sucht und Simplicius durch die Beschreibung seines leidvollen Lebenslaufs zum Erbarmen zu bewegen sucht. Die
Struktur der Geschichte entspricht den erwähnten Gesprächen von Hans Sachs,
in denen die Gegenstände (Gulden, Leder) ebenfalls darum bitten, von weiterer
Unbill verschont zu werden und diese Bitte mit einer Darstellung ihres bisherigen
‚Lebens' untermauern. Was das Papier erzählt, seinen Lebensweg vom Hanfsa-
men zum feinsten Leinen und schließlich zum Papier, ist eine einzige Leidensge-
schichte, für die „der Menschen Tiranney" (VI, 11; S. 515 = S. 49) – und ihr
Gewinnstreben – verantwortlich ist.

Parallelen zur Baldanders-Allegorie und zum Romanganzen bieten sich an:
Der Prozeß der ständigen Veränderung in der Schermesser-Geschichte läßt sich
als derb-komische Abwandlung des Grundmotivs von der Unbeständigkeit und
Wandelbarkeit der Welt, als „szenische Gestaltung der Lehre des Baltanders"
verstehen (Rötzer, S. 138). Wie die Baldanders-Allegorie verallgemeinernd auf
den ganzen Roman oder sogar auf die Epoche bezogen werden kann, so weist
auch die Geschichte des Schermessers über sich hinaus: Man kann in ihr den
Lebenslauf des Simplicius (wenn auch mit Einschränkungen) gedeutet finden
(Triefenbach, S. 193) oder sie vielleicht auch als „Reproduktion der Struktur des
ganzen Romans" verstehen (Rötzer, S. 138).

Interpretiert man jedoch die Schermesser-Geschichte als allegorisches Bild der
Vergänglichkeit oder als „Allegorie menschlichen Schicksals" (Gaede, *Realismus*, S. 41), dann werden wesentliche Momente des Lebenslaufs vernachlässigt.
Denn die Allegorie erschöpft sich nicht in allgemeinen Aussagen über die Veränderlichkeit der Welt und des Menschen, sondern zeichnet darüber hinaus ein
satirisch-aggressives Bild gesellschaftlicher und vor allem wirtschaftlicher Prozesse. Dieser Aspekt geht auch dann verloren, wenn man die Geschichte nur als
Anweisung für den Leser versteht, „das Verhalten des Simplicissimus der Kritik
zu unterziehen", und Satire auf den Aspekt individueller Lebensführung einengt
(Tarot, *Simplicissimus und Baldanders*, S. 127 f.). Denn die Geschichte bietet

nicht nur einen Anlaß, Simplicius' Fehlverhalten zu kritisieren, sie hat auch einen Inhalt.

Der Gegenstand, die Schilderung der Flachsherstellung als Plage und Marter, läßt sich auf zeitgenössische Quellen zurückführen. „Also ist der Flachs ein gemartert kraut im Teütschen landt", beginnt der entsprechende Abschnitt im häufig aufgelegten *Kreütter-Buch* Hieronymus Bocks (zuerst 1546). Grimmelshausen gelangt jedoch über seine Vorlagen hinaus (zu seinen Quellen vgl. Dallett, Gebauer), die bei der allgemeinen Klage der gequälten Kreatur, der generellen Parallelisierung von Flachsbearbeitung, geschildert als Leidensweg eines fühlenden Wesens, und menschlichem Leben oder der Darstellung des sachlich-technischen Bereichs stehenbleiben. Grimmelshausen begnügt sich nicht mit diesen überzeitlichen Aspekten, sondern siedelt die Allegorie in einer konkreten historischen und geographischen Wirklichkeit an, sieht sie als Teil eines gesellschaftlichen und ökonomischen Prozesses. Die mannigfachen Stufen der Flachs-, Tuch- und Papierherstellung bezeichnen daher nicht nur Stationen des Leidens der gequälten Kreatur, sie zeigen zugleich Grimmelshausens Kenntnis der wirtschaftlichen Entwicklung seiner Zeit, eine Vertrautheit mit der Arbeitsteilung, mit handwerklichen und kaufmännischen Praktiken. Vor allem aber wird deutlich, daß der Autor „die Zusammenhänge zwischen Arbeit und Geld kennt" (Knopf, S. 77). Die vielfältigen Verwandlungen sind nicht nur durch die durchgehende Leidens- und Martermetaphorik und die technisch-handwerkliche Seite des Geschehens miteinander verbunden, sondern gerade auch dadurch, daß sie als eine Geschichte des ,Gewinns' erzählt werden:

> [...] daselbst nahm mich mein Erziher von den Stengeln meiner Eltern / und verkauffte mich gegen dem Frühling einem Krammer der mich unter andern frembden Hanffsamen mischte und mit uns schacherte; derselbe Kramer gab mich folgends einem Bauren in der Nachbarschafft zukauffen / und gewann an jedem Sester einen halben Goldgülden / weil wir unversehens auffschlugen und theuer wurden; war also gemelter Kramer der zweyte so an mir gewann / weil mein Erziher der mich anfänglich verkauffte / dem ersten Gewinn schon hinweg hatte [...]. (VI, 11; S. 514 = S. 48)

Dem Hanf wird bald klar, daß die Menschen „beydes wegen ihres Geitzes und ihrer armseligen Bedörfftigkeit" kaufen und verkaufen (VI, 11; S. 515 = S. 49), d.h. nicht nur, um ihre Bedürfnisse zu befriedigen, sondern auch um des Gewinns willen, der sich einstellt, wenn der Wert der Ware durch menschliche Arbeit gesteigert wird. Das Papier hört beim „achtzehenden Gewinn" auf zu zählen – „und ist mir unmüglich alles zuerzehlen / wer als unterwegs sein Gebür an Zöllen und anderen und also auch einen Gewinn von meinetwegen empfangen" – und zieht als Fazit:

> Also daß mein Geschlecht den Menschen trefflich nutz / ich auch bey nahe nicht erzehlen kan / was ein und anders vor Gewinn von denselbigen schöpffet [...]. (VI, 12; S. 518 = S. 52)

An der allegorischen Darstellungsweise und an der Notwendigkeit ihrer Deutung kann kein Zweifel bestehen. Ihre Bedeutung erschöpft sich jedoch nicht in überzeitlichen Wahrheiten und Allgemeinheiten. Die Bezüge zur konkreten geschichtlichen Wirklichkeit müssen ernst genommen werden. Die allegorische Darstellungsweise im *Simplicissimus* führt gerade nicht von der konkreten Erfahrungswelt ab (vgl. Ständebaum-Allegorie, Mummelsee-Episode), sondern wird zum Mittel, die Mechanismen der Gesellschafts- und Wirtschaftsprozesse schlaglichtartig zu erhellen. So gesehen mag man Grimmelshausens Allegorie auch „als ein Lehrstück frühkapitalistischer Wirtschaftsanalyse gelten lassen" (Gebauer, S. 301), in der die kenntnisreiche Beschreibung wirtschaftlicher Vorgänge mit einer – letztlich religiös begründeten – Kritik am „Geitz" zusammentrifft.

2.2.4. Weltabkehr. *Von der Vertreibung aus dem Paradies zur Allegorie des Paradieses?*

Hatte der *Lazarillo de Tormes* (1554) in der Originalgestalt noch sein ironisches Ende damit gefunden, daß der Titelheld die Mätresse eines Geistlichen heiratete, so glich Juan de Lunas Fortsetzung von 1620 den Roman nachträglich „an die inzwischen deutlich und verbindlich gewordenen Gesetze" der Gattung an (Schönhaar, S. 44): Es kommt zu einer Begegnung mit einem (etwas zweifelhaften) Eremiten und zum Rückzug des Pikaro in eine Einsiedelei, wo er seine Lebensgeschichte aufzeichnet. Für die deutsche Tradition wird die *Guzmán*-Bearbeitung von Aegidius Albertinus (1615) bestimmend, die die Grenze zum Erbauungsbuch überschreitet und in einer Gegenüberstellung von Pikaro und Einsiedler auf die Eitelkeit alles Irdischen verweist. Mit der Zuordnung von Pikaro und Einsiedler und der Aufzeichnung der Lebensgeschichte im Rückblick sind wichtige Elemente der Konventionen pikaresken Erzählens bezeichnet.

Grimmelshausen steht in dieser Tradition. Das zeigt sich in der prägenden Rolle des Einsiedels für den jungen Simplicius, den Einsiedlerszenen der Romanschlüsse (Buch V und VI) und in der Schreibsituation des fiktiven Verfassers der Lebensgeschichte mit ihrem Perspektivenspiel zwischen erzählendem und erlebendem Ich. Die Einsiedlerszenen rahmen den Roman ein, runden ihn – allerdings gleich zweifach – ab und suggerieren durch die Rückkehr zum Anfang eine Art Kreisstruktur. Wenn es am Schluß des fünften Buches heißt, daß Simplicius „die Welt verliesse / und wieder ein Einsidel ward" (V, 24; S. 463), und in der *Continuatio*, daß er nun „widerumb ein Einsidlerisches Leben" anfing (VI, 22; S. 566 = S. 100), wird damit auf den Anfang des Romans und das „Spesserter Leben" zurückverwiesen. Aber es handelt sich nicht nur um eine äußerliche Verklammerung von Romananfang und -ende. Die Maximen des Einsiedels (I, 12) bleiben auch später gegenwärtig, und der rückschauende Erzähler kommentiert Simplicius' Verirrungen in der Welt gelegentlich mit Hinweisen auf den Einsiedel und seine Funktion in Simplicius' Leben („Darbey fieng ich an / nach und nach mit Fressen und Sauffen ein Epicurisch Leben zu führen / weil ich meines Einsidlers Lehr vergesse / und niemand hatte / der meine Jugend regierte / oder auff den ich sehen dorffte [. . .]." III, 1; S. 203; vgl. Schönhaar, S. 59 ff.).

Auch auf einer anderen Sinnebene begegnen sich Anfang und Ende des Romans. Es handelt sich um das Motiv des Paradieses, das schon im ersten Kapitel des Romans auftaucht, den Vergleich der Kindheit des Simplicius mit dem Paradies der Schöpfungsgeschichte:

> Aber die Theologiam anbelangend / laß ich mich nicht bereden / daß einer meines Alters damals in der gantzen Christenwelt gewest seye / der mir darinn hätte gleichen mögen / dann ich kennete weder GOtt noch Menschen / weder Himmel noch Höll / weder Engel noch Teuffel / und wuste weder Gutes noch Böses zu unterscheiden: Dahero ohnschwer zu gedencken / daß ich vermittelst solcher Theologiae wie unsere erste Eltern im Paradis gelebt / die in ihrer Unschuld von Kranckheit / Todt und Sterben / weniger von der Aufferstehung nichts gewust [. . .]. (I, 1; S. 11 f.)

Unschuld und Unwissenheit ermöglichen diesen Vergleich von Paradies und Hirtenleben, erst durch den Sündenfall kommt Schuld und Wissen in die Welt. Mit dem Einbruch des Krieges und seinen Grausamkeiten ist es mit dieser Unschuld vorbei, die Welt ergreift Besitz von Simplicius: „Er ist aus dem paradiesähnlichen Zustand der Kindheit verstoßen" (Müller-Seidel, S. 260). Allerdings nur, um beim Einsiedel in eine noch tiefere Abgeschiedenheit zu geraten, bis er endgültig in die ‚Welt' hineingerissen wird, Zeichen dafür, daß auch das Einsiedlerleben keine absolute Abgeschlossenheit bedeutet. Aber es bleibt klar, daß im Einsiedlertum „die weiteste Entfernung von der Unbeständigkeit der Welt erreichbar" ist (Müller-Seidel, S. 270), daß gerade hier Selbsterkenntnis möglich wird („Nosce te ipsum"). So weisen die Romanschlüsse auf den Anfang zurück, wobei auch die Paradies-Metaphorik in Simplicius' Deutungen der Naturerscheinungen wieder aufgenommen wird: „sahe ich einen Apffel oder Granat / so gedachte ich an den Fall unserer ersten Eltern und bejammert denselbigen" (VI, 23; S. 568 = S. 102).

„Anfang und Ende runden sich zum Kreis", formuliert Müller-Seidel ein Ergebnis seiner Untersuchung (S. 273), das sich in diesem Punkt mit zahlreichen Interpretationen trifft, die von einem dualistischen Weltbild der Zeit sprechen und in der Weltabsage, in die der Roman zwangsläufig einmünde, die notwendige Konsequenz einer auf Askese ausgerichteten ‚barocken' Lebenshaltung erkennen wollen. Harmonisierende, einlinige Interpretationen dieser Art gehen jedoch nicht völlig auf. Zunächst bleibt offen, ob es überhaupt einen verbindlichen Romanschluß gibt und was es bedeutet, daß der Held auch die Kreuz-Insel verläßt und in den Kalender-Continuationen und im *Springinsfeld* wieder erscheint. Außerdem wäre zu bedenken, wenn von einem ‚barocken' Dualismus gesprochen wird, ob man dann nicht gerade eher von einer prinzipiellen Endlosigkeit als von einer ‚geschlossenen' Form auszugehen hätte. Somit wäre es also durchaus vorstellbar, daß der Versuch einer äußeren Abrundung, die ‚kreisförmige' Struktur des Werkes, in Widerspruch zu anderen Elementen des Romans, zu unaufgelösten und unauflösbaren Konflikten steht (vgl. dazu 2.1.3. u. 2.2.1.). Der erste Abschluß besitzt einen eher formalen Charakter. Er wird ohne große Umschweife herbeigeführt und besteht in seinem wesentlichen Teil aus einem Zitat. Überdies ist das eigentliche Einsiedlerleben überhaupt nicht mehr dargestellt, und der Einsiedler selber deutet die Vorläufigkeit des Schlusses an: „ob ich aber wie mein Vatter seel. biß an mein End darin verharren werde / stehet dahin" (V, 24; S. 463). Was es mit diesem Leben als Einsiedler im Schwarzwald auf sich hat, beschreibt erst die *Continuatio*. In der „Mortification oder Abtödtung deß Fleisches", im „betten / fasten und wachen" kommt Simplicius nicht weit (VI, 2; S. 475 = S. 9). Müßiggang, Wohlleben und Neugier hindern ihn zwar nicht daran, erbauliche Betrachtungen anzustellen (auch wenn er sich selber beinahe als „Heuchler oder heilige[r] Schalck" vorkommt), doch:

> Es geschahe aber alles unordenlich / ohne rechtschaffenen Rath und einen vesten Vorsatz / hierzu einen Ernst anzulegen / welchen mein Stand und dessen Verbesserung von mir erforderte. (VI, 1; S. 475 = S. 9)

Der zweite Rückzug in die Einsamkeit ist radikaler und zunächst unfreiwillig: Simplicius auf der Kreuz-Insel. So wenig wie auf dem Mooskopf handelt es sich um einen Rückzug von der ‚Welt'; der Raum (oder: die Metapher) der Insel veranschaulicht vielmehr lediglich die größtmögliche Abgeschiedenheit von der Gesellschaft, die auf dieser Welt erreichbar ist. Daß aber die ‚Welt' mit ihren Versuchungen nicht überwunden ist, zeigt sich besonders drastisch auf der Insel, auf der Simplicius allerdings ganz bewußt die Fehler seines früheren Versuchs eines einsamen Lebens zu vermeiden sucht (vgl. VI, 23; S. 567 f. = S. 101 f.). Er begründet seinen Abschied von der menschlichen Gesellschaft und seine Weigerung, nach Europa zurückzukehren, mit zwei Argumenten. Das erste geht von den gesellschaftlichen und moralischen Zuständen in Europa aus („hier ist Fried / dort ist Krieg", VI, 27; S. 584 = S. 118), die sich keineswegs mit dem Eintritt des Friedens verbessert hätten, das zweite stellt die eigene Versuchbarkeit in Rechnung. Die Frage – „solte ich nun wider zu solchem Volck verlangen?" – bleibt rhetorisch. Kritik an den politischen, gesellschaftlichen und moralischen Mißständen einerseits, Einsicht in seine Versuchbarkeit andererseits lassen es Simplicius besser erscheinen, „einsamb wie ein unvernünfftig Vihe" (VI, 27; S. 583 = S. 117) – so sieht es der Kapitän – auf der Insel zu leben und zu sterben:

> [...] so lang er bey den Menschen in der Welt gewesen / hätte er jeweils mehr Vertruß von Feinden als vernüegungen von Freunden empfangen / und machten einen die Freund selbst offt mehr Ungelegenheit als einer Freundschafft von ihnen zuhoffen; hätte er hier keine Freund die ihn liebten und bedienten / so hätte er doch auch keine Feinde die ihn hassten / welche beyde Art der Menschen einen jeden zum sündigen bringen könten / deren er aber beyder überhoben / und also GOtt desto geruhiger dienen könte [...]. (VI, 27; S. 585 = S. 119)

Die Kreuz-Insel ist nicht nur „eine stille Einsame ohne Zorn / Hader und Zanck" (VI, 27; S. 584 = S. 118), sie ist zugleich „ein Irrdisch Paradeiß" (VI, 24; S. 572 = S. 106), „ein lieblicher Lustgarten" (VI, 23; S. 568 = S. 102), dessen Fruchtbarkeit und freundliches Klima ein beschauliches Leben ohne Sorgen ermöglichen. Der Unterschied zu dem asketischen Leben seines Vaters, bei dem „die Armut selbst Hofmeisterin / der Hunger Koch / und der Mangel Küchenmeister" war (I, 7; S. 23), könnte kaum größer sein. Auf der Insel fehlt es weder an Nahrung, noch an klarem Wasser oder gar an „Vin de Palm". Und die holländischen Besucher hinterlassen dem Einsiedler ein Gartenhäuschen, ein Brennglas zum Feuermachen und Kaninchen zur Kaninchenzucht. Ein Asket ist Simplicius gewiß nicht; er gehört nicht zu den Einsiedlern, die ihre Zurückgezogenheit als Buße für begangene Sünden betrachten, sondern zu denen, die der schlechten Welt, der Gesellschaft, zu entkommen trachten und in der Einsamkeit „spiritual ‚perfection'" suchen (Rehder, *The Last Hermitage*, S. 66 f.). Auch die Arbeit, die sich Simplicius auferlegt – er pflanzt einen Garten, dessen er „doch weniger als der Wagen des fünfften Raths bedorffte" (VI, 23; S. 568 = S. 102) –, dient nicht der Buße, sondern soll den Gefahren des Müßiggangs begegnen.

Da es ihm an geistlichen Büchern fehlt, folgt er dem Vorbild eines heiligen Mannes, der gesagt habe, „die gantze weite Welt sey ihm ein grosses Buch / darinnen er die Wunderwercke GOttes erkennen: und zu dessen Lob angefrischt werden möchte": Ein „jedes Ding" wird Simplicius so „ein Antrieb zu Gottseligkeit: und eine Erinnerung zu denen Gedancken die ein rechter Christ haben soll" (VI, 23; S. 568 = S. 102). Als die Holländer an Land kommen, finden sie die Baumrinden mit „Biblischen und anderen schönen Sprüchen gezaichnet", die ihnen die Vermutung eingeben, „daß ihr Author kein Narr: sonder ein sinnreicher Poet: insonderheit aber ein Gottseeliger Christ seyn müste / der viel mit Betrachtung himmlischer Ding umbgehe" (VI, 24; S. 572 f. = S. 106 f.). Die mystischen Züge (vgl. den Spruch vom „Finstern Liecht") und die wunderbaren Ereignisse und Erscheinungen (Erdbeben, der Wahnsinn der Schiffsbesatzung und deren Heilung, Simplicius' finstere Höhle und die Leuchtkäfer) werden durch den Wechsel der Erzählperspektive und durch Simplicius' Kommentare dem Mystischen und Wunderbaren entrückt, wenngleich natürlich die rationalen Erklärungen und die Distanzhaltung des Erzählers allegorische Deutungen nicht auszuschließen brauchen (zur Deutung der Leuchtkäfer und der „grausamen Wunderspeluncke" vgl. u. a. Streller, Wehrli, Gersch: *Geheimpoetik,* Triefenbach; zur Pflaumenepisode vor allem Streller).

Die Interpretation einzelner allegorischer Momente gibt jedoch noch keine überzeugende Antwort auf die Frage nach der Funktion von Simplicius' Einsiedlerdasein im Roman, auf die Frage, ob man von einem notwendigen Abschluß und einer ideologischen Summe des Werkes sprechen kann. Auch wenn mit dem allegorischen Rahmen eine formale Rundung des Romans beabsichtigt sein mag, zeigen sich – über die formale Unentschlossenheit hinaus – Merkmale einer skeptischen Haltung gegenüber dem Einsiedlerleben. Die verschiedenen kritischen Äußerungen lassen sich zwar nicht aus dem jeweiligen Kontext herausnehmen und einfach zu Meinungsäußerungen des Dichters erklären, sie machen aber deutlich, daß Gegensätze und Widersprüche bestehen bleiben und daß Grimmelshausen das Gegen- und Nebeneinander verschiedener Positionen als bewußtes Mittel seiner satirischen Schreibart einsetzt. Schon die Handlungsweise des Einsiedels, Simplicius' Vater, wird der Kritik unterworfen, etwa in der Bemerkung des Pfarrers, daß „er durch Lesung vieler Papistischen Bücher / von dem Leben der Alten Eremiten / hierzu verleitet worden" sei, „daß solch Vorhaben zumal nach dem Pabstum schmeckte / mit Erinnerung / daß er dem Evangelio mehr mit seinem Degen würde dienen können" (I, 22; S. 61 f.). Sicherlich handelt es sich dabei um einen konventionellen, überdies konfessionell motivierten Vorbehalt, aber er wird formuliert und bleibt damit ebenso gegenwärtig wie Simplicius' Reflexionen über den Sinn seines einsiedlerischen Lebens auf dem Mooskopf, die nicht deshalb entwertet werden, weil sie in einem Kontext erscheinen, der Simplicius' Wankelmütigkeit kritisiert. Nach der Begegnung mit Baldanders und angesichts eines offenbar gescheiterten Versuchs, als Einsiedler ein gottgefälliges Leben zu führen, stellt Simplicius die grundsätzliche Frage nach dem Sinn des Einsiedlertums:

> Simplici was thust du? du ligst halt hier auff der faulen Berrenhaut und dienest weder GOtt noch den Menschen! wer allein ist / wann derselbe fält / wer wird ihm wieder auffhelffen? ists nicht besser du dienest deinen Neben-Menschen und sie dir hingegen hinwiederumb / als daß du hier ohn alle Leutseeligkeit in der Einsambe sitzest wie ein Nacht-Eul? bist du nicht ein todtes Glied deß menschlichen Geschlechts wann du hier verharrest? (VI, 10; S. 509 = S. 43)

Auch hier tritt der Zwiespalt zwischen Vanitasglauben und dem Postulat eines tätigen Lebens auf, von dem schon früher die Rede war (2.2.1.). Man kann in der Kritik am Einsiedlerleben, in der Verpflichtung, die Unbeständigkeit der Welt auszuhalten und ein nützliches Leben in der menschlichen Gesellschaft zu führen, einen „bürgerlichen Einschlag" erkennen (Schönhaar, S. 64), aber auch ohne dieses Etikett wird deutlich, daß hier ein entscheidendes Thema angeschlagen wird, ein Thema, das mit dem abermaligen Rückzug in die Einsiedelei keineswegs erledigt ist. Denn gerade weil sein Leben auf der Kreuz-Insel eher einem „Zustand stiller Selbstzufriedenheit" zu gleichen scheint (Gebauer, S. 324), bleibt die Kritik am Einsiedlerleben aktuell. Die Rückkehr eines gewandelten Simplicissimus im *Springinsfeld* macht deutlich, daß die Abwendung von der menschlichen Gesellschaft nicht das letzte Wort darstellt (vgl. Gebauer, S. 326 f.), „daß Gottesdienst ohne soziale Funktion, ohne Dienst am ‚Nebenmenschen' nur einen sehr privaten Sinn hat" (Triefenbach, S. 226). Anfang und Ende schließen sich, so betrachtet, nicht zum Kreis, die Lösung bleibt vorläufig, der Kritik ausgesetzt. Die formale ‚Abrundung' gleicht die widersprüchlichen Positionen nicht aus, sondern hebt sie erst hervor.

2.3. Erzählprobleme, Formfragen

2.3.1. Perspektiven des Erzählens

In der „Relation Jean Cornelissen [...] vom Simplicissimo" berichtet der holländische Schiffskapitän seinem Freund German Schleiffheim von Sulsfort von Simplicius und der Kreuz-Insel und bringt als „allergröste Raritet" ein Buch mit, „welches ein hochteutscher Mann in einer Insul gleichsamb mitten im Meer allein wohnhafftig / wegen Mangel Papiers auß Palmblättern gemacht und seinen gantzen Lebens-Lauff darinn beschriben" (VI, 24; S. 570 = S. 104). Diesen German Schleiffheim von Sulsfort nennen auch die Titelblätter des *Simplicissimus Teutsch* und der *Continuatio* als Herausgeber des Lebensberichts. Doch im „Beschluß", der der *Continuatio* angehängt ist, schreibt ein gewisser H.I.C.V.G., der eigentliche Verfasser des Werkes sei Samuel Greifnson vom Hirschfeld, der „noch mehr feine Satyrische Gedichte hinderlassen" und sich hier aus unbekannten Gründen ein Pseudonym zugelegt habe. Er, Grimmelhausen – denn das bedeutet H.I.C.V.G. –, sei der Herausgeber des Romanschlusses, während die ersten fünf Teile noch zu Lebzeiten des Verfassers in Druck gegeben worden seien. Was zunächst wie eine ‚wahre‘ Lebensbeschreibung aussah, wird so von Grimmelshausen in spielerischer Weise als Fiktion enthüllt. Der Erzähler des Ich-Romans und der Autor werden durch dieses Verfahren voneinander getrennt, doch zeigt es sich, daß sich der Autor nicht immer aus der Erzählung heraushält (Rohrbach, S. 18) und mit der Gegenüberstellung von ‚erzählendem‘ und ‚erzähltem‘ Ich, von Subjekt und Objekt der Erzählung, noch nicht die ganze Komplexität der Erzählstruktur des *Simplicissimus* erfaßt ist. Zudem scheint auch widersprüchlich zu sein, was wir über den Erzähler erfahren: Wenn es in der *Continuatio* heißt, daß die ganze Lebensbeschreibung auf der Insel entstanden sei, so steht dem der Schluß des 5. Buches entgegen. Der Erzähler schreibt hier: „Begab mich derhalben in eine andere Wildnus / und fienge mein Spesserter Leben wieder an; ob ich aber wie mein Vatter seel. biß an mein End darin verharren werde / stehet dahin" (V, 24; S. 463). Der Übergang zum Präsens „besagt implizite, daß Simplex den bisherigen Teil seiner Lebensbeschreibung in dieser Einsiedelei konzipiert habe" (Rohrbach, S. 18).

Die Ich-Form des Erzählens, wie sie für den pikaresken Roman typisch ist, hat zunächst die Funktion, die erzählte Geschichte in ihrem Wahrheitsgehalt zu bestätigen; sie erhebt den Anspruch des ‚Wahren‘ und Authentischen, verbürgt Selbsterlebtes (vgl. Voßkamp, S. 40). Der ‚Wahrheitsanspruch‘ des niederen Romans wendet sich zunächst gegen die unwahrscheinlichen Abenteuer des höfischen Romans, wird aber schon früh ironisch gebrochen oder zur Bewährung von besonders unglaubwürdigen und phantastischen Erzählungen eingesetzt. Auch Grimmelshausen versteht sich auf dieses ironische Spiel, wie es seine Manipulation mit der Herausgeberfiktion oder etwa die ausführliche Beweisführung erkennen läßt, mit der er die Luftreise mit den Hexen bewähren will. Den

Zweiflern hält er hier eine lange Liste von Autoritäten entgegen, die die Existenz von Hexen und ihren Luftreisen bestätigen sollen, aber natürlich nichts über den konkreten Fall aussagen können. Das gibt der Erzähler dann auch zu, aber nur, um abschließend ironisch einen unwiderleglichen ‚Beweis' der Wahrhaftigkeit seiner Erzählung vorzulegen:

> Solches alles melde ich nur darumb / damit man eigentlich darvor halte / daß die Zauberinnen und Hexenmeister zu Zeiten leibhafftig auff ihre Versamlungen fahren / und nicht deßwegen / daß man mir eben glauben müsse / ich sey wie ich gemeldt hab / auch so dahin gefahren / dann es gilt mir gleich / es mags einer glauben oder nicht / und wers nicht glauben will / der mag einen andern Weg ersinnen / auff welchem ich auß dem Stifft Hirschfeld oder Fulda [...] in so kurtzer Zeit ins Ertz-Stifft Magdeburg marchirt seye. (II, 18; S. 147)

Wenn auch der Standort des Erzählers im *Simplicissimus* nicht eindeutig zu bestimmen ist und neben dem Erzähler-Ich das Autor-Ich zu berücksichtigen ist – die eigentliche Spannung besteht zwischen dem erzählenden und dem erlebenden (‚erzählten') Ich. Es ist die Form der Autobiographie, die hinter dieser Art des Erzählens steht. Der Abstand zwischen dem erlebenden und dem erzählenden Ich ist nicht nur zeitlicher Natur, der Erzähler hat vielmehr auch „eine Wandlung durch Reue, Bekehrung oder Einsicht durchgemacht" und beschreibt nun im Rückblick, von einer höheren sittlichen und moralischen Stufe aus, seinen Lebensweg (Franz K. Stanzel: *Typische Formen des Romans*, Göttingen 1964, S. 31). Der Anfang des zweiten Buches der *Bekenntnisse* des Augustinus bezeichnet programmatisch die Differenz zwischen dem früheren sündhaften und dem gewandelten Ich:

> Ins Gedächtnis will ich mir zurückrufen die Sündenflecken, die mich einst verunreinigt, die fleischlichen Verirrungen meiner Seele. Nicht als ob ich sie liebte, sondern um dich um so mehr zu lieben, mein Gott. Aus Liebe zu deiner Liebe tue ich's und durchwandere in schmerzlicher Vergegenwärtigung meine einstigen unheilvollen Wege, daß du mir um so wonniger werdest [...]. (*Bekenntnisse*. Übertragen von Wilhelm Thimme, Zürich u. Stuttgart 1950, S. 56)

Was der Ich-Roman durch die Einschränkung auf die Perspektive der Ich-Gestalt auf der einen Seite verliert, gewinnt er auf der anderen durch die Möglichkeit, zwei verschiedene Entwicklungsphasen des Ich miteinander zu konfrontieren (vgl. Stanzel, S. 32). Auch Grimmelshausen nutzt die durch diese Technik gegebenen Möglichkeiten des Perspektivenspiels zwischen dem erzählenden und dem erlebenden Ich, wobei die Ebene des Erzählers vor allem in der Reflexion gegenwärtig ist: Der Erzähler kommentiert, macht Anmerkungen, weist auf den zeitlichen Abstand zwischen Ereignis und Bericht hin, verliert sich in ausgedehnten historisch-mythologischen Exkursen und rahmt Kapitel häufig mit moraldidaktischen Reflexionen ein (Schmidt, S. 350 ff.). Auf diese Weise sorgt Grimmelshausen für Distanz zwischen Erzähler und epischem Geschehen, das er so

zugleich bewertet, einordnet und strukturiert. Der zeitliche Abstand zwischen
dem erzählenden und dem erlebenden Ich verringert sich im Verlauf des Romans
immer mehr, doch in sittlich-moralischer Hinsicht kann keinesweges von einer
stetigen Annäherung der beiden Ebenen gesprochen werden: Simplicius besitzt
schon seit seiner Lehrzeit beim Einsiedel das entscheidende Wissen („Simplicius
wird auß einer Bestia zu einem Christenmenschen", I, 9: Kapitelüberschrift), das
nie ganz verlorengeht, aber auf sehr unterschiedliche Weise sein praktisches
Verhalten bestimmt, das eher einem Auf und Ab als einer zielgerichteten Bewegung gleicht. Da nicht erst der rückschauende Erzähler die ethisch-religiösen
Wertmaßstäbe kennt, kommt es auch auf der Ebene des erlebenden Ich zu
selbstkritischen, moralisierenden Bemerkungen, zu gelegentlichen Besserungs-
versuchen, die eine Annäherung an das erzählende Ich bedeuten: „Unter dem
Gesichtspunkt der Welthaltung muß der Lebensweg des Simplicius als fortge-
setzte, unregelmäßige Veränderung des Abstandes zwischen den beiden Ichfor-
men gefaßt werden" (Schmidt, S. 355 f.). Am Schluß fallen dann beide Erzähl-
ebenen zusammen, vereinigt sich „die Linie des erzählten Ichs" sprunghaft mit
„der Geraden des erzählenden Ichs" (Schmidt, S. 356). Allerdings ergibt sich die
Schwierigkeit, daß man nicht recht weiß, an welchem Punkt diese Vereinigung
erfolgt und wie endgültig sie wirklich ist.

Folgt man den Andeutungen des Romans, so ist es der Einsiedler Simplicius,
der im Rückblick seine Lebensgeschichte erzählt und seine früheren Lebenssta-
dien wie überhaupt den gesamten Weltlauf einer derart strengen Kritik unterwirft, daß Weltabsage und Weltverneinung als die notwendige Konsequenz erscheinen müssen. Doch bricht hier ein Widerspruch auf zwischen der radikalen
Weltverneinung, die eigentlich den Standpunkt des Erzählers konsequent charakterisieren müßte, und einer Erzählweise, die sich immer wieder striktem Moralisieren entzieht und ein ‚curiöses' Interesse für die Dinge dieser Welt erkennen
läßt, das mit einem asketischen Erzähler-Ich schwer zu vereinbaren ist (vgl.
Rohrbach, S. 77; Mayer, S. 512 ff.). Es fällt in der Tat auf, „daß dieser angeblich
so asketisch gesonnene Erzähler von einer unbändigen Lust am Fabulieren erfüllt ist" und daß er der als sündhaft verworfenen Welt mit einer bemerkenswerten Neugier begegnet (Mayer, S. 512). Diesen Aspekt mag man dadurch zu
erklären suchen, daß man ihn als implizite Kritik an den Irrwegen des Simplicius
auffaßt, doch bleibt gleichwohl ein Rest, der sich der Moraldidaxe entzieht und
die Emanzipation des Erzählers vom Moralisten anzeigt (vgl. 1.3.2.). Gemeint ist
nicht nur die zuweilen beinahe wissenschaftliche Neugier, von der in verschiedenen Variationen immer wieder die Rede ist, auch Stil und Erzählweise lassen sich
nicht mit einer asketischen Weltsicht, dem Geist strikter Weltverneinung, vereinbaren. Die Perspektive des Erzählers Simplicius' stimmt nicht völlig mit der des
Einsiedlers überein (Mayer, S. 514). So wird z.B. Simplicius' Karriere in der
Soester Zeit vom Erzähler zwar kritisiert, zugleich werden aber seine Abenteuer
in einer recht selbstgefälligen Weise dargestellt, die notwendig mit irgendwel-
chen didaktischen Zielen in Konflikt geraten muß. Überdies werden Schwänke

eingefügt, deren didaktisch-moralische Bedeutung der Erzähler selbst gering einschätzt:

> Ich muß ein Stücklein oder etliche erzehlen / die mir hin und wieder begegnet / ehe ich wieder von meinen Dragonern kam / und ob sie schon nicht von importanz seyn / sind sie doch lustig zu hören [...]. (II, 31; S. 188)

So bleibt eine gewisse Unbestimmtheit bestehen, die zu den Verwirrspielen mit der Autor- bzw. Herausgeberfiktion zu passen scheint. Die Schwierigkeit, den Erzählerstandpunkt genau zu definieren, wirft aber auch ein Licht auf die Endgültigkeit der beiden Abschlüsse – auch dadurch geraten sie in Zweifel.

2.3.2. Die Funktion des Helden oder: Individuum, Entwicklung und Geschichte

Die Begriffe ‚Bildung‘ oder ‚Entwicklung‘ zeichnen sich durch eine Vagheit aus, die es bei entsprechend weiter Auslegung möglich macht, sie auch auf einen Roman wie den *Simplicissimus* anzuwenden. Nimmt man sie aber in der Bedeutung, die sie im späten 18. und frühen 19. Jahrhundert erhalten haben, so muß eine Anwendung auf frühere Epochen äußerst fragwürdig erscheinen. Die unreflektierte Übertragung von Maßstäben der Goethezeit auf die Dichtung des 17. Jahrhunderts hat jedoch im 19. und in der ersten Hälfte des 20. Jahrhunderts dazu geführt, daß der *Simplicissimus* unbesehen in die Ahnenreihe der deutschen Bildungs- und/oder Entwicklungsromane aufgenommen wurde. Das ist inzwischen Forschungsgeschichte, wenngleich unterschwellig immer noch Sympathien für diese These zu erkennen sind (vgl. Lothar Köhn: *Entwicklungs- und Bildungsroman. Ein Forschungsbericht*, Stuttgart 1969, S. 47–50).

Mit den Begriffen ‚Bildung‘ und ‚Entwicklung‘ ließe sich dann sinnvoll arbeiten, wenn man bei Simplicius' Lebensweg von einer Entfaltung eingeborener Anlagen, von einem kontinuierlichen, organischen Reifeprozeß auch über Krisen hinweg und von einer harmonischen Ausbildung der geistigen Anlagen zu einer Gesamtpersönlichkeit sprechen könnte. Dafür fehlen freilich überzeugende Argumente. Als der Erzähler über die Erziehung des jungen Simplicius reflektiert, scheint ihm Aristoteles' Vergleich der Seele eines Menschen mit „einer läeren ohnbeschriebenen Tafel" die Situation zu charakterisieren, und er betont ausdrücklich, daß der Einsiedel die Tafel seiner Seele „gantz läer / und ohn einige zuvor hinein gedruckte Bildnussen gefunden" habe (I, 9; S. 29). Der Weg zur Vollkommenheit führt über „fleissige Impression und Ubung"; nicht von der Entfaltung der Anlagen eines Individuums, sondern von Belehrung ist die Rede. Über die christlichen Grundwahrheiten, die der Einsiedel vermittelt, kommt Simplicius nicht mehr hinaus. Es fehlen ihm zwar noch die wirklichen Erfahrungen in der Welt, aber die Maßstäbe, nach denen sie zu beurteilen sind, stehen fest. Der Einsiedler am Schluß ist gewiß nicht mehr derselbe wie der des Anfangs, aber die „Erfahrungen, die er während seines ferneren Lebensganges sammelt, ändern nichts an den schon zu Beginn fixierten Grundpositionen seines Weltbilds" (Mayer, S. 498 f.). Der Lebensweg selber läßt sich nicht mit Kategorien wie Zielstrebigkeit, Kontinuität oder organische Entwicklung kennzeichnen, er ist vielmehr durch ein ständiges Auf und Ab, durch Entfernung von oder reuiger Rückkehr zu den christlichen Lebensmaximen gekennzeichnet. Die Behauptung, die Überwindung der Welt könne „durchaus Bildungsziel" sein – womit der *Simplicissimus* zum „Bildungsroman des deutschen Barock" wird –, geht völlig am Roman vorbei (Hoffmann, S. 178).

Das entscheidende Problem liegt in der Gestalt des Helden, die sich einer eindeutigen Bestimmung zu entziehen scheint. Auf der einen Seite ist von Charakter und unverwechselbarem Individuum die Rede, auf der anderen von Rolle, Figur oder Typus. Als vermittelnde Angebote können Mayers ‚Person' oder Alts ‚Typenfolge' gelten. Eine zusätzliche Schwierigkeit bietet die Spaltung in ein erzählendes und ein erlebendes Ich: Ist das eine Ich ein ‚Charakter', das andere eine ‚Figur'? Da sich nur dann sinnvollerweise von einem Bildungs- oder Entwicklungsroman sprechen läßt, wenn der Held eine unverwechselbare Individualität besitzt, muß die Diskussion von der Frage nach der Individualität des Helden ausgehen.

Voraussetzung für die Darstellung eines Individuums, einer Gestalt in ihrer individuellen und einmaligen Bedeutung ist eine organische Geschichtsauffassung, wie sie erst im 18. Jahrhundert entwickelt wurde. Die Sprünge und Ungereimtheiten in der „Beschreibung deß Lebens eines seltzamen Vaganten" und die von vornherein festgelegte, überindividuelle Weltsicht und Weltinterpretation stehen derartigen Vorstellungen fern. Das 17. Jahrhundert kennt noch kein organisches Entwicklungs- und Geschichtsdenken, die traditionellen heilsgeschichtlichen Auffassungen von Geschichte bleiben weitgehend verbindlich (vgl. Wilhelm Voßkamp: *Untersuchungen zur Zeit- und Geschichtsauffassung im 17. Jahrhundert bei Gryphius und Lohenstein*, Bonn 1967). Damit hält sich zugleich die Betrachtung der Geschichte unter normativen Gesichtspunkten. Geschichte wird als Ansammlung von exemplarischen Fällen begriffen und so von den Dichtern verwertet. Geschichte ist nützlich:

> Hierdurch werden die Guten von den Bösen / die Gerechten von den Vngerechten / die Verzagten von den Tapffern / die Vntüchtigen von den Starcken / die Vnbeständigen von den Standhafftigen / die Tugendhafften von den Nichtswürdigen vnterscheiden. (Tommaso Garzoni: *Piazza Universale, das ist: Allgemeiner Schawplatz / oder Marckt / vnd Zusammenkunfft aller Professionen / Künsten [...] so in der gantzen Welt geübt werden*, Frankfurt/M. 1619, S. 278)

Die historischen Exempel dienen zur Veranschaulichung und Bekräftigung von Normen einer unbefragt gültigen Ordnung, zugleich liefern sie Maßstäbe für verantwortliches Handeln. Daraus erhält Geschichte ihren Sinn. Für individuelles Schicksal oder ein historisches Entwicklungsprinzip ist in einer derartigen Geschichtsauffassung kein Platz:

> Die Welt / ist eine Spiel-büne / da immer ein Traur- und Freud-gemischtes Schauspiel vorgestellet wird: nur daß / von zeit zu zeit / andere Personen auftretten. Was ist / (predigt

der allerweiseste Staatsfürst [Der Prediger Salomo 1, 9 ff.] /) das geschehen ist? eben das /
so hernach geschehen wird. Geschihet auch etwas / davon man sagen möchte: Sihe das ist
neu! dann ist es zuvor auch geschehen / in den zeiten / die vor uns gewesen sind. Es
geschihet nichts neues unter der Sonne. (Sigmund von Birken: Vorrede zu Anton Ulrichs
Aramena (1669); zitiert nach: *Romantheorie. Dokumentation ihrer Geschichte in
Deutschland 1620–1880.* Hrsg. von Eberhard Lämmert u. a., Köln u. Berlin 1971, S. 23)

Simplicius erscheint nicht als Individuum mit einer eigenen, unverwechselba-
ren Geschichte. Er ist aber zu komplex angelegt, um als das genaue Gegenteil, als
eine rein funktionale Figur, beschrieben werden zu können (Rohrbach, S. 35:
Der *Simplicissimus* organisiere sich „aus einem Gefüge thematischer Zusammenhänge, in das der Held als formales Movens verbaut ist"). Dem widerspricht
schon die Erfahrung, daß sich das Werk nicht nur als romanhafte Weltdeutung,
sondern ebenso „als Geschichte seines Helden lesen" läßt (Müller, S. 44).

Diese Geschichte, der exemplarische Lebenslauf des Simplicius Simplicissimus, ist in einen konkreten geschichtlichen und geographischen Kontext einge-
bettet. Der Erzähler versteht sich (auch) als Chronist des historischen Geschehens, das selbstverständlich wieder einer moraldidaktischen Deutung unterworfen werden kann:

[…] erfordert […] die Folge meiner Histori / daß ich der lieben posterität hinderlasse /
was vor Grausamkeiten in diesem unserm Teutschen Krieg hin und wieder verübet worden
[…]. (I, 4; S. 17)

Durch den Erzähler und seinen Helden geraten Elemente außerliterarischer,
‚erlebter‘ Realität in den Roman, die im Widerspruch zur konventionell religiösen Weltdeutung stehen. Die Komplexität des Verhältnisses von Erzähler- und
Autor-Ich auf der einen und dem erlebenden Ich auf der anderen Seite ermöglicht nicht nur Satire (vgl. 2.1.2.), sondern öffnet den Roman der geschichtlichen
und autobiographischen Wirklichkeit. Die Ich-Form des Erzählens verliert ihren
rein funktionalen Charakter, Erzähler und Held wachsen „aus der gelebten
Erfahrung einer realen Person gewisse individuelle Züge zu". Daher ist es
„gleich unmöglich, Simplicissimus nur als Figur oder nur als Individuum zu
verstehen" (Müller, S. 46). Dieser Sachverhalt erklärt die widersprüchlichen
Deutungen der Simplicissimus-Gestalt; er verweist zudem auch darauf, daß die
allegorische Weltsicht nicht mehr selbstverständlich ist und die „tatsächliche
Welt […] nicht bruchlos in der religiösen Weltdeutung" aufgeht (ebd. S. 45).
Auch aus diesem Grund läßt sich die Vorstellung nicht aufrecht erhalten, daß
Simplicius' Leben ein letztlich mittelalterlich-christliches Weltbild illustriere und
die Weltabsage das folgerichtige Resultat dieses Lebens sei.

2.3.3. ‚Tektonik‘ und epische Integration

Grimmelshausens *Simplicissimus* ist ein umfangreicher, vielschichtiger Roman,
auf den verschiedene literarische Formen und Traditionen eingewirkt haben. Es
stellt sich daher die Frage, ob seine Komplexität in einem übergeordneten Kom-

positionsprinzip aufgehoben und wie das Problem der epischen Integration ge-
löst wird. Darauf gab und gibt es verschiedene Antworten. Problematisch wird
es dort, wo mit der Erwartung künstlerischer ‚Einheit‘ und ‚Stimmigkeit‘ Denk-
formen der Literatur der Goethezeit auf das 17. Jahrhundert projiziert werden.
In diese Gefahr läuft die Interpretation des Werkes als Bildungs- bzw. Entwicklungsroman, wobei in der Tat unangemessene Kriterien an den Roman herangetragen werden, es aber gelingt, dem *Simplicissimus* gerade dadurch künstlerische
Bedeutung zu bescheinigen, daß man ihn in eine besonders hochgeschätzte,
spezifisch ‚deutsche‘ Tradition stellt (vgl. Rohrbach, S. 15). Ähnliches gilt für
Scholtes These, der Aufbau des *Simplicissimus Teutsch* sei am fünfaktigen klassischen Drama orientiert (Scholte, S. 12 ff.), was dann zur Frage führen mußte,
„wie ein sorgfältig komponierender Künstler, wie Grimmelshausen es im *Simplicissimus Teutsch* war, dazu kommen konnte, die wohlerwogene Tektonik seines
Romans zu zerstören, um ihm eine *Continuatio* anzuhängen“ (ebd. S. 60).
Gleichwohl heißt es bei Scholte, daß Grimmelshausen „souverän für seinen
selbsterlebten Bildungsroman eine klassische Struktur wählte“ (ebd. S. 13). Seine Handlung kann in Gestalt eines doppelten Bogens dargestellt werden, der
Symmetrie und Antithetik miteinander verbindet:

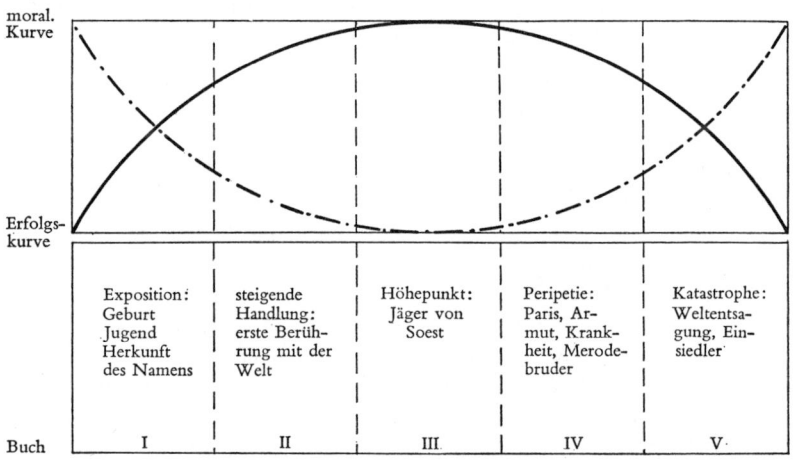

4. Schema des Handlungsaufbaus nach Scholte (Weydt, *Nachahmung*, S. 16)

Sieht „man von Einlagen, Ranken, Anhängen ab, so gliedert sich der eigentliche Simplicissimus-Roman klar in Tumbheit, Narrheit, Sünde, Strafe, Buße“, so
beschrieb schon Friedrich Gundolf „die Stufenfolge der fünf Bücher“ (S. 130).
Die Auffassung, daß ein von Tumbheit zu Buße führender Lebensbogen die
Grundstruktur des Romans bilde, liegt auch noch dem differenzierteren Aufbauschema Alts zugrunde. Alt geht allerdings nicht mehr von der Entwicklung eines
Charakters aus, sondern spricht von einer „Typenfolge“, durch die der Dichter

seinen Helden „proteusartig sich hindurchverwandeln" lasse (S. 101), und im Unterschied zu Scholte sieht er die Übergänge von einem Entwicklungsstadium zum anderen jeweils in der Mitte der fünf Bücher des Romans. Gleich bleibt aber das Bemühen, einen kunstvollen symmetrischen Aufbau des Romans aufzuzeigen, ein Strukturschema, das einen Lebensbogen mit Aufstieg und Fall nachzeichnet.

Gesamtschema	Gönner Lehrer = Gruppenst. 1,2	Selbstentfaltung = Gruppenstufe 3			Umschwung Entsagung = Gruppenst. 4,5
Buch	1.	2.	3.	4.	5.
Kapitel	34	31	24	26	24
Schematische Darstellung des Handlungsverlaufes	Einsiedel	Narr-Simpliciss.-Jäger von Soest	Jupiter!	Hochzeit! Gal.Abenteur. Olivier-Herzbrud.	Einsiedel
Typengruppe	Jugendanfang	I.	II.	III.	IV.	Ausklang
Buchmittelkapitel	15.–17. Kriegstraum	17.–18. Hexenfahrt	14. Gefangennahme	13. Merodebrüder	10.–12. Mummelsee
Typengrenze	A	B	C	D	E
			Mitte		

5. Gesamtschema des Simplicissimus-Aufbaues (Nach: Alt, S. 105)

Es ist häufig genug bemerkt worden, daß mit derartigen Konstruktionen weder die Komplexität des Romans noch die spezifische Struktur des Simplicianischen Lebenslaufs mit seinem ständigen Auf und Ab getroffen ist. Aber auch die extreme Gegenposition – der *Simplicissimus* als parataktische Reihung von ‚Kalendergeschichten‘ (Domagalla) oder als „Zusammenballung von literarischen Formen ohne gemeinsame Eigenart" (Lugowski, S. 170) – wird dem Roman kaum gerecht, wenngleich sie auf ein entscheidendes Problem aufmerksam macht: die Integration verschiedener literarischer Formen und Traditionen zu einem Romanganzen. Allerdings ist die Alternative falsch gestellt: Sowohl das Postulat einer ‚organischen‘ Gesamtstruktur, der sich die einzelnen Teile widerspruchsfrei unterordnen lassen, als auch die Ablehnung der Annahme von übergeordneten Strukturprinzipien gehen am Romantext vorbei.

Gewiß kann man Lugowski zustimmen, daß alle Deutungen des Romans gescheitert sind, die „einen eindeutigen Totalsinn aus dem Roman herauslesen zu können" glaubten (S. 161), denn es sind gerade die Widersprüche, die den Roman konstituieren, ihn als satirisches Bild einer widerspruchsvollen Welt auszeichnen (vgl. 2.1.1.). Doch wird das Werk damit nicht zur bloßen „Zusammenballung von literarischen Formen ohne gemeinsame Eigenart", weil Grimmelshausen „wirkliches Leben [nicht] anders als in überkommenen und formelhaft gewordenen Formen zu erfassen" vermochte (Lugowski, S. 170). Diese Auffassung läßt nicht nur die übergreifende Form der fiktiven Autobiographie außer Betracht, die Frage nach einer „einheitliche[n] innere[n] Form" (ebd. S. 171) enthält vielmehr schon das Resultat. Wenn eine ‚organische' Gestalt oder die konstruktive Geschlossenheit des höfischen Romans als Maßstäbe für den *Simplicissimus* gelten, kann das Ergebnis nur negativ sein. Dabei widersetzt sich der *Simplicissimus* als satirischer Roman gerade den ideologischen Postulaten des höfischen Romans (und damit auch seiner Form) und versteht sich als Spiegel einer aus den Fugen geratenen Welt. Der Roman ist durchaus keine Ansammlung toter literarischer Versatzstücke, auch wenn er verschiedene literarische Formen in sich aufnimmt und in einen größeren Kontext integriert. Die ‚Einheit' des Werkes liegt in der Form der fiktiven Autobiographie, die die Integration von verschiedenen literarischen Formen und scheinbar isolierten Erzählteilen ermöglicht (vgl. Mayer, S. 499 ff.; Müller, S. 46). Es ist aber keine widerspruchsfreie Einheit, denn die Ich-Form des Erzählens mit ihrer wechselnden Perspektive zwischen Autor, Erzähler und Romanheld ist zugleich das Vehikel, durch das zeitgenössische Wirklichkeit in den Roman Einlaß findet (vgl. 2.3.2.). Die Vorstellung, daß einzelne Teile ohne Schaden aus dem Werk herausgenommen werden könnten, trifft daher nur bedingt zu. Gewiß gibt es Partien, die weniger vielschichtig erscheinen als andere. So könnte man auf den Erzähler selbst verweisen, der auf die geringe „importanz" des Schwanks vom Speckdiebstahl verweist (II, 31; S. 188). Doch die Geschichte der *Simplicissimus*-Bearbeitungen mahnt zur Vorsicht. Wenn z.B. zahlreiche Bearbeiter ohne die utopischen und allegorischen Partien auszukommen glaubten, weil sie wenig zur Handlung beitrügen oder allein historisches Interesse verdienten, ließen sie damit eine entscheidende Dimension des Romans außer acht. Andererseits wird mit der Forderung einer strikten Interdependenz aller Teile eine Auffassung an den *Simplicissimus* herangetragen, die ihm nicht angemessen ist.

2.3.4. *Verborgene Strukturen: Bemerkungen zu den ‚spirituellen' Gesamtdeutungen*

Die Versuche, den *Simplicissimus* in eine literarische Tradition einzuordnen, die seiner Bedeutung gerecht würde, fanden in der Entwicklungs- bzw. Bildungsromanthese eine bestechende Lösung: Ein großer deutscher Roman wurde der Gattung zugesprochen, die den Roman in Deutschland für viele erst literaturfähig gemacht hatte und als Höhepunkt des deutschen Romans und als Gipfel der Romandichtung überhaupt galt. Je deutlicher die Unhaltbarkeit dieser These wurde, desto schwieriger wurde es, die herausragende Stellung des Werkes zu begründen, denn anderen Romanformen ging – immer von der deutschen Klassik her gesehen, die die Maßstäbe bestimmte – die Würde des Bildungs- oder Entwicklungsromans ab. Pikaroroman und *roman comique*, die zeitgenössischen ausländischen Gegenstücke des *Simplicissimus*, waren keine *deutschen* Formen – und wenn Grimmelshausens Roman mit dem Pikaroroman verglichen wurde, so fehlte selten der Hinweis, daß der deutsche Dichter die Problematik ‚vertieft‘ habe. Der große realistische Roman, der Gesellschaftsroman, hatte in Deutschland immer zu sehr im Schatten des Entwicklungsromans gestanden, um als Modell dienen zu können.

Je mehr sich jedoch die ‚Barockforschung‘ als Traditionsforschung verstand, um so intensiver wurden die Bemühungen, „der spezifisch barocken Struktur" des *Simplicissimus* gerecht zu werden (Weydt, *Grimmelshausen*, S. 68). Am folgenreichsten waren die auf der christlich-mittelalterlichen Bedeutungslehre und auf einem astrologischen Systemdenken beruhenden Deutungsversuche, während Strellers Theorie der Zahlenkomposition Episode blieb (vgl. die Kritik von Hartmann). Methodische Einwände lassen sich gegen alle diese Deutungsversuche geltend machen.

Die Stelle bei Grimmelshausen, die zu einer spirituellen Deutung des Romans einzuladen scheint, findet sich in der *Continuatio* nach einer Bemerkung von Simplicius, daß es auf der Insel an heiligen Büchern fehle:

> Demnach ich aber vor diesem von einem heiligen Mann gelesen / daß er gesagt / die gantze weite Welt sey ihm ein grosses Buch / darinnen er die Wunderwercke GOttes erkennen: und zu dessen Lob angefrischt werden möchte; Alß gedachte ich demselbigen nachzufolgen / wiewol ich / so zusagen / nit mehr in der Welt war; die kleine Insul muste mir die gantze Welt seyn / und in derselbigen ein jedes Ding / ja ein jeder Baum! ein Antrieb zur Gottseligkeit: und eine Erinnerung zu denen Gedancken die ein rechter Christ haben soll; also! sahe ich ein stachelecht Gewächs / so erinnerte ich mich der dörnen Cron Christi [...]. (VI, 23; S. 568 = S. 102)

Der Hinweis auf die barocke Emblematik liegt nahe, die man die „letzte Verwirklichung eines in der christlichen Allegorese begründeten spirituellen Weltverständnisses" genannt hat (Dietrich Walter Jöns: *Das „Sinnen-Bild". Studien zur allegorischen Bildlichkeit bei Andreas Gryphius*, Stuttgart 1966, S. 56). Die sichtbare Welt erscheint als „mondo simbolico" – so der Titel eines Emblembuchs von Filippo Picinelli (1653) –, als Sinnbild der (unsichtbaren) göttlichen Ordnung, die es zu erkennen und auszulegen gilt; die Dinge haben Verweisungscharakter, der von Gott in sie hineingelegt ist. Doch diese Sicht ist im 17. Jahrhundert nicht mehr ungebrochen: „[...] während die mittelalterliche Symbolik in ihrem eigentlichen Sinne als inspirierte Darlegung gottgewirkter, den Dingen innewohnender Verweisungsfunktionen erscheint, von daher also objektive Verbindlichkeit besitzt, will die Emblematik diesen Anspruch keineswegs mehr stellen, – so wenig wie sie ihm noch gerecht zu werden vermag" (Albrecht Schöne: *Emblematik und Drama im Zeitalter des Barock*, München 1964, S. 45).

Das gleiche Problem stellt sich bei den Versuchen, die mittelalterliche Methode der Bibelinterpretation, die Auslegung nach dem mehrfachen Schriftsinn, auf Grimmelshausens Werk anzuwenden. Feldges führt in seinen Überlegungen über das „Weiterleben mittelalterlicher Denkstrukturen in der Barockzeit" den Schermesser-Diskurs als Beispiel für den verborgenen „Sinn der Dinge des Weltbuchs" an (S. 265) und schreibt, „daß auch Grimmelshausen in jedem ‚Buchstaben' des Weltbuches strukturell vier ineinander übergehende Sinngebungen sieht" (S. 264). Doch es ist deutlich, daß die Voraussetzungen dieser Denkweise nicht mehr gegeben sind, denn bei Grimmelshausen „entstammen solche Allegoresen seiner eigenen Phantasie, die allerdings oft von der Tradition getragen wird" (ebd. S. 265). Damit ist eine wesentliche Bedingung der mittelalterlichen Methode der Schriftexegese außer acht gelassen, bei der sich nicht um eine willkürliche, mehrdeutige dichterische Setzung handelt, sondern um „die Enthüllung des bei der Schöpfung in der Kreatur versiegelten Sinns der Sprache Gottes, um *revelatio,* um eine *spiritualis notificatio* [...], die aus der stummen Welt der Dinge die Sprache göttlicher Verkündigung vernimmt" (Friedrich Ohly: *Vom geistigen Sinn des Wortes im Mittelalter.* In: Zeitschrift für deutsches Altertum 89, 1958/59, S. 9 f.).

Daß die mittelalterlichen Vorstellungen keineswegs ungebrochen weiterleben, zeigt sich auch in dem Aspekt der Neugierde, der Simplicius' Handlungsweise mehr als einmal bestimmt und nicht ohne Grund mit der Faust-Legende in Verbindung gebracht worden ist (Streller, S. 37; vgl. Knopf, S. 69 ff.). Simplicius, der sich in seinem „Fürwitz" mit einem Fernrohr ausstattet, ein Hörrohr erfindet und gegen den Widerstand des Knans das Innere des Mummelsees erforschen will, verlangt (und erhält) Einblick in Dinge, die dem Menschen normalerweise verschlossen sind. Was der Knan negativ als Vermessenheit bewertet, und in der Tradition mittelalterlichen Denkens auch negativ bewertet werden muß, ist jedoch zugleich das Kennzeichen des modernen Menschen: die ‚theoretische Neugierde', die den Wundern auf den Grund geht (vgl. Hans Blumenberg: *Der Prozeß der theoretischen Neugierde,* Frankfurt/M. 1973). Daß Simplicius vom Knan und vom Erzähler kritisiert wird, ändert nichts daran, daß das ‚Buch der Natur' endgültig zu einer Metapher geworden ist: Der ‚curiöse' Simplicius spürt nicht den Bezügen zwischen den Erscheinungen der Natur und der vorborgenen göttlichen Ordnung nach, ihn interessiert, wenn er in ihrem Buche liest, die Natur selbst (vgl. Knopf, S. 66 f.). Noch der Einsiedler auf der Kreuz-Insel hat etwas von diesem modernen Forschergeist – Wehrli weist darauf hin, daß die Entdeckung und Erkundung der finsteren Höhle als „eine kuriose entdeckerische und zivilisatorische Tat des Robinson, mindestens für Dichter und Leser", geschildert wird (S. 170) –, und wenn er von dem Buch der Natur spricht, so sucht er nicht nach der verborgenen Bedeutung der Dinge, sondern nimmt sie zum Anlaß der Kontemplation und Erbauung (vgl. Schönhaar, S. 68). Er erkennt nicht die von Gott gegebene Bedeutung der Dinge, sondern gibt ihnen Bedeutung.

Angesichts dieser Widersprüche zwischen mittelalterlich-spirituellem Weltverständnis und einer neuzeitlichen Welthaltung ist der *Simplicissimus* ein untaugliches Objekt für spirituelle Gesamtdeutungen. Das gilt für eine Interpretation nach der Methode des vierfachen Schriftsinns ebenso wie für eher an der Emblematik orientierte Auffassungen (Gersch). Es gilt auch für Tarots Versuche, den Anschluß ans Mittelalter durch eine einseitige Auslegung als Moralsatire herzustellen, eine Satire, die einzig darauf gerichtet sei, am Exempel des Simplicius menschliches Fehlverhalten aufzuzeigen.

Den konsequentesten Versuch, eine verborgene Struktur des Romans aufzudecken, hat Günther Weydt unternommen. Der „eigentliche Zugang" zum Roman, heißt es entschieden, sei nicht von der mittelalterlichen Bedeutungslehre her zu gewinnen, „sondern von einem Systemdenken, in dem sich christlich-kosmische Vorstellungen stärker mit naturwissenschaftlichen Elementen verbinden und das etwa vom 15. bis zum 17./18. Jh. herrscht: dem astrologisch-alchimistischen" (Weydt, *Grimmelshausen,* S. 69). Dieser Nachweis lasse sich – gestützt auf Grimmelshausens Kalendertexte und andere Quellen – „einwandfrei" erbringen. Die Schlüsselstellung nimmt dabei Grimmelshausens *Ewig-währender Calender* von 1671 (oder 1670) ein, dem die Funktion „einer latenten Anleitung zur Exegese von Gr.s Gesamtwerk" zugesprochen wird (Weydt, *Grimmelshausen,* 1. Aufl., S. 108; abgeschwächte Formulierung in der 2. Aufl., S. 121):

> Des Abenteurlichen Simplicissimi Ewig-währender Calender / Worinnen ohne Die ordentliche Verzeichnus der unzehlbar vieler Heiligen Täge auch unterschiedliche Curiose Discursen von der Astronomia, Astrologia, Item den Calendern / Nativitäten / auch allerhand Wunderbarlichen Wahr- und Vorsagungen / mit untermischter Bauren-Practic / Tag- und Zeit-wehlungen / etc. Nicht weniger Viel Seltzame / jedoch Warhaffte Wunder-Geschichten / und andere Merckwürdige Begebenheiten / samt Beyfügung etlicher Künst- und Wissenschafften befindlich. [...]
> [Der Kalender ist auf 1670 datiert, wahrscheinlich aber erst 1671 erschienen (Koschlig).]

Dieser Kalender ist ein merkwürdiges, größtenteils in sechs Spalten gedrucktes Konglomerat verschiedenster ‚Materien': Kalendarium, Bauernregeln, Vorhersagungen, Schwänke, Wundergeschichten aller Art und schließlich astronomische und astrologische Passagen in den Spalten 4 bis 6, auf denen die ‚Planetentheorie' basiert. In der vierten Materie unterhalten sich Simplicissimus und Zonagrius (Anagramm für Garzoni, dessen *Piazza Universale,* 1585, dt. 1619 u. ö., diesen Partien zugrunde liegt) über „die Calender-Macherey und was deme anhängig", die fünfte Materie enthält „Simplicissimi Discurs mit Joanne Indagine / darinnen er unterrichtet wird / wie vermittelst der Astrologia Naturali er einem jeden Menschen ohne Kopfbrechung die Nativität stellen könne", die sechste Materie schließlich beschäftigt sich mit Wahrsagerei und fungiert zugleich als eine Art abschließender Beurteilung.

Entscheidend für die Argumentation Weydts ist der Diskurs mit Indagine (eigentlich Johannes Rosenbach vom Hayn, dessen *Introductiones apotolesmaticae elegantes in chiromantiam, phisignomiam, astrologiam naturalem, complexiones hominum, naturas planetarum [...]* 1522 erschienen waren; Grimmelshausen schrieb die deutsche Übersetzung von 1664 aus; vgl. Weydt, *Nachahmung*, S. 308 ff.). In diesem Dialog werden u. a. die „Krafft und Würckung" der sieben „Planeten" in der Reihenfolge Saturn, Jupiter, Mars, Sonne, Venus, Merkur und Mond behandelt, dazu die ihnen zugeordneten Glücksumstände, Charaktereigenschaften, Berufe, Körperglieder, Krankheiten, Pflanzen, Tiere, Metalle, Farben usw.

Weydt beschreibt nun das Kompositionsprinzip des Romans als eine Reihung einander ablösender – und dabei sich auch überschneidender – Planetenphasen. Der Folge der Planetenphasen im *Simplicissimus* – Saturn, Mars, Sonne, Jupiter, Venus, Merkur, Mond – liegt die rückläufige ‚chaldäische Reihe' zugrunde, wobei allerdings erklärt werden muß, warum Jupiter von der zweiten Stelle in die Mitte der Reihe gerückt worden ist. Dieses Planetenschema deckt sich nicht mit der Bucheinteilung des Romans; diese hat jedoch eine eigene Bedeutung, indem sie nämlich „weniger den am Kosmischen orientierten jeweiligen Charakter der gesamten Darstellung als die ‚Entwicklung' des Helden [spiegelt], der, ungeachtet kleinerer Wandlungen, nacheinander verschiedene ‚Typen' repräsentiert" (Weydt, *Grimmelshausen*, S. 79).

Der „Versuch einer Entschlüsselung" des vom Dichter geheimgehaltenen Kompositionsprinzips geht von der Jupiter-Szene in der Mitte des *Simplicissimus Teutsch* aus (Weydt, *Planetensymbolik*, S. 266 ff.). Simplicius führt als ‚Jäger von Soest' ein abenteuerliches Soldatenleben, gewinnt Ehre und Reichtümer. In dieser Periode begegnet er einem Phantasten, der sich für den Gott Jupiter ausgibt, Simplicius als seinen „Ganymed" bezeichnet und eine Rede mit zahlreichen mythologischen (und gelegentlich auch astrologischen) Bezügen hält. Hier nun lasse sich „eine gewisse Übereinstimmung" zwischen Kalender und Roman erkennen (ebd. S. 271), denn nach den Angaben des Kalenders bringe Jupiter Glück, Macht und Ansehen:

Sein Bild ist eins schöne[n] Manns in Königlichen Geschmuck angekleydet / [...] gibt ein schönen Schein von sich daß man gleichsamb einen Schatten davon spühret / [...] ist dem Menschlichen Geschlecht sehr zuträglich / [...]. Auß den Farben sind jhm zugethan die bläw- und röthlechte / er macht die Menschen schön weiß / einer hüpschen Statur gutes Gemüts / ansehenlich / fürsichtig / gerecht / freygebig / reich / ehrnhafftig und glückselig; Er bedeutet den Gottes-Dienst / die Hoffart / Reichthumb / Gesätz / Ehr / Ruhm / Kinder / herrschet über geistliche Persohnen hohes Stands / [...] geist- und weltliche Richter / grosse Herrn / Legaten / Ambtleuth / Räth [...]. (*Ewig-währender Calender*, S. 109–111)

Zudem regiere Jupiter u. a. über Köln, die Stadt, in die sich der närrische Jupiter begibt, und – allerdings „nach anderen astrologischen Zeugnissen" –

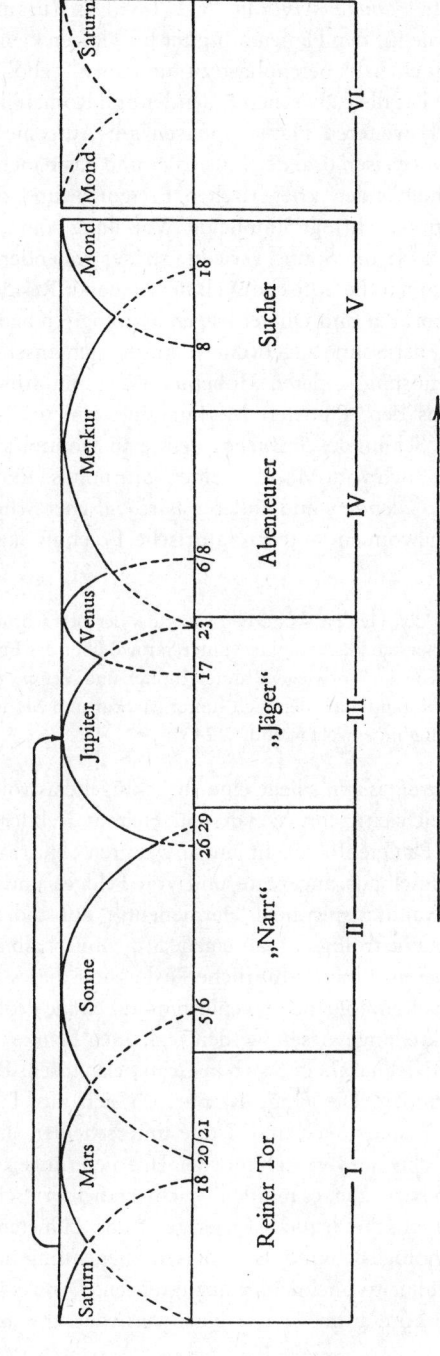

6. Das Planetenschema als Kompositionsprinzip (Nach: Weydt, *Nachahmung*, S. 301)

über die Jagd (Weydt, *Planetensymbolik*, S. 271): „Das Zusammenwirken und die Fülle der Merkmale für den Planeten Jupiter [...] lassen keinen Zweifel mehr daran, daß wir es mit einer Planetenphase zu tun haben" (ebd. S. 272).

Die angenommene Parallele zwischen Kalender und Roman im Falle ‚Jupiters' regte die Suche nach weiteren Planetenphasen an: Auf eine Saturnphase zu Beginn des Romans verweisen u. a. der Einsiedler und das bäuerliche Milieu, auf Mars die sich anschließenden kriegerischen Ereignisse und die Ständebaum-Allegorie; die Sonnenphase bringt Simplicius' Wandlung vom „Unverstand zum Verstand" (II, 8; S. 114; die Sonne verleiht, so der Kalender, S. 123, „guten Verstand"), außerdem hat die höfische Welt der Hanauer Residenz ‚solarischen' Charakter, und Herzbruder und Olivier tragen astrologisch bedeutsame Namen (Herz und Olive sind der Sonne zugeordnet); auf die sich anschließende Jupiterphase folgen die Venusphase, deren Höhepunkt die amourösen Erlebnisse in Paris bilden, und das dem Planeten Merkur zugeordnete Quacksalber- und Landfahrerleben; am Schluß des 5. Buches steht eine Mondphase (Unbeständigkeit), während das 6. Buch vom Mond zu einer Saturnphase führt. Das mit Hilfe des *Ewig-währenden Calenders* und anderer astrologischer Schriften und bildlicher Darstellungen gewonnene interpretatorische Ergebnis faßt Weydt so zusammen:

> Die Planeten geleiten den Helden – und den Leser bei der Betrachtung der Welt – von der Anschauung der äußersten Beständigkeit (unter Saturn) über das Erlebnis hohen, aber trügerischen irdischen Glücks (vorwiegend unter Jupiter und Venus) zur Einsicht in die Wandelbarkeit und Unbeständigkeit der Welt (unter Merkur und Mond). (*Nachahmung*, S. 300; zur Beweisführung im einzelnen ebd. S. 243 ff.)

Die These, dem *Simplicissimus* liege eine ausgeklügelte astrologische Struktur zugrunde, wurde gleichzeitig mit Weydt von Helmut Rehder entwickelt (mit einer etwas anderen Planetenfolge). In einem weiteren Schritt suchte dann Haberkamm die von Heselhaus angeregte und von Feldges und Gersch auf den *Simplicissimus* angewandte ‚spirituelle Hermeneutik' auf andere Werke auszudehnen und den ‚sensus astrologicus' als eigene Stufe innerhalb der allegorischen Sinnschicht zu etablieren. Eine ausführliche Diskussion dieses Ansatzes ist hier nicht möglich, doch soll im folgenden wenigstens auf einige Probleme und erklärungsbedürftige Punkte hingewiesen werden (vgl. auch Lemke und Spahr).

Es besteht kein Zweifel daran, daß sich in Grimmelshausens Roman astrologische Anspielungen finden. Die Frage ist nur, ob sich ihre Funktion von der zahlreicher anderer Anspielungen und Zitate unterscheidet, die Grimmelshausens Kenntnis klassischer und volkstümlicher Überlieferungen erkennen lassen und seinen Anspruch bezeugen, es mit den Gelehrtendichtern seiner Zeit aufnehmen zu können. Die entscheidende Schwierigkeit der ‚Planetentheorie' liegt jedoch darin, die mythologische und astrologische Bedeutung derartiger Erwähnungen und Anspielungen voneinander abzugrenzen. Denn Voraussetzung für die astrologische Interpretation ist der Nachweis, daß die astrologische und nicht die mythologische Bedeutungsschicht ausschlaggebend ist. Dies ist insofern schwierig, als die ausdrücklich astrologischen Anspielungen nicht sehr häufig sind: Venus soll den deutschen Helden „in seiner Nativität" freundlich anblikken, Vulcanus „ihm in Hora Martis seine Waffen" schmieden (III, 4; S. 211); an einer anderen Stelle ist von der „Conjunction Saturni und Mercurii" die Rede (II, 21; S. 160; vgl. Haberkamm, S. 5 ff.). In vielen Fällen herrscht jedoch die mythologische Bedeutung vor, in anderen läßt sich astrologischer und mythologischer Sinn nicht eindeutig voneinander trennen: „Astrologisch Intendiertes löst immanent mythologische Assoziationen aus, oder umgekehrt: Mythologisch Vorstellbares oder Benanntes weist eigentlich auf Astrologisches. Es besteht eine Wechselbeziehung zwischen beiden Begriffswelten, die jedoch astrologisch akzentuiert ist" (Haberkamm, S. 109). Dieses Argument, das die astrologische These plausibel machen soll, löst jedoch das Problem nicht, denn gerade die enge Beziehung zwischen mythologischem und astrologischem Bereich macht es schwierig, einer gewissen interpretatorischen Willkür zu entgehen. Da die offenen astrologischen (und astrologisch interpretierten mythologischen) Bezüge nicht ausreichen, um eine bestimmte Planetenfolge als Grundstruktur des Romans herauszuarbeiten, haben Weydt und seine Schüler – „veranlaßt durch Grimmelshausens Vorliebe für versteckte Anspielungen" – versucht, „möglichst lückenlos alle auf Planeten deutenden Einzelheiten punktueller oder komplexer Art zu registrieren", um so „durch eine Kombination der gewissermaßen spekulativen Methode mit den Methoden der Einzelbeobachtung – wobei zunehmend verschlüsselte Hinweise auf Planeten gefunden wurden – zu einer Beantwortung der Frage nach dem astrologischen Bau des *Simplicissimus* zu kommen" (*Nachahmung*, S. 250, 251). Farbtabellen ordnen kapitel- und buchweise im Roman erwähnte Zahlen, Farben, Tiere, Metalle und zahlreiche andere Merkmale den verschiedenen Planeten zu, um so die Abfolge der verschiedenen Phasen und ihre Überlappungen zu verdeutlichen. Die Probleme sind freilich erheblich, denn auch Weydt räumt ein, daß die Merkmale in vielen Fällen „einen im Zuordnungssinne neutralen oder wenigstens ambivalenten Wert haben, weil der erzählerische Zusammenhang das Primäre, die Symbolik dem Realismus untergeordnet sein kann" (ebd. S. 250). Aber das ist nicht das einzige Hindernis, das sich einer exakten Methode in den Weg stellt, denn über die Zuordnung bestimmter Farben, Metalle oder Eigenschaften zu bestimmten Planeten herrscht in Grimmelshausens Quellen keineswegs völlige Übereinstimmung (vgl. Lemke, S. 91 f.). So entscheidet der Interpret nicht nur darüber, welche der zahllosen Realien oder sonstigen Momente des Romans überhaupt einen astrologischen ‚Wert' haben, er muß sich auch noch unter verschiedenen Möglichkeiten für eine bestimmte Deutung entscheiden. Gerade diese Vieldeutigkeit macht aber eine stringente Widerlegung der ‚Planetentheorie' unmöglich: Spezifischen Einwänden läßt sich immer mit dem Hinweis begegnen, daß Grimmelshausens Andeutungen „variabler Natur" seien, daß „unser Dichter [...] mehrfache Bezüge" liebe und daß der astrologische Gesamtcharakter „bei einiger Schulung und gutem Willen

zum Hineindenken erkennbar" sei (Weydt, *Und sie bewegen sich* [leider?] *doch*,
S. 8, 16, 14 f.).

Der Nachweis einer ‚planetarischen Anlage' des Romans versteht sich als
Antwort auf die zahlreichen, einander zum Teil widersprechenden Interpretationen, denen es nicht gelungen war, die verschiedenen Aspekte des Romans einer
Gesamtkonzeption unterzuordnen. Diese ‚Entschlüsselung' ist jedoch in mancher Hinsicht nicht so umwälzend, wie es scheinen mag: Weydt schließt sich
eindeutig an die Forschungsrichtung an, die auf den Nachweis eines übergreifenden Kompositionsprinzips zielt. Dabei verbindet er alle wichtigen Interpreta-
tionsansätze: Tektonik des Aufbaus, Symmetrie, Typenfolge, ‚Entwicklung' (in
Anführungszeichen), Zahlensymbolik usw. Auch vom ‚weltanschaulichen Gehalt' her bestätigt die astrologische Interpretation traditionelle Auffassungen:
nämlich, daß der Roman „von der Unbeständigkeit der Welt" handle und daß
Roman und Lebenslauf des Helden – freilich „unter dem Einfluß der Schicksals-
mächte, der Planeten" – eine kreisförmige Struktur aufweisen (*Planetensymbolik*, S. 280).

Weydt teilt mit den anderen ‚tektonisch' orientierten Interpreten das Bestreben, die literarische Bedeutung des *Simplicissimus* durch eine ‚Struktur' zu legitimieren. Außer Betracht bleibt die Möglichkeit, daß die spezifisch ‚barocke'
Struktur des Romans nicht in einer wie auch immer begründeten Tektonik des
Aufbaus besteht, sondern in der ‚offenen' Form der Satire, die Widersprüche
nicht harmonisierend aufzulösen sucht (vgl. 2.1.). Es fällt auf, wie sehr die
astrologische Interpretation des Romans von dem Element der Satire hinweg-
führt, wie sehr sie sozialkritische Aspekte vernachlässigt und den ‚weltanschaulichen Gehalt' des Romans auf den wenig konkreten, letztlich ungeschichtlichen
Gemeinplatz von der Unbeständigkeit der Welt reduziert. Damit gehen gerade
diejenigen Aspekte des Romans verloren, die ihn noch heute lesenswert machen.

Arbeitsbereich III

Simplicianische Schriften und ‚Kalendergeschichten'

A. Simplicianische Schriften

0. Vorbemerkung

Die Forschung faßt unter der Bezeichnung ‚Simplicianische Schriften' eine Reihe von Werken Grimmelshausens zusammen, die nach seinem Hauptwerk erschienen sind und in einem – nicht immer eindeutig bestimmbaren – Zusammenhang mit dem *Simplicissimus* stehen. Dazu gehören neben der *Lebensbeschreibung der Ertzbetrügerin und Landstörtzerin Courasche*, dem *Seltzamen Springinsfeld* und den beiden Teilen des *Wunderbarlichen Vogel-Nests* eine Reihe von Schriften, die hier nicht näher behandelt werden: *Der erste Beernhäuter* (1670), *Wunderliche Gauckel-Tasche* (1670), *Verkehrte Welt* (1672), *Rathstübel Plutonis Oder Kunst Reich zu werden* (1672), *Der stoltze Melcher / Sambt einer Besprecknuß Von das Frantzoß Krieg Mit der Holland* (1672), *Bart-Krieg* (1673), *Deß Weltberuffenen Simplicissimi Pralerey und Gepräng mit seinem Teutschen Michel* (1673), *Galgen-Männlin* (1673). – Die folgenden Ausführungen beschränken sich auf *Courasche*, *Springinsfeld* und die beiden Teile des *Vogelnests*.

1. Grundlageninformationen

1.1. Texte

Courasche, *Springinsfeld* und *Vogelnest* (in dieser Schreibung künftig zitiert) liegen im Rahmen.von Gesamtausgaben und in Einzelausgaben vor. Im folgenden sind die wichtigsten der derzeit erhältlichen Editionen aufgeführt.

Courasche:
Hrsg. von Wolfgang Bender, Tübingen 1967 (= Gesammelte Werke in Einzelausgaben) [Keine Kommentierung; derzeit maßgebliche wissenschaftliche Ausgabe.]
Hrsg. von Siegfried Streller. Werke III, Berlin / Weimar 1960 u. ö. [Mit Wort- und Sacherklärungen; sprachlich modernisiert.]
Hrsg. von Alfred Kelletat. Simplicianische Schriften, München 1958 u. ö. [Mit Wort- und Sacherklärungen; sprachlich modernisiert.]
Hrsg. von Albrecht Schöne. In: Das Zeitalter des Barock. Texte und Zeugnisse, München 1963, S. 971–1054; [2]1968, S. 1088–1174 [Mit Wort- und Sacherklärungen.]

Hrsg. von Klaus Haberkamm und Günther Weydt, Stuttgart 1971 u.ö. (Reclam Nr. 7998) [Mit Wort- und Sacherklärungen; sprachlich modernisiert.]

Springinsfeld:

Hrsg. von Franz Günter Sieveke, Tübingen 1969 (= Gesammelte Werke in Einzelausgaben) [Keine Kommentierung; derzeit maßgebliche wissenschaftliche Ausgabe.]
Hrsg. von Siegfried Streller und Alfred Kelletat: siehe unter *Courasche.*
Hrsg. von Klaus Haberkamm, Stuttgart 1976 (Reclam Nr. 9814) [Mit Wort- und Sacherklärungen; sprachlich modernisiert.]

Das wunderbarliche Vogelnest I, II:

Hrsg. von Rolf Tarot, Tübingen 1970 (= Gesammelte Werke in Einzelausgaben) [Keine Kommentierung; derzeit maßgebliche wissenschaftliche Ausgabe.]
Hrsg. von Siegfried Streller (Werke III.IV.) und Alfred Kelletat: siehe unter *Courasche.*

Die übrigen ‚Simplicianischen Schriften' sind bei Kelletat und Streller (bei diesem nur *Rathstübel Plutonis* und die *Continuationen*) und in den Gesammelten Werken in Einzelausgaben zugänglich:

Die verkehrte Welt. Hrsg. von Franz Günter Sieveke, Tübingen 1973.
Rathstübel Plutonis. Hrsg. von Wolfgang Bender, Tübingen 1975.
Teutscher Michel. Hrsg. von Rolf Tarot, Tübingen 1976.
Kleinere Schriften. Hrsg. von Rolf Tarot, Tübingen 1973.

1.2. Forschungsliteratur

Alewyn, Richard *(Beer):* s. Gesamtbibl.
Arnold, Herbert A.: Moralisch-didaktische Elemente und ihre Darstellung in Grimmelshausens Roman *Courasche.* In: Zeitschrift für deutsche Philologie 88, 1969, S. 521–560 [Wendet sich gegen ‚modernistische Fehlinterpretationen' (vgl. z.B. Jacobson), die die moralistischen Absichten Grimmelshausens verkennen.]
Arnold, Herbert A.: Die Rollen der Courasche: Bemerkungen zur wirtschaftlichen und sozialen Stellung der Frau im siebzehnten Jahrhundert. In: Die Frau von der Reformation zur Romantik. Die Situation der Frau vor dem Hintergrund der Literatur- und Sozialgeschichte. Hrsg. von Barbara Becker-Cantarino, Bonn 1980, S. 86–111 [Verweist auf die Ambivalenz in der Charakterisierung der Courasche und ihrer verschiedenen Rollen (Ehefrau, Prostituierte, Soldat, Unternehmerin); allerdings siegten die alten Denkmuster über die neue wirtschaftliche Realität.]
Aronstein, Fritz: Eine jüdische Novelle von Grimmelshausen. In: Zeitschrift für die Geschichte der Juden in Deutschland 5, 1934, S. 237–241 [Bezieht sich auf die Geschichte vom falschen Messias im 2. Teil des *Vogelnests*; Hinweise auf Quellen und historische Vorgänge, die als Anregung gedient haben könnten.]
Battafarano, Italo Michele *(Hexenwahn):* s. Bibl. zu AB II
Büchler, Hansjörg: Studien zu Grimmelshausens Landstörtzerin Courasche (Vorlagen / Struktur und Sprache / Moral), Bern u. Frankfurt/M. 1971 [Sieht die *Courasche,* der er eine Sonderstellung in Grimmelshausens Werk zuschreibt, als unreflektierte Schelmengeschichte; die These vom „Aussetzen der Moral" ist nicht haltbar.]

Feldges, Mathias: Grimmelshausens *Landstörtzerin Courasche*. Eine Interpretation nach der Methode des vierfachen Schriftsinnes, Bern 1969 [Courasche, im historischen Sinn, als Bild der Frau schlechthin, allegorisch als Frau Welt, moralisch als warnende Exempelfigur („meide das Weib und die Welt"), anagogisch als „eine Art Präfiguration der Hure Babylon und des Antichrist"; die Beweisführung, die die Verwendung dieses theologischen Deutungsschemas wahrscheinlich machen soll, ist allerdings wenig überzeugend.]

Hachgenei, Wilhelm Joseph: Der Zusammenhang der Simplicianischen Schriften des Hans Jakob Christoffel von Grimmelshausen. Die Lebensbeschreibungen des Simplicius Simplicissimus, der Courage, des Springinsfeld und die Geschichten des wunderbarlichen Vogelnests eins und zwei, Diss. Heidelberg 1957 [Masch.] [Eine der wenigen Arbeiten, die sich ausführlich mit der Zyklus-Frage beschäftigen; die Einheit liege in Grimmelshausens Anliegen, die Veränderung und Unbeständigkeit der Welt und des Menschen darzustellen; ‚ständige Unbeständigkeit' charakterisiere die Gesamtkomposition aller Bücher.]

Hartmann, Horst: s. Bibl. zu AB II

Jacobson, John W.: A Defense of Grimmelshausen's Courasche. In: The German Quarterly 41, 1968, S. 42–54 [Grimmelshausen betone auf moderne Weise die Verantwortung der Männer für Courasches Schicksal.]

Jütte, Robert: Vagantentum und Bettlerwesen bei Hans Jacob Christoffel von Grimmelshausen. In: Daphnis 9, 1980, S. 109–131 [Behandelt die literarische Gestaltung des Zigeunerlebens und Bettlerwesens im Kontext der ständischen Gesellschaft des 17. Jahrhunderts; die Figur des Zigeuners in der Kunst werde zu einem möglichen Surrogat des Strebens nach persönlicher Freiheit.]

Koschlig, Manfred *(Verleger)*: s. Gesamtbibl.

Koschlig, Manfred: Faust und *Das wunderbarliche Vogel-Nest*. Zur ‚Abbildung deß Zauberers' bei Grimmelshausen. In: Jahrbuch der deutschen Schillergesellschaft 23, 1979, S. 154–187 [Weist Beziehungen zum Faustbuch nach.]

Lefebvre, Joël: Didaktik und Spiel in Grimmelshausens *Courage*. In: Simpliciana II, Bern u. München 1980, S. 31–36 [Die Integration profaner Elemente in die christlich-belehrende Perspektive sei nicht gelungen.]

Petersen, Jürgen H.: Formen der Ich-Erzählung in Grimmelshausens Simplicianischen Schriften. In: Zeitschrift für deutsche Philologie 93, 1974, S. 481–507 [Beitrag zur Zyklus-Frage: Petersen sieht in dem autobiographischen Grundzug des Erzählens und der Integration der unterhaltsamen Elemente in das didaktische Erzählen die einheitsstiftenden Momente.]

Schade, Richard E.: The *Courasche*-Frontispiece: Gypsy, Mule, and *Acedia*. In: Simpliciana III, Bern u. München 1981, S. 73–93 [Zur Ikonographie des Titelkupfers; Courasche als Verkörperung der Todsünde der *acedia*.]

Streller, Siegfried: s. Gesamtbibl.

Wagener, Hans: Simplicissimo zu Trutz! Zur Struktur von Grimmelshausens *Courasche*. In: The German Quarterly 43, 1970, S. 177–187 [Das Trutz-Simplex-Motiv als strukturschaffendes, selbständige Einzelteile zusammenfassendes Mittel; Beispiel hochentwickelter Erzählkunst.]

Wagener, Hans: Perspektiven und Perspektivismus in Grimmelshausens *Wunderbarlichem Vogelnest*. In: The German Quarterly 49, 1976, S. 1–12 [Interpretation des 1. Teils: Ausgangspunkt ist das emblematische Titelkupfer mit seiner doppelten Perspektive –

der des erkennenden und satirisch entlarvenden Schriftstellers und der des im Wahn
befangenen Menschen.]
Weydt, Günther (Grimmelshausen): s. Gesamtbibl.
Wieckenberg, Ernst-Peter: s. Gesamtbibl.

1.3. Voraussetzungen und Entstehung

1.3.1. Zur Textgeschichte

Es gibt keine Äußerungen Grimmelshausens zur Entstehungsgeschichte von
Courasche, Springinsfeld und Vogelnest. Auch die Druckgeschichte ist nicht
vollends geklärt (vgl. dazu Koschlig, Verleger, und die Einleitungen der entsprechenden Bände der Gesammelten Werke in Einzelausgaben). Courasche und
Springinsfeld erschienen gegen Ende des Jahres 1670 bei Felßecker in Nürnberg,
1672 und 1675 folgten die beiden Teile des Wunderbarlichen Vogelnests bei
dem Straßburger Verleger Dollhopf. (Über die Frage, ob und wann es zum
,Bruch' zwischen Felßecker und Grimmelshausen gekommen ist, gibt es eine
letztlich wenig ergiebige Diskussion zwischen Koschlig, Weydt, Tarot und anderen.) – Die Datierung der verschiedenen Neuauflagen und unrechtmäßigen
Nachdrucke zu Lebzeiten Grimmelshausens ist nicht völlig gesichert. Von der
Courasche sind ein rechtmäßiger und ein unrechtmäßiger Nachdruck bekannt
(beide ca. 1671), vom Springinsfeld eine weitere rechtmäßige Ausgabe (ca.
1671) und vom ersten Teil des Vogelnests zwei unrechtmäßige Nachdrucke (ca.
1673 und 1674) und eine rechtmäßige Neuauflage (1673). Der zweite Teil des
Vogelnests erlebte keine weitere Einzelausgabe.

1.3.2. Die Zyklusfrage

Als Grimmelshausen dem Simplicissimus Teutsch (1668) die Continuatio (1669)
folgen ließ, nannte er sie den „Schluß desselben“. Was ihn bewogen haben mag,
mit weiteren Werken an den Roman anzuknüpfen, bleibt ungewiß; vor allem ist
nicht bekannt, ob es sich um einen von vornherein geplanten ,Zyklus' von
Dichtungen handelt. Kommerzielle Erwägungen sind nicht auszuschließen, war
doch der Name Simplicissimus schnell zu einer Art Markenzeichen geworden.
Der Hinweis in der Vorrede zum zweiten Teil des Vogelnests hilft nur bedingt
weiter. Dort heißt es am Ende:

> Sonsten wäre dieses billich das zehende Theil oder Buch deß Abentheuerlichen Simpli-
> cissimi Lebens-Beschreibung / wann nemlich die Courage vor das siebende / der Spring ins
> Feld vor das achte / und das erste part deß wunderbarlichen Vogel-Nests vor das neundte
> Buch genommen würde / sintemahl alles von diesen Simplicianischen Schrifften aneinan-
> der hängt / und weder der gantze Simplicissimus, noch eines auß den obengemeldten
> letzten Tractätlein allein ohne solche Zusammenfügung genugsam verstanden werden
> mag. (S. 150)

Der pragmatische Zusammenhang zwischen dem *Simplicissimus* und zwei der folgenden „Tractätlein" läßt sich leicht beschreiben: In der *Courasche* und im *Springinsfeld* werden Randfiguren aus dem *Simplicissimus* Helden einer eigenen Geschichte. *Trutz Simplex* überschreibt Courasche ihre Lebensbeschreibung, die sie, wie es am Ende heißt, Simplicius „zu Spott" an den Tag gegeben habe, um sich für die Behandlung im *Simplicissimus* zu rächen (S. 149). Dort ist von einer namenlosen Schönen die Rede, die Simplicius „mehr mobilis als nobilis" vorkommt (V, 6; S. 391). Auf diese Charakteristik erwidert Courasche mit ihrer Version des Geschehens im Sauerbrunnen (Kap. 24; S. 127–131), worauf der von der Kreuz-Insel zurückgekehrte Simplicius die Angelegenheit im nächsten „Tractätlein", dem *Springinsfeld*, richtigstellt (Kap. 5; S. 28 f.). Die Beziehungen zwischen den Lebensbeschreibungen gehen noch weiter: Springinsfeld und Courasche haben einen Teil ihres Lebenswegs gemeinsam zurückgelegt, ihre Lebensbeschreibungen stammen aus der Feder desselben fiktiven Autors. *Das wunderbarliche Vogel-Nest Der Springinsfeldischen Leyrerin* schließlich knüpft, wie es schon der Titel des ersten Teils andeutet, an den *Springinsfeld* an, dessen Titelheld sich mit einer „Leyrerin", einer Leierspielerin, verheiratet, die ein unsichtbar machendes Vogelnest findet und mit seiner Hilfe ein betrügerisches Leben führt, das allerdings ein böses Ende nimmt *(Springinsfeld, Kap. 22–27)*. Der erste Teil des *Vogelnests* beginnt mit einem Blick auf diese Vorgeschichte und stellt den neuen Helden vor. Am Ende geht das Vogelnest auf einen anderen Besitzer über, dessen Handlungen dann im Mittelpunkt des zweiten Teils stehen. Die Verbindung mit dem *Simplicissimus* ist nur noch lose, und trotzdem ist es die Vorrede zu Grimmelshausens letztem Werk, dem zweiten Teil des *Vogelnests*, die den engen Zusammenhang der zehn ‚Bücher‘ der „Simplicianischen Schrifften" postuliert.

Die pragmatischen und personellen Beziehungen, die ohnehin immer geringer werden, reichen nicht aus, um Grimmelshausens rückschauende Aussage zu begründen, vor allem nicht den Teil, der das Verständnis des *Simplicissimus* und der „Tractätlein" voneinander abhängig macht. Andere Momente lassen noch stärker an der „Zusammenfügung" zu einem Zyklus zweifeln. So unterscheiden sich Erzählweise und Kompositionsprinzipien der einzelnen Bücher beträchtlich: fiktive Autobiographie *(Courasche)*, Rahmenerzählung *(Springinsfeld)* und ‚Novellenzyklus‘ mit einem namenlosen, ‚formalen‘ Ich *(Vogelnest)* bezeichnen grob die Aufbauprinzipien der Teile 7 bis 10 der von Grimmelshausen im nachhinein als Zyklus interpretierten Simplicianischen Schriften.

Es wäre sicherlich unhistorisch gedacht, von den Simplicianischen Schriften die innere Einheit und Stimmigkeit zu fordern, wie sie Kunstwerke späterer Epochen auszeichnet. Ebenso verfehlt wäre es, die ausgeklügelte, rationale und letztlich schematische Konstruktion des höfischen Barockromans als Maßstab an Grimmelshausens Werk anzulegen. Die Interdependenz der Teile müßte also auf einer anderen Ebene liegen. Formale und inhaltliche Gesichtspunkte sind genannt worden: Streller hat den Versuch unternommen, formale Strukturelemente in den verschiedenen Büchern herauszuarbeiten und mit Hilfe der Zahlensymbolik zu stützen; Hachgenei verweist vor allem auf gehaltliche Momente, die die einzelnen Teile der Simplicianischen Schriften verbinden sollen. Freilich bleiben die inhaltlichen Gemeinsamkeiten recht allgemein (vgl. die Zusammenfassung bei Weydt, *Grimmelshausen*, S. 105 f.). Der Nachweis übergreifender Strukturprinzipien ist allerdings ebenfalls nicht unproblematisch und trotz einer scheinbaren Genauigkeit willkürlich. Strellers Kriterien – „inhaltliche Betonung der Buchmitte und symmetrische Gruppierung" (S. 74) – lassen sich keineswegs in allen Simplicianischen Schriften nachweisen, und die zahlensymbolische Auswertung scheitert schon an dem äußerlichen Umstand, daß das *Vogelnest* I keine Kapiteleinteilung besitzt (zur Problematik der Methode allgemein vgl. Hartmann). Anders als Hachgenei, der in den „Verlängerungen des Simplicissimus-Romans", seiner „Endlosigkeit", einen Ausdruck der „ständigen Unbeständigkeit" erkennt (S. 206 f.), betont Streller gerade die Geschlossenheit der Simplicianischen Schriften, die „von Anfang an als zusammengehöriger Zyklus konzipiert worden sind" (S. 129). Ist dies letztlich unbeweisbar, so führt eine andere Beobachtung Strellers weiter, die den Widerspruch zwischen religiöser Allegorie und dem Eindringen geschichtlicher Wirklichkeit aufzeigt:

> Der Grundrahmen des Zyklus ist eine *Allegorie des Menschen in der Welt auf seinem gefährdeten Wege zur ewigen Seligkeit.* Die Füllung des Rahmens ergibt die Begegnung mit der gefährdenden Welt, die in den Episoden mit praller Realistik und sinnlichem Behagen geschildert wird. Das Mittel wird aber dabei Selbstzweck. Die Füllung überwuchert den Rahmen und läßt ihn verblassen. Sie ist es, die Grimmelshausens Werk lebendig erhalten hat. (S. 131)

Dieser Hinweis führt zu einem zentralen Problem der Erzählweise Grimmelshausens, das sich unabhängig von der Zyklusfrage stellt, dem Problem der epischen Integration. Ein formaler ‚Rahmen' ist dazu offenbar nicht ausreichend. Wenn man aber davon ausgeht, daß Grimmelshausen seine Werke ausdrücklich als satirische Schriften und den satirischen Stil als ihr gemeinsames Merkmal bezeichnet, liegt die Frage nahe, ob nicht hierin auch ein wesentliches, über die einzelnen Werke hinausgreifendes Moment zu sehen ist, ob es nicht das Satirische ist, das die Simplicianischen Schriften miteinander verbindet. Auch dies ist zweifellos keine sehr präzise Bestimmung des Zusammenhangs, aber es ist ein Ansatz, der ohne aufgezwungene Strukturprinzipien auskommt und mit Grimmelshausens Intentionen übereinstimmt.

Die Charakterisierung der Simplicianischen Schriften als satirisch ist ein durchgehendes Motiv der Vorreden-Poetik Grimmelshausens; sie spielt eine besondere Rolle in der „kleinen Vorrede" der *Continuatio* und dann wieder – am Schluß des ‚Zyklus' – in der Vorrede zu *Vogelnest II*, wo die früheren Argumente aufgenommen werden. In diesem Kontext findet sich die zitierte vage Bemerkung, von der die ganze Zyklusdiskussion ausgeht (vgl. Petersen, S. 483 ff.). Sie bildet den Abschluß einer Reihe von Hinweisen auf die satirische Schreibweise

(„seinen gewöhnlichen lustigen Stylum"), die den *Simplicissimus* mit den anderen Simplicianischen Schriften verbindet und die mit der üblichen Metaphorik (Kern/Schale, überzuckerte Pille) charakterisiert wird. Grimmelshausen setzt sich dabei auch gegen Christian Weise zur Wehr, der in der Vorrede zu den *Drey ärgsten Ertz-Narren* (1672) seinen eigenen Roman als heilsame Satire vom *Simplicissimus* abgesetzt hatte:

> Dieß Buch hat einen närrischen Titul, und ich halte wohl, daß mancher meinen wird, er wolle seine Narrheit daraus studiren. Doch es geht hier wie mit den Apothecker Büchsen, die haben außwendig Satyros oder sonst Affengesichte angemahlt, inwendig aber haben sie Balsam oder andre köstliche Artzneyen verborgen. Es siehet närrisch aus, und wer es obenhin betrachtet, der meint, es sey ein neuer Simplicissimus oder sonst ein lederner Saalbader wieder auffgestanden. Allein was darhinter versteckt ist, möchte ich denenselben ins Hertz wünschen, die es bedürffen. (Hrsg. von Wilhelm Braune, Halle 1878, S. 3)

Weise spricht Grimmelshausen ab, was er für sich selber in Anspruch nimmt, nämlich die pädagogische Absicht, durch „lauter lustige und zeitvertreibende Sachen [...] unvermerckt die klugen Lebens-Regeln" zu vermitteln (ebd. S. 3). Diese Kritik ist nur insofern berechtigt, als es Grimmelshausen um andere Lebensregeln als Weise zu tun ist, doch die satirische Technik selbst wird dadurch nicht getroffen. Grimmelshausen fühlt sich zu Recht mißverstanden und besteht noch einmal darauf, daß er

> bey seiner vorigen Art geblieben [ist] / die unbehutsame Menschen (auch mit Exempeln) unter dem Schein kurtzweiliger Geschichte / vor dem jenigen treulich zu warnen / was sie [...] gar leicht vom höchsten Gut absondern / hingegen in deß leidigen Teufels Gewalt / und [...] in die Ewige Verdammnus bringen mag / worzu er vornehmlich bewogen worden / als er gesehen / wie unzelbar viele sich in jetzigen elenden / vielleicht letzten Zeiten mit allerhand liederlichen Künsten schleppen / ohne daß sich der ein oder ander Mensch ein Gewissen darumb mache / noch mercke / daß er allbereit dem Höllischen Schlund begune im Rachen zu stecken. Sonsten [= so, in der Weise] wäre dieses billich das zehende Theil oder Buch [...]. (*Vogelnest*, S. 149 f.)

Den Abschluß des Arguments für seine satirische Schreibweise, die er gegen Weises Vorwurf verteidigt, bildet die Behauptung vom engen Zusammenhang der Simplicianischen Schriften, der – folgt man Grimmelshausen – in dem satirischen „lustigen Stylus" besteht. Damit verbindet sich die Form der Autobiographie, der Ich-Erzählung, die – in unterschiedlicher Weise – dem *Simplicissimus* und den folgenden vier ‚Büchern‘ gemeinsam ist (vgl. Petersen, S. 485 ff.). Ihre integrierende Kraft ist ein wesentliches Element der Simplicianischen Schriften, sie ist jedoch zugleich das Medium, durch das die geschichtliche Realität in die Romane eindringt: Grimmelshausens Werk ist auch und vielleicht vor allem satirische Auseinandersetzung mit einer sich wandelnden Wirklichkeit. Widersprüche zwischen traditionell religiöser Weltinterpretation und neuzeitlichen Auffassungen, die den *Simplicissimus* charakterisieren, brechen daher auch in den Simplicianischen Schriften auf.

2. Textanalysen

2.1. Courasche

Der Obertitel der *Courasche* nennt das Motiv, das sich durch die ganze Erzählung hindurch verfolgen läßt und als eine Art Leitmotiv die Abenteuerfolge
zusammenhält: *Trutz Simplex*. Im ersten Kapitel schließt Courasche die Begründung ihres Lebenslaufs mit den Worten:

> Aber höre Courage, wann du noch nicht im Sinn hast dich zu bekehren / warumb wilst
> du dann deinen Lebens-Lauff Beichtsweiß erzehlen / und aller Welt deine Laster offen-
> bahrn? Das thue ich dem Simplicissimo zu Trutz! weil ich mich anderer Gestalt nicht an
> ihm rächen kan; dann nach dem dieser schlimme Vocativus mich im Saurbrunnen ge-
> schwängert scilicet, und hernach durch einen spöttlichen Possen von sich geschafft / gehet
> er erst hin / und rufft meine und seine eigne Schand / vermittelst seiner schönen Lebens-
> Beschreibung vor aller Welt aus; aber ich will ihm jetztunder hingegen erzehlen / mit was
> vor einem erbarn Zobelgen er zu schaffen gehabt / damit er wisse / wessen er sich
> gerühmt; und vielleicht wünschet / daß er von unserer Histori allerdings still geschwiegen
> hätte [...]. (Kap. 1; S. 16)

Damit wird deutlich, daß das ,Trutz-Simplex'-Motiv eine doppelte Funktion
besitzt: Einmal charakterisiert Courasche ihre Geschichte als einen Racheakt an
Simplicius, zum andern geht aus dem einleitend zitierten Satz hervor, daß es sich
auf andere Weise um ein Gegenstück zu Simplicissimus' Lebensbeschreibung
handelt. Den Rückblick in Reue im *Simplicissimus,* die traditionelle Form der
confessio und des quasi-autobiographischen Pikaroromans, verkehrt Grimmelshausen in der *Courasche* in das genaue Gegenteil: Die auf ihr Leben zurückblick-
kende Courasche hat keine neue Stufe in ihrem Leben erreicht, weist jeden
Gedanken an Bekehrung zurück, kennt keine Reue. Auch hierin trotzt sie Simplicius, der sein Leben beschreibt, um sich selbst zu erkennen:

> zuletzt als ich mit hertzlicher Reu meinen gantzen geführten Lebens-Lauff betrachtete /
> und meine Bubenstück die ich von Jugend auff begangen / mir selbsten vor Augen stellte /
> [...] beschriebe ich alles was mir noch eingefallen / in dieses Buch [...]. (VI, 23; S. 569 =
> S. 103; vgl. Streller, S. 47f.)

Mit ständigen Rückbezügen auf Simplicius und die Episode im Sauerbrunnen
(u. a. Kap. 3, 12, 15, 16, 17, 19 usw.) gelingt es Grimmelshausen, die verschiedenen Handlungselemente, Episoden und Schwänke zu einer Einheit zusammenzu-
fassen (vgl. Wagener, *Courasche,* S. 179f.). Daneben freilich kann man in den
Erinnerungen an Simplicius auch Hinweise auf den moralischen Maßstab sehen,
den dessen Lebensbeschreibung darstellt (vgl. Lefebvre, S. 35).

Im Titel der *Courasche* ist von einem geradlinigen Abstieg die Rede („Wie sie
anfangs eine Rittmeisterin / hernach eine Hauptmännin / ferner eine Leutenan-
tin / bald eine Marcketenterin / Mußquetirerin / und letzlich eine Zigeunerin
abgegeben"), den allerdings der Romantext in dieser vereinfachten Form nicht

bestätigt. Jedenfalls entspricht der soziale Abstieg in der ersten Hälfte der Erzählung nicht einfach dem moralischen (vgl. Streller, S. 49 f.). Wenn die alte Courasche, die ihre Lebensbeschreibung diktiert, jeden Gedanken an Reue oder ein
bürgerliches Dasein ablehnt, so ist diese Haltung das Resultat der Erfahrungen
eines langen Lebens. Die junge Courasche sucht sich noch in der Gesellschaft zu
behaupten; möglich ist das allerdings nur durch eine günstige Ehe. Dabei gibt sie
sich freilich aus Schwäche, mangelnder Frömmigkeit und angesichts widriger
Umstände manche Blößen, doch ist bei allem Auf und Ab und der Vielzahl von
Heiraten ihr Verlangen nach einem ehrlichen Leben spürbar. Daß sie damit
scheitert, ist nicht allein ihre Schuld, sondern ebenso Folge des Krieges und ihrer
sozialen Stellung als Frau (vgl. Streller, S. 50). Erst im zweiten Teil (von Kap. 14
an) ändert sich ihr Verhalten. Sie sucht sich aus der Rolle des Opfers zu befreien
und – soweit es die Umstände erlauben – ihr Schicksal selbst zu bestimmen, ohne
jedoch den sozialen Abstieg verhindern zu können.

Mit der Erstürmung ihrer böhmischen Heimatstadt wird Courasche in den
Dreißigjährigen Krieg hineingerissen und gezwungen, ihr Überleben mit den ihr
verfügbaren Mitteln zu sichern. Daß die Ehen, die wenigstens vorübergehend
Schutz gewähren, nicht von langer Dauer sind, ist eine Folge des Krieges. Aus
dieser allgemeinen Unsicherheit und Ungewißheit, die das wechselnde Kriegs-
glück mit sich bringt, gibt es kein Entrinnen. Als sie sich nach der „nahmhafften
Nördlinger Schlacht" entschließt, „auf gut Bäurisch zu hausen", und ihr Vermögen darauf verwendet, einen landwirtschaftlichen Betrieb aufzubauen, wird sie
durch Kontributionen und Einquartierungen wieder hineingezogen: „Es gieng
mir halt wie den Wittiben / die von jederman verlassen seyn" (Kap. 23;
S. 125 f.). Alle derartigen Versuche, sich dem Krieg zu entziehen und sich nieder-
zulassen, scheitern. Sie scheitern aus verschiedenen Gründen – auch aus persön-
lichem Versagen –, doch es wird immer wieder deutlich gemacht, daß der rechtliche Schutz, den einzig ein Ehemann gewähren kann, den Ausschlag gibt. Wenn
ein Ehemann geradezu lebensnotwendig wird, kann die rasche Folge der Ehen
kaum verwundern. Sie ist eine Konsequenz der sozialen und rechtlichen Verhältnisse.

Die Welt des Krieges ist zugleich die der Männer – und wie diese von Gewalt
und Brutalität charakterisiert. Bezeichnend dafür ist die ‚Wahl', vor die die
Heldin mehrfach gestellt wird, „sich entweder von einer ganzen Horde verge-
waltigen zu lassen oder aber einen ihrer Bedränger auszuwählen und als Be-
schützer und Gatten zu akzeptieren" (Arnold, *Die Rollen der Courasche*, S. 88).
Ihre Ehen bieten kein einheitliches Bild, und die dominierende Rolle, die sie zu
spielen scheint, ist keineswegs von Anfang an intendiert. Es geschieht durchaus
gegen ihren Willen, daß sie mit ihrem dritten Ehemann „umb die Hosen mit
Prügeln" kämpft (Kap. 7; S. 39). Während ihr Mann eine Entscheidung um die
„Oberherrschafft" in der Ehe fordert, besteht sie auf einer menschenwürdigen
Behandlung – sie möchte nicht „vor sein Fuß-Thuch / sondern vor sein Ehe-
Gemahl" gehalten werden (Kap. 7; S. 42). Damit „zeigt sie eine Auffassung von

der Stellung der Frau in der Ehe, die Grimmelshausen vielleicht als Anmaßung charakterisieren wollte", aber durch seine Gestaltung eher bestätigte (Streller, S. 194).

Dieser Widerspruch charakterisiert das Werk: Die moraldidaktische Intention, wie sie z. B. etwas simplifiziert in der „Zugab des Autors" ausgedrückt ist (S. 148), und die dichterische Gestaltung, die die Courasche auch als Opfer erkennen läßt, decken sich nicht vollständig. Damit wächst die Erzählung über eine Demonstration der gleisnerischen Schönheit und Verderblichkeit einer allegorischen Frau Welt (zur allegorischen Interpretation vgl. Feldges) oder eine Darstellung eines theologisch begründeten negativen Frauenbildes hinaus. Gleichwohl stehen die Wertungen, denen ihre verschiedenen Aktivitäten unterworfen werden, im Zusammenhang mit einem traditionellen Frauenbild, dem auch Grimmelshausen verpflichtet ist. Es wird deutlich gemacht, daß Courasche die richtigen Verhältnisse auf den Kopf stellt, daß sie in der Ehe dominiert, daß sie als Soldat und Unternehmerin männliche Rollen übernimmt und – hier natürlich besonders moralischer Kritik ausgesetzt – daß sie nicht nur ihre Sexualität auslebt, sondern durch Prostitution und die eine oder andere geglückte Heirat ein beträchtliches Vermögen anhäuft (vgl. Arnold, *Die Rollen der Courasche*).

Positive Frauengestalten sind nicht gerade häufig bei Grimmelshausen. Wenn man das idealisierte Personal der Erbauungsromane ausnimmt, bleiben allenfalls einige Nebenfiguren im *Simplicissimus* und den anderen Simplicianischen Schriften (vgl. Streller, S. 53 f.). Warum das so ist, erklärt vielleicht der zehnte Abschnitt des *Satyrischen Pilgram* (1666), der „von Weibern" handelt und dabei Lob („Satz") und Tadel („Gegensatz") einander gegenüberstellt und mit der „Unmäßliche[n] Meinung" des Autors („Nachklang") abschließt. Nach der Aufzählung der Vorzüge der Frauen und dem Hinweis, daß „nehmlich alle Jungfrauen vor dem Beyschlaff vor from / ehrbar / züchtig / keusch und tugendreich" gehalten werden, heißt es:

> Darauß dann folgt daß die Weiber von Art nicht böß gewest seyn: Sonder sich erst verkehrt und ihre Boßheit und Untugenden von der Beywohnung ihrer Männer / (als die sie ledigs Stands selbst tugendreiche Jungfrauen titulirt und sie solcher und anderer ihrer Tugenden halber geehligt) gleichsam Erbsweiß empfangen und angenommen haben. (*Satyrischer Pilgram*, S. 80)

Gewiß wird damit auf die Mitverantwortung der Männer hingewiesen, aber es bleibt kein Zweifel, „daß dies ein vergangener Zustand ist und daß Ausnahmen nicht die allgemeine Minderwertigkeit und Sündhaftigkeit des Weibes verdecken können" (Streller, S. 52). Zur Illustration dieses Umstands braucht man nicht den „Gegensatz" heranzuziehen, der die üblichen Beispiele für die Lasterhaftigkeit der Frau anführt – List, Bosheit, Leichtfertigkeit, Hoffart, Herrschsucht, vor allem Unkeuschheit und schließlich Zauberei –, sondern auch der „Nachklang" kann trotz der Unterscheidung von guten und bösen Frauen misogyne Tendenzen nicht verleugnen:

Dieweil wir das nothwendig Vbel die Weiber / nicht allein zu propagierung des Menschlichen Geschlechts: sonder auch zu sonst andern mehr ohnentbehrnlichen Geschefften haben müssen: Wollen wir sie nicht so in die Schelmengruben oder uff den Schindanger hinwerffen / sonder betrachten / daß sie nicht alle böß seyen; Vnnd ob die frommen Weiber zwar dünn geseeet / so gibt es dannoch gute [...]. (*Satyrischer Pilgram*, S. 84 f.)

Grimmelshausen steht mit seiner Auffassung in einer langen Tradition der Frauenfeindlichkeit (vgl. AB I.A.3.5.), die auch bei seinen unmittelbaren Gewährsmännern Albertinus und Garzoni durchscheint (vgl. Streller, S. 52 f.). Die mit dieser Haltung verbundene Zwiespältigkeit des Frauenbildes – keusche Jungfrau auf der einen und Hure auf der anderen Seite – schlägt sich auch im Gegensatz der hohen und niederen Gattungen nieder: Der Idealisierung der Liebe als Exempel der Beständigkeit im höfischen und erbaulichen Roman steht im niederen Roman die Darstellung der Liebe als Beispiel „des schwersten Gebrechens der Welt: der Unbeständigkeit" gegenüber (Alewyn, *Beer*, S. 171). Für die *Courasche* bedeutet das, daß das Erotische, so verherrschend es erscheinen mag, seine Bedeutung vor allem als Verkörperung der Unbeständigkeit der Welt gewinnt.

Anders als der Erzähler des *Simplicissimus* blickt Courasche keineswegs reuevoll auf ihr fragwürdiges Leben zurück. Die ausdrückliche Distanz zwischen erlebendem und erzählendem Ich scheint zu fehlen; Courasche bejaht ihr Leben. So hat man ein „augenscheinliche[s] Aussetzen der Moral" konstatiert (Büchler, S. 9) und in der moralisierenden „Zugab" einen ironischen Epilog sehen wollen (Wagener, *Courasche*, S. 183 f.). Die Meinung ist nicht unbegründet, daß sich die Courasche „keiner Moral dienstbar machen" lasse, daß sie kein „erbauliches und belehrendes Exempel" abgebe (Hans Magnus Enzensberger, Nachwort zur *Courasche*, München: dtv 76, 1962, S. 154). Doch was für die Romanfigur zutreffen mag, gilt nicht für den Roman als Ganzen. Weder bestehen Zweifel an seiner generellen moraldidaktischen Tendenz – deutliche Zeichen geben, ganz abgesehen vom zeitgenössischen Literaturverständnis, die Kapitelüberschriften und die „Zugab des Autors" –, noch verzichtet die Erzählung selbst gänzlich auf das Moralisieren. Darin kann man einen Kunstfehler sehen, da in einer konsequenten indirekten Satire derartige Hinweise unterbleiben müßten (vgl. Lefebvre, S. 32 ff.), doch Grimmelshausen geht es mit diesen Hinweisen um eine Orientierung für den Leser und eine Folie für das Verhalten der Courasche (vgl. Petersen, S. 502 f.).

Courasche ist keine eindimensionale Figur. Sie verändert sich im Verlauf des Geschehens, und die Verhärtung der erzählenden Courasche bedeutet nicht auch schon die der handelnden Person. Selbst in einem späten Stadium ihrer Geschichte fehlt es ihr nicht an Einsicht in die Sündhaftigkeit ihres Handelns (vgl. Kap. 25). Daß sie trotzdem in ihrer Haltung verharrt, macht sie um so eindrucksvoller – und im moralischen Sinn verwerflicher. Beispielhaft dafür ist das Anfangskapitel, das mit der Erwartung des Lesers spielt, der der Lebensbeichte einer bekehrten Sünderin entgegensieht und vor den Kopf gestoßen wird. So erfährt der Leser, der weitgehend die moralische Instanz darstellen muß, gleich zu Anfang, wie die Lebensgeschichte aufzufassen ist: als negatives Exempel.

2.2. Springinsfeld

Die „Kurtzweilige / lusterweckende und recht lächerliche Lebens-Beschreibung", die der Titel des *Springinsfeld* verspricht, macht nur einen Teil der Erzählung aus (Kap. 10–27). Die übrigen Kapitel bilden einen Rahmen, in dessen Mittelpunkt die Gestalt des Simplicius steht, der von der Kreuz-Insel zurückgekehrt ist. Aus dieser Rückkehr ergeben sich natürlich Fragen für die Konzeption des *Simplicissimus* und der Simplicissimusgestalt. Abgesehen davon hat Simplicius hier auch eine pragmatische Funktion: Er regt die beiden Binnenerzählungen an, die Lebensgeschichte des Titelhelden und den Bericht des Schreibers Philarchus Grossus von Trommenheim über seine Begegnung mit Courasche, und er gibt dem Schreiber den Auftrag, die Geschichte Springinsfelds aufzuzeichnen.

Wie Simplicius wieder unter die Menschen kommt, wird im *Springinsfeld* nicht berichtet, dafür jedoch in der sogenannten *Zweiten Continuatio,* einer von drei kleinen Nebenhistorien, die zuerst in Kalendern erschienen waren und dann in die Ausgabe des ‚Barock-Simplicissimus' von 1671 aufgenommen wurden. Unter der Überschrift „Wie ich von meiner Insel wieder heimwärts nach Teutschland kommen" erzählt Simplicius von einer Entführung durch ‚Wilde' und von einem Schiffbruch, der ihn wieder unter zivilisierte Menschen bringt (ed. Kelletat, S. 554 ff.). Von einer tiefgreifenden Wandlung des Helden kann in diesen *Continuationen,* für die die Verfasserschaft umstritten ist, nicht gesprochen werden. Sie gehören in den Kontext der jeweiligen *Wunder-Geschichten-Kalender,* nicht in den der Simplicianischen Schriften.

Hingegen tritt im *Springinsfeld* ein gewandelter Simplicius auf, gewandelt nicht nur im Vergleich zu dem unsteten Abenteurer des *Simplicissimus Teutsch,* sondern auch zu dem Einsiedler auf der Kreuz-Insel, dem Verfasser der Lebensbeschreibung. Auf diesen Unterschied wird ausdrücklich hingewiesen, denn *Der seltzame Springinsfeld* enthält – wie die *Continuatio* („kleine Vorrede") und die Vorrede zum zweiten Teil des *Vogelnests* – nicht nur Hinweise auf das richtige Verständnis der satirischen Schreibweise, sondern auch eine Auseinandersetzung des Simplicius mit der eigenen Lebensbeschreibung. Er rechtfertigt seine Schreibweise und distanziert sich zugleich davon: Die Rechtfertigung bringt das bekannte Argument, daß „vast niemand mehr die Warheit gern blos beschauet oder hören will" und daß er ihr deswegen „ein Kleid" angezogen habe, „dardurch sie bey den Menschen angenem verbliebe / und das jenig gutwillig gehöret und angenommen wurde / was ich hin und wider an der Menschen Sitten zu corrigiren bedacht war" (Kap. 3; S. 18). Seine Kritik setzt an diesen Punkten an. Er erklärt, daß er mit seinen lächerlichen Schwänken „an etlichen Orthen all zufrey gangen" sei und „wir Christen" mehr Grund hätten, „über die Bosheit

der Menschen zuwainen / als über ihre Thorheit zulachen" (Kap. 3; S. 18, 19),
und er bezweifelt die Wirksamkeit dieser didaktischen Methode überhaupt: Es
reue ihn, daß er in seine Lebensbeschreibung „so viel lächerlich Ding hinein
gesetzt; weil er sehe / daß es mehr gebraucht werde / an statt des Eylnspiegels die
Zeit dardurch zuverderben / als etwas guts daraus zulernen [...]" (Kap. 4;
S. 22). Allerdings zeigt der Kontext, ein von Simplicius erzählter Schwank, auch
hier die Diskrepanz zwischen moralistischer Intention und erzählerischem Impe-
tus. Im übrigen gilt jedoch für den gesetzten Ernst und den moralisierenden Ton
des zurückgekehrten Simplicius die Antwort auf die Frage, ob er ein „Pfaff" oder
ein Heiliger geworden sei:

> wann ich gleich kein Heiliger bin / so hab ich mich doch gleichwol beflissen / mit
> Aufsamlung der Jahr die böse Sitten der unbesonnenen Jugend abzulegen / und bin der
> Meinung / solches wurde deinem Alter auch anständiger seyn als fluchen und Gottslästern
> [...]. (Kap. 2; S. 16)

Er fordert Springinsfeld auf, seine „begangene Stücklein" zu bereuen, und rät
ihm, „zur Bekehrung zuschreiten", ehe ihn „der Schlaff der ewigen Nacht und
Finsternus" überfalle (Kap. 8; S. 46, 47). Und zum Schluß – gewissermaßen als
Beispiel für den Erfolg des praktisch-tätigen Christentums – erfährt der Schreiber, daß Springinsfeld auf Simplicius' Bauernhof gestorben sei, „nach dem er
zuvor durch Simplicissimum in seinen alten Tagen gantz anders umbgegossen
und ein Christlichs und bessers Leben zuführen bewögt worden [...]" (Kap. 27;
S. 132).

Diese Haltung des Simplicius steht auch hinter den Szenen der Rahmenerzählung, die zunächst durch ihren gauklerhaften Charakter auffallen und wie ein
Fremdkörper erscheinen. Schon im Wirtshaus hat der Schreiber Gelegenheit zu
beobachten, wie Simplicius mit einem Elixier neuen Wein so verwandelt, daß er
„alle noch in sich habende unverjorne feces zu Boden fallen liesse / und wie ein
alter abgelegner Wein vor Farb dem Gold gleich erschiene" (Kap. 2; S. 14). Hier
handelt es sich nicht um ein beliebiges alchimistisches Kunststück, sondern um
einen Vorgang, der in engem Zusammenhang mit Simplicius' Läuterung und
Aufgabe in der Welt steht. Streller deutet die Weinszene in diesem Sinn:

> Wein ist das Blut Christi im Abendmahl, sinnbildlich der Wesensgehalt der christlichen
> Lehre. Diese durchdringt das ganze Leben jedes Christen, auch des schlechtesten. Beson-
> ders in der Jugend, die noch an der Welt und ihren Verlockungen haftet, ist diese Lehre,
> dieser Wein, getrübt. Die ‚unverjorne feces' sind noch nicht zu Boden gefallen. Das klären-
> de Elixier ist nun die reine Unterweisung, die ständige Ermahnung und Erziehung. Freilich
> ist die rechte und sparsame Dosis der Unterweisung für ihre Wirkung entscheidend. Allzu
> konzentriert erscheint sie wie eine widerwärtige Purgation. (S. 59 f.)

Damit ist auch der Zusammenhang hergestellt zu Grimmelshausens Begründung der satirischen Schreibart, dem Gleichnis von Hülse und Kern oder der
überzuckerten Pille (vgl. AB II. 2.1.1.). Da der „Theologische Stylus beym Herrn
Omne" nicht so beliebt ist und jeder Marktschreier oder Quacksalber „mehr

Zulauffs und Anhörer bekombt / als der eyferigste Seelen-Hirt / der mit allen Glocken dreymahl zusammen leuthen lassen / seinen anvertrauten Schäfflein ein fruchtbare heilsame Predig zuthun" (*Simplicissimus* VI, 1; S. 472 f. = S. 6 f.), kann die Wahrheit nur in unterhaltsamer Verkleidung und in kleinen Dosen wirksam verbreitet werden. Das gilt auch für die Szene auf dem „volckreichen Platz" (Kap. 7; S. 39), auf dem Simplicius seine Kunststücke vorführt. Im Mittelpunkt steht seine „Gauckeltasch", ein Bilderbuch, in dem jeweils zwei leere Seiten zwei bedruckten folgen. So kann der Vorführer das Buch leer erscheinen lassen oder den neugierigen Zuschauern moralisch auslegbare Bilder vor Augen halten – und mit dieser Taschenspielerei die Menge anziehen:

> Wieder haben wir ein Sinnbild des schriftstellerischen Wirkens vor uns. Das Buch, das Simplicius in der Hand hält, ist ein deutender Spiegel, der jedem Leser vorgehalten wird. Es ist ein Buch, das, scheinbar leer, eine Sammlung von Possen und Schwänken ist, in Wahrheit aber für jeden, der zum Kern vorstößt, eine Lehre enthält, die ihm zu helfen vermag. (Streller, S. 61)

Die Diskrepanz zwischen den einleitenden Kapiteln und der Geschichte Springinsfelds wird deshalb so deutlich, weil der Eingangsteil eine ungewöhnlich große Eigenbedeutung hat und sich zudem durch die lebendige Charakterisierung der drei Hauptpersonen und der simplicianischen Familie auch stilistisch von der eher holzschnittartigen Erzählweise Springinsfelds unterscheidet. Es läßt sich darüber streiten, ob sich in dieser Trockenheit des Berichts gewisse Ermüdungserscheinungen des emsigen Schriftstellers Grimmelshausen und die Abhängigkeit von den historischen Quellen niederschlagen (Eberhard von Wassenberg: *Teutscher Florus; Theatrum Europaeum*) oder ob es sich um ein bewußtes Stilmittel handelt. Doch scheint der Chronikstil Springinsfelds aus verschiedenen Gründen nicht unangemessen: Zunächst ist die Erzählung zu einem großen Teil wirklich eine Chronik des großen deutschen Krieges (mit einem Ausblick auf die Türkenkriege einschließlich des Kampfes um Kreta); außerdem werden so die Unmenschlichkeit des Krieges und die Austauschbarkeit des einzelnen Menschen sichtbar, der – auch wenn er in seiner Verblendung sein ‚Glück‘ zu machen sucht – immer nur Opfer von nicht beeinflußbaren und undurchschaubaren Mechanismen ist; und schließlich kann man den nüchternen Erzählstil als Reflex der inneren Armut und seelischen Verkümmerung Springinsfelds sehen (vgl. Streller, S. 58).

Krieg findet gewissermaßen auf zwei Ebenen statt, der ‚offiziellen‘ der distanzierten historischen Berichte und der persönlichen Springinsfelds: „Den folgenden Sommer führete vns der kluge General Freyherr von Merci wider mit einer schönen / und zwar fast auff ein alt-Fränckische oder Holländische Manier / da alles mit guter Ordre zugehet / zu Felde" (Kap. 18; S. 93), heißt es beispielsweise auf der einen Seite; auf der anderen zeigt sich, was der Krieg für den einzelnen Menschen bedeutet, der sich in ihn hineinziehen läßt und nicht mehr von ihm loskommt: Rauben, Plündern, Morden, Krankheit, Verwundung, Tod sind die

Themen, die in Springinsfelds Bericht anklingen. Daß sein Leben als negatives Exempel gilt, ergibt sich aus den Ermahnungen des Simplicius, noch mehr aber aus Springinsfelds wenig rühmlichen Handlungen. Sie schließen unter der ironischen Kapitelüberschrift „Wie heroisch sich Springinsfeld in der Schlacht vor Nördlingen gehalten" (Kap. 15; S. 81) einen Raubmord an einem verwundeten „wohlmondirte[n] Officier" ein, der Springinsfeld um Hilfe bittet. Daß er den Mord mit sozialkritischen Bemerkungen zu überspielen sucht, ändert nichts an der Bewertung seiner gottlosen Handlungsweise, allerdings auch nichts an der pointierten Kritik an der militärischen Hierarchie und damit am Standesdenken überhaupt:

> Ach Bruder sagte er / hilff mir! ja; gedachte ich / ietzt bin ich dein Bruder / aber vor einer Viertel Stund hettest du mich nicht gewürdigt / nur ein eintziges Wort mir zuzusprechen / du hettest mich dann etwan einen Hund genant [...]. (XV, S. 82f.; zur Sozialkritik im *Springinsfeld* vgl. das Nachwort Haberkamms zu seiner Edition, S. 207)

Nur in Ausnahmesituationen wird dem wenig zu Reflexionen geneigten und wenig selbstkritischen Springinsfeld die Perversion des Krieges und der Menschen im Kriege bewußt (vgl. Kap. 17; S. 79). Das zeigt sich in der Episode, in der Springinsfeld in einem verlassenen Dorf „von etlichen Wölffen belägert wird" (Kap. 16; S. 84) und eine kalte Nacht auf einem Dach verbringen muß: Sinnbild für die Verwüstung Deutschlands im Dreißigjährigen Krieg und das Ausgeliefertsein des einzelnen, Sinnbild aber auch für den Ansturm der höllischen Geister:

> [...] fienge ich an zu bedencken in was für einem jämmerlichen Zustand die trostlose Verdammte in der Höllen sich befinden müsten / bey denen ihr Leiden ewig wehret / welche nit nur bey etlichen Wölffen: sondern bey den schröcklichen Teuffeln selbsten: nicht nur auff einem Tach: sonder gar in der Höllen: nicht nur in gemeiner Kälte / sonder in ewig brennendem Feur: nicht nur eine Nacht in Hoffnung erlöst zuwerden / sonder ewig gequellt würden [...]. (Kap. 16; S. 89)

Es ist bezeichnend für Springinsfeld, daß er wie Courasche aus derartigen Einsichten keine Konsequenzen zieht. Die Distanz zu seinen Handlungen und Erlebnissen ist immer nur punktuell. Er lernt nichts dazu. Dem Leser freilich gibt der Rahmen Hinweise darauf, wie der Lebenslauf des Soldaten und Vaganten Springinsfeld zu beurteilen ist. Dadurch gewinnt die Erzählung trotz ihrer lockeren Fügung einen inneren Zusammenhang (vgl. Petersen, S. 497 ff.).

2.3. Das wunderbarliche Vogelnest

Wie der Erzähler des ersten Teils des *Vogelnests* zu einem unsichtbar machenden Zaubermittel kommt, wird gegen Ende des *Springinsfeld* beschrieben. Damit ist der äußere Zusammenhang zwischen diesen beiden Erzählungen hergestellt. Im übrigen überwiegen die Unterschiede, die nicht nur die verschiedene erzählerische Struktur der Texte betreffen, sondern auch die geschilderte Welt: Mit dem

Vogelnest läßt der ‚Zyklus‘ der Simplicianischen Schriften die Welt des Krieges hinter sich, die die Lebensbeschreibungen des Simplicius, der Courasche und des Springinsfeld bestimmen. Nicht geändert freilich haben sich die moralistischen Absichten des Satirikers Grimmelshausen.

Obwohl sie das gleiche erzähltechnische Mittel benutzen, den unsichtbaren Beobachter, unterscheiden sich die beiden Teile des *Vogelnests* beträchtlich voneinander. Es verschieben sich nicht nur die inhaltlichen Schwerpunkte, auch die erzählerische Struktur ändert sich. Grimmelshausen akzentuiert in der Vorrede zum zweiten Teil die inhaltlichen Unterschiede:

> Gleich wie der Simplicianische Autor in dem Ersten Theil seines wunderbarlichen Vogel-Nests nichts anderst gesucht / als die Menschen zu erinnern / daß sie jederzeit in allem ihrem Thun und Lassen / Handel und Wandel die Göttliche Gegenwart vor Augen haben / und solche kein Augenblick ohnbetrachtet oder außer Acht lassen sollen; Also will er sie in diesem Zweyten vor der Kund- und Gemeinschafft mit dem bösen Geist getreulich warnen [...]. (S. 148)

Er gibt damit keine nachträgliche Deutung des ersten Teils, sondern nimmt ein Thema wieder auf, das schon im Text selbst angeschlagen worden war. Der Erzähler des ersten Teils, der unsichtbar das gottvergessene Treiben der Menschen beobachtet und gelegentlich korrigierend eingreift, muß schließlich erkennen, daß ihn seine Unsichtbarkeit nicht vor Gottes Allwissenheit schützt und von der Verantwortung für sein Handeln befreit. Anlaß ist ein „leffelhaftig Gespräch" zwischen einem jungen „Baurskerl" und einer „Baurendirn", die diesen schließlich in einem Wald mit der Bemerkung zur Tat auffordert, daß hier „niemand vorhanden wäre / der es sehe". Es kommt jedoch zu einer unerwarteten Replik – die Schwanksituation wird Anlaß eines moralistischen Kommentars:

> du leichtfertiger Schleppsack siehet es denn GOtt nicht? GOtt siehets und wird dadurch erzürnet; die Engel sehens und werden dadurch betrübet; der Teufel siehets und wirds am letzten Gericht anklagen; Wann es aber nur Menschen sehen / so wäre es nur umb die zeitliche Schand zu thun / welche du mehr scheuest als die ewige Verdammnis! (S. 107)

Damit ist nicht nur diese eine Situation gekennzeichnet, sondern der Zustand der im *Vogelnest* beschriebenen Welt. Bis auf wenige Ausnahmen verhalten sich die Menschen so, als ob Gott abwesend wäre, und der beobachtende, unsichtbare Wanderer sieht eine in allen Ständen verderbte Gesellschaft. Die einzelnen Erzähleinheiten, die Schwänke, Anekdoten und Exempel, die den ersten Teil des *Vogelnests* ausmachen, berichten von Geiz, Habgier, Betrügerei, Diebstahl, Mord, von Neid, Heuchelei, Ehebruch und Sodomie, sie stellen verschwenderischen Reichtum und äußerste Not einander gegenüber und kontrastieren „als Musterbeispiele trügerischen Scheins" die Verhaltensweisen von verarmtem Landadel und wohlhabenden Bettlern (Streller, S. 65).

Mit dem Hinweis auf den trügerischen Schein ist das zweite durchgehende Thema angeschnitten, mit dem ersten eng verwandt. Programmatisch verweist schon das Titelkupfer mit seinen erklärenden Versen darauf. Dargestellt sind eine Satyrgestalt, die eine Maske in der Hand hält und die Welt durch das Vogelnest betrachtet, und ein Kind, das ein Fernrohr auf einen Haufen Masken richtet. Die Satyrgestalt steht für den satirischen Dichter, der „die krummen, d.h. unehrlichen, (be-)trügerischen, täuschenden Wege der Welt" entlarvt (Wagener, *Vogelnest*, S. 2), das Kind meint den Menschen, der die Scheinhaftigkeit der Welt trotz der Möglichkeiten des Verstandes nicht zu durchschauen vermag:

> Ich Schau durch ein Vogel-Nesst die krumme wege an
> Welche die Welt hingeht,
> Die gleichwohl durch ein Ferrnglaß das Kind nit sehen kan
> Weils voller Schämbärt [Masken] steht.
> Zeig damit was die Ursach seÿ daß wir so blind hinwandern.
> Schreÿ Irrender steh still.
> Und Warn vor Schaden Jedermann, den einen wie den andern.
> Ob jemand folgen will.

Daß der Schein trügt, daß die menschlichen Urteile unzulänglich sind, das sind die Erfahrungen, die der Erzähler macht und die er in den zahlreichen exemplarischen Geschichten des *Vogelnests* dem Leser warnend mitteilt: „Gibt mich [...] nicht Wunder / daß der alte Simplicissimus in alle Kupfferstück so sich in seiner Lebens-Beschreibung befinden / gesetzt hat: Der Wahn betreugt!" (S. 72) Die Unsichtbarkeit ermöglicht es dem Erzähler, den Schein zu durchschauen, hinter die Masken zu blicken, mit denen die Menschen sich selbst und ihre Mitmenschen zu täuschen pflegen. Die Frage stellt sich, warum die Menschen dem ‚Wahn' verfallen sind, warum sie den Schein nicht durchschauen. Grimmelshausen macht dafür die Affekte verantwortlich, die die Vernunft trüben, ein im 17. Jahrhundert weitverbreitetes Deutungsmodell (etwa in der Affektenlehre des Neostoizismus):

> ich grübelte der Ursach nach warumb doch die Menschliche Urtheil gemeiniglich so betrüglich wären? und hielte darvor / daß weil die blinde Urtheil oder der Menschen Wahn / nach der Beschaffenheit deß innerlichen Gemüths passionirten Affecten geschöpfft würden / daß sie deßwegen selten eintreffen könten [...]. (S. 71)

Der Vogelnestträger ist nicht unbeteiligter, bloß registrierender Beobachter. Er beläßt es auch nicht bei Kommentaren, sondern hilft gelegentlich der Gerechtigkeit etwas nach, löst durch sein Eingreifen selbstkritische Gedanken der Betroffenen aus. Daß es vermessen ist, auf diese Weise Gott zu spielen, wird ihm erst nach Überlegungen über die Allgegenwart Gottes und die Verpflichtung des Menschen deutlich, sein Handeln nach dieser Erkenntnis auszurichten (S. 107 ff.). Er gibt schließlich seinen Vorsatz auf, „dergleichen Gottesvergessene Begebenheiten / so sich in meiner unsichtbaren Gegenwart hinfort zutragen würden / gleich gebührend abzustraffen", denn er muß erkennen, daß er nicht allwissend ist und seine Wirkungsmöglichkeiten beschränkt sind:

In Verfertigung dieser meiner Calender [Pläne] sahe ich wol / daß meine unsichtbare Gegenwart nicht allemal bequem / noch mir das wunderbare Vogel-Nest verliehen worden wäre / alle der Welt Thorheit und Missethaten zu berafflen und abzustraffen / vornehmlich weil ich hier nicht wissen konte wer Recht oder Unrecht hatte / wer zu straffen oder unschuldig seyn mögte [...]. (S. 114 f.; vgl. Wagener, S. 7 f.)

Der erste Teil des *Vogelnests* ist somit nicht nur eine lose Sammlung von exemplarischen Erzählungen, er ist zugleich die Geschichte des Vogelnestträgers und der langsamen Einsicht in die Gefahren seines Tuns. Dieser Prozeß führt ihn schließlich zur Selbsterkenntnis, zur Einsicht in die verderblichen Folgen seiner Handlungen für andere und sich selbst und von da zu einer tatsächlichen Änderung seines Verhaltens (vgl. Streller, S. 67 ff.; Wagener, *Vogelnest*, S. 8 f.). Am Ende dieses Weges stehen Ereignisse, auf deren allegorische Bedeutung Streller hingewiesen hat: Um der „ferneren Verfolgung" durch einen Bienenschwarm zu entgehen, legt sich der Held zuerst „in eine stinckente Cloac" und reinigt sich dann in einem fließenden Wasser, wobei ihm aber die Bienenstacheln „zu einem guten Gedächtnus" in seiner Haut verbleiben (S. 133). Das „Bild der beiden Bäder bedeutet gleichermaßen das Durchlaufen der Welt, was ein Beschmutzen mit Sünden notwendig nach sich zieht, und die Reinigung durch die Mittel der christlichen Kirche: Taufe, Reue, Buße" (Streller, S. 68). Die Konsequenz ist aber nicht Weltabsage und Rückzug in die Einsiedelei. Der Erzähler sieht die Gefahren des Vogelnests für das Seelenheil – sich auf das Vogelnest statt auf Gottes Hilfe zu verlassen, wäre „die gröste Abgötterey von der Welt" (S. 135) –, zerreißt das Nest und kommt zu dem Entschluß, begangenes Unrecht wieder gutzumachen und ein arbeitsames, beständiges Leben zu führen:

Ich wolte hinfort arbeiten daß mir die Schwarte krachen mögte / umb mich ehrlich zu ernähren und niemand beschwehrlich zu seyn; Ich wolte meinem Neben-Menschen künfftig nachgeben und nicht allein gern außweichen / sondern auch darzu den Last seiner Mängel auß Christlicher Liebe gern gedulten / und an seiner Beschwerung tragen helffen [...]. (S. 137)

Dies ist nicht die Haltung des Einsiedlers Simplicius im Schwarzwald oder auf der Kreuz-Insel, sondern die des tätigen Christen, wie er im *Springinsfeld* aufgetreten war. Es geht um Bewährung in der Welt, in einer Welt, wie sie satirisch in den Beispielerzählungen geschildert wird. Die Erkenntnis der menschlichen Laster und gesellschaftlichen Mißstände ist die Voraussetzung für die Umkehr des Vogelnestträgers und seiner Bewährung in dieser Welt.

Der zweite Teil des *Vogelnests* knüpft zwar direkt an den ersten an, ist aber „in allem das Gegenstück zum ersten Teil" (Wieckenberg, S. 180). Es ist, wie es in der Vorrede heißt, eine Warnung „vor der Kund- und Gemeinschafft mit dem bösen Geist" (S. 148). Das Titelkupfer mit seiner Geisterbeschwörungsszene, möglicherweise an den Titelholzschnitt von Christopher Marlowes *Doctor Faustus* oder eine ähnliche Darstellung angelehnt, und die ausführlich beschriebene Beschwörung, die an entsprechende Szenen im Faustbuch erinnert, bekräftigen diese Intention (vgl. Koschlig, *Faust*, S. 162 ff.). Die Erzählung handelt jedoch nicht vom Glauben an Hexen und böse Geister – die kritisch-ironische Haltung Grimmelshausens zu diesem Thema hat Battafarano am Beispiel des *Simplicissimus* herausgearbeitet (vgl. *Hexenwahn*, S. 354) –, sondern von der Gefährdung des Menschen, die am Beispiel des neuen Vogelnestbesitzers, eines Kaufmanns, exemplarisch dargestellt wird. Diese Gefährdung geht in erster Linie vom Geld aus. Der zweite Teil des *Vogelnests* beginnt daher folgerichtig mit einer Betrachtung über die „Würckung deß Gelts / beydes wann man dessen viel besitzt und verlustigt wird" (Kap. 1; S. 153), und es ist das Geld, das den Kaufmann in die Hände des Zauberers treibt, ihn später in das Haus des reichen Amsterdamer Juden bringt und schließlich zur Kriegsteilnahme motiviert. Anders als der „Hellebardierer" im ersten Teil benutzt der neue Besitzer die magische Kraft des Vogelnests ohne Bedenken zu seinem Vorteil. An seinem Verhalten zeigt sich exemplarisch, daß der Teufel durch das Geld, durch Habgier und Geiz, die Welt beherrscht.

Das zweite wichtige Thema ist das der sexuellen Begierde, das in den ersten beiden Handlungseinheiten vorherrscht. Der schwankartigen Erzählung eines verhinderten Ehebruchs folgt die komplexe Geschichte vom falschen Messias, in der sich die Darstellung der sündhaften Liebe zur Jüdin Esther mit einer antisemitisch getönten Kritik am religiösen Aberglauben verbindet. Es ist eine Erzählung, die einerseits eine entscheidende Stufe im nach unten verlaufenden Lebensweg des Kaufmanns darstellt, andererseits eine derartige novellistische Geschlossenheit besitzt, daß sie als „Judennovelle" behandelt (Aronstein) und als *The False Messiah* separat veröffentlicht werden konnte (*Courage, The Adventuress & The False Messiah*. Translation and Introduction by Hans Speier, Princeton 1964). Aktueller Hintergrund dieser Geschichte war das Auftreten von Sabbatai Zwi, der sich als Messias ausgab und 1666 auch in Amsterdam einen großen Auftritt hatte:

Die in Amsterdam wohnhaffte Juden wolten in diesem blinden Eyffer es allen andern zuvor thun / und waren mit ihrer Freude gar außgelassen / daß sie auch / am 1. 11. und 2. 12. Mertz [die divergierenden Datumsangaben beziehen sich auf den Julianischen bzw. Gregorianischen Kalender] in ihrer Synagog hierüber ein offentliches Freuden-Fest mit brennenden Liechtern und Psalmen-Singen / so auff die Erlösung Israels gerichtet waren / und andern Ceremonien / in Beyseyn und Zusehung etlicher hundert / ja tausend Christen / hielten [...]. (*Theatrum Europaeum*, Bd. 10, [2]1703, S. 239)

Diesen Wunderglauben, der Parallelen in zahlreichen anderen Endzeiterwartungen des 17. Jahrhunderts hat, nutzt der Erzähler, um an sein Ziel zu gelangen. Daß seine Geliebte Jüdin ist, kümmert ihn wenig: „dann einem solchen Gewissen / das sich einmal entblödet / durch deß Teufels Hülff wieder zu seinem verlornen Gelt zu gelangen / gilts auch gleich / ob die Viehische Begierden an einem getaufften oder ungetaufften stück Fleisch vollbracht werden" (Kap. 12; S. 222). Nur vor dem Übertritt zum Judentum schreckt er zurück, im übrigen verstrickt er sich jedoch tief in Sünde, indem er nicht nur auf betrügerische Weise seine Begierden befriedigt, sondern den Namen des Propheten Elias mißbraucht, Gott lästert und „die armselige und verblendte Juden in ihrer erbärmlichen Irrsal" bestärkt (Kap. 14; S. 239). Das Ende ist „Gottlosigkeit", „wütende Melancholey" und „Verzweifelung" (Kap. 20; S. 273 f.), Vorbereitung gewissermaßen für den letzten Abschnitt seines sündhaften Lebens, der wieder auf das Thema des Anfangs zurückführt, auf Zauberei und den gottwidrigen Gebrauch von Zaubermitteln.

Gelangte der Erzähler des ersten Teils aus eigner Kraft zur Einsicht in die Sündhaftigkeit seines Tuns, so bedarf es im zweiten angesichts der Verblendung des Kaufmanns einer Katastrophe, um den Prozeß der Umkehr auszulösen. Hier zunehmende Selbsterkenntnis, dort wachsende Verstrickung in Schuld – das ist die gegenläufige Bewegung in den beiden Teilen des *Vogelnests*. Bekehrungsgeschichten sind sie beide, doch von deutlich verschiedener Art. Der Held des ersten Teils ist vor seiner Umkehr „kein Betrüger, sondern ein oft mitleidsvoller, den Armen helfender, Bösewichte bestrafender Beobachter des Welttreibens" (Petersen, S. 496). Er wird zwar schuldig, doch sind seine Vergehen nicht mit denen des Kaufmanns zu vergleichen. Da der „Hellebardierer", anders als der Kaufmann, in der Regel kommentierender Zuschauer bleibt, erweitert sich der erste Teil über die Bekehrungsgeschichte hinaus zu einem Panorama der menschlichen und gesellschaftlichen Gebrechen der Zeit, während der zweite Teil in nur wenigen Erzählkomplexen sich vor allem auf die sündhaften Machenschaften des Kaufmanns konzentriert. Dem tiefen Fall entspricht die abrupte Umkehr, die angesichts der Schwere der Verfehlungen ohne die Gnadenmittel der Kirche nicht denkbar ist. Trotz der Befürchtungen in der Vorrede besteht hier wohl keine Gefahr, daß der moralisch-didaktische Gehalt mißverstanden werden könnte.

B. ‚Kalendergeschichten'

1. Grundlageninformationen

1.1. Texte

Des Abenteurlichen Simplicissimi Ewig-währender Calender. Faksimile-Druck der Erstausgabe Nürnberg 1671 mit einem erklärenden Beiheft hrsg. von Klaus Haberkamm, Konstanz 1967

Die Simplicianischen Schriften. Bd. 3: Ewig währender Kalender nebst Stücken aus dem jährlichen Wunder-Geschichts-Kalender. Hrsg. von Engelbert Hegaur [= W. E. Oefte-ring], München 1925

Simplicianische Kalendergeschichten. Hrsg. von Hubert Gersch, Frankfurt/M. 1966 (Insel-Bücherei 884)

1.2. Forschungsliteratur

Böckmann, Paul: s. Gesamtbibl.

Knopf, Jan: Geschichten zur Geschichte. Kritische Tradition des „Volkstümlichen" in den Kalendergeschichten Hebels und Brechts, Stuttgart 1973 [Enthält neben einer Einleitung über Definitionsprobleme auch Abschnitte über Grimmelshausens ‚Kalendergeschichten' und seinen EWC mit einem kritischen Resümee der Forschung.]

Knopf, Jan: Die deutsche Kalendergeschichte. Ein Arbeitsbuch, Frankfurt/M. 1983 [Ausgewählte Texte vom 16.–20. Jahrhundert; Kommentare, Materialien, Arbeitsvorschläge.]

Koschlig, Manfred (Verleger): s. Gesamtbibl.

Koschlig, Manfred (Ingenium): s. Gesamtbibl.

Rohner, Ludwig: Kalendergeschichte und Kalender, Wiesbaden 1978 [Beschreibt u. a. die unterschiedlichen Kurzformen in Grimmelshausens Kalender und ihre Integration in die simplicianische Fiktion; als eigentliche Kalendergeschichte gilt die „episch angelegte Anekdote".]

Rohrbach, Günter: s. Bibl. zu AB II

Scholte, Jan Hendrik: s. Gesamtbibl.

Verweyen, Theodor: Apophthegma und Scherzrede. Die Geschichte einer einfachen Gattungsform und ihrer Entfaltung im 17. Jahrhundert, Bad Homburg 1970 [Behandelt nach einer ausführlichen Bestimmung der Gattung und ihrer historischen Entwicklung die Apophthegmen Grimmelshausens und ihre Funktion im Werk.]

Weydt, Günther: Apophthegmata Teutsch. Über Ursprung und Wesen der „Simplicianischen Scherzreden". In: Festschrift für Jost Trier. Hrsg. von William Foerste u. Karl Heinz Borck, Köln u. Graz 1964, S. 364–385 [Charakterisiert die im 16. und 17. Jahrhundert beliebte erzählerische Kurzform und ihre Rolle im Werk Grimmelshausens.]

Weydt, Günther (Nachahmung): s. Gesamtbibl.

Weydt, Günther (Grimmelshausen): s. Gesamtbibl.

Ziesegar, Hertha von: Grimmelshausen als Kalenderschriftsteller und die Felßeckerschen Verlagsunternehmungen. In: Euphorion, Ergänzungsheft 17, 1924, S. 50–79 [Untersucht die wenigen erhaltenen Jahrgänge des Europäischen Wunder-Geschichten-Kalenders, die zu Lebzeiten Grimmelshausens erschienen sind; im Vordergrund steht die Frage der Authentizität.]

1.3. Voraussetzungen und Entstehung

Grimmelshausens Ewig-währender Calender (EWC) trägt die Jahreszahl 1670, doch gilt seit Koschligs Untersuchungen über Grimmelshausens Verleger 1671 als Erscheinungsjahr (vgl. dagegen Weydt, Grimmelshausen, S. 38). Über die Entstehung des Kalenders ist nichts bekannt, es muß jedoch mit einer längeren Abfassungszeit gerechnet werden, während der sich die Konzeption veränderte. Die erste Meßkataloganzeige (1669) kündigte das Werk noch als Anhang zum Simplicissimus an: „Der gantz neue Abentheuerl. Simplicissimus samt seinen ewig währenden und wunderbaren Calender in 4 [= Quart] mit drei Spalten" (zit. nach Scholte, S. 176). Der Kalender erschien dann als selbständige Publikation in sechs Spalten, also gegenüber der angekündigten Form um drei Spalten vermehrt (zu den astrologischen ,Materien' in den letzten drei Spalten vgl. AB II. 2.3.4.). Die erste Spalte enthält das eigentliche Kalendarium, die zweite und dritte Spalte tragen die gemeinsame, leicht ironische Überschrift:

> Chaos, oder Verworrnes Mischmasch ohn einige Ordnung / darinnen obgleich wie in einem Labyrinth / oder besser zu sagen / in einem lustigen Irrgarten / jedoch allerhand Historien / gewisse Künste / nohtwendige Wissenschafften / und ohnzählig andererley Gattungen / seltsame Rariteten sich neben der mit untermischten Bauren-Practick befinden [...]. (S. 4)

Folgt die zweite Spalte mit ihren Bauernregeln, Rezepten und Nachrichten über wunderbare Ereignisse noch dem Kalendarium, so löst sich die dritte von dieser Anordnung. Sie verwertet – wie schon die zweite Materie – die sogenannte Hausväterliteratur (vgl. Koschlig, *Ingenium*, S. 122 ff.) und enthält neben Gesprächen des alten Simplicissimus mit der Meuder und dem Knan über „Weiber-Practick" und Wetterregeln vor allem zahlreiche „Stücklein", die den unterhaltenden Teil des Kalenders ausmachen.

Diesen „Stücklein" geht ein Editionsbericht des fiktiven Herausgebers Christian Brandsteller, Stadtschreiber zu Schnackenhausen, voraus (S. 92 ff.). Hier erzählt der Stadtschreiber, wie er den Kalender von der Meuder zusammen mit der darin eingewickelten Butter erworben und den freien Raum in der dritten Spalte mit seinem Bericht und den „Stücklein" gefüllt habe, die er sich

> hin und wider von den Leuthen so mit Simplicissimo bekandt gewesen / erzehlen lassen; darauß abzunehmen / daß er [!] Simplicissimus von zimblicher Conversation: unnd ein gantz Apophtegmatischer Mensch gewesen seyn muß. (S. 104)

Es sind dies insgesamt 88 „Stück", „Stücklein" oder „Schwänck" mit eigenen Überschriften, denen noch einige Streiche eines ,Spielmanns' folgen (S. 190 ff.). Sie werden ergänzt durch Stücke in der 6. Spalte, die „Wundergeschichten" entlarven.

Zahlreiche Kurz- und Kürzestgeschichten finden sich überdies in den sogenannten *Wunder-Geschichten-Kalendern* (vollständig erhalten sind die Kalender auf die Jahre 1672 und 1675, teilweise die auf die Jahre 1671 und 1673), doch ist die Verfasserschaft Grimmelshausens auch für die frühen Jahrgänge (1671 und 1672) recht zweifelhaft. Außerdem sind die meisten der darin enthaltenen Texte einfache Übernahmen aus verschiedenen Quellen. Im folgenden werden nur Beispiele aus dem EWC angeführt.

Ewigwährende Kalender sind keine Erfindung Grimmelshausens, sondern stehen in einer langen Tradition. Kalender, „die für mehrere Jahre oder auch für immer (in einem relativen Sinn) benutzbar sein sollten", gehen den heute üblichen einjährigen Kalendern voraus (Knopf, *Geschichten*, S. 38). Auch die Bezeichnung ,ewigwährend' oder ,immerwährend' ist lange vor Grimmelshausen gebräuchlich. Die ersten Spalten in Grimmelshausens EWC verweisen auf die Herkunft aus dem christlichen Festkalender und den legendarischen Martyrologien (vgl. ebd. S. 38 und die Anm. dazu). Auch die Einteilung in Spalten ent-

spricht der üblichen Praxis. Kalender enthalten auch schon sehr früh Geschichten verschiedenster Art (Viten, Anekdoten, Schwänke, Predigtmärlein etc.; vgl.
Rohner, S. 15, 95 f.); bei Grimmelshausen erhalten sie jedoch eine neue Qualität
durch die Bindung an einen fiktiven Sprecher, an Simplicius, der so „gewissermaßen zum Eulenspiegel" wird (Weydt, *Apophthegmata Teutsch*, S. 376).

2. Textanalyse

2.1. Geschichten im Kalender

Grimmelshausens *Ewig-während Calender* macht darauf aufmerksam, daß die
Kalendergeschichte, eine Gattung, die wir mit Johann Peter Hebel (*Schatzkäst-
lein des rheinischen Hausfreundes*, 1811) oder Bertolt Brecht (*Kalendergeschichten*, 1949) verbinden, auf eine lange Tradition zurückblicken kann. Eine Form-
oder Gattungsbestimmung wird dadurch jedoch nicht leichter: Alle Versuche,
die Kalendergeschichte als literarische Form zu definieren, stoßen auf Abgren-
zungsschwierigkeiten. Was Kalendergeschichten von anderen epischen Kurzformen wie Anekdote oder Schwank unterscheidet, bleibt unklar. Auch der empirische Befund macht überzeugende Definitionen unmöglich: So hat man bei Hebel, der – im Gegensatz zu Grimmelshausen – ausdrücklich ‚Kalendergeschichten‘ veröffentlichte, eine ganze Reihe von epischen Kurzformen nachgewiesen:
„Schwank, Anekdote, Parabel, Lebensbild (Legende), Märchen, Gespensterge-
schichte und Novelle" (Knopf, *Geschichten*, S. 31). Auch in Grimmelshausens
Kalenderwerk finden sich verschiedene Formen kurzer und kürzester Geschichten, die sich einer einheitlichen Gattungsdefinition verweigern und sich übrigens
auch nicht auf das Kalendergeschichten (und Grimmelshausen) nachgesagte
‚Volkstümliche‘ festlegen lassen. Grimmelshausen selbst spricht von „Stücklein"
oder „Schwänken" und läßt den fiktiven Herausgeber Simplicius einen „gantz
Apophtegmatische[n] Mensch[en]" nennen (EWC, S. 104). Damit sind Hinweise
auf literarische Traditionen gegeben, die für einen Großteil von Grimmelshausens Kurztexten bestimmend sind: die des Schwankes, mit dem Hermann Bau-
singer auch die Anekdote in Verbindung bringt (*Formen der ‚Volkspoesie‘*, Berlin [2]1980, S. 222), und die des Apophthegmas.

Grimmelshausen verwendet den Begriff des Apophthegmas und des Apo-
phthegmatischen an mehreren Stellen und meint damit „eine kurze und pointier-
te Form der Äußerung, die vornehmlich in der Konversation der gehobenen
Gesellschaft gepflegt wird, zu der ‚vermittelst gesunder menschlicher Vernunft‘
aber auch der ‚gemeine Mann‘ befähigt ist" (Weydt, *Apophthegmata Teutsch*,
S. 368). Er nimmt damit eine literarische Form auf, die sich im 17. Jahrhundert
großer Beliebtheit erfreute. Zu den bedeutendsten Sammlungen gehören die
Julius Wilhelm Zincgrefs (*Der Teutschen Scharpfsinnige Kluge Sprüch*, 1626)
und Georg Philipp Harsdörffers (*Ars Apophthegmatica, Das ist: Kunstquellen
Denckwürdiger Lehrsprüche und Ergötzlicher Hofreden*, 1655). Weydt definiert „Apophthegmen im eigentlichen Sinn" als „kürzeste historische (oder fik-

tiv historische) Geschichten oder Situationsdarstellungen [...], die in einem prägnanten Ausspruch gipfeln" (*Apophthegmata Teutsch,* S. 370). Davon unterscheidet er eine „ungebundene Form", die „allein das bloße Wort, den lehrreichen, treffenden oder geistreichen Ausspruch präsentiert" (ebd. S. 371). Mit dem Verzicht auf ein anekdotisches Gerüst in der ‚ungebundenen Form', die bei Harsdörffer häufig auftritt, werden die Grenzen zu Formen wie Witz, Spruch oder Sprichwort unscharf, wie überhaupt die Apophthegmensammlungen des 17. Jahrhunderts den Begriff nicht allzu eng fassen.

Grimmelshausen kennt die bekannten Sammlungen und schöpft sie aus, bleibt aber in den seltensten Fällen bei der bloßen Übernahme von Texten stehen, sondern integriert sie in die ‚simplicianische Fiktion', die die Geschichten seines Kalenders als Teil eines umfassenderen Ganzen charakterisiert. Die folgenden Beispiele stammen aus Zincgrefs *Teutschen Apophthegmata* und dem EWC Grimmelshausens:

> Als etliche Fahnen Volcks in Hessen durch ein Dorff zohen / fragt ein Soldat / ein altes zum Fenster außsehendes Weib: Alte Hex was macht der Teufel? die Alte antwortet: Er macht Schubkärch / euch ruchlösse Burß in die Höll zuführen. (Zincgref, Ausgabe Leiden 1644, II, 84, 4; zitiert nach Weydt, *Nachahmung,* S. 157)

> Genawe Kundschafft.
>
> Man sagt als Simplicissimus noch ein muthwilliger Tragoner Jung gewesen / seye ihm zu Soest ein alt Weib uffgestossen / die hette er gefragt was der Teuffel in der Höll mache: welche geantworttet! Schubkärch / dich und deines gleichen böse Buben damit in die Höll zuführen: darauff hette sich Simplicissimus zu seinen Cammerrathen gewendet und gesagt ich hab wohl gedacht / diese werde grosse Kundschafft mit dem Teuffel haben / und find mich auch nicht betrogen / sintemahl sie von seinen Geschäfften so hurtigen Bescheid zugeben weiß. (EWC, S. 120–122)

Überlieferte Geschichten werden so in die Biographie des Simplicius eingeordnet, erhalten einen konkreten historischen und persönlichen Rahmen. Das führt in der Regel zur Erweiterung der Texte, die die Reduktion auf das witzige Gedankenspiel, die scharfsinnige Pointierung bei Zincgref oder Harsdörffer wieder rückgängig macht. Die in den „Stücklein" entfalteten Situationen haben für den noch einen zusätzlichen Reiz, der zu den in der Widmung des EWC angesprochenen „Simplicissimis", also zu den mit der Lebensgeschichte des Simplicius Simplicissimus Vertrauten, gehört.

Die Texte im Kalender bleiben aber nicht auf die Kleinstform des Apophthegmas beschränkt. Unter den „Stücklein" befinden sich durchaus auch längere Geschichten wie z.B. „Die verkehrte Welt" (S. 106–114), die man nicht mehr als Apophthegma bezeichnen kann, auch wenn sie mit einem scharfsinnigen Wortwechsel endet. Autobiographisches und Anekdotisches verbindet sich hier mit dem satirischen Motiv von der verkehrten Welt, die Geschichte weitet sich aus zu einem Stück satirischer Weltdeutung. Ein Grundthema des *Simplicissimus,* den Dreißigjährigen Krieg und die Feindschaft zwischen Bauern und Soldaten, behandelt prägnant die Geschichte „Der teutsche Bawr":

Ich wurde einsmahls mit einer Parthey von der Götzischen Armee, die damahl zur Newstatt uff dem Schwartzwalt lag / in die Schwabenheit commandirt, da krigten wir einen Bawren der uns den Weeg am Bodensee weisen muste; diesen fragten wir per Spaß ob er Schwedisch oder Käyserisch seye? Er aber gedachte sagstu Käyserisch / so geben sich diese vor Schwedisch auß und Raumen dir den Buckel ab; sagstu aber Schwedisch so widerfahret dirs abermahl; Antworttet derowegen er wisse es nicht; Schelm / sagt ein Reuter zu jhm (dann damahls waren wenig redlich Leuth / weil die Soldaten die Bawren Schelmen nennten daß sie es höreten / und hingegen die Bawern die Soldaten Dieb schalten wann sie es nicht höreten) du wirst ja wissen wem du zugehörest? Nein jhr Herrn / antworttet der Bawr / diß ist ohne Gefahr nicht zu sagen / ich seye dann uff meinen Mist; darauff sagte der Officier / wann du mir die Warheit bekennest / und sagst wie es dir umbs Hertz ist / so will ich dich wider gleich deines Weegs lauffen lassen / wo nicht / so mustu im Bodensee / neben welchem wir eben vorbey ritten / ohn alle Barmhertzigkeit ersauffen; der Bawr antworttet / ich hab mein lebtag gehört ein ehrlicher von Adel wie ich euch vor einen ansehe / halte sein Wort / darumb will ich eben so mehr uff solche Paloren [!] die Warheit sagen (wann ich deren nur versichert bin) und lebendig darvon kommen / als stillschweigen oder gar ligen und im See versauffen; Ein Schelm ist der sein Wort nicht halt / antworttet der Officier; Da sagt der Bawr es bleibt darbey / was aber meine Afexion anbelangt / so wolte ich wünschen die Käyserische Soldaten wären eine Milchsup so groß als diser See / und die Schwedische wären die Brocken drein / alsdann möchte der Teuffel sie mit einander außfressen; daß gab bey uns ein Gelächter und dem Bawren wider die Freyheit. (EWC, S. 116–120)

Aber auch dieser Text hat eine ‚apophthegmatische‘ Vorgeschichte. Balthasar Kindermanns *Schoristen-Teuffel* (1661) enthält folgende Fassung:

Der Abt von Einsiedlen fuhr über den Zürcher See / und sein Naarr sprach zu ihm: Ey wie gebe das so eine hübsche Milchbrocke. Worauf der Abt zu ihm sagte: Was woltest du dan darein brocken / wen es so groß ist? Der Narr gab zur antwort: Lauter Münch und Pfaffen / und daß es der Teuffel müste aus fressen. (Zitiert nach Gebauer, S. 98)

Beide Texte gehen auf den gleichen anekdotischen Kern, die Fabel vom Teufel und der Milchsuppe zurück, im übrigen haben sie aber kaum etwas Gemeinsames. Der Grund dafür liegt jedoch nicht in dem jeweils verschiedenen Schauplatz und Personenkreis oder dem unterschiedlichen Gegenstand der Kritik, es ist vielmehr Grimmelshausens Verwandlung eines auf den raschen Effekt zielenden Textes in eine „episch angelegte Anekdote" (Rohner, S. 155), die dem „Stücklein" eine neue Dimension verleiht, es in einen autobiographischen und historischen Kontext einordnet. Die abstrakt-witzige Geschichte eines Schwächeren, der sich dank seiner Schläue und seines gesunden Menschenverstandes aus einer gefährlichen Situation herausredet, offenbart sich als treffender Kommentar zu den deutschen Verhältnissen. Die Pointe ist dabei nicht, daß der Bauer nicht Partei ergreifen will: Er kann es nicht. Und zwar nicht nur aus Furcht vor den möglichen Konsequenzen bei einer ‚falschen‘ Entscheidung, sondern weil für ihn, den Bauern, Soldaten gleich welcher Zugehörigkeit des Teufels sind. Insofern ist die Antwort, mit der er sich rettet, kein Ausweichen, sondern die tiefere Wahrheit.

2.2. Epische Integration

Im *Simplicissimus* und den anderen Simplicianischen Schriften finden sich zahlreiche Schwänke und Geschichten, die – aus ihrem Zusammenhang herausgelöst – auch im Kalender stehen könnten. Sie werden jedoch in die Lebensgeschichte des Simplicius eingeordnet und durch biographische, historische und geographische Umstände angereichert, so daß sie ihren ‚abstrakten‘ Charakter verlieren und Teil der Romanfiktion werden. Mehr zu erwarten, etwa eine Funktion der Kurzgeschichten in der ‚Entwicklung‘ oder ‚Charakterbildung‘ des Helden, hieße unzeitgemäße Maßstäbe an den Roman herantragen. Das trifft auch auf die Speckdiebstahlsgeschichte zu, die im 16. und 17. Jahrhundert in zahlreichen Versionen überliefert ist und hier als Beispiel für die Integration längerer Geschichten angeführt werden soll. In knapper Form findet sich der Schwank in der *Lustigen Gesellschaft* (1656) Johann Peter de Memels (Pseudonym für Johann Praetorius):

> Ein Dieb wolte eine Speckseite aus dem Schornstein stehlen / fiel aber mit einer herunter / der Wirth im Hause zündete Liecht an / und suchte in der Küche / was zu thun wäre? Jener hatte in die Hände gespien / und an die Wand gerissen / strich sich unterm Gesicht weidlich an / und stand auffgerichtet in der Küche / der Wirth fragete wer er wäre? Er sagte / der Teuffel. Was er denn wolte? Er hätte ihm da eine Speckseite gebracht. Der Wirth sagte zitterende: Ich begehre sie nicht / nimb sie und gehe zum Hause aus / (das war auch sein Begehr.) (Ausgabe von 1659, S. 101, Nr. 246)

Wegen der vielfältigen Überlieferung ist es nicht ganz sicher, in welcher Form (oder welchen Formen) Grimmelshausen den Schwank kennenlernte. Als wahrscheinliche Vorlage kommt jedoch die folgende Fassung von Erasmus Francisci in der *Lustigen Schau-Bühne von allerhand Curiositäten* (1663) in Frage. Hier heißt es, ausgehend von einem Hinweis auf Jacob Masens *Ars nova argutiarum* (1649), die den Schwank in knapper lateinischer Form enthält:

> Masenius gedenckt in seinen Spitzfündigkeiten / eines gewesenen Soldaten Johannes Bergensis: welcher nachdem er endlich ein Religioß worden / zuerzehlen pflegen: Er sey einsmals im Lützenburger Lande / durch Hülffe seines Spießgesellen / den Schornstein herab gelassen worden / und mitten auf den dicken Stäben / daran die Speck-Seiten hingen / wie ein Hahn gesessen; die Schincken an ein Seil gebunden / und seinem Diebsgesellen hinauf zuziehen überreichet. Indem bricht unversehens einer von den Stöcken / darauf der nächtliche Beutmacher (denn der Nahme Dieb ist / für Soldaten / zu grob) ritte: darüber Roß und Mann zu Bodem / und herunter fallen. Von dem Tumult dieses also herunter fahrenden Schlot- oder Schornstein-Reiters erwacht der Pfarrherr (welchem die Schincken gehörten) samt seinem gantzen Hausgesinde; läßt zünden: willens seinen ungebetenen Gast zu bewillkommen / und dem gefallenen aufzuhelffen. Aber was thut hingegen diese verschlagene Speckmauß; welcher / als einem Kinde der Finsterniß / das Licht sehr ungelegen kam? Es wolte nirgend sich eine Ausflucht erblicken lassen; wohin er auch immermehr seine Diebs-Aeuglein wendete. Weil ihm dann nichts anders einfallen will; nimmt er einen Anschlag aus dem Stegreiff / oder / wie die Lateiner reden / unter der

Hand: beschwärtzt sein gantzes Antlitz mit Ruß / und mahlt / an seiner Person / dem Teufel ein Conterfait: laufft darauff / in so visirlicher Gestalt / ungescheut unter die / so ihn mit Prügeln zu segnen gekommen; bläst ihnen das Licht vor der Nasen aus / und stellet sich allerdings nicht an / gleich wäre er der lebhafftig anders Kohlschwartze.

Der Pfarrherr erschrickt hefftig; untersteht sich den bösen Geist / mit gewissen kräfftigen Formuln / zu vermaledeyen und bannisiren: recitirt etwan etliche Sprüch und Gebetlein / aus der Teufels-Geissel (sind gewisse Gebetbüchlein wider die Gespenster) da für diesen Teufel doch Meister Hans / mit seinem Saub-Besen weit solte kräfftiger seyn gewest: und befihlt ihm endlich er solle weichen / und sich trollen. Der gemenschte Teufel und verteufelter Mensch nimmt sich an / als werde er genöthigt / gemach zu thun: rufft derwegen / oder brüllt vielmehr; man solle Thür und Fenster sperrweit öffnen / daß er möge von dannen gehen. Das geschicht; und ist man froh dazu / eines solchen schwartzen Gesellen loß zu werden. Also kommt der Dieb (wolte sagen der Soldat!) fein manierlich davon / und nimmt reißaus. Hierüber triumphirt der Pfarrherr aus der massen / und rufft: Mein! wie hab ich gleichwol / mit meinem zusprechen / den Bößwicht geängstigt / und ihm den Raum zu enge gemacht! Aber deß Morgens / wie dieses Teufels Künste recht sichtbar / hergegen die zum Rauchschlot hinaus gespatzirte Schincken unsichtbar worden: hat er solchen lächerlichen Betrug / in der gantzen Nachbarschafft / ausgebreitet / und behauptet: die menschliche Arglistigkeit sey / in der Boßheit / offt eben so spitzfindig / als wie der Teufel selbst: derwegen dem lustigen Mauskopff dann auch vermuthlich gleicher Lohn / wie dem Teufel würde zutheil werden. Wiewol gedachter massen / sich der Schincken-mauser bekehrt; die Rabenfedern fallen lassen / und ihm davor Tauben-Fittichen gewachsen. (Erasmus Francisci: *Die lustige Schau-Bühne von allerhand Curiositäten*, Bd. 1, Nürnberg 1663, S. 938–940; vgl. Josef Trostler: Zur Quellengeschichte des Simplicissimus. In: Euphorion 21, 1914, S. 695–702)

Die beiden hier zitierten Fassungen erzählen allein vom Speckdiebstahl; für die ausführliche Vorbereitung und die Nachgeschichte bei Grimmelshausen, die für die Integration in das Romangeschehen und für die Charakteristik des Helden von Bedeutung sind, bieten die möglichen Vorlagen keine Hinweise. Grimmelshausens Umgestaltung betrifft jedoch nicht nur die Verzahnung mit dem Romanganzen: Das „Stücklein“ selbst weist durch Personen (Springinsfeld und seine Kameraden) und Anspielungen auf zurückliegende Ereignisse über sich hinaus, die Erzählung wird verfeinert und bereichert und die Perspektive des Erzählens – im Gegensatz zu Francisci – konsequent durchgehalten (vgl. Rohrbach, S. 66). Der Schwank wird so, mag er auch „nicht von importanz seyn“ (II, 31; S. 188), zu einem Teil des Romangeschehens, ein charakteristisches Beispiel für Simplicius' unverfrorenes und hochfahrendes Soldatenleben in der Soester Zeit: „Nicht der Schwank als solcher gilt, sondern er wird zum Glied des Romangeschehens; aber zugleich gewinnt der Romanvorgang wieder ein besonderes Gepräge, sofern er nicht nur einmalig-individuelle Vorfälle erzählt, sondern typische Erzählmotive erst ins Individuelle umwendet“ (Böckmann, S. 455). Zur Charakteristik des Jägers von Soest gehört dann auch die scheinbar großmütige Entschuldigung bei dem Pfarrer und die großzügige Wiedergutmachung, die der rückschauende Erzähler bissig kommentiert:

der Leser mag dencken / was ich vor einen verwegenen / freveln und ehrgeitzigen Kopff hatte / in dem mirs nicht genug war / daß ich den frommen Geistlichen bestolen / und so schröcklich geängstiget / sondern ich wolte noch Ehr darvon haben [...]. (II, 31; S. 195)

Neben den stofflichen Beziehungen zur möglichen Vorlage, dem Text Franciscis, besteht übrigens auch eine strukturelle: Wie bei Grimmelshausen spricht bei Francisci (und vorher Masen) jemand, der sich bekehrt hat. Das hat mit dem erzählten Schwank selbst nichts zu tun, ebensowenig wie der Speckdiebstahl bei Grimmelshausen zu Simplicius' Bekehrung beiträgt: Beide Texte, die fiktive Autobiographie des Simplicius Simplicissimus und der Schwank Franciscis, benutzen die gleiche Erzähltechnik. Bei Grimmelshausen jedoch ist die fiktive Autobiographie, der Rückblick eines gewandelten Menschen auf sein früheres Leben, die große Klammer, die den Roman zusammenhält, während Franciscis Hinweise auf die Bekehrung zu Anfang und Ende vor allem deswegen erwähnt werden, „weil es moralisch befriedigt, den Tunichtgut nunmehr auf dem rechten Wege zu wissen" (Rohrbach, S. 87, Anm. 7).

Böckmann hat von der „Aufnahme altdeutschen Erzählguts" in den Roman gesprochen und damit einen Aspekt von Grimmelshausens Schaffensweise und Literaturkenntnis getroffen (S. 453 ff.). Daneben verweisen die Geschichten und Apophthegmen im EWC und im *Simplicissimus* auch auf den Zusammenhang mit der internationalen Erzählliteratur der Renaissance. Es läßt sich zeigen, daß die ‚Scherzreden' Grimmelshausens häufig das Resultat bewußter Umgestaltung der literarischen Überlieferung darstellen. Ein Beispiel dafür, wie die pointierten Kurzformen aufgebrochen und assimiliert werden, bieten die Reflexionen des Simplicius über seine Torheiten in Lippstadt, Reflexionen, die ein im 17. Jahrhundert weit verbreitetes Wort variieren und zugleich entlarven. In einer Fassung heißt es:

Der Cardinal Christoph Madruzius hat offt pflegen zu sagen: Der sey nicht für einen Narren zu halten / welcher etwas närrisch tue / sondern der jenige / welcher / was er närrisch gethan hat / selber nicht verschweigen könne. (Samuel Gerlach: Eutrapeliarum Philologico-Historico-Ethico-Politicarum Libri III [...], Leipzig 1656, II, S. 198)

Bei Grimmelshausen leiten die folgenden Bemerkungen Simplicius' herrenmäßiges Leben in Lippstadt ein:

Ich glaube / es sey kein Mensch in der Welt / der nicht einen Hasen im Busem habe / dann wir sind ja alle einerley Gemächts / und kan ich bey meinen Pirn wol mercken / wenn andere zeitig seyn. Huy Geck / möchte mir einer antworten / Wann du ein Narr bist / meynst du darumb / andere seyens auch? Nein / das sag ich nicht / denn es wäre zu viel geredt; Aber diß halte ich darvor / daß einer den Narrn besser verbirgt als der ander: Es ist einer drum kein Narr / wenn er schon närrische Einfäll hat / dann wir haben in der Jugend gemeiniglich alle dergleichen / welcher aber solche herauß läst / wird vor einen gehalten / weil theils ihn gar nicht / andere aber nur halb sehen lassen: Welche ihren gar unterdrükken / seyn rechte Saurtöpff; die aber den Ihrigen nach Gelegenheit der Zeit bißweilen ein wenig mit den Ohren herfür gucken / und Athem schöpffen lassen / damit er nicht gar bey ihnen ersticke / dieselbige halte ich vor die beste und verständigste Leut. Ich liesse den meinen nur zu weit herauß / da ich mich in einem so freyen Stand sahe / und noch Geld wuste / massen ich einen Jungen anname / den ich als einen Edel-Bage kleidete [...].

Diß war die erste Thorheit / so ich in dieser Statt begieng / welche / ob sie gleich zimlich groß war / wurde sie doch von niemand gemerckt / viel weniger getadelt: Aber was machts? die Welt ist der so voll / daß sie keiner mehr acht / noch selbige verlacht / oder sich darüber verwundert / weil sie deren gewohnt ist; So hatte ich auch den Ruff eines klugen und guten Soldaten / und nicht eines Narrn / der die Kinder-Schuh noch trägt. (III, 17; S. 258 f.)

Das Wort des Kardinals bleibt nicht unverändert stehen. Es wird assimiliert, in das Romangeschehen integriert. Der Erzähler verweist zurück auf die Hanauer Narrenzeit des Helden und kehrt die Bedeutung der Sentenz um, denn gerade die, die die Narrheit nicht völlig unterdrücken, hält er „vor die beste und verständigste Leut". Damit wird das Verhältnis von Sein und Schein umgekehrt und die Sentenz kritisch umgedeutet. Es besteht kein prinzipieller Unterschied zwischen Narr sein und Narrheit zeigen, und die Reaktion der Menschen auf Simplicius' „Thorheit" bestätigt ohnehin nur „die schon früher suggerierte Erfahrung [...], daß überall nur Narrentum ist und die närrische Welt hintergangen sein will" (Verweyen, S. 179; weitere Beispiele für das Apophthegma als ‚epische Keimzelle' ebd. S. 172 ff. u. Weydt, *Apophthegmata Teutsch*, S. 382 ff.).

In den Geschichten des Kalenders hatte Grimmelshausen die „streng konservierten und tradierten Apophthegmata [...] ihrem inzwischen herrenlos gewordenen Dasein entrissen und dem fiktiven Sprecher Simplicissimus zugewiesen" und zu eigenen Erzählgebilden umgeformt (Verweyen, S. 171); die Integration erzählerischer Kurzformen in den Roman stellt die nächste Stufe dar. Dabei haben Apophthegma und Schwank verschiedene Funktionen. Während detailfreudige Geschichten wie der Schwank vom Speckdiebstahl vor allem dazu dienen, „den Roman mit Begebenheiten anzureichern, um ihm Fülle der Welt als Fülle der Vorgänge und Personen zu verschaffen, fördert das Apophthegma die Elemente der Reflexion und des geistreichen Spiels" (Weydt, *Apophthegmata Teutsch*, S. 384).

Arbeitsbereich IV

„Edler Herr von Grimmelshausen":
Die ‚Idealromane' – Erbauung und Politik

0. Vorbemerkung

Die sogenannten ‚Idealromane' Grimmelshausens haben schon bei den Zeitgenossen wenig Aufmerksamkeit gefunden. Auch die Forschung tat sich schwer, diese Romane literarhistorisch einzuordnen und ihren Stellenwert im Schaffen Grimmelshausens zu bestimmen. Die beinahe ungeteilte Aufmerksamkeit, die die Simplicianischen Schriften erhalten (haben), sollte jedoch nicht vergessen lassen, daß die ‚Idealromane' das Bild des Schriftstellers Grimmelshausen in wichtigen Aspekten ergänzen und bereichern. Zusammen mit dem politisch-erbaulichen Traktat *Ratio Status* geben sie wichtige Hinweise auf Grimmelshausens Stellung zur höfischen Kultur und zum Absolutismus.

1. Grundlageninformationen

1.1. Texte

Die hier behandelten Texte Grimmelshausens liegen in den Gesammelten Werken in Einzelausgaben vor:

Des Vortrefflich Keuschen Josephs in Egypten Lebensbeschreibung samt des Musai Lebens-Lauff. Hrsg. von Wolfgang Bender, Tübingen 1968
Dietwalts und Amelinden anmuthige Lieb- und Leids-Beschreibung. Hrsg. von Rolf Tarot, Tübingen 1967
Des Durchleuchtigen Proximi und Seiner ohnvergleichlichen Lympidae Liebs-Geschicht-Erzehlung. Hrsg. von Franz Günter Sieveke, Tübingen 1967
Simplicianischer Zweyköpffiger Ratio Status. Hrsg. von Rolf Tarot, Tübingen 1968

1.2. Forschungsliteratur

Boeckh, Joachim G.: Grimmelshausens Rathstübel Plutonis. In: Acta Litteraria Academiae Scientiarum Hungaricae 2, 1959, S. 347–367 [Interpretiert das Werk als satirischen Angriff auf die herrschende Gesellschaftsordnung.]
Breuer, Dieter: Grimmelshausens politische Argumentation. Sein Verhältnis zur absolutistischen Staatsauffassung. In: Daphnis 5, 1976, S. 303–332 [Während im Josephsroman die religiös verankerte absolutistische Staatsordnung positiv bewertet werde, zeigten die späteren Werke *(Simplicissimus* und *Proximus und Lympida)* eine zunehmende Skepsis gegenüber dem Absolutismus.]

Konopatzki, Ilse-Lore: Grimmelshausens Legendenvorlagen, Berlin 1965 [Grimmelshausens Quellen; die Funktion der Legendenmotive und -episoden in seinen Werken: die Heiligengestalten als ideales Gegenbild.]

Koselleck, Reinhart: s. Bibl. zu AB I, A

Lechler, Hans Heinrich: Grimmelshausens Roman *Dietwalt und Amelinde.* Beiträge zu seinem Verständnis, Diss. Frankfurt 1975 [Quellen, Struktur, didaktische Intentionen.]

Möbus, Gerhard: s. Bibl. zu AB I, A

Naumann, Dietrich: s. Bibl. zu AB II

Ortel, Karl: *Proximus und Lympida.* Eine Studie zum idealistischen Roman Grimmelshausens, Berlin 1936 [Quellen- und Stiluntersuchung.]

Schäfer, Walter Ernst: Hinweg nun Amadis und deinesgleichen Grillen! Die Polemik gegen den Roman im 17. Jahrhundert. In: Germanisch-romanische Monatsschrift NF 15, 1965, S. 366–384 [Interpretiert die verbreitete Polemik gegen den Amadisroman als Strategie, den ‚neuen‘ Barockroman zu rechtfertigen.]

Schäfer, Walter Ernst: Tugendlohn und Sündenstrafe in Roman und Simpliciade. In: Zeitschrift für deutsche Philologie 85, 1966, S. 481–500 [Ausgehend von *Proximus und Lympida* und vor dem Hintergrund der Poetik und Romantheorie beschreibt Schäfer die moralische Wirkungsabsicht der höfischen Romankunst, die Gesetzmäßigkeit von Tugendlohn und Sündenstrafe; Hinweis auf Sorels Kritik an den Prämissen des höfischen Romans.]

Singer, Herbert: Joseph in Ägypten. Zur Erzählkunst des 17. und 18. Jahrhunderts. In: Euphorion 48, 1954, S. 249–279 [Behandelt einige dichterische Versionen der Josephsgeschichte – u.a. die Romane Zesens, Grimmelshausens und Joachim Meiers und die Patriarchaden Bodmers –, um Wandlungen innerhalb der Gattungs-, Stil- und Geistesgeschichte aufzuzeigen.]

Stucki, Clara: Grimmelshausens und Zesens Josephsromane. Ein Vergleich zweier Barockdichter, Horgen-Zürich u. Leipzig 1933 [Überwindung gegen Genuß: Antithesen aus der Ermatinger-Schule; unbrauchbar.]

Tarot, Rolf: Formen erbaulicher Literatur bei Grimmelshausen. In: Daphnis 8, 1979, S. 95–121 [Charakterisiert die ‚Idealromane‘ Grimmelshausens zu Recht als Erbauungsromane; daß sich Grimmelshausen generell als Erbauungsschriftsteller empfunden habe und der *Simplicissimus* „vielleicht *das* Meisterwerk erbaulicher Literatur" darstelle, ist zumindest sehr einseitig.]

Voßkamp, Wilhelm: s. Gesamtbibl.

Weydt, Günther *(Nachahmung):* s. Gesamtbibl.

Wimmer, Ruprecht: Grimmelshausens *Joseph* und sein unverhofftes Weiterleben. In: Daphnis 5, 1976, S. 369–413 [Der Josephsroman als „weissagungstechnisch durchgegliedertes Exemplum einer vorsehungsgesteuerten Welt"; Wirkung des Romans auf ein Josephsdrama von 1741.]

1.3. Voraussetzungen und Entstehung

Der *Keusche Joseph* ist der erste Josephsroman der neueren deutschen Literatur; zuvor war der Stoff die Grundlage zahlreicher Dramen des 16. und 17. Jahrhunderts. Er erzählt die bekannte Geschichte von Joseph und seinen Brüdern (1. Mos. 37 und 39–50) und verwendet neben der Bibel als weitere Quellen u.a. die *Jüdischen Altertümer* (93/94 n. Chr.) des Flavius Josephus und Adam Olearius' *Orientalische Reisebeschreibung* (1647 u. ö.). Der *Keusche Joseph* erschien unter dem Pseudonym Samuel Greifnson von Hirschfeld zuerst 1666 (vordatiert auf 1667) bei Felßecker in Nürnberg. Die erste Auflage trägt den Titel: *Exempel Der unveränderlichen Vorsehung Gottes. Unter einer anmutigen und ausführlichen Histori vom Keuschen Joseph in Egypten / Jacobs Sohn [...].* Die kritische Neuausgabe folgt der zweiten Auflage (1670, vordatiert auf 1671), die um des „Schaffners Musai Lebens-Lauff" erweitert ist und im Titel die Akzente anders setzt: *Des Vortrefflich Keuschen Josephs in Egypten / Erbauliche / recht ausführliche und viel-vermehrte Lebensbeschreibung / Zum Augenscheinlichen Exempel der unveränderlichen Vorsehung Gottes [...] auf das deutlichste vorgestellet [...].* Wenige Jahre nach Grimmelshausens Josephsroman erschien Philipp von Zesens *Assenat; das ist Derselben / und des Josefs Heilige Stahts-Lieb- und Lebens-geschicht* (1670), die Grimmelshausen zu einem heftigen Angriff auf Zesen provozierte, von dem er sich zu Unrecht kritisiert fühlte (*Vogelnest,* S. 99 ff.; vgl. das Nachwort zur Neuausgabe der *Assenat.* Hrsg. von Volker Meid. Tübingen 1967, S. 24*–28*).

Erschien der *Keusche Joseph* noch unter einem Pseudonym, so nennen die beiden anderen ‚Idealromane' und der politische Traktat *Ratio Status* den Verfasser. Sie sind Angehörigen des badischen Adels gewidmet, sicherlich ein Grund für die offene Namensnennung. Eine Beigabe zu *Dietwalt und Amelinde* führt überdies eine Reihe weiterer Werke Grimmelshausens auf und lüftet damit schon für die Zeitgenossen das Geheimnis ihrer Verfasserschaft. Nach einer längeren Charakteristik des *Simplicissimus* heißt es über *Dietwalt und Amelinde:*

> Seine *Lieb und Leids-Beschreibung* ist doch trefflich auffgesetzt /
> Dardurch manche kluge Sinnen werden werden reich ergötzt.
> O wie wird sein edler Nahm auch durch diß Buch sich erschwingen /
> Und bey dem gelehrten Volck aus der massen wol erklingen?
>
> (*Dietwalt und Amelinde,* S. 102 f.; vgl. auch S. 7)

Damit ist ein Motiv genannt, das bei der Auseinandersetzung mit Zesen und dem Bemühen um Idealroman und politischen Traktat eine entscheidende Rolle zu spielen scheint: Anerkennung „bey dem gelehrten Volck" zu finden (vgl. AB I. D. 3.).

Dietwalt und Amelinde erschien 1670 bei Felßecker in Nürnberg. Schon der Untertitel verweist auf die geschichtliche Fundierung des Werks, die für den ‚hohen' Roman des 17. Jahrhunderts verbindlich war (vgl. AB I.C.2.2.2.): *Dietwalts und Amelinden anmuthige Lieb- und Leids-Beschreibung / Sammt erster Vergrösserung des Weltberühmten Königreichs Franckreich.* Unterstrichen wird der Anspruch auf historische Gelehrsamkeit durch eine Liste von 15 „Autorn aus welchen diese Histori zusammen getragen worden" (S. 4). Die Handlung der „Lieb- und Leids-Beschreibung" im engeren Sinn beruht auf einem Meisterlied des 15. Jahrhunderts *(Dy history des Graffen von saffoy).* Daß sich das Buch nicht nur an ein gelehrtes oder höfisches Publikum wendet, zeigen die detaillierten Angaben auf dem Titelblatt. Der Hinweis auf die erbaulichen Qualitäten des Werkes steht nicht zufällig an der Spitze:

$$
\text{Den} \left\{ \begin{array}{l} \text{Gottseeligen erbaulich} \\ \text{Curiosen lustig} \\ \text{Historicus [!] annemlich} \\ \text{Betrübten tröstlich} \\ \text{Verliebten erfreulich} \\ \text{Politicis nützlich} \\ \text{und der Jugend ohnärgerlich} \end{array} \right\} \text{zulesen}
$$

Proximus und Lympida kam 1672 bei Georg Andreas Dollhopf in Straßburg heraus, dem neuen Verleger Grimmelshausens. Der ausführliche Titel lautet:

Des Durchleuchtigen Printzen Proximi, und Seiner ohnvergleichlichen Lympidae Liebs-Geschicht-Erzehlung. Vornemlich den vorhandenen Alten und Jungen: AEltern und Kindern / zur Richtschnur / Lehr / und Nachfolgung: den Betrübten und Verliebten zum tröstlichen Beyspiel: den Curiosen und Müssigen zur Ergetz- und Ehrlichen Zeitvertreibung: sonst jedermänniglichen aber zum Nutzen / und Christlicher Aufferbawung seiner selbsten / an Tag gegeben [...].

In diesem Werk überwiegen die erbaulichen Momente, obwohl Grimmelshausen in der ausführlichen Vorrede so etwas wie eine ‚historische' Fundierung des Geschehens versucht (auf der Basis der 1557 erschienenen deutschen Übersetzung von Conrad Lycosthenes' *Prodigiorum ac Ostentorum Chronicon* von Johann Herold). Die Romanhandlung basiert auf einer Legende, die Grimmelshausen auch in einem anderen Werk anführt (*Rathstübel Plutonis*, S. 48–51) und die ihm durch ein Kompendium von Valentin Leucht bekannt war (*Viridiarum Regium Illustrium miraculorum et historiarum. Das ist, Königlicher Lustgart, Darin die aller vortrefflichsten Miraculn vnd Historien, so Gott [...] gewirckt, Begriffen vnd befunden werden*, 1614).

Ein Gedicht „Sylvanders" im Vorspann, möglicherweise von Grimmelshausen selbst verfaßt, setzt sich von der durch den *Amadis* repräsentierten weltlichen Unterhaltungsliteratur ab und kündigt eine Liebesgeschichte eigener Art an:

Hinweg nun! Amadis / und deines gleichen Grillen /
Mit denen sich bißher pflegt schädlich anzufüllen
Das junge Freyer-Volck: wann es die Aufschnit laß
Von grosser Zauberey / und seiner selbst vergaß.
Ja nicht einmahl vermerckt / wie es sich selbst verletzet /
Wie es der Keuschheit Schatz / in Sturm des Schiffbruchs setzet /
Wann es die Löffelley der Irrenden erwog
Und das ansteckend Gifft unwissend in sich sog.
Ob es gleich nur vermeint / Heldengeschicht zu lesen /
Und was vor grosse Leuth so hie so dort gewesen;
Der Grimmelshäuser giebt / ô Keuschverliebtes Hertz!
Hier gantz ein ander Buch / dardurch dein Liebes-Schmertz

Gelindert werden kan. Lehrt wie du dich solst schicken
Zu lieben ohne Schad / biß daß dich mög erquicken
Der so die Lieb verhängt; der so auch selbsten liebt /
Und jedem nach seim maß / der Lieb Belohnung giebt.
Das lese mit verstand / ist es gleich kurtz begriffen /
Auch durch holde Red-art nicht künstlich außgeschliffen /
So ists doch so bewandt / daß du und jedermann
Ergetzung / Lust und Lehr / mit Nutz darauß haben kan.

(Proximus und Lympida, S. 6)

Diese Polemik gegen den *Amadis*, dessen zahlreichen Bände in der zweiten Hälfte des 16. Jahrhunderts auch Deutschland erreichten, hat Tradition: Theologen wie Romanschriftsteller kritisieren das „schandsüchtige AmadisBuch" (A. H. Bucholtz) vor allem wegen seiner angeblichen Unsittlichkeit und Unwahrscheinlichkeit und schaffen so eine Folie für eine ,neue' Romanliteratur in christlichem Geist (vgl. Schäfer, *Hinweg nun Amadis*).

Der Traktat über den (!) *Ratio Status* ist Grimmelshausens Beitrag zur Diskussion über die Staatsräson, die von Machiavelli ausgelöst wurde. Mit der Verwendung der maskulinen Form für eine Personifikation steht Grimmelshausen nicht allein (vgl. Weydt, *Nachahmung*, S. 24). Der genaue Titel des Traktats, der 1670 bei Felßecker in Nürnberg herauskam, lautet: *Simplicianischer Zweyköpffiger Ratio Status, lustig entworffen Unter der Histori des waidlichen Königs Saul / des sanfftmütigen König Davids / des getreuen Printzen Jonathae / und deß tapffern Generalissimi Joabi [...].* Es handelt sich nicht um eine gelehrte Abhandlung über das Problem der Staatsräson, sondern um eine Darstellung ihrer „Zweyerley Gestalt", nämlich „gut und böß", anhand von vier biblischen Beispielen. Der Traktat beruht im wesentlichen auf den entsprechenden Passagen der Bibel (1. Sam. 8–31; 2. Sam. 3–24) und Stellen aus Garzonis *Piazza Universale*.

Zu den Voraussetzungen der im folgenden behandelten Thematik vgl. AB I (vor allem A.1.1., B.1., C.2.2.).

2. Textanalyse

2.1. Roman als Erbauungsliteratur

Grimmelshausens ,Idealromane' stellen den Leser vor ein besonderes Problem: das der Gattungszugehörigkeit. Das ist keine Frage der äußerlichen Klassifikation, denn im poetologischen Denken des 17. Jahrhunderts bedeutet die Wahl eines bestimmten Genres die Vorentscheidung über die Art und Weise der dichterischen Behandlung des gewählten Gegenstandes. Gattungskonventionen üben einen entscheidenden Einfluß auf Form und Stil einer Dichtung aus.

Der in der Grimmelshausenforschung verwendete Terminus ,Idealromane' ist eine Verlegenheitslösung, denn für die Gattung des ,hohen' Romans des 17. Jahrhunderts haben sich Bezeichnungen wie höfischer oder auch höfischhistorischer Roman durchgesetzt. In der Gattungsbezeichnung ‚Idealromane' schlägt sich die Erkenntnis nieder, daß diese Werke Grimmelshausens die Gattungscharakteristiken des höfischen Romans nicht oder nur teilweise erfüllen. Darin kann man jedoch nur dann ein Scheitern sehen, wenn man davon ausgeht, daß sich Grimmelshausen in der Tat an dieser Gattung der gelehrt-höfischen Literatur orientiert habe.

Vorreden und Widmungen, soweit vorhanden, geben keine direkten Hinweise auf literarische Muster, allein der *Amadis* taucht in einem Widmungsgedicht als Gegenbild auf (vgl. 1.3.). Allerdings fehlt es nicht an Äußerungen über den Zweck und das anvisierte Publikum dieser Romane. So heißt es am Ende der Vorrede von *Proximus und Lympida* nach einem ‚historischen' Abriß:

> Dieses vorgehende nun [...] habe ich von dessentwegen erzehlet / damit derselbe [d. h. der Leser] auß der nachfolgenden Histori; desto klärer sehe und behertzige / daß dannoch der Allmächtige GOtt die seinige / die ihn lieben / förchten / ehren und ihm dienen / es gehe auch so Bund über Eck in der Welt her / als es immer wolle / ja wann der Teuffel in der Höll (wie man von den seltzamen gefährlichen Zeiten / ohnbedachtsam Sprichwortsweis zu reden pflegt /) gleich selbsten ledig wäre / wunderbarlicher weiß erhalte / durchbringe / beschütze / beschirme / und endlich nach ihrer Beständigkeit / gleichsamb wie durch das Fewr probiert und geläutert / durch die Wellen des ungestümmen Meers dieser Welt / zu dem verlangten sicheren Gestad der ewigen Seeligkeit glücklich anlände. Seine unendliche Güte und grundlose Barmhertzigkeit geruhe vätterlich / uns seine Gnad zu verleyhen / daß wir die Segel / der bereits genugsam empfangenen Göttlichen Gaben / dermassen begierlich und fleissig auffspannen / und zu Empfahung der einwehenden Würckung und Trieb des Heiligen Geistes / fähig machen / zumahlen das Ruder unserer Seelen Kräfften / mit guter gesunder Vernunfft also regieren / daß wir auch daselbsten / an dem erwünschten Pfort des Himmlischen Vatterlandes erfrewlich anlangen mögen. Amen! *(Proximus und Lympida*, S. 16 f.)

Vorreden von höfischen Barockromanen pflegen nicht mit Amen auszuklingen. Ebensowenig geben sie auf ihren Titelblättern ausführliche Leseanweisungen und Hinweise auf das angesprochene Publikum. Die Werke, die das Bild der Gattung prägen, nennen – neben Verfasser und Druckangaben – häufig allein den Titel, gelegentlich kommt noch eine kurze Erläuterung hinzu: *Johann Barclayens Argenis Deutsch gemacht Durch Martin Opitzen*, 1626; Anton Ulrich von Braunschweig-Wolfenbüttel: *Die Durchleuchtige Syrerinn Aramena*, 1669–73, usw. Grimmelshausens Titel sind dagegen nicht nur wegen ihrer Länge untypisch für den höfischen Roman, auch die darin vermittelten Informationen deuten auf andere Gattungsmuster. Wenn die erste Fassung des Josephsromans den Obertitel *Exempel Der unveränderlichen Vorsehung Gottes* trägt und die zweite eine *Erbauliche [...] Lebensbeschreibung* verspricht, verweist das auf den „Theologische[n] Stylus", den Grimmelshausen im 1. Kapitel der *Continuatio* erwähnt (*Simplicissimus* VI, 1; S. 472 = S. 6).

Auch die beiden anderen Titel werben, allerdings nicht ausschließlich, mit dem erbaulichen Charakter der Schriften (vgl. 1.3.). Grimmelshausen knüpft bewußt an Traditionen des erbaulichen Schrifttums an, obwohl der recht geringe

Erfolg der ‚Idealromane‘ die Bemerkung bestätigt, daß „der Theologische Stylus beym Herrn Omne" nicht beliebt sei (ebd. VI, S. 472 = S. 6). Das Ergebnis ist eine nicht immer überzeugende Verbindung heterogener Elemente und Zwecke, die in den verschiedenen Romanen eine durchaus unterschiedliche Gestalt annimmt.

Grimmelshausen steht keineswegs allein mit der Verbindung von Roman und Erbauungsliteratur. Aegidius Albertinus war mit seiner von gegenreformatorischem Geist geprägten Übersetzung und Bearbeitung des *Guzmán de Alfarache* von Mateo Alemán vorausgegangen (vgl. AB I.C.2.3.3.), und auf protestantischer Seite wäre etwa auf den Theologen Andreas Heinrich Bucholtz hinzuweisen, der ausdrücklich betonte, daß sein Roman vom *Christlichen Teutschen Groß-Fürsten Herkules* (1659/60) „umb erbauliche Lehr-Unterrichtungen und Anmerkungen anzuführen / eigentlich geschrieben sey" (*Herkuliskus*, 1665, Vorrede). Bei diesen Beispielen wird deutlich, wie die im 17. Jahrhundert verbindliche Horazische Forderung des *prodesse* und *delectare* zur Verbindung geistlicher und weltlicher Literaturtraditionen führt. Bezeichnend dafür ist Bucholtz' ausdrückliche Übersetzung des *prodesse* mit „Erbauung" („Das Erste / nemlich die Erbauung / muß billich allenthalben der vornemste Zweg seyn / und wird mans hieselbst nit bald zu viel machen"), also seine Verengung auf den moralisch-religiösen Nutzen (vgl. Ingeborg Springer-Strand: *Barockroman und Erbauungsliteratur. Studien zum Herkulesroman von Andreas Heinrich Bucholtz*, Bern u. Frankfurt/M. 1975, S. 89 f.). Ein verwerfliches Beispiel von Literatur, die den erbaulichen Zweck vernachlässigt, ist für Bucholtz und Grimmelshausen der Amadisroman, dem sie ihre Tugendromane ausdrücklich entgegenstellen (vgl. 1.3.). Mit dieser Haltung stehen sie nicht allein, denn schon in der ersten Hälfte des 17. Jahrhunderts hatte der französische Bischof Jean Pierre Camus den Versuch unternommen, den ‚unchristlichen‘ Romanen seiner Zeit durch erbauliche Gegenstücke den Wind aus den Segeln zu nehmen (vgl. Schäfer, *Hinweg nun Amadis*, S. 369 ff. u. Voßkamp, S. 23).

Der Zweck erbaulicher Literatur, die „Besserung des Menschen", kann auf verschiedene Weise erreicht werden, nämlich indem man

a) gute und heilsame Sachen [...] in Betrachtung ziehet, und daraus allerley Gutes zur Besserung an die Hand giebet; b) Die freyen Mittel-Dinge, die vor sich selbst weder böse noch gut sind, die soll man sich oder dem Nächsten recht vorstellen und erwegen, wie sie können schädlich oder auch nützlich seyn, damit sie ein jeder zur Besserung brauche, und nicht mißbrauche; c) Wenn man auch das Böse recht ansieht, dasselbe zu meiden, oder aus demselben was gutes schöpffet. Wie GOTT die Art und Gewohnheit hat, daß er uns offt was Böses zuschicket, zu unserer Besserung etc. (Zedlers *Grosses vollständiges Universal Lexicon*, Bd. 8, 1734, Sp. 1478, Art. Erbauung und Besserung des Nächsten; vgl. Tarot, S. 100 f.)

In Grimmelshausens ‚Idealromanen‘ liegt der Akzent fraglos auf der Darstellung nachahmenswerter Gesinnungen und Handlungsweisen; diesen werden jedoch zur schärferen Akzentuierung negative Beispiele gegenübergestellt, etwa

Joseph und Selicha oder Proximus und Orontaeus in den jeweiligen Werken. Auch Hinweise auf die „Mittel-Dinge" fehlen nicht, so wenn Proximus einräumt, daß er wisse, „das weder der Besitz grosser Reichtumb noch eines hohen Standts / sonder allein deren Misbrauch verdammet" *(Proximus und Lympida,* S. 65). Doch vor allem schildern die Romane – das machen schon die Titel deutlich – Beispiele vorbildlicher Lebensführung.

Die Josephsgestalt hat in der Geschichte der Literatur unterschiedliche Deutungen gefunden: Die Bibeldramen des 15. und 16. Jahrhunderts betonen Erniedrigung und Erhöhung des Helden, in Zesens Roman treten die höfischpolitischen Aspekte in den Vordergrund, in Bodmers Patriarchaden verwandelt sich Potiphars Weib in eine empfindsame, tränenreiche und durchaus tugendhafte Frau, und bei Thomas Mann verbindet sich die aktuelle Mythosdiskussion mit Anspielungen auf Roosevelts New Deal. Grimmelshausen geht es um etwas anderes: um ein „Exempel der unveränderlichen Vorsehung GOttes". Dieses Thema wird an den entscheidenden Punkten der Handlung reflektiert und verleiht – zusammen mit den Vorausdeutungen, Weissagungen und Traumdeutungen – der Nacherzählung des biblischen Geschehens eine übergreifende Struktur (vgl. Wimmer, S. 373 ff.). Mit der Darstellung der Wirksamkeit der Providentia Dei und der damit verbundenen Deutung der Josephsgestalt als Präfiguration Christi nimmt Grimmelshausen Interpretationsmuster der theologischen Tradition auf.

Innerhalb dieses Rahmens beschreibt Grimmelshausen verschiedene Möglichkeiten menschlicher Verhaltensweisen: der Roman als exemplarische Lebensgeschichte eines tugendhaften Menschen, der allen Versuchungen widersteht, aber auch als Geschichte der Versucherin, Potiphars Weib, die sich angesichts ihres Scheiterns in eine „höllische Furi" verwandelt (S. 63) und schließlich in Verzweiflung stirbt (S. 77). Zwischen diesen Extremen, dem nachahmenswerten Vorbild und dem abschreckenden Beispiel, gibt es zahlreiche Abstufungen, etwa bei den Brüdern Josephs, gibt es Fälle erfolgreicher Bekehrungen (Musai, Assaneth) und sozialen Aufstiegs (Musai). Das wichtigste Exempel sozialen Aufstiegs durch Tugend und Leistung stellt Joseph, der vorbildliche Staatsmann, selbst dar (vgl. 2.2.).

Joseph war, so heißt es, nicht nur schön und gelehrt, sondern vor allem „sehr demütig / fromb / auffrichtig / redsprechig / freundlich und holdseliger Geberden" (S. 10). Demut, nicht zufällig an erster Stelle genannt, ist auch die Tugend, die die Helden von *Dietwalt und Amelinde* und *Proximus und Lympida* auszeichnet und zu Mustern wahrer christlicher Gesinnung macht, eine Haltung freilich, die in *Dietwalt und Amelinde* nicht einfach gegeben ist, sondern erst errungen werden muß. Dietwalt und Amelinde, zu Herrschern über Savoyen eingesetzt, werden beim Herrschaftsantritt auf die Probe gestellt und versagen, da ihnen die Lobreden und Prophezeiungen künftiger Größe zu Kopf steigen:

[...] welches dann einen solchen jungen heroischen Herrn wie er war / mehr kützelte als vonnöthen gewesen; dann er und seine Liebste in solchem Wolstand und unversehenlichen

Glück eins Theils anfiengen sich selbst nicht mehr zu kennen; massen alle Menschen in dergleichen Fällen / sonderlich hohe Personen und junge Leute / zu thun pflegen; welche / je mehr sie das Glück [...] anlachet / [...] je mehr sie sich bethören lassen; sintemal die Menschliche Gebrächlichkeit in diesem Fall so wol an Grossen als Kleinen ihr Theil zu haben bezeugt. (S. 35)

Ihre Sünde ist die Hoffart, doch die Erscheinung eines Engels, der in Gestalt eines Bettlers vor sie tritt, leitet die Umkehr ein. Sie ziehen zehn Jahre ins Elend, um ihre „Hoffart abzubüssen" und ihr Seelenheil zu retten (S. 37). Sie erquicken „ihre zarte[n] Leiber hie und da mit Wurtzeln und grünen Kräutern" (S. 52), verbergen ihre körperliche Schönheit, schlagen sich mit Betteln, Viehhüten und anderen Arbeiten durch und bestehen dann eine Serie von Abenteuern aus dem Repertoire des griechischen Reise- und Liebesromans und des höfischen Barockromans (Seeräuber, Entführung, Trennung), die ihnen Gelegenheit gibt, ihre Tugend zu bewähren. Nach weiteren wunderbaren Erscheinungen und Versuchungen steht ihrer Wiedervereinigung nichts mehr im Weg. Sie haben „einen ruhmwürdigen und löblichen Sieg wider ihre stärckste Feinde / als den Teuffel / die Welt und ihre eigne Affecten erhalten" (S. 51).

Eine erbauliche Geschichte, exemplarische Lebensläufe zwischen Himmel und Hölle, geleitet von der Vorsehung Gottes. Das freilich ist nur die eine Seite des Romans, die andere nennt der Untertitel, der eine Darstellung der ersten „Vergrösserung des Weltberühmten Königreichs Franckreich" verspricht. Die Folge ist ein Wechsel zwischen der Darstellung politischen und militärischen Geschehens und der Geschichte von Dietwalt und Amelinde. Diese zwei Bereiche laufen nebeneinander her, äußerlich nur am Anfang und am Ende miteinander verbunden. Gleichwohl besteht eine innere Beziehung, denn Demut vor Gott ist auch die Voraussetzung des christlichen Herrscherideals. Der Roman Grimmelshausens ist somit mehr als eine privat-erbauliche Liebesgeschichte, er ist zugleich Fürstenspiegel. Dietwalt und Amelinde sind als Kontrastfiguren zu den Verhältnissen der geschichtlichen Welt konzipiert: Demütige Gesinnung, Beherrschung der Affekte und die Erfahrung der Heilsbedürftigkeit des Menschen und der Welt werden als Grundvoraussetzungen eines idealen Herrschertums gesehen, das im chronikalischen Teil des Romans wie in der Wirklichkeit kaum zu finden ist (über Grimmelshausens politische Gedankenwelt vgl. 2.2.).

Auch in *Proximus und Lympida* steht die Welt des Hofes und der Politik einer christlichen Lebensführung entgegen, auch hier konfrontiert Grimmelshausen höfisch-aristokratische und christliche Ideale. Der Ort der Handlung ist das Oströmische Reich, dessen politische Verhältnisse durch die Art und Weise charakterisiert werden, wie Machtwechsel stattfinden: nämlich durch Mord. Der Atmosphäre von Macht, Ehrgeiz, Mißtrauen und Gewalt suchen sich die Tugendhaften zu entziehen, wenngleich sie die Teilnahme am politischen Leben nicht grundsätzlich ablehnen und ihre Aufgabe in einem Krieg „wider den falschen Propheten Mahomet" sehen (S. 91).

Doch die weltgeschichtlichen Aspekte stellen nicht das Zentrum des Buches dar, ebensowenig die „Liebs-Geschicht-Erzehlung". Es geht vielmehr um vorbildliche christliche Verhaltensweisen – und als Folie gelegentlich auch um das Gegenteil. Voran stehen Proximus' Eltern, Modestus und Honoria, die ein beispielhaftes christliches Leben führen, sich durch Mildtätigkeit, Liebe und Demut derart auszeichnen, daß sie durch eine wunderbare Erscheinung – „es mag nun Christus selbst oder ein Engel gewesen sein" (S. 45) – gewürdigt werden. An der Reaktion des Hafnerehepaars, bei dem sie sich verborgen halten, zeigt Grimmelshausen die Wirkung ihres exemplarischen christlichen Lebens und gibt damit einen Hinweis auf die ideale Rezeption des Romans:

> mein Man [. . .] sagte offt der alte Römische Cato wäre wider in Modesto aufferstanden / vnd agire jetzt der Christlichen Religion gemeß / was er etwan hiebevor als ein Haid nach der Tugent vnd Vernunfft zu üben vorgehabt! Honoria aber erinnerte mich an das Leben der Mutter Gottes / wan man von ihr liset auff was weiß sie sich zu Haltung der zehen Gebott Gottes geschickt! in summa dise zwey Leüthe wisen vns ohne Wortlehr oder mündliche Vnderrichtung allein durch exemplarischen Vorgang [. . .] vilmehr als der güldene Mund eines Christlichen Predigers thun mögen! dan ihr Thun vnd Lassen war so gnadenreich vnsere Sinne ich weiß nit durch was vor einen himlischen Zwang nach sich zuziehen / daß wir ihnen gleichsamb musten nachähmen! (S. 45)

Modestus und Honoria wirken durch ihr Beispiel in der Welt. So ist es nur konsequent, wenn Modestus in seiner Prophezeiung auf dem Sterbebett Proximus nicht als Einsiedler sehen kann:

> Du wirst und sollest zwar kein Monachus oder Einsidler werden / [. . .] sintemahl du auch mitten in der unruhigen gottlosen Welt ein stilles Gott wolgefälliges Leben führen kannst [. . .]. (S. 83 f.)

Proximus ist Modestus' würdiger Nachfolger. Auf Wunsch seines Vaters, der im Reichtum eine Gefahr für das Seelenheil sieht, verzichtet er auf den Großteil seines Erbes, eine Haltung, die auf weitgehende Verständnislosigkeit stößt und vom Kaiser nur aus politischem Kalkül bestätigt wird. Doch der Verlauf des Romans zeigt – wie wäre es anders zu erwarten –, daß Demut und Armut belohnt werden, während das Klammern an die Eitelkeit der Welt „die gerechte Heimsuchung Gottes" nach sich zieht (S. 136).

2.2. *Grimmelshausens politisches Denken im* Ratio Status *und in den Erbauungsromanen*

Grimmelshausens erbauliche Romane sprechen nicht allein über den Weg zu einem gottseligen Leben, sie enthalten explizit oder implizit auch Aussagen über die menschliche Gesellschaft und ihre politischen Organisationsformen. Damit unterscheiden sie sich nicht von den satirischen Romanen, auch nicht in den Schwierigkeiten für die Interpretation, die sich aus diesem Sachverhalt ergeben. Macht es die satirische Schreibweise unmöglich, den Autor (den Erzähler, eine Romanfigur) einfach beim Wort zu nehmen, so verhält es sich bei den Erbauungsromanen nicht anders: Da ihr Ziel letztlich in „Christlicher Aufferbawung" besteht (*Proximus und Lympida*, Titel), muß damit gerechnet werden, daß auch die politische Thematik diesem Zweck untergeordnet wird, also möglicherweise nur funktional zu verstehen ist. Aber wenn auch Einzelaussagen nicht für sich genommen werden können, sondern nur dazu dienen, ein Argument zu unterstützen, geben sie Hinweise auf Grimmelshausens politische Vorstellungswelt, zumal sich Verbindungslinien zu seinen nichtfiktiven Schriften ziehen lassen.

Grimmelshausens schriftstellerisch fruchtbare Jahre fallen in die Zeit, in der sich in zahlreichen deutschen Territorien der Absolutismus durchsetzte und festigte (vgl. AB I.A.1.). Diese Entwicklung nahm nicht überall den gleichen Verlauf, doch lag ihr Ziel – jenseits der Grenzen Deutschlands – vor Augen: im Frankreich Ludwigs XIV., das nach der Konsolidierung der absoluten Monarchie dazu ansetzte, die innere Stärke einer expansiven Außenpolitik dienstbar zu machen, mit der auch Grimmelshausen als bischöflich-straßburgischer Schultheiß zu tun bekam (vgl. AB I.D.2). Für ihn war der Absolutismus keine abstrakte Größe: Als Verwalter herrschaftlicher Güter wie als Renchener Schultheiß war er Vertreter der Obrigkeit gegenüber den Untertanen, diente er dem absolutistischen Herrschaftssystem „als ein durchaus nicht immer bequemer Funktionsträger auf der unteren Verwaltungsebene" (Breuer, S. 305). Als Schriftsteller setzte er sich mit den Problemen auseinander, die die Entstehung des neuzeitlichen Staates mit sich brachte.

Die entscheidende Frage ist die nach der Legitimation politischen Handelns. Grimmelshausen hat ihr einen eigenen Traktat gewidmet, den *Zweyköpffigen Ratio Status* (1670). In dieser Schrift setzt er sich mit dem zeitgenössischen Verständnis der Staatsräson auseinander, der Trennung politischen Handelns von den Normen der Religion, die vor allem mit dem Namen Machiavellis verbunden ist. Herrschaft von Menschen über Menschen ist, so heißt es bei Grimmelshausen, im positiven Recht begründet, Herrschaft ist eine unumgängliche Notwendigkeit, der „das Menschlich Geschlecht mit Nichten entbehren oder entrahten kan" (S. 7). Es gehört daher zu den Pflichten der Regenten, „nichts zu unterlassen / was zu Erhaltung ihrer Person / ihres Staats und deren die solchen Staat machen / gedeyen mag" (S. 9). Damit ist Grimmelshausen beim Thema, der „Ubung solcher selbst Erhaltung", die in der „heutigen Alemode-Welt Ratio Status genannt" und „wegen des gottlosen Machiauelli / unschuldiger Weise angefochten" werde (S. 9). Im Kernstück der Argumentation Grimmelshausens, deren Richtigkeit dann an einigen biblischen Gestalten ‚bewiesen' wird, heißt es über ‚den' „Ratio Status":

> ob er gleich 100000fältig / so bestehet er doch principaliter nur in zweyerley Gestalt / nemlich in gut und böß / je nach dem er etwan von rechtmässigen / frommen / GOtt und der Welt gefälligen Regenten / oder aber von ungerechten / gottlosen Tyrannen / [...] beherbergt / und ihme Folge geleistet wird. Dann wo er mittelmässig / das ist lau / oder halb wild / halb zahm erscheinet; da kan ich nicht glauben / daß er die Mittel-Straß so genau treffe / daß er sich nicht mehr auff die eine als die andere Seite lencken sollte; Ich

wollte sagen / daß er entweder mehrers der Erlaubten ja gebottenen selbst Erhaltung / darzu alles von GOtt und der Natur verbunden / sich ereignet / oder den gottlosen Machiauellischen Staats-Regeln zu viel beypflichtet und denen nachöhmet. (S. 10)

Grimmelshausen lehnt damit die Lehre von der *prudentia mixta* ab, mit der Justus Lipsius unter bestimmten Bedingungen eine Abweichung von den Normen der Moral gerechtfertigt hatte (*Politicorum sive civilis doctrinae libri sex*, 1589). Lipsius' *Politik* war ein Versuch, politische Handlungsweisen zu entwikkeln, die der Gefährdung des Staats durch Aufruhr und Bürgerkrieg begegnen und Ruhe und Sicherheit aufrechterhalten sollten. Zu diesem Zweck muß der Herrscher, so führt er aus, über die gleichen Mittel verfügen können wie seine Gegner, die sich mit Betrug, Falschheit und Lüge behaupten. Deshalb verstößt ein Herrscher gegen die Vernunft und gegen die Natur, wenn er das Gesamtinteresse nicht obenanstellt. ‚Betrug' ist also erlaubt: Es handelt sich in diesem Fall „um einen listigen Plan, der von den Gesetzen und der Tugend abweicht, und zwar im Interesse des Herrschers und des Staates" (Möbus, S. 74). Politik ist eben keine Sache für Knaben:

Hier kommt es vielmehr auf den Menschen an, ‚der darüber Bescheid weiß, wie es im Leben zugeht' (Aristoteles). Daraus ist leicht zu entnehmen, daß der vielgeschmähte Italiener nicht so streng zu verurteilen ist [...] und es doch, wie einmal ein Heiliger gesagt hat, ‚eine ehrenhafte und rühmliche Schlauheit' (Basilius) gibt. (Lipsius, zitiert nach Möbus, S. 272)

Gegenüber einer derartigen Haltung, die „eine moralische Elastizität in der Politik" rechtfertigt, ohne so provozierend zu wirken „wie der politische Immoralismus des Machiavelli" (Möbus, S. 75), besteht Grimmelshausen in seinem politischen Traktat auf der Unteilbarkeit der Moral und der Bindung der Staatsräson an religiöse Prinzipien. Dies geschieht in einer geschichtlichen Situation, in der gerade die Teilung der Normen, die Emanzipation der politischen Moral von religiösen Normen das Funktionieren des modernen Staates ermöglicht (vgl. Koselleck, S. 18 ff.). An der Figur des Olivier im *Simplicissimus* macht Grimmelshausen deutlich, warum ihm die Unterordnung der Politik unter religiösmoralische Prinzipien so wichtig erscheint, welche Konsequenzen die Trennung von Politik und Moral hat. Auf Simplicius' Vorhaltungen wegen seines verbrecherischen Lebens antwortet Olivier mit einer Argumentation, in die auch Machiavelli einbezogen wird:

[...] mein dapfferer Simplici, ich versichere dich / daß die Rauberey das aller–Adelichste Exercitium ist / das man dieser Zeit auff der Welt haben kan! Sag mir / wie viel Königreich und Fürstenthümer sind nicht mit Gewalt erraubt und zu wegen gebracht worden? Oder wo wirds einem König oder Fürsten auff dem gantzen Erdboden vor übel auffgenommen / wenn er seiner Länder Intraden geneust / die doch gemeinlich durch ihrer Vorfahren verübten Gewalt zu wegen gebracht worden? Was könte doch Adelicher genennet werden / als eben das Handwerck / dessen ich mich jetzt bediene? Ich mercke dir an / daß du mir gern vorhalten woltest / das ihrer viel wegen Mordens / Raubens und Stehlens seyen gerädert / gehenckt und geköpfft worden? das weiß ich zuvor wol / dann das befehlen die Gesetze / du wirst aber keine andere als arme und geringe Dieb haben hencken sehen / welches auch billich ist / weil sie sich diser vortrefflichen Ubung haben unterfangen dörffen / die doch niemanden als hertzhafften Gemütern gebührt und vorbehalten ist: Wo hastu jemals eine vornehme Stands-Persohn durch die Justitiam straffen sehen / umb daß sie ihr Land zu viel beschwert habe? ja was noch mehr ist / wird doch kein Wucherer gestrafft / der diese herrliche Kunst heimlich treibt / und zwar unter dem Deck-Mantel Christlicher Lieb / warumb wolte denn ich straffbar seyn / der ich solche offentlich / auff gut Alt-Teutsch / ohn einige Bemäntelung und Gleißnerey übe? Mein lieber Simplici, du hast den Machiavellum noch nicht gelesen [...]. (IV, 15; S. 338)

Auf Simplicius' Einwand, daß er damit gegen das positive, natürliche und göttliche Recht verstoße, verweist Olivier noch einmal auf Machiavelli:

Es ist / wie ich vor gesagt / [...] du bist noch Simplicius, der den Machiavellum noch nit studirt hat / könte ich aber auff solche Art eine Monarchiam auffrichten / so wolte ich sehen / wer mir alsdenn viel darwider predigte. (IV, 15; S. 339)

Das Entscheidende an diesen Passagen ist nicht, daß die weltliche Obrigkeit unrechtmäßiger Handlungen geziehen wird, sondern daß Olivier seine Handlungsweise, sein privates Rauben und Morden, mit Argumenten aus dem politischen Bereich rechtfertigt. Die Trennung von Politik und Moral, wie sie Machiavelli und die Vertreter der Lehre von der *prudentia mixta* in einer spezifischen historischen Situation verfechten, bedeutet für Grimmelshausen in letzter Konsequenz, daß die Normen generell zusammenbrechen und ein friedliches Zusammenleben der Menschen unmöglich wird. Damit kritisiert er die Vorstellung, daß die religiösen Normen gewissermaßen für die private Sphäre reserviert werden könnten, während die politische Klugheit im öffentlichen Bereich andere Verhaltensweisen diktiere. Grimmelshausen verteidigt das Prinzip der Unteilbarkeit der Moral und lehnt die Anschauungen der ‚modernen' Staatsräson ab, die für das friedliche Zusammenleben im öffentlichen und privaten Bereich gleichermaßen verderblich seien.

Er steht damit nicht allein: Die antimachiavellistische Argumentation hat ihre eigene Geschichte, in der vor allem der Jesuit Adam Contzen eine starke Wirkung ausübte. Sein Lehrbuch der Politik (*Politicorum libri decem*, 1620) „fand bei Hofbeichtvätern und Fürstenerziehern, in zahlreichen Ausbildungsstätten der Jesuiten und anderer Mönchsorden, bei katholischen Geistlichen und Universitätslehrern, dem Hochadel im süddeutschen und habsburgischen Herrschaftsgebiet großen Anklang. Sie [seine *Politik*] repräsentiert, auch wegen der Berufung ihres Verfassers in sein bedeutendes Amt an einem der wichtigsten Entscheidungszentren der europäischen Politik [Contzen war von 1622–1635 Hofbeichtvater in München], die Anschauungen einflußreicher Kräfte der damaligen politischen Welt" (Ernst-Albert Seils: *Die Staatslehre Adam Contzens.* In: Der Staat 10, 1971, S. 212; vgl. – auch zum folgenden – Dieter Breuer: *Adam Contzens Staatsroman. Zur Funktion der Poesie im absolutistischen Staat.* In: Literatur und Gesellschaft im deutschen Barock, Heidelberg 1979, S. 77–126).

Contzen sucht wie andere Staatsrechtler und politische Schriftsteller des 16. und 17. Jahrhunderts eine Antwort auf die Frage, wie der Zerrüttung von Staat und Gesellschaft durch Religions- und Bürgerkriege begegnet werden könne. Er plädiert für einen rational organisierten Fürstenstaat mit absoluter Machtvollkommenheit des Souveräns, wobei freilich die Bindung an eine konfessionell bestimmte Sittlichkeit betont und – im Gegensatz etwa zu Justus Lipsius – die *prudentia mixta* abgelehnt wird. Es handelt sich also um einen Versuch, das absolutistische Herrschaftssystem, dessen geschichtliche Notwendigkeit erkannt wird, an die Normen der christlichen (konfessionellen) Moral zu binden. Contzen baut damit eine Gegenposition nicht nur zu Machiavelli auf, sondern vor allem zu den theoretischen Begründern des neuzeitlichen absoluten Machtstaats wie Bodin und Lipsius, die gerade angesichts des Zusammenbruchs der alten Ordnungsmächte (Stände, Kirche) eine von diesen unabhängige neue Instanz forderten. Die von Contzen und anderen getragene Gegenbewegung, die gewiß auch konfessionelle Partikularinteressen reflektiert, ignoriert, daß die Emanzipation der Politik von religiösen Normen zu den Voraussetzungen der Entstehung und des Funktionierens des neuzeitlichen Staates gehört.

Obwohl Grimmelshausens religiöse Argumentation die geschichtlichen Voraussetzungen des modernen Staates verkennt, haben die von ihm konstituierten Gegenbilder eine kritische Funktion. Was für die Utopien im *Simplicissimus* gilt (vgl. AB II.2.1.3.), gilt auf andere Weise auch für die Beispiele religiös fundierten Handelns in den erbaulichen Romanen. So kann man mit Breuer im Josephsroman die Darstellung einer absolutistischen Staatsreform erkennen und in Joseph einen Funktionsträger im neustoizistischen Sinn, an dem Grimmelshausen exemplarisch den Aufstieg eines Tugendhaften und damit den Erfolg religiös fundierten politischen Handelns zeigt (vgl. Breuer, S. 308 ff.). Auch *Dietwalt und Amelinde,* wo jedoch keine detaillierten politischen Strukturveränderungen beschrieben werden, verweist auf den Zusammenhang von christlicher Moral und Politik. Im Gegensatz zur politischen Wirklichkeit im chronikalischen Teil des Romans werden an Dietwalt und Amelinde die Voraussetzungen idealen Herrschertums dargestellt – Demut vor Gott, Beherrschung der Affekte, Erfahrung der Heilsbedürftigkeit des Menschen –, allerdings nicht deren Umsetzung in die politische Praxis.

Die Geschichte von Dietwalt und Amelinde endet mit der Rückkehr aus dem selbstauferlegten zehnjährigen „Elend". Daß sie dann noch lange in Savoyen regieren, wird im Schlußsatz summarisch berichtet. Der letzte der erbaulichen Romane geht einen Schritt weiter. Er stellt zwar auch dar, wie Tugend und Gottesfurcht belohnt werden – Proximus wird zum Herrscher über Thessalien berufen –, zeigt aber mit Proximus einen Fürsten, der einem Konflikt mit seinem kaiserlichen Lehnsherrn ausweicht und sein Fürstentum „gegen Darlegung eines grossen Stück baren Geltes" an den Kronprinzen abtritt (*Proximus und Lympida,* S. 141) und mit seiner Gemahlin nach Venedig segelt. Hier wird er – dank seines Vermögens, das er für das Gemeinwohl einsetzt – „bey derselben Repu-

blic denen alten Geschlechtern / als der allergetrewste Patriot / wo nicht vorge-
zogen / doch ihnen gleich geschätzt" (ebd. S. 141):

> Haben also der edel Proximus und seine unvergleichliche Lympida an disem Ordt eine
> ihrem Sinn vnd Humor nach / allerbequembste Statt gefunden / allwo sie geruewiglich
> beydes Gott vnd den Menschen: den Armen privat Persohnen vnd dem gemeinen Wessen
> dienen konden / wo sie weder mit Regierung über andere sich bemühen dörffen noch mit
> vnderthänigen Diensten einem tyranischen Gewalt zugehorsammen gezwungen waren /
> daselbsten pflanzte diß gottseelige paar die Nachkömlinge seines Geblüts / vmb aldorten
> der verheissenen göttlichen Gnaden vnd Wolthaten biß ins taussende Glidt zugeniessen
> [...]. (Ebd. S. 142)

Man hat den Weg vom *Keuschen Joseph* zu *Proximus und Lympida* als den
der wachsenden „Skepsis gegenüber der Moralität der absolutistischen Staatsordnung" bezeichnet, die Grimmelshausen zur grundsätzlichen Frage geführt
habe, ob es denn „überhaupt eine Ordnungsform des menschlichen Zusammenlebens [gebe], die zu ihrer ‚Selbsterhaltung' (ratio status) *nicht* in Konflikt mit
vorrangigen moralischen Prinzipien gerät" (Breuer, S. 324). In der Tat kann man
beobachten, daß im *Musai*, der zweiten Auflage des *Joseph* angehängt, gewisse
Aspekte der absolutistischen Politik Josephs kritisiert werden (*Joseph*,
S. 163–167) und daß in *Proximus und Lympida* die politische Praxis die Einheit
von Politik und Moral nicht mehr zuzulassen scheint. Ob man aber darin eine
generelle Aussage über die Vereinbarkeit von christlicher Moral und Politik
sehen darf, die mit einem Votum für die republikanische Staatsform endet, ist
fraglich. Im Kontext des Romans hat das Verhalten des Proximus einen anderen
Stellenwert, denn die politischen Verhältnisse, denen er sich entzieht, sind nicht
die einer an christlichen Grundsätzen orientierten absoluten Monarchie: Im
Gegenteil, der Kaiser gehört ohne Zweifel in den Bereich der ‚bösen' Staatsräson; er ist ein Ketzer und Tyrann. Damit steht auch dieser Roman – wie *Joseph,*
Dietwalt und Amelinde und der politische Traktat *Ratio Status* – in der Tradition antimachiavellistischer Argumentation.

Erbauliche Intention, biblische oder legendäre Verkleidung und Bezug auf die
politischen Entwicklungen der Gegenwart schließen einander nicht aus. Der
Entwurf eines religiös begründeten Herrschaftsideals in den erbaulichen Romanen, eines politischen Handelns, das sich an den Forderungen der zehn Gebote
und der Bergpredigt orientiert, ist als Gegenbild zur zeitgenössischen politischen
Wirklichkeit konzipiert, über deren Beschaffenheit Grimmelshausen keine Illu-
sionen hatte. Was er von absolutistischer Herrschaft hielt, die ihre eigentliche
Begründung, die Wohlfahrt der Untertanen zu sichern, außer acht ließ, macht
der „Satyrice Gesinnte abentheurliche Simplicissimus" in dem Gesprächspiel
Rathstübel Plutonis Oder Kunst Reich zu werden (1672) deutlich. In diesem
‚Spiel', an dem eine bunte Gesellschaft – von Randfiguren bis zu einem inkogni-
to reisenden Fürsten – friedlich zusammensitzt und über die verschiedenen
Aspekte des Reichtums diskutiert, wird am Schluß das Thema umgekehrt: Se-
cundatus, der Fürst, läßt sich von Simplicissimus sagen, was er tun müßte, um

am sichersten zu seinem finanziellen Verderben zu gelangen. Die Antwort stellt eine beißende Satire auf den Absolutismus französischer Prägung dar:

> Generaliter ist dieses / was ich diß Orts vorzubringen hab / der Herr ähme den Frantzosen nach / wird er mit seinen Reichthumben nicht alßbald fallen / so wirds doch mit ihme und denselbigen sicherlich sonst niergends alß an allen Orten geschwind hincken! dann der Herr muß diß wissen / daß durch solche Frantzösische Mode die Ständ desselbigen gewaltigen Reichs außgesogen / gezämt und [...] zu andern höhern Dingen undüchtig gemachet werden [...]. (S. 74 f.)

Und „particulariter" geht Simplicissimus drastisch die zahlreichen Möglichkeiten der Verschwendung durch, von teuren Perücken bis zu einem aufgeblähten Verwaltungsapparat:

> [...] solte es aber dannoch mit deinem Verderben langsam hergehen / sintemahl dich bedunckt / die Einkünfften deines Lands seyen unerschöpflich / so fange mit einem gewaltigern alß du bist / einen unnöthigen und unrechtmessigen Krieg an / und führe ihn mit Unvorsichtigkeit / so wirst du / wilß GOtt / bald fertig werden: Kanst du aber dißfalls auch nicht zukommen / so lasse diß deine vornehmste Regul seyn / daß du deine Unterthanen nach und nach außsaugest / ihre Schätz beraubest / und außerhalb deines Lands solche verschwendest / hingegen aber ihnen keine Mittel und Weg an die Hand gebest / sondern sie vielmehr verhinderst wiederumb andere zuerwerben. (S. 88 f.)

Es hieße diese Passage mißverstehen, wenn man sie allein aus einem (durchaus vorhandenen) antifranzösischen Affekt Grimmelshausens erklären wollte. Ihre Bedeutung geht über das konkrete Beispiel hinaus, denn der französische Stil der Hofhaltung hatte in der Tat schon in Deutschland Schule gemacht – und was die wirtschaftlichen Konsequenzen eines so verstandenen Absolutismus betrifft, so kann Simplicissimus' Satire als hellsichtige Voraussage gelten. Der entscheidende Punkt der Kritik ist jedoch, daß der Herrscher mit einer derartigen Politik der Verschwendung, Mißwirtschaft und Kriege seine oberste Pflicht verletzt, nämlich

> vor allen Dingen (als welches auch sein Haupt-Zweck und fürnehmstes Absehen sein soll) sein / seines Reichs und seiner Underthanen (ohne die er kein Herr sein könnte) selbst Erhaltung und Wohlstand zubeobachten [...]. (*Ratio Status*, S. 9)

„Secundatus, welcher ein grosser Herr war / und ohnbekanter Weis die Länder beschauet" (*Rathstübel Plutonis*, S. 89), versteht Simplicissimus richtig. Er sieht das Ideal, das hinter der Satire steht, das Ideal des guten und gerechten Regenten. Ihm fühlt er sich verpflichtet. Allerdings mag es sich mit diesem Herrscherideal in der geschichtlichen Wirklichkeit so verhalten wie mit dem Beispiel, das Proximus und Lympida geben: Simplicissimus nennt es im *Rathstübel Plutonis* „so ein seltenes Exempel / das wenig Folg hat" (S. 51).

Arbeitsbereich V

Grimmelshausen: Zur Geschichte seiner Wirkung

0. Vorbemerkung

Die Geschichte der Wirkung Grimmelshausens ist noch nicht geschrieben, ein Gegenstück zu Alberto Martinos großangelegter Lohenstein-Untersuchung liegt nicht vor (*Daniel Casper von Lohenstein. Geschichte seiner Rezeption*, Bd. 1: 1661–1800, Tübingen 1978). Es fehlen auch entsprechende Dokumentensammlungen, wie sie für andere Dichter zusammengestellt worden sind. Der folgende Versuch erhebt nicht den Anspruch, diese Lücken zu schließen. Das verbieten der Zweck dieses Arbeitsbuches, die Forschungslage und das umfangreiche, vielfältige Material. Die Darstellung beschränkt sich vielmehr auf einige Aspekte der Rezeption, die die Wandlungen im Grimmelshausenverständnis exemplarisch dokumentieren. Nur so ist es in diesem Rahmen möglich, über das bloße Registrieren von Fakten hinauszukommen: Es soll gezeigt werden, wie sehr die Grimmelshausenbilder eine Funktion der jeweiligen geschichtlichen Bedingungen – einschließlich der Wissenschaftsgeschichte der Germanistik – darstellen, wie sehr das Werk „seine Wirkung hauptsächlich der Geschmackslage des jeweiligen Publikums verdankt und (oder) einer langen Tradition, die einer Gegenwart das Werk als wertvoll empfiehlt" (Gunter Grimm: *Einführung in die Rezeptionsforschung. In: Literatur und Leser. Theorien und Modelle zur Rezeption literarischer Werke*. Hrsg. von G. Grimm, Stuttgart 1975, S. 73). Deutlich wird dabei auch, daß in der heutigen Grimmelshausenforschung unreflektiert Beurteilungsschemata vergangener Zeiten weiterleben.

Die behandelten Texte umspannen den Zeitraum von 1683 bis zum Ende der nationalsozialistischen Herrschaft. Dabei ergeben sich für die frühe Zeit erhebliche Schwierigkeiten. So sind angesichts der geringen und höchst zufälligen Materialbasis weitreichende Aussagen über Grimmelshausens (reale) Leser, ihre Erwartungen und Perspektiven nicht möglich. Zufallsfunde in Briefen und Tagebüchern, Erwähnungen bei anderen Autoren und eine Berücksichtigung allgemeiner Voraussetzungen lassen allenfalls einige vorläufige Schlüsse über die soziologische Zusammensetzung von Grimmelshausens Lesepublikum zu (vgl. AB I. B.5; Gebauer, S. 416 ff.).

Daß freilich der *Simplicissimus* für die Verhältnisse des 17. Jahrhunderts ein außerordentlich erfolgreicher Roman war, steht außer Zweifel. Dafür spricht nicht nur die schnelle Folge von (rechtmäßigen und unrechtmäßigen) Nachdrucken und die Reihe von ‚Fortsetzungen', sondern vor allem auch der Umstand, daß die Begriffe ‚Simplicissimus‘ und ‚simplicianisch‘ bald zu Reklamezwecken gebraucht und einer ganzen Reihe von Büchern und Pamphleten zwischen 1670 und 1744 untergeschoben wurden. Unter den dreißig bekannten Titeln befinden sich politische und religiöse Traktate, Kalender und Briefsteller, Geschichtensammlungen und schließlich auch einige romanhafte Lebensbeschreibungen. Für diese Texte hat sich die Bezeichnung ‚Simpliciaden‘ – analog zu ‚Robinsonaden‘ – durchgesetzt, obwohl nur wenige Werke als direkte Nachfolger des *Simplicissimus* gelten können. Mit dem Begriff ‚simplicianisch‘ wird, wenn er nicht allein buchhändlerischer Spekulation entspringt, in der Regel auf die satirische Schreibweise verwiesen, bei den Romanen dazu auf das Schema des pikarischen Lebenslaufs, das Werken Johann Beers, Johann Georg Schielens oder Daniel Speers zugrunde liegt (*Der Simplicianische Welt-Kucker*, 1677–79; *Deß Frantzösischen Kriegs-Simplicissimi, Hoch-verwunderlicher Lebens-Lauff*, 1682; *Ungarischer Oder Dacianischer Simplicissimus*, 1683; zu diesem Bereich, auf den im folgenden nicht mehr eingegangen wird, vgl. u. a. *Simplicius Simplicissimus. Grimmelshausen und seine Zeit*, Alewyn: *Beer*, Koschlig: *Kriegs-Simplicissimus*, Rausse).

Da die direkten Urteile über Grimmelshausen und sein Werk recht spärlich sind, kommt den Ausgaben und Bearbeitungen der ‚vorwissenschaftlichen‘ Periode der Beschäftigung mit Grimmelshausen eine besondere Bedeutung zu. Neben der kommentierten Sammelausgabe (zuerst 1683/84) werden daher eine Reihe von Bearbeitungen aus dem 18. und frühen 19. Jahrhundert herangezogen (2.1.–2.5.). Die folgenden Kapitel behandeln ausgewählte Aspekte der Wirkungsgeschichte im 19. und in der ersten Hälfte des 20. Jahrhunderts, die mit den Stichworten Wissenschaft, Ideologie und politische Instrumentalisierung bezeichnet werden können. Hilfreich waren hier die allgemeineren rezeptions- und wissenschaftsgeschichtlichen Darstellungen der letzten Jahre (Braunbehrens, Janota, Jaumann, Müller u. a.).

Aus diesen knappen Andeutungen geht hervor, daß große Bereiche der Wirkungsgeschichte ausgeklammert bleiben. So ist nicht die Rede von Grimmelshausen (von seinem Werk) als Gegenstand der bildenden Kunst, der Musik, der Dichtung, nicht von der satirischen Zeitschrift *Simplicissimus* oder dem Bemühen der Didaktiker in Ost und West, Grimmelshausen für die Schule nutzbar zu machen. Besonders das Thema Grimmelshausen und die Dichtung verdiente eine Untersuchung, die über das Registrieren von ‚Erwähnungen‘ und ‚Einflüssen‘ hinausginge und die historischen, wissenschafts- und literaturgeschichtlichen Voraussetzungen der Texte darlegte. Dabei wäre in diesem Jahrhundert nicht nur an Brechts *Mutter Courage und ihre Kinder* (1941), an Verse Ernst Stadlers (1914) und Johannes R. Bechers (1940/41) oder an die heimatgebundene bzw. völkische Prosa der dreißiger Jahre zu erinnern: Gerade heute zeigt sich in Werken von Günter Grass (*Der Butt*, 1977; *Das Treffen in Telgte*, 1979) ein Interesse an der Literatur des 17. Jahrhunderts, das nicht nur bewundernd zur Kenntnis zu nehmen, sondern auch kritisch zu analysieren wäre.

1. Grundlageninformationen

1.1. Forschungsliteratur

Alewyn, Richard: Rezension von Herbst, Gisela (s.u.). In: Euphorion 52, 1958, S. 319–323 [Enthält neben einer vernichtenden Kritik Hinweise zur Wirkungsgeschichte Grimmelshausens.]

Alewyn, Richard *(Beer)*: s. Gesamtbibl.

Battafarano, Italo Michele: Goethe und Grimmelshausen. Leser, Publikum und mündliche Überlieferung des *Simplicissimus Teutsch*. Erster Teil: 1688–1791. In: Istituto Universitario di Napoli. Annali. Sezione Germanica. Studi Tedeschi 18, 1975, Nr. 2, S. 91–108 [Nimmt einen mündlichen Überlieferungsprozeß im 18. Jahrhundert an.]

Boeckh, Joachim G.: Grimmelshausen im Preußischen Abgeordnetenhaus. In: Neue deutsche Literatur 8, Nr. 9, 1960, S. 148–151 [Darstellung der Debatte mit Seitenhieben gegen die westdeutsche und schweizerische Germanistik und ihr unpolitisches Grimmelshausenverständnis.]

Boeckh, Joachim G.: Hermann Kurz als Grimmelshausenforscher. In: Weimarer Beiträge 7, 1961, S. 332–348 [Polemisiert gegen die häufige Verwechselung von Heinrich und Hermann Kurz und stellt Hermann Kurz' Verdienste als Grimmelshausenforscher und Demokrat heraus.]

Braunbehrens, Volkmar: Nationalbildung und Nationalliteratur. Zur Rezeption der Literatur des 17. Jahrhunderts von Gottsched bis Gervinus, Berlin 1974 [Zeigt an J. Chr. Gottsched, F. W. Zachariae, J. G. Herder. E. J. Koch, L. Wachler, F. Horn und G. G. Gervinus, wie Teilbereiche der Literatur des 17. Jahrhunderts im Sinn einer ‚Nationalbildung' aktualisiert werden.]

Dünnhaupt, Gerhard: s. Gesamtbibl.

Fechner, Jörg-Ulrich: Rezeption als Interpretation. Hakens *Simplicissimus*-Ausgabe von 1810. In: Daphnis 5, 1976, S. 677–697 [Charakterisiert nach einem Rückblick auf die Bearbeiungen des 18. Jahrhunderts Hakens *Simplicissimus* als wenig geglückten Versuch, Grimmelshausens Werk politisch zu verwenden; antifranzösische Haltung und Wiederbesinnung auf die alten vaterländischen Tugendwerte im Stil der zeitgenössischen Unterhaltungsliteratur.]

Gebauer, Hans Dieter: s. Gesamtbibl.

Germanistik und deutsche Nation 1806–1848. Zur Konstitution bürgerlichen Bewußtseins. Hrsg. von Jörg Jochen Müller, Stuttgart 1974 (Literaturwissenschaft und Sozialwissenschaften 2) [Einzelbeträge zu einer kritischen Geschichte der Germanistik von ihren Anfängen bis zur Revolution von 1848, mit der die bürgerlich-progressive Germanistik gescheitert sei.]

Herbst, Gisela: Die Entwicklung des Grimmelshausenbildes in der wissenschaftlichen Literatur, Bonn 1957 [Wenig hilfreich; vgl. die Rezension von R. Alewyn in Euphorion 52, 1958, S. 319–323.]

Janota, Johannes: Einleitung zu: Eine Wissenschaft etabliert sich: 1810–1870. Texte zur Wissenschaftsgeschichte der Germanistik III. Hrsg. von J. Janota, Tübingen 1980, S. 1–60 [Kritischer Überblick über die Entwicklung der Germanistik im politischen Kontext.]

Jaumann, Herbert: Die deutsche Barockliteratur: Wertung – Umwertung. Eine wertungsgeschichtliche Studie in systematischer Absicht, Bonn 1975 [Umfassende Darstellung der Barockwertungen und -umwertungen seit der Aufklärung; enthält auch eine Erörterung der Grimmelshausendeutungen von Cysarz, Ermatinger und Gundolf.]

Koschlig, Manfred: Der *Frantzösische Kriegs- Simplicissimus* oder: Die „Schreiberey" des Ulmer Bibliotheksadjunkten Johann Georg Schielen (1633–1684). In: Jahrbuch der deutschen Schillergesellschaft 18, 1974, S. 148–220 [Nachweis der Autorschaft einer der wichtigeren ‚Simpliciaden‘.]

Koschlig, Manfred: Grimmelshausen und die Brüder Grimm. Nachruf auf den *Barock-Simplicissimus*. In: Daphnis 5, 1976, S. 635–676 [Über Grimmelshausenforschung und -editionen des 19. Jahrhunderts als Ausgangspunkt für den Versuch, den *Barock-Simplicissimus* als unautorisiertes Produkt des Felßecker-Korrektors Johann Christoph Beer zu erweisen.]

Koschlig, Manfred: Die „simplicianische Arbeit" des Johann Christoph Beer (1638–1712). In: M. Koschlig, *Ingenium* (s. Gesamtbibl.), S. 297–534 [Umfassende Darstellung von Leben und Werk des Felßecker-Korrektors Beer und seiner mutmaßlichen Mitwirkung an den *Wunder-Geschichten-Kalendern,* dem *Barock-Simplicissimus* und den Kommentaren der Sammelausgabe.]

Kreutzer, Hans Joachim: Der Mythos vom Volksbuch. Studien zur Wirkungsgeschichte des frühen deutschen Romans seit der Romantik, Stuttgart 1977 [Enthält auch einen Abschnitt über deutsche Literatur des 15. bis 17. Jahrhunderts als erneuerte Unterhaltungslektüre (Reichards *Bibliothek der Romane*).]

Kühlmann, Wilhelm: Simplicissimus als deutscher Robinson – Lektüre Grimmelshausens bei A. G. Kästner. In: Germanisch-romanische Monatsschrift NF 25, 1975, S. 92 f. [Hinweis auf Kästners Artikel von 1772 „Ob Robinson Crusoe auch Robinson I ist?"]

Müller, Hans-Harald: Barockforschung: Ideologie und Methode. Ein Kapitel deutscher Wissenschaftsgeschichte 1870–1930, Darmstadt 1973 [Behandelt in ideologiekritischer Weise die ‚dominanten Perspektiven‘ der deutschen Barockforschung vom Positivismus über die Anregungen der Kunstwissenschaft bis hin zur geistesgeschichtlichen Literaturwissenschaft; beschäftigt sich auch mit den Grimmelshauseninterpretationen von Cysarz, Ermatinger und Gundolf.]

Noehles, Gisela: Text und Bild. Untersuchungen zur den Kupferstichen von 1671 und den nachbarocken Illustrationen zu Grimmelshausen. In: Daphnis 5, 1976, S. 595–633 [Untersucht die Beziehungen zwischen literarischem Text und Illustration; mit zahlreichen Abbildungen vor allem aus dem 20. Jahrhundert.]

Rausse, Hubert: Zur Geschichte der Simpliziaden. In: Zeitschrift für Bücherfreunde 4, 1912/13, S. 195–215 [Versuch einer Zusammenstellung der Werke, die sich im Titel auf den *Simplicissimus* beziehen, im übrigen aber wenig Gemeinsames haben.]

Scholte, Jan Hendrik: Die Romantik und Grimmelshausen. In: Germanisch-romanische Monatsschrift NF 3, 1953, S. 190–200 [Beschäftigt sich am Anfang und Ende mit Tieck, der über Erduin Julius Koch den *Simplicissimus* kennenlernte; im Mittelpunkt stehen Felßecker, Grimmelshausen und die Druckgeschichte seines Hauptwerks.]

Scholte, Jan Hendrik: Grimm und Grimmelshausen. In: Fragen und Forschungen im Bereich und Umkreis der germanischen Philologie. Festgabe für Theodor Frings. Hrsg. von Elisabeth Karg-Gasterstädt u. Johannes Erben, Berlin [DDR] 1956, S. 142–155 [Belege aus dem *Deutschen Wörterbuch,* das auch aus den nicht von Grimmelshausen stammenden Kommentaren der postumen Sammelausgabe zitiert, sind der Ausgangspunkt für eine Darstellung der Druckgeschichte des *Simplicissimus.*]

Simplicius Simplicissimus. Grimmelshausen und seine Zeit (s. Gesamtbibl.), S. 193–297

[Gut dokumentierte Beiträge zur Wirkungsgeschichte (Zeitgenössische ‚Nachahmungen'; literarische Nachwirkung; *Simplicissimus* im Preußischen Abgeordnetenhaus; die Wiederentdeckung; Abriß der Forschungsgeschichte; Ausgaben und Übersetzungen; musikalisches Nachwirken; Wirkung in der bildenden Kunst; Grimmelshausen ‚populär').]

Weydt, Günther: Zum Problem der Wirkungsgeschichte am Beispiel Grimmelshausens. In: Akten des V. Internationalen Germanisten-Kongresses Cambridge 1975. Heft 4. Hrsg. von Leonard Forster u. Hans-Gert Roloff, Bern u. Frankfurt/M. 1976, S. 36–41 [Hält die Rezeptionsforschung für wenig geeignet, Grimmelshausens Werk zu erhellen.]

1.2. *Quellenverzeichnis*

Das Verzeichnis nennt nur die in der Darstellung zitierten Quellen, soll also keine vollständige bzw. repräsentative Bibliographie bieten. Zitierweise: Sigle Q, Nummer des Verzeichnisses, (gegebenenfalls) Band- und Seitenzahl.

1. [Grimmelshausen:] Der Aus dem Grab der Vergessenheit wieder erstandene Teutsche Simplicissimus [...], Nürnberg 1684 [recte 1683]; zitiert nach der Edition A. v. Kellers (s. Gesamtbibl.)
2. [Anonym:] Der Wechsel des Glücks und Unglücks im Krieg, oder Wunderbahre Begebenheiten Herrn Melchior Sternfels von Fuchsheim [...], Frankfurt/M. u. Leipzig 1756
3. Abraham Gotthelf Kästner: Ob Robinson Crusoe auch Robinson I. ist? In: A. G. Kästner: Vermischte Schriften. Zweyter Theil, Altenburg 1772, S. 162–165
4. [Heinrich August Ottokar Reichard:] Bibliothek der Romane, Bd. 1, Berlin 1778 u. Bd. 4, Berlin 1779
5. [Christian Jakob Wagenseil:] Der Abentheuerliche Simplicissimus. Auch Melchior Sternfels von Fuchsheim genannt. Neu bearbeitet, Leipzig 1785
6. [Johann Joachim Eschenburg:] Rez. von Nr. 5. In: Allgemeine deutsche Bibliothek Bd. 76, 2. Stück, 1787, S. 441 f.
7. [Anonym:] Der im vorigen Jahrhundert so weltberufene Simplizius v. Einfaltspinsel, in einem neuen Kleide nach dem Schnitt des Jahres 1790. Neue, nach dem 1685. aufgelegten Original umgearbeitete Auflage in 6 Büchern, Frankfurt/M. u. Leipzig 1790
8. [Anonym:] Lächerliche und unterhaltliche Lebensgeschichte des im vorigen Jahrhunderte allgemein bekannten tapfern Soldaten Kilian Springinsfeld, getreuen Kriegskammeraden des Simplizius, zuletzt aber verarmten Landstürtzers. Mit einem Anhange von der begünstigten Liebhaberin des Simplizius, Jungfer Courage. Gedruckt im Jahre 1670. Nunmehr aber ganz umgearbeitete Auflage in zwei Theilen, Frankfurt/M. u. Leipzig 1791
9. Ludwig Tieck: Ein Tagebuch. In: Straußfedern. Eine Sammlung kleiner Romane und Erzählungen, Bd. 8, Berlin u. Stettin 1798, S. 65–81 (Auch in: Schriften, Bd. 15, 1829, S. 337–350)
10. [Anonym:] Der Held des neunzehnten Jahrhunderts, eine Apokalypse des siebzehnten; oder die erfüllteste Weissagung neuerer Zeiten. Kommentirt und erläutert, Magdeburg 1809
11. [Johann Christian Ludwig Haken:] Bibliothek der Abentheurer. In zweckmäßigen Auszügen vom Verfasser der grauen Mappe. Erster Band, Magdeburg 1810 [= Hakens *Simplicissimus*-Bearbeitung]

12. Ludwig Wachler: Vorlesungen über die Geschichte der teutschen Nationallitteratur. 2. Teil, Frankfurt/M. 1819

13. Ludwig Tieck: Vorrede zu: Deutsches Theater. Zweyter Theil. Neue verbesserte Auflage, Wien 1822

14. Friedrich Weisser: Schalkheit und Einfalt. Oder der Simplicissimus des siebzehnten Jahrhunderts im Gewande des neunzehnten. Ein Roman in zwey Theilen, Berlin 1822

15. Eduard von Bülow: Die Abenteuer des Simplicissimus. Ein Roman aus der Zeit des dreißigjährigen Krieges, Leipzig 1836

16. [Hermann Kurz:] Rez. von Nr. 15. In: Der Spiegel. Zeitschrift für literarische Unterhaltung und Kritik 1837, Nr. 5, S. 17–20 u. Nr. 6, S. 21–24 (Reprint Münster 1981)

17. Theodor Echtermeyer: Rez. von Nr. 15. In: Hallische Jahrbücher für deutsche Wissenschaft und Kunst 1, 1838, Sp. 413–424 u. 430–432; zitiert nach dem Abdruck in: Der Simplicissimusdichter und sein Werk (s. Gesamtbibl.), S. 1–16

18. Georg Gottfried Gervinus: Geschichte der poetischen National-Literatur der Deutschen, Bd. 3, Leipzig 1838

19. Oskar Ludwig Bernhard Wolff: Allgemeine Geschichte des Romans, von dessen Ursprung bis zur neuesten Zeit, Jena 1841

20. August Friedrich Christian Vilmar: Vorlesungen über die Geschichte der deutschen National-Literatur, Marburg u. Leipzig 1845

21. Carl Kläden: Ueber die Bedeutung des Simplicissmus von Chr. v. Grimmelshausen. In: Germania 9, 1850, S. 86–92

22. Joseph von Eichendorff: Der deutsche Roman des achtzehnten Jahrhunderts in seinem Verhältnis zum Christenthum, Leipzig 1851; zitiert nach: Neue Gesamtausgabe, hrsg. von Gerhart Baumann in Verbindung mit Siegfried Grosse, Bd. 4, Stuttgart 1958

23. Heinrich Kurz: Geschichte der deutschen Literatur mit ausgewählten Stücken aus den Werken der vorzüglichsten Schriftsteller, Bd. 2, Leipzig 1856

24. Wolfgang Menzel: Deutsche Dichtung von der ältesten bis auf die neueste Zeit, Bd. 2, Stuttgart 1859

25. R. Pallmann: Grimmelshausen. In: Allgemeine Encyklopädie der Wissenschaften und Künste. [...] Erste Section (A–G) hrsg. von Hermann Brockhaus, Leipzig 1871

26. Friedrich Geßler: Deutsch Volk, belogen und betrogen [...]. Grimmelshausen-Denkstein 1879; zitiert nach: Um Renchen und Grimmelshausen (s. Gesamtbibl.), S. 135

27. Stenographische Berichte über die Verhandlungen der durch die Allerhöchste Verordnung vom 8. Januar 1876 einberufenen beiden Häuser des Landtages. Haus der Abgeordneten, Bd. 1–2, Berlin 1876

28. Adelbert von Keller: Grimmelshausen. In: Allgemeine Deutsche Biographie 9, 1879, S. 696–699

29. Heinrich Solger: *Simplicissimus*. Ein Vortrag. In: Der praktische Schulmann 28, 1879, S. 276–291

30. Wilhelm Scherer: Geschichte der deutschen Litteratur, Berlin 1883

31. Erich Schmidt: Simplicissimusfeste in Renchen. In: E. Schmidt: Charakteristiken. [Erste Reihe,] Berlin 1886, S. 96–110

32. Gotthold Klee: Einleitung zu: Der abenteuerliche Simplicissimus des Hans Jacob Christoffel von Grimmelshausen. Im Auszuge hrsg. von [...], Bielefeld u. Leipzig 1890

33. Arthur Moeller van den Bruck: Sachs und Grimmelshausen. In: Lachende Deutsche, Minden 1910, S. 88–150 (Die Deutschen. Unsere Menschengeschichte, Bd. 8)

34. Paul T. Lafleur: A Seventeenth Century Pan-Germanist. In: Notes and Queries 11, 1915, S. 377

35. Karl Lerbs: Der Teutsche Held in Grimmelshausens Abentheurlichem Simplicissimus. In: Niedersachsen 22, 1916/17, S. 230 f.

36. Friedrich Gundolf: Grimmelshausen und der Simplicissimus. In: Deutsche Vierteljahrsschrift für Literaturwissenschaft und Geistesgeschichte 1, 1923, S. 339–358; zitiert nach dem Abdruck in: Der Simplicissimusdichter und sein Werk (s. Gesamtbibl.), S. 111–132

37. Arthur Bechtold: Johann Jakob Christoph von Grimmelshausen. Zur Feier seines 300jährigen Geburtsjahres. In: Die Ortenau 11, 1924, S. 1–10

38. Herbert Cysarz: Deutsche Barockdichtung. Renaissance. Barock. Rokoko, Leipzig 1924

39. Joh. Jak. Ch. v. Grimmelshausen 1624–1924. Festbuch. Im Auftrag der Gemeinde Renchen hrsg. von Ernst Batzer [1924]

40. Rudolf Lochner: Grimmelshausen. Ein deutscher Mensch im siebzehnten Jahrhundert. Versuch einer psychologischen Persönlichkeitsanalyse unter Berücksichtigung literaturgeschichtlicher und kulturgeschichtlicher Gesichtspunkte, Reichenberg i. Böhmen 1924

41. Emil Ermatinger: Weltdeutung in Grimmelshausens Simplicius Simplicissimus, Leipzig u. Berlin 1925

42. Emil Ermatinger: Barock und Rokoko in der deutschen Dichtung, Leipzig u. Berlin ²1928

43. Emil Ermatinger: Andreas Gryphius. Ein protestantischer Dichter des Barock. In: E. Ermatinger: Krisen und Probleme der neueren deutschen Dichtung. Aufsätze und Reden, Zürich usw. 1928, S. 75–104

44. Emil Ermatinger: Der Weg der menschlichen Erlösung in Grimmelshausens *Simplicissimus, Courasche* und *Vogelnest*. In: E. Ermatinger: Krisen und Probleme (wie Nr. 43), S. 105–123

45. Des Deutschen Dichters Sendung in der Gegenwart. Hrsg. von Heinz Kindermann. Mit einem Geleitwort von Staatskommissar Hans Hinkel, Leipzig 1933

46. Johannes Alt: Grimmelshausen und der Simplicissimus, München 1936

47. Hermann Eris Busse: Johann Jacob Christoph von Grimmelshausen. In: Mein Heimatland 22, 1935, S. 390–397

48. Hermann Eris Busse: Die Grimmelshausenrunde. In: Mein Heimatland 22, 1935, S. 415 f.

49. Bericht über Nr. 47 von Hanns Schmiedel im Hakenkreuzbanner, Mannheim, 3. Okt. 1935, abgedruckt in: Mein Heimatland 22, 1935, S. 414

50. Julius Petersen: Hans Jakob Christoffel von Grimmelshausen 1622–1676. In: Die Großen Deutschen. Neue Deutsche Biographie, Bd. 1, Berlin 1935, S. 579–605

51. Heinz Kindermann: Dichtung und Volkheit. Grundzüge einer neuen Literaturwissenschaft, Berlin 1937

52. Renate Brie: Die sozialen Ideen Grimmelshausens besonders über die Bauern, die armen Leute und die Soldaten, Berlin 1938

53. Hans Heid: Die Grimmelshausenrunde. In: Mein Heimatland 25, 1938, S. 173–175

54. Hermann Eris Busse: Grimmelshausen, Stuttgart 1939 u. ö.

55. Hans Heid: Die Grimmelshausenrunde in Renchen (1938). In: Mein Heimatland 26, 1939, S. 58 f.

56. Julius Petersen: Grimmelshausen als Politiker. In: Ekkhart. Jahrbuch für das Badner Land 20, 1939, S. 33–45
57. Heinz Steude: Die Wiederentdeckung Grimmelshausens durch die Romantik und ihre deutsche Bedeutung, Diss. Würzburg 1939
58. Hermann Eris Busse: Zum silbernen Stern. Eine Grimmelshausen-Erzählung. Mit einem autobiographischen Nachwort des Verfassers, Leipzig 1940
59. Die Grimmelshausen-Woche vom 11. bis 18. August 1940 in der Grimmelshausen-Stadt Renchen. Hrsg. von Staatskommissar und Ortsgruppenleiter Franz Schmidt \ [1940]
60. Julius Petersen: Grimmelshausens Simplicissimus als deutscher Charakter. In: Von deutscher Art in Sprache und Dichtung. Hrsg. von Gerhard Fricke, Franz Koch u. Klemens Lugowski, Bd. 3, Stuttgart u. Berlin 1941, S. 201–239
61. Fritz Löffler: Ansprache bei der Grimmelshausenfeier in Renchen. Grimmelshausen und die deutsche Sprache. In: Der deutsche Erzieher. Mitteilungsblatt des Nationalsozialistischen Lehrerbundes. Gauverwaltung Baden, Heft 11, 1942, S. 84–86
62. Reinhard Fink: Grimmelshausens Stellung in der deutschen Volksgeschichte. In: Zeitschrift für Deutsche Geisteswissenschaft 6, 1943, S. 65–81
63. Ludwig Tieck. Hrsg. von Uwe Schweikert, 3 Bde., München 1971 (Dichter über ihre Dichtungen, Bd. 9/I–III)
64. Materialien zur Ideologiegeschichte der deutschen Literaturwissenschaft. Mit einer Einführung hrsg. von Gunter Reiß. Bd. 2: Vom Ersten Weltkrieg bis 1945, Tübingen 1973

2. Der Aus dem Grab der Vergessenheit wieder erstandene Simplicissimus. Von 1683 bis 1836

2.1. Grimmelshausen als Moralist: die barocken Gesamtausgaben

1683 und 1684 erschien bei Felßecker in Nürnberg eine dreibändige Grimmelshausenausgabe, deren einzelne Bände bis 1713 mehrfach nachgedruckt wurden (vgl. Dünnhaupt, Bd. 1, S. 692–95). Sie unterscheidet sich von den früheren Einzelausgaben vor allem durch moralisierende Kommentare in Vers und Prosa, die auf einen Verfasser mit pädagogischen Erfahrungen und einem protestantischen theologischen Hintergrund deuten. Es handelt sich nach den Ermittlungen Koschligs wohl um Johann Christoph Beer (1638–1712), der bei Felßecker als Korrektor tätig war. Im *Nürnbergischen Gelehrten-Lexicon* von Georg Andreas Will heißt es über Beer: „Nach absolvirten Studien erwählte er das Privat-Leben, weil ihm der ausgefallene Kienbacken unglücklich geheilt und ihm Beine aus dem Gesicht genommen wurden. Doch begab er sich in das Seminarium der Candidaten, predigte auch, informirte die Jugend und gab einen Corrector in der Endterisch- und Felseckerischen Druckerey ab [...]" (Teil 1, 1755, 5. 78). Seine Kommentare sind „die erste und für mehr als 150 Jahre ausführlichste Stellungnahme zu Grimmelshausens Werk" (Alewyn, *Rezension*, S. 320).

Die fortlaufende Kommentierung des „aus dem Grabe der Vergessenheit erstandene[n] Teutsche[n] Simplicissimus" (Q 1, Bd. 1, S. 16) dient nicht der sachlichen Erklärung der Texte oder antiquarischen Interessen; ihrem Verfasser liegt vielmehr daran, Grimmelshausens Werk auf die Gegenwart zu beziehen und für sie nutzbar zu machen. Dieser Drang ist so stark, daß der Kommentator häufig genug den Text aus den Augen verliert und ihn nur zum Anlaß pädagogischer, theologischer oder historischer Exkurse benutzt. Gegenwartsbezug und pädagogische Zielsetzung führen so gelegentlich zu deutlichen Widersprüchen zwischen Text und Kommentar.

Wie sich pädagogische Kommentare verselbständigen können, zeigen die Erweiterungen von IV, 18 des *Simplicissimus*. Olivier beginnt hier seine Lebensgeschichte und erzählt von den Schelmenstücken seiner Jugend- und Schulzeit, die von seinen Eltern toleriert werden. Beers Kommentar, länger als Grimmelshausens Text, knüpft daran an, aber nur, um sofort in eine allgemeine Zeitklage über verantwortungslose Eltern, verwahrloste Jugendliche und geplagte Lehrer überzuleiten:

> Den Baum, erkennet man aus seiner Frucht,
> und die Eltern, aus ihrer Kinder-Zucht.

Wären manche gottlose Eltern selbsten etwas nütz, so würden sie ihre Kinder auch bässer ziehen, und zur Gottesfurcht angewehnen.

Boßheit stecket dem Knaben im Nacken, aber die Ruthen der Zucht, treibet es wieder heraus, sagte jenesmals der weise Syrach, leyder aber, wie manche Eltern, fürchten sich ihr zartes liebes Kind, Sohn- oder Töchterlein zuziehen und abzustraffen, oder ihm nur mit der Ruthe zudrauen zugeschweigen erst, daß sie es andern überlassen oder der zucht getreuer und Gewissenhaffter Gottsfürchtiger Lehrmeister anbefehlen solten. Ja, wer manches solches liebe früchtlein nur krum, oder schelck über die Achsel neben der Seiten ansehen solte, der würde gewießlichen widerum darfür in einem andern müssen sauer angesehen und gedrücket werden, ohne daß er ihme erst ein Röllein auff dem Finger, oder ein Paar Nüsse auff dem Kopff, um Boßheit willen, mit dem Schulstab, oder Ruthen versetzet und zugestellet hätte. Und ist dahero ja freilich nicht ohn. Daß der Schulstand, ein sondrer Stand, und freilich mühsames ich will nicht sagen Gewissenhafftes Amt sey. Da man sein Geld, und sauren Lohn, wohl recht mit Seufzen, und im Schweis seines Angesichtes manchesmal unter solcher unbändigen, und Gottlosen Jugend verdienen und Gestanck, für Danck einnehmen muß. Daß dahero nicht unbillig, man offt lieber einer Heerde-Schwein, als einer Stube voll, solcher Gott- und zaumlosen Jugend warten und vorstehen solte.

Ein geistreicher Lehrer hat die Schulmeister und treue Praeceptores geistliche Märtyrer genennet. Und recht, weil sie sich auch genug müssen mit den bösen Kindern selbst abmartern, und noch mehr von den Kindern und ihren undanckbaren Eltern offt abgemartert werden. Allein, was ist heut zu Tag verächtlicher als ein Schulmeister, einen Schulmeister viel respectiren, und hoch ästimiren, das wäre der Politischen und Naseweisen Welt, etwas ungelegnes [...].

[...] Olivier, erzehlet seine Zucht, und schöne Herkunfft, selbst, Simplex stellet, und zeiget dieselbige allhier zum Exempel für. Daß man sich daran bespiegeln, und die Jugend bässer in Obacht nehmen, ihr auch nicht allen Muthwillen und Petulantzien gestatten solle. Kein Geld, gehet bey manchen Elter zäher und unlieber offt herauß, als das Schulgeld, und dörffen sie es wohl, für eine unnütze Ausgab achten. Oder noch viel marckens und genaues Geding mit dem Lehrmeistern machen. O Undanck! und wie es das gemeine Sprüchwort ausredet. Undanck in fine laborum.

Aber solchen Danck, wie die unverständige und grobe Eltern denen getreuen Lehrmeistern offt geben, bekommen sie hernach gemeinglich wider von ihrem eigenen Kindern wann sie erwachsen, und erst selbst in sich gehen, wie dieselbe sie so manchen schönen Tag ohne Frucht und Zucht, haben zubringen, und herum schlingeln lassen. Daß es dan bey manchen offt heisset: Ich danck euchs mit dem Teuffel, daß ihr mich nicht bässer erzogen. so könnte ich jetzt auch einem wackern ehrlichen Mann Gott, mir, und euch selbst bässer dienen und Nutz sein.

Ein schöner Danck, und billiger Lohn, von solchen Kindern, für solche Eltern-Zucht, und recht so hätten manche Eltern ihre Kinder bässer erzogen, so därfte sie hernach offtmals nicht der Hencker erst ziehen. (Q 1, Bd. 1, S. 626f.)

Gerade angesichts derart ausufernder Zusätze fällt auf, daß wichtige Kapitel scheinbar unkommentiert bleiben: Zum ‚Adieu Welt' im 5. Buch und zur Einsiedelei auf der Kreuz-Insel äußert sich Beer nicht direkt. Der Grund liegt darin, daß er in diesen Kapiteln nichts Nachahmenswertes entdecken kann. Seine Ablehnung bleibt aber keineswegs ohne Worte. Mehrfach ergreift er die Gelegenheit, sich gegen Weltabsage und Einsiedlertum zu wenden. Den ersten Anlaß bietet Simplicius' Ankunft in Hanau im Einsiedlergewand. Der Kommentator ergreift gewissermaßen Partei für die Hanauische Besatzung, die Simplicius wegen seines absonderlichen Aufzugs für einen Narren, wilden Menschen, Geist oder Spion hält, und plädiert für Anpassung an die Welt:

Wer in der Welt leben und seyn will, muß sich nur auch in die Welt schicken, und mit derselben simuliren und modisiren lernen. Die Absonderlinge, und Menschen-Scheue werden nur für albere Fantasten, Fastnachtbutzen, und Narren gehalten, wann sie auch gleich noch so klug und gescheid wären. Wie es dem Simplicissimo allhier auch ergangen. Ein gottseliges und erbares Leben zu führen, wird kein einödiger, verwilderter Ort, und so närrische Tracht oder Abmarterung deß Leibes erfordert, weilen man in allen Ständen und an allen Orten, Gott dienen, ihne loben und preisen kan. Ob man schon eben nicht so Visicunkisch und Simplicianisch auffzieht. Auch machet die Närrische Moda-Tracht, und das possirliche Verstellen, und Spreissen, eben so wenig einen wackeren und tapfferen Mann oder Soldaten, als der absurde und lächerliche Einsidler-Habit einen grossen Heiligen. Weilen dieses nur Kleider, und gar offt ein Narr darunter oder darinnen stecken kan. (Q 1, Bd. 1, S. 120f.)

Diese Bewertung des Eremitentums wird an anderer Stelle unterstrichen. Zwar fällt kein Wort über das Ende des 5. Buchs, doch holt Beer das Versäumnis mit Versen am Ende von VI, 1 nach. Er nutzt dabei die Selbstkritik des erzählenden Ichs aus, das sich in diesem Stadium seines Lebens als „Heuchler" oder „heiliger[r] Schalck" bezeichnet, und nimmt Simplicius' Fehlschlag zum Anlaß einer generellen Kritik am Einsiedlerwesen, das mit Heuchelei gleichgesetzt wird:

Schau die Scheinheiligkeit, wie sich die Menschen stellen,
Man wolte offtmals wohl, wann nur das Fleisch es Litt,
Die so gar heiliglich zum öfftern Leben wöllen,
Die leisten es hernach fast im geringsten nit,

Der Simplex nam sich für, gar heiliglich zu leben,
Doch reitzte die Begier, der Welt, ihn wieder ab,
So gehts, man pfleget sich, in Einöd offt zu geben,
Auff daß man vor der Welt dest bässer Ruhe hab.
Es hilfft doch gleichwohl nicht ein solches Gleißner-Wandeln,
Wormit man nur die Leuth verbländet äusserlich,
Und doch mit solchem Thun, und heuchlerischen Handeln,
Hergegen wider Gott, nur mehr versündigt sich.
Man werd kein Eremit, so ja man Gott wolt dienen,
Sey fromm, und bet zu Hauß, nimm deine Seel in Acht,
Gott hat gar keinen Lust, an solchen Thor-Erkühnen,
Wann man wie Simplex hier, es so Scheinheilig macht.
Die bäst Einsidlerey die Gott gefällt im Hertzen,
Ist wahre Zöllner-Buß und Meidung aller Sünd,
Ein Hertz voll Reu und Leid, und schöner Glaubens Kertzen,
Der ist kein Eremit, der solches nicht empfind.

(Q 1, Bd. 2, S. 829)

Die Absage an das Eremitentum verbindet sich mit der Aufforderung, ein christliches Leben in der menschlichen Gesellschaft zu führen. Zugleich wird klar, daß Frömmigkeit allein noch nicht genügt, daß sie mit gesellschaftlichen Fähigkeiten verbunden sein muß. Wo „die gute Zucht und civile Sitten-Lehre der Höflichkeit ermangle", sei es nicht gut um einen Menschen bestellt, wenn er auch „sonst noch so fromm und christlich wäre":

Beydes aber, kan gar wohl und ungehindert beysammen stehen. Dann wann einer noch so wohl und fein in seinem Christenthumb gegründet, und gelehrt wäre, und darbey doch ein Scheid im Rücken zum bücken, und keine Höflichkeit oder Sitten-Weise dabey hätte, daß er sich in alle Sachen politisch zu schicken wüste, so würde man doch sagen: O sancta Simplicitas, und ihn für einen plumpen und stumpen, ungesaltznen und ungeschmaltznen Stockfisch halten [...]. (Q 1, Bd. 1, S. 158)

Dieser ‚moderne‘ Geist, der auch in der Betonung von Verdienst und Leistung deutlich wird (Q 1, Bd. 1, S. 112 f.), ist jedoch nur die eine Seite des Kommentars; die andere hat mit dem protestantischen Eifer Beers zu tun, der nicht nur häufig vom Nutzen von „Creutz und Leiden" spricht (vgl. Q 1, Bd. 1, S. 58 u. ö.), sondern hinter vielen Erscheinungen das Wirken des Teufels sieht. Gelten z. B. die „Dreyssigjährige schwere Kriegs-Troublen" noch recht orthodox als eine den Heimsuchungen Hiobs vergleichbare Strafe Gottes, die die Menschen „zu desto besserer Erkänntnüs des guten Verlustes und bösen Gewinns" führen sollte (Q 1, Bd. 1, S. 46), so kann Beer sich die Streitigkeiten zwischen evangelischen Fürsten nur durch das Wirken des Teufels erklären. Anlaß der folgenden Betrachtungen ist die Versammlung der höllischen Geister in der Continuatio:

Zwar kan man, dem gemeinen Sprichwort nach, nicht länger Friede haben, und halten, als offt der Nachbar will, jedoch muß sich auch jener also halten, und erwiesen haben, daß der Nachbar friedfertig und in Ruhe hätte bleiben können.
Und wer wird auch wohl diese heutige Feindschafft und Unruhe, zwischen Dännemarck

und Schweden, als zweyen Christlichen und rein-Evangelischen Welt-Häuptern anderst angerichtet haben, als eben der Teuffel, durch solche seine Werckzeuge, die Politischen Staats-Räthe, Commissarien, Obristen, Gesandten, und andere, es seyen gleich Frantzösisch, oder andere gewesen. Wer hat das schändliche und schädliche Reformiren, wider die Reformirten in Franckreich, und auch anderer Orten ausser Franckreich, in Teutschland mehr angestellet, als eben auch der Teuffel, durch seine Politische Einbläser oder schmeichlerische Fuchsbälge oder Leiß-Tretter? Daran offt mancher solcher grosser Herr, wohl nimmermehr gedächte, und es doch letzlich mit seinem Schaden erfähret, was er darmit gewonnen, und wem ers zu dancken habe, wann indessen Land und Leuthe verderbet, und jämmerlich verheeret worden. Solches alles bringen die Lucifers Abgesandten gar mit grossen Freuden ihren Herren für (Q 1, Bd. 2, S. 834).

Dies ist kein Einzelfall, inspiriert nur von Grimmelshausens Versammlung der höllischen Geister, sondern entspricht der Gesamthaltung des Kommentators, der sich Fehlentwicklungen häufig nur durch das Wirken von bösen Geistern und Teufeln erklären kann. Im Zusammenhang mit der propagierten weltklugen Geisteshaltung mutet die Verquickung von Politik, religiöser Orthodoxie und Teufelsglauben allerdings recht merkwürdig an.

Insgesamt ist der *Simplicissimus* für Beer eine Ansammlung von meist negativen Beispielen („Vermeidungs-Beispiel"), die in der Regel zu einer Anklage gegen „die heutige böse Welt" führen (Q 1, Bd. 1, S. 663), in der die Laster überhandnehmen. Dabei ist kein Bereich ausgenommen: Der Bogen reicht von den harmlosen Fällen der Überstudierten und der närrischen Poetinnen (so der Kommentar zur Jupiter-Episode!) zu den traditionellen Lastern und der Gemeinschaft mit dem bösen Geist. Wenn religiöse bzw. konfessionelle Positionen betroffen sind, hält es der Kommentator gelegentlich für erforderlich, Grimmelshausen behutsam zu korrigieren: „Wiewol auß diesem Capitel nicht Alles zu billigen, so ist doch auch nicht alles zu schänden, oder zu verunbilligen, wir wollen die Fehler untaxiret lassen, und es als ein Gedicht indessen ansehen", heißt es zum Begräbnis des Einsiedels (Q 1, Bd. 1, S. 87). Diese Zurückhaltung verliert er, wenn es um die Abgrenzung von den anderen Konfessionen geht. Heuchelei liegt nicht nur dem Eremitenleben zugrunde, auch die vorbildliche Lebensweise der Ungarischen Wiedertäufer, die von Grimmelshausen keineswegs kritisiert oder ironisiert wird, beruht auf „Falsch und Gleißnerey":

Es ist nicht ohne, daß viel abscheulige und irrige Ketzer, in etlichen Stücken, die eusserliche Moral-Sitten, belangende, ein weit scheinbarliches erbar Leben führen, als theils der rein Evangelischen, und in der wahren seeligmachenden Lehre Christi lebende Christen. Allein darum noch nicht genug, weil sie in dem Zweck und Fundament gar übel gegründet seyn. Und Gott hergegen nicht auff die äusserliche Moralität allein (welche wohl gut) sondern auch auff die innerliche Hertzens-Pietät zugleich mit sihet. Es wäre zwar wohl fein, vertreulich, einhellig, friedfertig und Erbar leben aber doch daß man sich nicht deren ketzerischen Greule mit theilhafftig mache. Weil sie in der Lehr ein Gifft und Pestilentz offtmalen seyn, ob sie schon im Leben sich als Engel eusserlich zu erweisen scheinen. Derohalben:

Lebe Christlich, nicht zum Schein, eusserlich nur anzusehen.
Also will es ja Gott nicht, dann er prüft des Hertzens Grund,
Seine Lehr, die in der Schrifft, uns zum Beyspiel vorgegeben,
Diese fordert er von unß, keinen Ketzer Läster Mund,
Weil nur dieses Wölffe sein, in Schafskleider eingehüllet,
Die voll Falsch und Gleißnerey, stellen Christi Kirchen nach,
Unter solchen Heuchelschein, daß das Sprichwort werd erfüllet,
Dorten sey ihr Lohn dahin, einst an jenem grossen Tag,

> Hüt dich demnach fürchte Gott,
> Glaub nicht jeder Ketzer-Rott.
>
> (Q 1, Bd. 2, S. 783 f.)

Diese Haltung steht in deutlichem Kontrast zur gelegentlichen Betonung einer gesellschaftlich orientierten ‚politischen' Lebenshaltung, der Aufforderung, sich in die Welt zu schicken, eine Welt, an der Beer freilich wenig Gutes erkennen kann. Mag man bei ihm vielleicht eine Distanzierung „von dem asketischen Gehalt der simplizianischen Romane" erkennen können (vorausgesetzt man stimmt einer derartigen Interpretation zu), „der moderne Geist einer gesellschaftsbejahenden Weltlichkeit" (Alewyn, *Rezension*, S. 320) dringt nicht immer durch die verfestigten Vorstellungen lutherischer Orthodoxie.

2.2. Simplicissimus als Unterhaltungslektüre

Grimmelshausens *Simplicissimus* geriet im 18. Jahrhundert nicht völlig in Vergessenheit. Die dreibändige Sammelausgabe wurde 1713 noch einmal gedruckt, Simpliciaden knüpften noch immer – und trotz der Konkurrenz der Robinsonaden – an Grimmelshausens Roman an. Die letzte bekannte Simpliciade erschien 1743 ([2]1744): *Simplicissimus Redivivus. Das ist: Der in Franckreich wieder belebte und curieus becörperte alte Simplicius.* In der Vorrede ist von der Beliebtheit des ‚Vorbilds' die Rede:

Der Simplicissimus ist ein so bekanntes Buch, daß die meiste Liebhaber curieuser Historien-Bücher diese drey Theile davon [der oben erwähnten Sammelausgabe] mit ihren artigen und netten Kupfern, mit ihren Bibliotheken vor einen Historischen, Moralischen, Satyrischen, und lustigen nützlich-zeitvertreiblichen Schatz halten. (Zitiert nach *Simplicius Simplicissimus. Grimmelshausen und seine Zeit*, S. 199)

Gleichwohl macht die erste Bearbeitung des *Simplicissimus* im 18. Jahrhundert deutlich, daß die Reklamewirkung des Namens Simplicissimus langsam nachließ, daß andere Traditionen die unterhaltende Romanliteratur prägten. So enthält der 1756 erschienene Roman *Der Wechsel des Glücks und Unglücks im Krieg, oder Wunderbahre Begebenheiten Herrn Melchior Sternfels von Fuchsheim* (Q 2) keine Hinweise auf die Vorlage. Den Bearbeiter leiten keine antiquarischen oder pädagogischen Interessen; er versucht vielmehr, sein Werk in die zeitgenössische Romanproduktion einzuordnen und sich mit dem Versprechen wunderbarer Begebenheiten an den Erfolg der Robinsonadenliteratur anzuhängen.

Die folgenden Bearbeitungen machen keine Versuche mehr, den historischen Charakter des Werkes zu leugnen, im Gegenteil, in einer Zeit des wachsenden Interesses an den literarischen Hervorbringungen des 15., 16. und 17. Jahrhunderts liegt darin durchaus eine Empfehlung. Zeugnis dafür, daß mit dem Rückgriff in die Vergangenheit einem Leserbedürfnis entsprochen wurde, ist Heinrich August Ottokar Reichards *Bibliothek der Romane* (21 Bde., 1778–94), die in- und ausländische Romane in Ausschnitten, Inhaltsangaben oder auszugsweisen Neubearbeitungen vorstellte. Vetreten sind neben einer Vielzahl von Volksbüchern und Ritterromanen vom *Herzog Ernst* zu *Lanzelot vom See* auch einige Romane des 17. Jahrhunderts, darunter die *Asiatische Banise* von Heinrich Anselm von Zigler und Kliphausen, Andreas Heinrich Bucholtz' *Herkules* und schließlich Grimmelshausens *Simplicissimus* (Q 4, Bd. 4, S. 125–140). Die kondensierte Fassung des *Simplicissimus* stammt von Christian Jakob Wagenseil, der 1785 eine ausführlichere, aber immer noch recht knappe Bearbeitung des Romans veröffentlichte: *Der Abentheuerliche Simplicissimus. Auch Melchior Sternfels von Fuchsheim genannt* (Q 5).

Die Erwartung, daß die Auszüge der *Bibliothek der Romane* „die treuesten Schilderungen unsrer Zeiten, unsrer Gebräuche, unsrer Fehler und Tugenden" enthalten würden (Q 4, Bd. 1, S. 6), wird enttäuscht – die Selbstzensur oder der ‚gute Geschmack' greifen ein. Zwar wird hervorgehoben, daß der Simplicissimusdichter den Roman teilweise in seiner Jugend geschrieben habe, „da er noch Musketier und Augenzeuge, und vielleicht auch Theilnehmer der Uebel und Schandthaten war, die zur Zeit des dreißigjährigen Kriegs Deutschland verheerten", doch genau diese ‚realistischen' Aspekte lassen sich nicht wiedergeben: Sie sind „in diesem Roman mit einer oft nicht wieder nachzuerzählenden Offenherzigkeit beschrieben". Das Zeitkolorit machen vielmehr „Gespenster, Erscheinungen, Festmachen, und andre dergleichen Wunderdinge" aus, die der Epoche der ersten Ausgabe angemessen seien, „wo man sie noch glaubte, wenigstens gern las, und wo sie einen so wesentlichen Theil eines Romans ausmachten, als in unsern Zeiten der Ton à la *Siegwart* oder *Werther*" (Q 4, Bd. 4, S. 126). Die ‚antiquarische' Haltung ist letztlich nur ein Vorwand, denn Reichard legt „nichts weiter als eine funktional auf sein Publikum bezogene Gebrauchsprosa" vor: „Der literarische und soziale Stellenwert seiner *Bibliothek der Romane* läßt sich von daher als angemessener Ausdruck von Lesegewohnheiten bestimmen, die im gehobenen, aber nicht speziell an Dichtung interessierten Publikum tatsächlich praktiziert wurden" (Kreutzer, S. 38). Reichards Hinweis auf Abraham Gotthelf Kästners Robinson-Artikel in der Vorbemerkung zu Wagenseils Auszug bestätigt, worum es geht, nämlich „dem Leser die beste und anziehendste Unterhaltung" zu gewähren (Q 4, Bd. 1, S. 6 f.). Kästner hatte 1772 geschrieben: „Also, anstatt daß man, französische, deutsche, sächsische, und was alles! für Robinsone, gemacht hat, wäre Crusoe ein englischer Simplicissimus" (Q 3, S. 164). Damit wird der *Simplicissimus* einerseits durch sein Alter von den wenig angesehenen (wenn auch viel gelesenen) Robinsonaden abgegrenzt, andererseits vermag er trotz dieser Respektabilität von dem Publikumserfolg der Gattung zu profitieren: „Simplicissimus ist also der erste wüste Inselbewohner, und älter als Robinson" (Q 4, Bd. 4, S. 126).

Das Lavieren zwischen einer gewissen Respektabilität und dem Ziel, dem Unterhaltungsbedürfnis eines expandierenden Lesepublikums gerecht zu werden, charakterisiert auch Wagenseils selbständig erschienene *Simplicissimus*-Bearbeitung von 1785. Er erinnert im ersten Satz seines Vorberichts an eine (nicht verifizierbare) Aussage Lessings, der „schon vor mehr als acht Jahren" „zu einer neuen Bearbeitung der Geschichte des abentheuerlichen Simplicissimus seinen Rath und Beyfall" gegeben habe, und hofft, den Leser mit diesem Hinweis zu überzeugen, daß diese Arbeit nicht „blos der Mode zu lieb unternommen worden" sei (Q 5, S. 9). Eine Rezension Johann Joachim Eschenburgs in Friedrich Nicolais *Allgemeiner Deutscher Bibliothek* bestätigt das antiquarische Interesse und billigt ausdrücklich Wagenseils Umarbeitung, die den Text stilistisch an die zeitgenössische Erzählprosa anpaßt und inhaltlich auf die Grundzüge der Handlung reduziert:

> Es giebt unter den ältern deutschen Romanen, deren Anzahl so geringe nicht ist, als man oft glaubt, unstreitig manche, deren Grundstof sehr glücklich erfunden, und deren Ausführung nur durch allzuviel Ueberladung mit Beywerk, und durch eine unnatürliche und geschmacklose Einkleidung verunstaltet ist. Bücher dieser Art wieder hervorzusuchen und neu zu bearbeiten ist daher immer eine verdienstliche Unternehmung; besonders wenn es mehr Zusammenschmelzung als Ausspinnung des unter vielen Schlacken aufgefundenen Goldes ist. (Q 6, S. 441)

Hinter Wagenseils Bearbeitung steht ein Gefühl der Überlegenheit, aus dem er die Berechtigung ableitet, mit der Vorlage völlig frei umzugehen, sie nicht nur inhaltlich zu kondensieren und stilistisch zu erneuern, sondern sie auch durch Anspielungen auf die Gegenwart und Zitate aus der zeitgenössischen Dichtung zu aktualisieren und zu ironisieren (Verse aus Wielands *Oberon* müssen beispielsweise zur Charakterisierung des Einsiedels herhalten). Bei einem Vergleich mit dem Original, schreibt Wagenseil, werde man sich leicht überzeugen können, „daß ich in der Erzählung vieles weggelassen, manches zugesetzt, manches – hoff ich – gewiß beträchtlich verbessert, und überhaupt das Ganze genießbarer gemacht habe" (Q 5, S. 12). Die Vorstellung, daß ältere Dichtwerke dem Geschmack der Gegenwart angepaßt werden müßten, teilt Wagenseil nicht nur mit Eschenburg. Sie entspricht zeitgenössischer Literaturpraxis. So begründet Sophie Albrecht ihre Bearbeitung von Anton Ulrichs *Aramena* mit ähnlichen Worten wie Wagenseil. Sie bittet die Kunstrichter, ihre Fassung mit dem Original zu vergleichen und meint:

> wenige darinn gelesene Seiten werden ihn [den Leser] überzeugen, daß sich die Umarbeitung vom Original so unterscheidet, wie sie sich unterscheiden, die Zeiten die der Verfasser vor sich hatte, und die wir vor uns haben.
> (*Aramena eine Syrische Geschichte ganz für unsre Zeiten umgearbeitet von S. A.* Teil 1, Berlin 1782, Vorrede)

Auch die letzte *Simplicissimus*-Bearbeitung des 18. Jahrhunderts steht in dieser Tradition, jedenfalls behauptet das der Bearbeiter auf dem Titelblatt: *Der im vorigen Jahrhundert so weltberufene Simplizius v. Einfaltspinsel, in einem neuen Kleide nach dem Schnitt des Jahres 1790* (Q 7). Alle näheren Angaben über Grimmelshausen und die Bearbeitung übernimmt der Anonymus von Wagenseil, an dessen relativen Erfolg er sich wohl anzuhängen suchte ([2]1790). Auch die Rechtfertigungsmechanismen gleichen sich: Mit der Berufung auf Lessing und der Betonung der Priorität des *Simplicissimus* gegenüber dem *Robinson Crusoe* und den anderen „Robinsons" distanziert man sich von der zeitgenössischen Unterhaltungsliteratur, an deren Erfolg man gleichwohl teilhaben möchte. Allerdings werden die in der Vorrede zum *Simplizius v. Einfaltspinsel* geweckten Erwartungen enttäuscht: Das neue Kleid „nach dem Schnitt des Jahres 1790" besteht nur aus einer stilistischen Modernisierung, nicht einer radikalen Umarbeitung wie im Fall Wagenseils.

Wohl vom gleichen Bearbeiter erschienen 1791, ebenfalls in „Frankfurt und Leipzig", die *Lächerliche und unterhaltliche Lebensgeschichte des im vorigen Jahrhunderte allgemein bekannten tapfern Soldaten Kilian Springinsfeld, getreuen Kriegskammeraden des Simplizius,* und die „dem weltbekannten Simplizius von Einfaltspinsel zum Verdruß und Widerwillen" gedruckte *Courage* (Q 8, Titelbl. u. S. 155). Die Bearbeitungsprinzipien sind die gleichen wie beim *Simplizius v. Einfaltspinsel:* sprachliche Modernisierung bei gleichzeitiger Trivialisierung. Die Grimmelshausen-Bearbeitungen des 18. Jahrhunderts enden in einer Sackgasse.

2.3. Tieck und die Folgen: die politische Aktualisierung des Simplicissimus

Ludwig Tiecks Pläne, „den *Simplicissimus,* einen altdeutschen Roman neu herauszugeben", zerschlugen sich (Q 63, Bd. 1, S. 136; vgl. Bd. 2, S. 345). Gleichwohl begann mit Tieck eine neue Phase der Grimmelshausen-Rezeption, die mehr war als ein Ausdruck der romantischen Vorliebe für ‚Altdeutsches': Der *Simplicissimus* erhielt im Zeitalter der Französischen Revolution und der Napoleonischen Kriege eine überraschende Aktualität. Ausgangspunkt der Aktualisierungen wurde die Jupiter-Episode, die von früheren Bearbeitern meist für überflüssig gehalten worden war, jetzt aber ins Zentrum des Interesses rückte. Den Anstoß gab Ludwig Tiecks Erzählung *Ein Tagebuch* (1798), in der ein Teil der Jupiter-Episode abgedruckt und in den Kontext der Diskussion über Kants Schrift *Zum ewigen Frieden* von 1795 gerückt wurde. Der Tagebuchschreiber, mit sich und der Welt unzufrieden, berichtet von einer Begegnung, die ihm großen Eindruck gemacht habe:

Ich hörte gestern an der Table d'hote einen herrlichen Mann über die Einrichtung von Europa sprechen. Es gefiel mir ungemein, daß er mit nichts in dieser Welt zufrieden war, daß er überzeugt war, er würde alles besser treffen. [...] Er war ein sehr großer Freund der Republiken, alle andre Verfassungen schienen ihm unwürdig. Aber doch behielt er sich vor, die Republiken auf ihre wahre Art einzurichten, damit sie nicht in sich selber zusammenfielen. Ich habe noch nie einen Mann mit so vieler Weisheit sprechen hören, und es müßte eine wahre Lust seyn, wenn sich das närrische Thier von Europa nur bequemen wollte, sich so einrichten zu lassen. Aber daran ist jetzt noch nicht zu denken, und gute Köpfe müssen billig Thränen vergießen, wie es auch geschieht. – –

– – Zum Glück treffe ich hier ein Buch, das ich schon sonst mit sehr großem Vergnügen gelesen habe. Es ist *der abentheuerliche Simplicissimus,* 1669 gedruckt. In diesem Buche ist auf eine recht anschauliche Art das ganze Leben dargestellt, und so oft es auch angeführt ist, hat man es doch nach meinem Bedünken nie genug gelobt.

Im dritten Buche ist besonders eine Stelle, in der ich den Reformator ganz wiederfinde, den ich heut gesprochen habe. Der Held der Geschichte dient als Jäger im Kriege und erzählt folgendermaßen:

[Dann folgt der Auszug aus dem *Simplicissimus;* abschließend heißt es:]

In dieser ganzen Stelle herrscht mehr Satire, als die meisten Leute bemerken werden, so wie im ganzen Buche mehr Poesie und ein besserer Styl ist, als man jemals geglaubt hat. Jene Stelle ist auch für uns noch nicht unpassend geworden und der wirkliche ewige Friede dürfte wohl nur durch einen ähnlichen Helden hervorgebracht werden können. Ich denke immer an diesen *Jupiter,* wenn ich die mannichfaltigen Vorschläge höre und lese, die das Glück der Menschheit begründen sollen.

Aber kein Mensch liest jetzt das alte vergessene Buch; wohl aber die neuen politischen Journale. (Q 9, S. 65 f., S. 80 f.)

Die Charakterisierung des herrlichen Mannes und seiner Projekte ist zu allgemein, als daß er sich identifizieren ließe. Der größere Zusammenhang ist jedoch eindeutig bestimmbar: Die Anspielung auf den wirklichen ewigen Frieden verweist auf Kants Schrift von 1795, die eine große Resonanz fand und auch im Kreis der Jenaer Romantik intensiv diskutiert wurde. So veröffentlichte Friedrich Schlegel eine Art Rezension der Kantischen Schrift, die mit ihrem Akzent auf dem Republikanismus Berührungspunkte mit den Tieckschen Gedanken erkennen läßt: *Versuch über den Begriff des Republikanismus veranlaßt durch die Kantische Schrift zum ewigen Frieden* (1796). Die dezidierte Anwendung des Begriffs *Europa* bei Tieck scheint überdies auf die Bedeutung vorauszuweisen, die er der Folgezeit annehmen sollte (vgl. Novalis' *Die Christenheit oder Europa,* 1799).

Tiecks Interesse am Roman, jedenfalls an der Jupiter-Episode, ist nicht antiquarischer Natur; der *Simplicissimus* ist vielmehr der Anlaß, auf die drängenden Fragen der Gegenwart und „die mannichfaltigen Vorschläge" einzugehen, „die das Glück der Menschheit begründen sollen". Zugleich öffnet Tieck mit dem Hinweis auf „einen ähnlichen Helden", der zur Verwirklichung des ewigen Friedens erforderlich sei, die Möglichkeit der Aktualisierung, der Projektion geschichtlicher Persönlichkeiten auf Grimmelshausens deutschen Helden.

Zweifellos angeregt von Tiecks Veröffentlichung erschien 1809 eine ausführlich kommentierte Bearbeitung der Jupiter-Episode: *Der Held des neunzehnten Jahrhunderts, eine Apokalypse des siebzehnten: oder die erfüllteste Weissagung neuerer Zeiten.* Dieser Held ist Napoleon, wie der ungenannte Verfasser in spielerischer Weise, doch nicht ohne kritisch-politischen Hintersinn darzulegen sucht. Das Problem, daß Grimmelshausen von einem deutschen Helden spricht, löst der Kommentator elegant mit einem Hinweis auf Scipio Africanus, der seinen Ehrennamen dem Sieg über Karthago verdanke: „Warum wäre denn nicht auch *der* ein *deutscher* Held im eminentesten Sinne, dessen Spruch und Wille für Germaniens Schicksal auf Jahrtausende entscheidend geworden ist?" (Q 10, S. 41).

In dieser Bemerkung deutet sich die Tendenz der Kommentierung an: Es geht dem Verfasser weniger um die Person Napoleons, vielmehr handelt es sich um eine als Satire verkleidete Klage über die Ohnmacht und Auflösung des Reiches – und die deutschen Parteigänger Napoleons. Denn Napoleons Bestrebungen, nach der Abdankung Kaiser Franz II. die Nachfolge Karls des Großen anzutreten, fand Unterstützung in Deutschland: So wünschte Karl Theodor Dalberg, der spätere Fürstprimas des Rheinbundes, schon 1805, „daß das abendländische Weltreich wieder auflebe in Kaiser Napoleon, so wie es war unter Karl dem Großen, zusammengesetzt aus Italien, Frankreich und Deutschland" (zitiert nach Hellmuth Rössler: *Napoleons Griff nach der Karlskrone. Das Ende des alten Reiches 1806*, München 1957, S. 27). Ausdrücklich erwähnt wird in diesem Zusammenhang die schillernde Gestalt des Dietrich Heinrich von Bülow, der ebenfalls eine Napoleonische Universalmonarchie erhoffte (vgl. ADB 3, 1876, S. 515–517) und aufgrund seiner Schrift *Die Blicke auf zukünftige Begebenheiten* (1805) von dem anonymen Verfasser des Kommentars unter die falschen Propheten gerechnet wird. Entscheidend ist jedoch nicht das Thema der falschen Propheten oder die Frage, wie Napoleon im einzelnen zu beurteilen sei: Die verschiedenen, einander gelegentlich widersprechenden Mosaiksteinchen des fortlaufenden Grimmelshausen-Kommentars finden ihre Einheit in der patriotischen Grundhaltung des Verfassers, der die Existenz Napoleons als Strafgericht über die deutsche Nation auffaßt und dabei auch das Versagen der deutschen Fürsten kritisiert. Der Untergang, auf den im Titel angespielt wird („Apokalypse"), ist der des Reiches.

Der Held des neunzehnten Jahrhunderts steht in engem Zusammenhang mit der *Simplicissimus*-Bearbeitung von Johann Christian Ludwig Haken (1767 bis 1835), die Ende 1809 im selben Verlag erschien (vordatiert auf 1810; vgl. Fechner, S. 696 Anm.). Haken, Superintendent in Treptow/Pommern, sieht in dem Roman vor allem ein wertvolles „Sittengemälde" (Q 11, S. 5), das trotz seiner „Plattheiten, Obscönitäten und Ungeschmacktheiten", seiner „Trivialitäten", „Abentheurlichkeiten" und sonstiger „Blößen" „den ausgezeichneten Rang [...] als der erste deutsche Original-Roman" beanspruchen könne,

in welchem zugleich auch deutsche Sitten und Charaktere, in einer eben so markigen, als für ihr Zeitalter ausgebildeten und gewandten Sprache, aufgestellt worden; der uns ein, nach dem Leben gezeichnetes Bild von den Greueln, dem Elend und den Drangsalen einer Zeitperiode giebt, die der gegenwärtigen wunderbar ähnelt – der Periode jenes dreissigjährigen Krieges unter dessen Geissel unser armes Vaterland in allen seinen Grenzen blutete; der den rohen Geist jener Räuberhorden, die es – gleichviel, unter welcher Fahne! – plünderten und zerrissen, kräftig ausspricht [...]. (Q 11, S. 2 f.).

Auch hier findet sich also – wie schon bei Tieck und in den Kommentaren zur Jupiter-Episode – die Gleichsetzung der Zeit des Dreißigjährigen Krieges mit der Gegenwart, im Gegensatz zu Tieck freilich mit deutlich antifranzösischer Tendenz, die Haken „mit der preußisch-vaterländischen politischen Publizistik" verbindet (Fechner, S. 691). Der Stil seiner Bearbeitung rückt den Roman freilich eher in die Nähe der zeitgenössischen Trivialliteratur (vgl. ebd. S. 692 ff.).

2.4. Zwischenspiel: Simplicissimus als Satire auf die Romantik

Die Vorliebe mancher Romantiker für Grimmelshausens Werk (vgl. *Simplicius Simplicissimus. Grimmelshausen und seine Zeit*, S. 205 ff., S. 225) konnte nicht verhindern, daß der *Simplicissimus* in die Hände eines entschiedenen Romantikgegners geriet, der den Roman zu einer Literatursatire umzufunktionieren suchte. Es handelt sich um die Bearbeitung von Friedrich Christoph Weisser (1761–1836), der in seinen Prosawerken besonders Wieland verpflichtet war: *Schalkheit und Einfalt. Oder der Simplicissimus des siebzehnten Jahrhunderts im Gewande des neunzehnten* (1822).

Weissers Fassung ist durch eine distanzierte, leicht ironische Erzählhaltung gekennzeichnet, einen rationalen Geist, der mit den moralisch-erbaulichen Reflexionen und moraldidaktischen Exkursen wenig anfangen kann (das ‚Adieu Welt' bleibt allerdings erhalten) und dem natürlich auch die Gestalt des Einsiedels nicht heilig ist. Nach dessen Lehren heißt es:

> Findet der geneigte Leser auch nicht eben viel Neuheit in den Lehren des Einsiedlers, so wird er ihm doch die Gerechtigkeit widerfahren lassen, daß schwerlich jemahls ein Mann, der Andern Moral predigte, sich kürzer gefaßt hat, als er.
> Der junge Philosoph ließ sich übrigens kaum durch seine Betrübniß abhalten, mit dem alten Moralisten Streit über seine drey Gemeinplätze anzufangen.
> Indessen begann der gute Mann seine Schaufel zu gebrauchen, um – ein Grab zu graben. Ich mußte ihm helfen, und wir waren beyde so stumm bey dem Geschäft, als das – Grab selbst. (Q 14, Bd. 1, S. 56 f.)

Diese Passage kennzeichnet Weissers Erzählweise, wobei allerdings die Freiheiten und ‚witzigen' Einfälle, die er sich erlaubt, im Verlauf dieser doch sehr langen Bearbeitung (322 und 330 S.) abnehmen. Das gilt auch für die satirische Auseinandersetzung mit der Romantik, die sich besonders auf den Anfang des Romans konzentriert und in der Pointe gipfelt, daß romantische Lieder allenfalls zur Abschreckung von Wölfen taugten (Q 14, Bd. 1, S. 12 f.). Mit seiner ironischen Behandlung romantischer Lyrik (*Des Knaben Wunderhorn*) und epigonaler Lyriker (Otto Heinrich von Loeben, das „Karfunkeldichterlein") nimmt Weisser die Angriffe wieder auf, die in Cottas *Morgenblatt für die gebildeten Stände* oder in der *Jenaischen Allgemeinen Literaturzeitung* gegen bestimmte

Tendenzen der Romantik vorgetragen worden waren. Jedenfalls kehren die Reizwörter dieser Auseinandersetzungen der Jahre 1808–10 wieder, an denen sich u.a. Johann Heinrich Voß und Jens Baggesen auf der einen und Ludwig Achim von Arnim, Clemens Brentano und Joseph Görres auf der anderen Seite beteiligten (vgl. Richard Ullmann u. Helene Gotthard: *Geschichte des Begriffes ,Romantisch' in Deutschland. Vom ersten Aufkommen des Wortes bis ins dritte Jahrzehnt des neunzehnten Jahrhunderts,* Berlin 1927, S. 285 ff.).

Gewiß, Weissers Auseinandersetzung mit einigen Vertretern der Romantik und Trivialromantik ist nicht sehr tiefgehend, sie verliert überdies gelegentlich die Leichtigkeit und den Witz seiner übrigen Prosa, doch scheint es bemerkenswert, daß ausgerechnet ein Lieblingsbuch der Romantik zum Vehikel der Auseinandersetzung mit einigen ihrer Strömungen wird. Begründet hat Weisser diese Wahl nicht, seine Bearbeitung erschien ohne Vor- oder Nachwort. Er mag seine ironisch-distanzierte Version eines Literaturwerks des 17. Jahrhunderts der trivialromantischen Verklärung vergangner Zeiten entgegengesetzt haben; vielleicht wollte er zeigen, was er von der literarischen Verwertung älterer Literatur in der Romantik hielt. Einen Hinweis darauf kann man in seiner Behandlung des Nachtigallenlieds erkennen, das von Tieck in die Erstausgabe des *Prinzen Zerbino* (1799) und von Arnim und Brentano in das *Wunderhorn* („Schall der Nacht") aufgenommen wurde. Für Weisser hat es offensichtlich nicht den Reiz wie für Tieck, Brentano oder auch Eichendorff (vgl. *Simplicius Simplicissimus. Grimmelshausen und seine Zeit,* S. 210 f.), und seine Paraphrase des Liedes macht deutlich, daß er derartiger ,Volkspoesie' und ihrer Erneuerung kritisch gegenübersteht:

Mitten in der Nacht stimmte er [der Einsiedler] ein Lied an, in welchem er die Nachtigall zum Singen aufmunterte, indem er sie nicht nur an das Echo, das ihr Lied zu wiederhohlen begierig sey, erinnerte, sondern ihr auch das Beyspiel der Eule vorhielt, die, wenn ihr gleich das Talent zu singen nicht verliehen sey, doch wenigstens durch Heulen das Ihrige zur Verherrlichung der Schöpfung beytrage. Zuletzt vergaß er auch nicht, den Sternen Gerechtigkeit widerfahren zu lassen, weil diese des nähmlichen Lobs wegen zu schimmern nicht müde würden. (Q 14, Bd. 1, S. 34 f.)

Weisser vertritt die Tugenden einer vergangenen Literaturepoche, ist „eine durchaus auf prosaische Verständigkeit, moralische Lehrhaftigkeit und scharfen Witz gerichtete Natur" (Hermann Fischer: *Beiträge zur Litteraturgeschichte Schwabens,* 1. Reihe, Tübingen 1891, S. 53). Sein Blick ist begrenzt, doch ist es nicht ohne Reiz, daß Weisser gerade die Einsiedler-Partien – vgl. die *Zeitung für Einsiedler* oder Eichendorffs Gedicht „Der Einsiedler" – zu seinen satirischen Seitenhieben auf die romantische Dichtung benutzt.

2.5. Ende und neuer Anfang: Bülows Simplicissimus-Ausgabe (1836)

Ludwig Tieck schrieb am 30. 1. 1801 an den Jenaer Verlagsbuchhändler Friedrich Frommann über sein *Simplicissimus*-Projekt:

Wir hatten vom Simplicissimus gesprochen, und Sie waren der Meinung, ihn bis Ostern 1802 zu lassen: ich habe seitdem aus Trägheit keinen andern Verleger gesucht, u. bin jetzt in der Stimmung, das ganze Ding lieber liegen zu lassen, wer es verstehen kann, für den ist es da, die Übrigen nehmen nur Aerger daran. (Q 63, Bd. 2, S. 345)

Tiecks Mitarbeiter und Freund Karl Eduard von Bülow (1803–1853) übernahm mehr als dreißig Jahre später diese Aufgabe – und erregte den Ärger, von dem Tieck gesprochen hatte. Der Grund war die Unzeitgemäßheit seiner Bearbeitung: Die philologisch sorglose Wiederbelebung ‚altdeutscher‘ und ‚volkstümlicher‘ Literatur in der romantischen Herausgebertradition geriet in Konflikt mit der wissenschaftlichen Germanistik, die zwar ebenfalls von der Romantik herkam, aber unter dem Einfluß der klassischen Philologie die Beschäftigung mit der Vergangenheit auf philologisch gesichertem Boden betreiben wollte. Angesichts der Entwicklung der kritischen Textphilologie – Karl Lachmanns kritische Editionen mittelalterlicher deutscher Texte waren in der Zwischenzeit erschienen – mußten Bülows ‚Editionsprinzipien‘ durchaus vorwissenschaftlich anmuten. Gleichwohl bedeutete die Auseinandersetzung mit Bülows Text, *Die Abenteuer des Simplicissimus. Ein Roman aus der Zeit des Dreißigjährigen Krieges* (1836), den Beginn der eigentlichen Grimmelshausenforschung.

Bülow geht in seinem Vorwort zwar davon aus, daß alle bisherigen Bearbeitungen des Romans „nur verunglückte Erneuungen zu nennen sind, insofern die Herausgeber die Worte des Textes verwarfen und an deren Statt im üblen Sinn modernisirte Umschreibungen derselben gaben" (Q 15, S. XIV), hält es aber gleichwohl für einen ebenso gefährlichen Irrweg, den *Simplicissimus* „etwa wie einen klassischen Autor in einer todten Sprache anzusehen, und wortgetreu wieder abdrucken zu lassen" (ebd. S. XV). Er sucht einen Mittelweg und vergleicht sich mit dem Restaurator „eines guten, alten Bildes" (ebd. S. XV), doch die Versicherung, „keine neue Bearbeitung, sondern eine Wiederherstellung" vorzulegen, widerspricht seinen eigenen Bearbeitungsprinzipien: Er berichtigt „den in Einzelheiten mitunter fehlerhaften Styl des Buches", vereinfacht den Satzbau, mildert „allzuderbe und allzuplumpe Ausdrücke und unreinliche Stellen", entfernt „endlich die wol vorkommenden Auswüchse, seichten Scherze, und Stellen, die, nach der geschmacklosen Sitte der Zeit, blos dazu dienten, mit unfruchtbarer Belesenheit zu prunken, ich denke, nicht zum Nachtheile des Romans" (ebd. S. XVI). Da er „das sechste [Buch], sowie alle Amplificationen des ganzen Werkes ignorirt" (ebd. S. XVII), macht die „Restauration" des Schlusses die Endgültigkeit des Rückzugs von der Welt deutlich. Die Bearbeitung springt im fünften Buch vom Ende des 23. zum Ende des 24. Kapitels, das ‚Adieu Welt‘ fehlt:

Mit solchen Gedanken quälte ich mich täglich und eben damals kamen mir einige Schriften des Guevara unter die Hände, die mir die Welt vollends verleiteten und mich endlich bewogen, wieder ein Einsiedel zu werden. Ich hätte gern bei meinem Sauerbrunnen im Mückenloch gewohnt, aber die Bauern in der Nachbarschaft wollten es nicht leiden, wiewol es für mich eine angenehme Wildniß war. Sie besorgten, ich würde den Brunnen verrathen und ihre Obrigkeit dahin vermögen, daß sie wegen nunmehr erlangtem Frieden Weg und Steg dazu machen müßten. Ich begab mich also in eine andere Wildniß und fing mein Spessarter Leben wieder an, in dem ich, wie mein Vater seliger, bis an mein Ende zu verharren gedenke. Gott verleihe uns Allen seine Gnade, daß wir allesammt dasjenige von ihm erlangen, woran uns am meisten gelegen ist, nehmlich ein seliges

Ende. (Q 15, S. 470)

In seiner Beurteilung „des ersten Original-Romans" der deutschen Literatur, den er auch als „Volksbuch" bezeichnet (Q 15, S. VIIf.), bekräftigt Bülow ältere Deutungsschemata, die noch lange wirksam bleiben: Grimmelshausens *Simplicissimus* gilt ihm als ein Roman „von einem gewiß nicht geringfügigen poetischen Werthe" einerseits, andererseits als bedeutendes historisches Dokument (ebd. S. VIIf.). Zu bewundern sei, heißt es über den künstlerischen Wert des Buches, der gesunde, tüchtige Menschenverstand des Autors, der heitere Humor,

die vielgestaltige, anmuthige Einbildungskraft des Autors, der da selten oder nie die Wirkung des schalkhaft-einfältigen Tones verfehlt, in dem er mit treffender, gutgemeinter Satyre die Schwächen seiner Zeit geißelt, und sich mitunter selbst bis zu dem Zarten und Rührenden zu steigern vermag. Seine Art zu schreiben ist in ihrer derben deutschen Alterthümlichkeit fast klassisch zu nennen [...]. (ebd. S. VII)

Um den Roman mit dieser Charakteristik in Einklang zu bringen, ist in der Tat eine ‚Restaurierung' erforderlich, eine Wiederherstellung, die sich eigentlich verbieten müßte, wenn man den *Simplicissimus* als wertvolles Kulturdokument preist, „insofern es eben kein anderes Werk gibt, das den Verfall und das Elend unseres Vaterlandes, in jener unglückseligen Zeit des dreißigjährigen Krieges, gleichwie Sitten und Denkungsweise während dessen, anschaulicher und lebendiger vor Augen darstellt" (ebd. S. VIII).

Bülows Bewertung ist die der frühen Literaturgeschichtsschreibung, soweit diese über die Mitteilung von Daten und Fakten hinausging. Er zitiert ausführlich Ludwig Wachler, der in seinen *Vorlesungen über die Geschichte der teutschen Nationallitteratur* (Frankfurt/M. 1818–19) „Gesundheit, Derbheit und Wahrhaftigkeit" des *Simplicissimus* hervorgehoben, ihn „ein überaus treues Naturgemälde der Greuel und Schändlichkeiten des dreyßigjährigen Krieges" genannt hatte (Q 12, S. 70f.). Wäre es ihm nicht auf die vaterländische Emphase angekommen, hätte er auch Tieck zitieren können, der den *Simplicissimus* „als genaue Abspiegelung jener Tage" gewürdigt hatte, „in welchem uns in einer für jene Zeit vortrefflichen und klaren Sprache jener unglückselige Bürgerkrieg, mit trüben und heitern Bildern abwechselnd, nahe vor das Auge gerückt wird" (Q 13, S. Vf.).

Die Hinweise auf das Elend des Dreißigjährigen Krieges, auf die kulturelle und sprachliche Überfremdung und damit auf die herausragende Leistung Grimmelshausens und seines ‚realistischen' Romans sind nicht ohne Bezug zur unmittelbaren Vergangenheit: das Ende des Reiches, die Herrschaft Napoleons und die Befreiungskriege. Angesichts äußerer Überfremdung kommt die Bedeutung der

Literatur als Quelle vaterländischer Gesinnung zur Geltung. Auch die Rezension der Bülowschen Bearbeitung von Hermann Kurz weist darauf hin, daß der Verfasser immerhin das Verdienst habe, uns durch seine Ausgabe „an unsere nationalen Schätze [zu erinnern], während wir wieder einmal im Begriffe stehen, fremder Sitte und Gesinnung nachzulaufen, welche unserm innersten Gemüthe doch immer fremd bleiben wird [...]" (Q 16, S. 22).

3. Grimmelshausen im 19. Jahrhundert

3.0. Vorbemerkung

Der Patriotismus der Germanisten im frühen 19. Jahrhunderts läßt sich nicht einfach mit dem Nationalismus gleichsetzen, der die Germanistik in der Zeit nach der Reichsgründung prägt. Ging es hier um

> eine Vormachtstellung Deutschlands unter den europäischen Mächten, so richtete sich der Patriotismus zu Beginn des 19. Jahrhunderts zum einen gegen die Vorherrschaft Frankreichs in Europa und insbesondere gegen die napoleonische Fremdherrschaft in Deutschland, zum andern aber ebenso gegen die deutsche Kleinstaaterei der Fürsten, deren Eigennutz die nationale Einigung Deutschlands hinderte und damit die politischen Ziele Napoleons förderte. Vor diesem Hintergrund muß die Rückbesinnung auf eine gemeinsame und damit einigende nationale Tradition gesehen werden [...]. (Janota, S. 19)

Erst nach der gescheiterten Revolution von 1848 verengte sich dieser patriotische Nationalgedanke immer mehr in Richtung auf einen preußisch-deutschen Nationalismus, so daß schließlich Wilhelm Scherer und seine Zeitgenossen vorgeben konnten, „die Reichsgründung i. J. 1871 sei die Erfüllung der politischen Wünsche und Hoffnungen, die zu Beginn des 19. Jahrhunderts die Grimms und ihre Zeitgenossen umgetrieben hatten" (Janota, S. 6).

Eine ähnliche Wandlung zeigt sich in der Beurteilung der Literatur des 17. Jahrhunderts: Ging es zunächst angesichts der napoleonischen Herrschaft und der Zersplitterung Deutschlands um „Selbstvergewisserung über das Ganze der eigenen Überlieferung auf ‚volksmäßiger' Basis" (Jauman, S. 116), so trat auch hier von der Spätromantik an eine Verengung ein, die dazu führte, „Literatur immer nur als Zeugnis national-kultureller Entwicklungen in den Blick zu bekommen" (ebd. S. 175; vgl. z.B. Braunbehrens über die Literaturgeschichten Ludwig Wachlers, 1818/19, und Franz Horns, 1822/29). Auch die Bewertung der Werke Grimmelshausens in Literaturgeschichten, wissenschaftlichen Abhandlungen und populären Darstellungen im 19. Jahrhundert hängt eng mit der hier angedeuteten historischen Entwicklung und der damit verbundenen Entfaltung der Germanistik als Wissenschaft zusammen.

3.1. Realismus und Volkspoesie

Zu den vorherrschenden Denkmustern der Germanistik des 19. Jahrhunderts gehört die Gegenüberstellung von Kunst- und Volksdichtung. Für Grimmelshausen bedeutete das freilich – jedenfalls nachdem der gesamte Umfang seines Werkes bekannt geworden war –, daß er beiden Bereichen zugerechnet werden mußte: „Und so ist höchst merkwürdiger Weise beides ganz äußerlich und unorganisch neben einander in demselben Manne: die formale Leerheit der Schulpoesie und der formlose Inhalt der Volkspoesie" (Q 17, S. 16). Als Konsequenz ergibt sich eine durchgehend negative Bewertung der ‚Idealromane' Grimmelshausens und eine fast ausschließliche Konzentration auf den *Simplicissimus*. Hier allerdings ist Grimmelshausen der ‚Volksdichter' par excellence, sein Hauptwerk ‚volkstümlich', ein wahres ‚Volksbuch', das sich in der Darstellung des ‚wahren Lebens' bewährt.

Dieser ‚Realismus' gilt als eines der entscheidenden Momente des Romans. Von Anfang an wird darauf verwiesen, daß der *Simplicissimus* auf eigenen Erlebnissen Grimmelshausens beruhe, daß er als realistischer Roman „eine Gemähldegallerie voll ächten, frischen und gesunden Lebens, einen Spiegel seiner Zeit, wie wir ihn von keiner andern haben", darstelle (Q 16, S. 17), daß er „das wirkliche Leben" abbilde (Q 17, S. 13). Gegen die „breiten und leeren Romane der Zeit" (Q 18, S. 384), den „Schwall von Phantasterei" (Q 16, S. 17), habe Grimmelshausen ein Werk vorgelegt, „in welchem uns der Dichter das Leben seiner Zeit in seinem vollsten Umfange, in allen seinen wesentlichen Richtungen darstellt, und sie alle im Leben seines Helden zu einem gelungenen Gesammtbilde vereinigt" (Q 23, S. 423).

Reflektiert wird dieser Realismusbegriff nicht. Was der einfachen Gleichsetzung von selbsterlebter Wirklichkeit und Romaninhalt widersprechen könnte, wird übersehen oder beiseite geschoben. Die Schwierigkeiten, die die allegorischen Partien im fünften Buch und in der *Continuatio* einer derartigen Interpretation bereiten müssen, werden dadurch behoben, daß man das Werk von der zweiten Hälfte des fünften Buches an einem anderen Autor zuschreibt (Q 19, S. 186 f.) oder den Abschluß des Romans mit dem fünften Buch erreicht sieht und der *Continuatio* als einem unorganischen Anhängsel wenig Bedeutung beimißt. So heißt es einerseits, daß Grimmelshausen „den Inhalt des Simplicissimus [...] selbst erlebt" habe, andererseits wird dem letzten Buch nachgesagt, daß es – und das ist als Verdammungsurteil gemeint – „allerdings an die Zeit" erinnere, der es angehöre (Q 20, S. 441). Hier wird innerhalb des Romans der gleiche Gegensatz beobachtet, der auch den *Simplicissimus* und die ‚Idealromane' voneinander trenne – „der grelle Unterschied zwischen dem wirklichen Leben und der hergebrachten künstlichen Büchercultur", zwischen Erlebtem und Erlesenem: „jenes poetisch und lebendig, dieses prosaisch und todt" (ebd. S. 441 f.).

Doch fehlt es in dieser Periode auch nicht an differenzierteren Darstellungen. So erkennt Gervinus, in der Tradition der Kunstauffassung des deutschen Idealismus, die Gefahren des ‚Realismus' für die Form. Für ihn gehört der *Simplicissimus* zu den Werken, für die „die Anlehnung an das Wirkliche, das, was wir als Lebensbilder und Anschauung wirklicher Begebenheiten und Zustände nehmen dürfen, bedeutender als die Poesie" ist: „Der Simplicissimus ist eines der vielen deutschen Volksbücher, die erstaunlich viel Anlage und so wenig Werth der Ausführung haben, daß [...] doch immer nur die historische Bedeutung darin geschätzt wurde [...]" (Q 18, S. 383). Echtermeyer stimmt der Bemerkung über den formlosen Inhalt der Volkspoesie zu, ist aber weniger bereit, diesen Inhalt allein der erlebten Wirklichkeit zuzuschreiben: Der *Simplicissimus* bringe „das wirkliche Leben eben so zur Darstellung [...] wie er auf der andern Seite alle historisch gegebenen Elemente der Volkspoesie" verarbeite (Q 17, S. 13). Noch weiter entfernt er sich von der Annahme eines naiven Realismus mit seiner Auffassung, daß der *Simplicissimus*, wenigstens teilweise, als Parodie des *Parzival* konzipiert sei (vgl. 3.2.). Auch Echtermeyer sieht einen Gegensatz zwischen dem *Simplicissimus* und den ‚Kunstromanen' Grimmelshausens, ohne dies jedoch als Verirrung dem Geschmack der Zeit in die Schuhe zu schieben. Er hat vielmehr ein Konzept von der geschichtlichen Entwicklung der deutschen Dichtung: Die Kunstpoesie des Nordens und die Volkspoesie des Südens, die in der Person Grimmelshausens äußerlich und unorganisch nebeneinander stünden, vereinigten sich erst mit Goethe. Hier erreiche „die deutsche Dichtung die Ineinsbildung des norddeutschen formellen Princips mit dem süddeutschen Gemüthsleben [...]" (Q 17, S. 16).

3.2. Parzival

Der Hinweis Echtermeyers auf Wolframs *Parzival* löste eine Erwiderung aus, die wenigstens vorübergehend von den erwähnten Stereotypen hinwegführte: Carl Klädens Aufsatz „Ueber die Bedeutung des Simplicissimus" von 1850. Echtermeyer war zwar nicht der erste, der auf eine Beziehung zwischen *Simplicissimus* und *Parzival* hingewiesen hatte, doch ging er als erster über das Registrieren inhaltlicher Ähnlichkeiten hinaus. Dies geschah im Zusammenhang mit dem postulierten Gegensatz von Volkspoesie und Kunstpoesie, den er in Deutschland und Spanien in der literarischen Opposition gegen die „Ritterpoesie" erkannte. Grimmelshausens Roman gerät so in die Nähe des *Don Quijote*, „wie denn überhaupt dieser deutschen Richtung viele spanische Productionen gleichzeitig entsprachen" (Q 17, S. 14). Für Echtermeyer ist der Lebenslauf des Simplicius auf den Parzivals bezogen, „persifflieren und parodiren" die ersten fünf Bücher des *Simplicissimus* „das abstracteste und auf die Spitze getriebene Rittergedicht, den Parzival, in seinem ganzen Verlaufe" (Q 17, S. 14). Damit ist, unabhängig von dem direkten Bezug auf den *Parzival*, ein wesentliches Element des satirischen niederen Romans erkannt, seine Oppositionsstellung zum höfischen, zum ‚hohen' Roman (vgl. AB I.C. 2.3.2.). Es scheint um so wichtiger, auf diesen Ausgangspunkt des *Simplicissimus-Parzival*-Vergleichs hinzuweisen, als später der kritische Aspekt zugunsten der Konstruktion einer vom *Parzival* über den *Simplicissimus* zum *Wilhelm Meister* aufsteigenden Entwicklungslinie in den Hintergrund gedrängt wurde.

Kläden nimmt die eher beiläufigen Bemerkungen Echtermeyers zum Anlaß eines genaueren Vergleichs der beiden Werke, der sich nicht lange mit philologischen Fragen aufhält, sondern die Beziehung zwischen den Texten auf einer abstrakteren, philosophischen Ebene zu erkennen glaubt: „Beide Werke haben in dem innersten Gedanken, der sie gestaltet, ihren Berührungspunkt; beide stellen in dem Leben ihrer Helden dar den Kampf zwischen Geist und Welt, Glaube und Leben, der zuletzt mit dem Frieden der Kämpfenden endet" (Q 21, S. 87). Die Durchführung dieses Konzepts, das Kläden dem deutschen Idealismus verdankt, erfordert bestimmte Voraussetzungen, eine bestimmte Versuchsanordnung, damit dieser Kampf „rein und anschaulich" dargestellt werden kann. Diesem gemeinsamen Ausgangspunkt verdanken die beiden Werke ihre Ähnlichkeiten: Ihre Helden wachsen so auf, daß sie „beide mit einem starken zwar, aber einfältigen, weder durch innre Erfahrung, noch durch den Gedanken mit der Offenbarung des Geistes in der menschlichen Gesellschaft und deren Verhältnissen vermittelten Glauben in das Leben hinaustreten" (ebd. S. 87). Hier nun, mit dem Eintritt Parzivals in die „glänzende Ritterwelt" und dem Eintritt des Simplicius in das „rohe, wüste Leben des Krieges", setzt „der große Unterschied ein, durch welchen Simplicissimus in dem weiten Gebiete deutscher Dichtung nicht ein Gegenbild, sondern die nothwendige Ergänzung des Parzival" werde (ebd. S. 87).

Die Gemeinsamkeiten zwischen *Parzival* und *Simplicissimus* gründen sich nicht auf einen direkten ‚Einfluß' des Wolframschen Versromans, sondern haben mit dem übereinstimmenden „Grundgedanken" beider Werke zu tun. Die Ähnlichkeiten treten daher, so Klädens Argumentation, am Anfang am deutlichsten hervor, bis dann die unterschiedlichen historischen und gesellschaftlichen Bedingungen, denen Parzival und Simplicius unterworfen sind, die Kluft sichtbar machen. Allenfalls in dem Sinn lasse sich der *Simplicissimus* als Parodie des *Parzival* bezeichnen, daß der bei Grimmelshausen geschilderte Weltzustand eine Parodie der Welt Parzivals genannt werden könne. Auf eine bewußte Parodie oder Persiflage deute nichts hin, zumal – und hier schneidet Kläden ein rezeptionsgeschichtliches Problem an – Grimmelshausen nicht hoffen konnte, „mit einer Parodie des Parzival von seinen Zeitgenossen verstanden zu werden" (ebd. S. 90).

Kläden fand keine unmittelbare Nachfolge, obwohl in der Folgezeit die Hinweise auf den *Parzival* nicht mehr abrissen und Wilhelm Scherer den *Simplicissimus*-Abschnitt seiner Literaturgeschichte auf einen Vergleich der beiden Werke gründete. Aber es blieb hier wie bei anderen bei einer einfachen Gegenüberstellung der beiden Lebensläufe und der beiden Welten: „[...] welcher Unterschied des moralischen Zustandes der Gesellschaft! Welche Feinheit bei Wolfram! Welche Roheit bei Grimmelshausen!" (Q 30, S. 382) Die philosophisch-spekulative Interpretation Klädens wurde so auf des Registrieren gemeinsamer Motive reduziert. Dies ist kein isolierter Vorgang, sondern hängt mit der Geschichte der Germanistik zusammen, der Hinwendung zum Positivismus im letzten Drittel des 19. Jahrhunderts, die zwar der Grimmelshausenforschung auf den Gebieten

der Biographie, Textphilologie und Quellenforschung beträchtliche Fortschritte
bescherte, zugleich aber derart einengend wirkte, daß die Folgen noch heute
spürbar sind. Dazu erfuhr der politische Horizont „durch die Festlegung auf
einen preußisch-deutschen Nationalismus eine erhebliche und folgenreiche Verengung" (Janota, S. 6), so daß die Akribie der biographischen und quellenge-
schichtlichen Arbeit von einer Vergröberung der politischen Argumentation begleitet wurde.

3.3. Deutschtum, Katholizismus und Moral

Die nationalistische Verengung hat ihre Vorgeschichte in den *Vorlesungen über
die Geschichte der deutschen National-Literatur* (1845) von A. F. C. Vilmar, die
es bis 1913 zu insgesamt 27 Auflagen brachten (seit der 3. Aufl. 1848 unter dem
Titel *Geschichte der deutschen National-Literatur*). Diese Literaturgeschichte
war – als Reaktion auf die zunehmende Philologisierung des Fachs – auf eine
Popularisierung der germanistischen Forschung bedacht, die freilich mit Unwis-
senschaftlichkeit erkauft wurde. Der Grund für den erstaunlichen Erfolg „liegt
in einem nationalistisch-christlichen Gesinnungskonglomerat, in dessen Dienste
der protestantische Theologe Vilmar die Literaturgeschichte genommen hat"
(Janota, S. 40). Die deutsche Literatur habe, schreibt Vilmar in seiner Einleitung,
einen „Nationalvorzug" aufzuweisen, den sie mit keiner anderen Literatur teile:
„sie hat, nicht wie die Literatur der übrigen Nationen nur *eine,* sie hat *zwei
klassische* Perioden gehabt" (Q 20, S. 2). Die Bedingungen für „diese imponie-
rende Erscheinung [...] liegen in der innersten Natur und dem eigentümlichsten
welthistorischen Berufe unseres Volkes" (ebd. S. 3), der Fähigkeit nämlich, „sich
aufzuschließen und hinzugeben, Fremdes zu empfangen, dasselbe in fortwähren-
dem kräftigem Aneignungsprocesse dem eigenen Selbst zu assimiliren, und
dann wieder in freier Schöpfung als volles Eigentum zu reproduciren" (ebd.
S. 5). Die erste, entscheidende Phase stellt die Aneignung des Christentums dar;
das Kennzeichen der zweiten klassischen Periode ist „das Durchdrungenwerden
des Vaterländischen von den Lebenselementen fremder Völker, die innige organische Verschmelzung des Deutsch-christlichen mit dem Fremdländischen, zu
einem in sich harmonischen Ganzen" (ebd. S. 9). In diesem Schema bezeichnet
das 17. Jahrhundert, mit dem die „neue Zeit" der deutschen Literatur beginnt,
„die Zeit der Herrschaft des Fremdländischen über das Einheimische" (ebd.
S. 9), eine „Zeit des schweren, dumpfen Schlafes, der Besinnungslosigkeit und
der schmachvollen Knechtschaft" (ebd. S. 380).

In dieser Epoche, in der die „deutsche einfache Sitte und nachgerade auch die
deutsche Sprache" in weiten Kreisen verschwand (ebd. S. 381), gibt es nach
Vilmar nur wenige Lichtblicke, zu denen auch der *Simplicissimus* zählt, bei dem
sich ein „frisches, echtes, in den meisten Punkten gesundpoetisches Leben" bemerkbar macht, „ein Element der Wahrheit und Naturgemäßheit" in einer von
Künstlichkeit und Unnatur geprägten Zeit (ebd. S. 441). Gleichwohl schenkt

Vilmar Grimmelshausen wenig Aufmerksamkeit und nutzt die seinem Deutungsschema zugrunde liegende Gegenüberstellung des Fremdländischen und Einheimischen nicht ausdrücklich zu einer Aufwertung Grimmelshausens als Bewahrer des Deutschtums in einer von Fremdherrschaft bestimmten Epoche. Diese Zurückhaltung kann auf den Zwang des undifferenzierten Periodenschemas oder auf eine geringe Vertrautheit mit Grimmelshausens Roman zurückgehen, mag aber auch moralisch und religiös begründet sein. Gerade die Frage der Moral und des Katholizismus ist in der Folgezeit immer wieder ein Hindernis, das irgendwie beiseitegeräumt werden muß, um den vorbildlichen deutschen Charakter des Werks nicht zu beeinträchtigen.

Als volkstümlicher deutscher Roman galt der *Simplicissimus* schon in der Romantik; es ging um die Rückbesinnung auf gemeinsame, einigende nationale Traditionen. Die frühen Charakterisierungen des *Simplicissimus* als eines deutschen Volksromans, eines Werks, in dem „ein echt deutscher Geist" wehe (Q 19, S. 188), ließen sich ohne Schwierigkeiten in den Rahmen einer nationalistischen Konzeption der Literaturgeschichte einbauen, das patriotische Element zu einem nationalistischen umformen. Dabei gibt es natürlich auch kuriose Fälle, wie den des berühmt-berüchtigten Wolfgang Menzel, der im *Simplicissimus* ein Ineinander von Katholizismus und Heidentum konstatierte und den Roman in eine Linie vom Mittelalter zur Nationalromantik stellte:

> Ein tiefer religiöser und zwar katholischer Ernst trägt das ganze Gedicht. Die uralte heidnische Volkspoesie ragt mächtig in dasselbe hinein und schlägt alles, was aus der damaligen Mode der Renaissance sich eindrängt, siegreich zurück. Zugleich katholisch und durch und durch volksthümlich vermittelt dieser Roman, wie kein anderer, die ritterliche Poesie unseres Mittelalters mit der späten Romantik. Er steht daher außerhalb und hoch erhaben über der gesammen [!] Poesie der Renaissance. (Q 24, S. 447)

Im übrigen ist der Literaturgeschichtsschreibung des 19. Jahrhunderts der Katholizismus Grimmelshausens eher suspekt. Ausnahme ist Eichendorff, der darauf hinweist, daß Grimmelshausen „den Grund und die eigentliche Bedeutung" des Dreißigjährigen Krieges nicht vergessen habe und daß sich ein „tiefreligiöses und spezifisch-katholisches Gefühl [...] durch diese wilde Welt" des Romans schlinge (Q 22, Bd. 4, S. 697). Die Brücke vom Katholizismus zum Nationalismus fand einzig Menzel, während die protestantisch (und preußisch-national) orientierte Literaturgeschichtsschreibung das Problem auf andere Weise anging.

Als die Zeugnisse für Grimmelshausens Konversion kaum noch zu ignorieren waren, konnte man immer noch behaupten, daß dies ein durch äußere Umstände erzwungener Vorgang gewesen sei: „Als Protestant geboren und erwachsen, an Luthers Bibel genährt, lebte und schrieb er in protestantischem Geiste, wenn er auch später vielleicht, durch äußere Verhältnisse veranlaßt, sich bestimmen ließ, zur katholischen Confession zu halten" (Q 28, S. 697). Es zeigt sich hier ein Dilemma, das aus den Fortschritten der positivistischen Forschung resultiert: Es wurden immer mehr Fakten bekannt, die einer vereinfachenden nationalen Deutung widersprachen. Der Nachweis von Grimmelshausens Glaubensbekenntnis ist ein Fall, ein anderer die Beziehungen vor allem zur spanischen Literatur, die die Quellenforschung aufgezeigt hatte. Die Mechanismen sind bei beiden Problemen ähnlich: Schätzt man die Relevanz derartiger Erkenntnisse gering genug ein, lassen sich die bewährten Interpretationsmuster aufrechterhalten. Wenn der Katholizismus in Wirklichkeit gar keiner war, sprach er auch nicht gegen eine protestantisch-preußisch-deutsche Interpretation, und „daß man uns den Simplicissimus als urecht deutsches Erzeugniß durch Darlegung der Quellen rauben wird", glaubt selbst der Brockhaus von 1871 nicht (Q 25, S. 330). Von den ausländischen Quellen, so heißt es an anderer Stelle, unterscheide sich der deutsche Roman „durch Tiefe und Weltweite der sittlichen Anschauung, durch planvolle Führung des Fadens, durch Vielseitigkeit und kraftvolle Wahrheit der Ausführung und nicht zum wenigsten durch den gewaltigen historischen Hintergrund" (Q 32, S. VI).

Anders Wilhelm Scherer, der zwar die Prosa des Romans lobt und dem Verfasser ein festes sittliches Urteil bescheinigt, doch die Schwierigkeiten einer protestantisch-nationalen Deutung erkennt – und dies dem Dichter geradezu zum Vorwurf macht. Vor allem stößt er sich am Romanschluß. Dabei kann die scheinbar sachliche Kritik an der Romankomposition seine Vorurteile nicht verbergen:

> Der Composition möchte man mehr einfach große Linie und einen kräftigeren Abschluß wünschen. Kaum glauben wir den Helden geborgen und geheilt, so erleidet er die sonderbarsten Rückfälle, bis er voll Ekel an der Welt sich aus ihr zurückzieht und wie sein Vater Einsiedler wird. Grimmelshausen hatte dem Simplicius freilich kein Gralkönigthum anzubieten. Aber konnte er ihn nicht besser als mit einer Waldhütte versorgen? Konnte er ihm nicht auf seinem Bauernhofe ein mäßiges Glück gönnen? Mußte er ihn mit den Phrasen eines spanischen Bettelmönches und Bischofs von der Welt Abschied nehmen lassen? (Q 30, S. 382 f.)

Scherers Mißbilligung ändert nichts an dem vorherrschenden Interpretationsmuster, den Roman trotz aller Schwierigkeiten in eine spezifisch nationale Kultur- und Literaturtradition einzuordnen. Vergröberungen bleiben nicht aus, wie sich am Beispiel des *Simplicissimus*-Vortrags von Heinrich Solger zeigen läßt, dem die Wendung an eine größere Öffentlichkeit fachwissenschaftliche Beschränkung verbietet. Der Text ist zugleich ein Zeugnis dafür, unter welchen Vorzeichen neuere deutsche Literatur in die Schule eindringt (der Vortrag wurde 1879 in der Zeitschrift *Der praktische Schulmann* abgedruckt).

Als Ausgangspunkt dient die schon bekannte Vorstellung von der Überfremdung Deutschlands im 17. Jahrhundert, als der „deutsche Geist [...] wie ein Schemen" umherirrte, „der seinen Körper suchte" (Q 29, S. 277). In dieser Zeit der Herrschaft des fremden Geschmacks geben die spanischen Pikaroromane die Anregung zu einem im übrigen aber durchaus selbständigen und originellen deutschen „Volksroman", Grimmelshausens *Simplicissimus*, „der alle Kunstromane der damaligen und auch noch viele der späteren Zeit in den Schatten stellte. [...] Er war ein echt deutscher Roman, der einen interessanten nationalen Stoff in wahrhaft volksthümlicher Weise behandelte [...]" (ebd. S. 277). Grimmelshausen schreibt einen „klaren, echt deutschen Stil", sein Humor gibt dem Werk „ein echt volksthümliches Gepräge", in religiösen und kirchlichen Dingen ist er „ziemlich frei von Vorurtheilen und jedenfalls nicht confessionell befangen" (ebd. S. 287 f.). Die Betonung liegt jedoch auf seiner politischen Gesinnung („echt patriotisch") und seinem nationalen Sinn: „sein Eifer um Deutschlands Ehre und Macht erfüllt uns mit Bewunderung" (ebd. S. 288). Zeugnis dafür ist vor allem Jupiters Plan für die Neuordnung Europas, den Solger „eben so kühn wie patriotisch" nennt (ebd. S. 281). Freilich kann er sich nicht mit dem umstürzlerischen Teil der Vorschläge abfinden, nach denen „,der nationale Held' alle Großen unterwerfen und ins Volk zurückdrängen oder zur Auswanderung zwingen soll", doch: „Von diesem auf gewaltige und gewaltsame Umkehrung aller politischen Verhältnisse hinzielenden Rath abgesehen, erscheinen die patriotischen Gedanken des Verfassers oft wie ein Programm der Zukunft, das man nicht ohne Rührung vernimmt" (ebd. S. 288 f.). Auf die Aktualität des Romans verweist auch die peroratio:

Das denkwürdige Buch muß auf jeden fühlenden Leser den größten Eindruck machen. Der Jüngling, der es ohne Erregung aus der Hand legen könnte, müßte schon sehr verdorben sein. Aber auch das reife Alter nimmt stets Interesse an dem ausgezeichneten Volksbuche, das reich an Lebenserfahrungen und Gedanken und das von einem Geiste durchweht ist, der immer wieder anzieht und erfrischt. Mag es auch in manchen Zeiten weniger gelesen werden: in den Tagen großer nationaler und religiöser Kämpfe wird man gewiß nach ihm greifen, denn es ist ein Monument aus Deutschlands trübster Epoche, ein treuer Eckart, der vor dem Verderben warnt. Ja, der Held Simplicissimus ist, recht betrachtet, nichts anderes als der Repräsentant des einfachen ungelehrten Volkes selbst, und darum wird er immer fortleben. (Ebd. S. 291)

Die Erinnerung an die Tage großer nationaler und religiöser Kämpfe ist gewiß kein Zufall, nicht einmal zehn Jahre nach dem Krieg mit Frankreich und der Reichsgründung, wenige Jahre nach dem Höhepunkt des Kulturkampfes (vgl. 3.4.), ein Jahr nach dem Sozialistengesetz.

Der Rezeption des Romans in diesem nationalen Sinn stehen mehrere Schwierigkeiten im Weg. Solger räumt sie auf einfache Weise beiseite: Romanpassagen, die nicht ins Konzept passen, werden für überflüssig erklärt (Mummelsee, Wiedertäufer, 6. Buch) und nachlassender Schaffenskraft oder Bildungsmängeln angekreidet (ebd. S. 283). Dies alles – wie auch die Konfessionsfrage – wird jedoch nur im Vorübergehen berührt. Das Hauptproblem liegt anderswo: darin, daß dieser Volksroman in seiner originalen Form dem Volk nicht in die Hände gegeben werden darf. Das Plädoyer für eine gereinigte Ausgabe ist nicht neu: Schon die Bearbeitungen Wagenseils im 18. und Bülows im 19. Jahrhundert gingen davon aus, daß dem Publikum nicht zuviel zugemutet werden dürfe. Diese Argumentation setzte sich im weiteren Verlauf des 19. Jahrhunderts fort, obwohl doch immer auf den Wert des Romans als Sittenschilderung, als „Culturbild aus der Zeit des 30jährigen Krieges" verwiesen wurde (Q 25, S. 331). Für das größere Publikum aber, heißt es, müsse der Roman „etwas verschnitten" werden (ebd. S. 331), die Verstöße gegen die Wohlanständigkeit müßten gemildert, die Vorstellungen der Gegenwart über Sittlichkeit und Moral berücksichtigt werden. Die Kluft zwischen den Gelehrten und dem ‚Volk', die dem 17. Jahrhundert immer wieder angekreidet wird, soll bestehen bleiben. Denn Solgers Forderung einer „vorsichtige[n] Umarbeitung mit den nöthigen Auslassungen" gilt nur für die Ausgaben, „die zur allgemeinen Lectüre bestimmt sind" (Q 29, S. 291). Das Urteil des moralisierenden Kritikers läßt an Deutlichkeit nichts zu wünschen übrig:

Was zuerst als unbedingt tadelnswerth zu nennen, das ist der Hang des Verfassers zu unsauberen Schilderungen. Daß dergleichen überhaupt vorkommen, beruht in den Zeitverhältnissen, die leider das Unsittlichste brachten und dagegen abstumpften; daß aber im Simplicissimus das Gemeine ziemlich oft und zuweilen mit einem wahren Galgenhumor berührt wird, das läßt sich keineswegs entschuldigen. Der Verfasser tritt uns in dieser Beziehung als ein Mann entgegen, der seine niedere Herkunft und schlechte Jugenderziehung niemals verleugnen kann. (Q 29, S. 284)

Die Diskrepanz zwischen den Moralvorstellungen im 19. Jahrhundert und denen Grimmelshausens bzw. seinem Gattungsverständnis (niederer, satirischer Roman) war unüberbrückbar. Anders als der Katholizismus ließ sich dieser Aspekt nicht verdrängen oder weginterpretieren. Gleichwohl hatte eine ganze Interpretengeneration dieses Werk als den realistisch-volkstümlichen Roman schlechthin gefeiert, als patriotisches Ereignis inmitten einer von fremden Einflüssen überfluteten Epoche und als vereinzeltes Beispiel „der geistigen Gesundheit trotz aller damals herrschenden Krankheiten der Zeit" (Q 19, S. 188). Um das ‚Volksbuch' als Volkslektüre geeignet erscheinen zu lassen, mußte es umgeschrieben werden.

3.4. Kulturkampf oder: Simplicissimus im Preußischen Landtag 1876

Daß der Simplicissimus einige Mitglieder des Preußischen Landtags und der Regierung beschäftigte, hatte nichts mit deren literarischen Interessen und nur vordergründig mit den vorgeschobenen moralischen Gesichtspunkten zu tun. Die Debatte über den Roman gehört vielmehr in den Kontext des sogenannten Kulturkampfes, dem Versuch Bismarcks und seines Kultusministers Adalbert Falk, den Einfluß des Katholizismus in Preußen, politisch organisiert in der Zentrumspartei, durch gesetzliche und administrative Maßnahmen zu brechen.

Der Vorsitzende der Zentrumsfraktion im Landtag, Burkhard von Schorlemer-Alst, griff in der Debatte über den Etat des Kultusministers am 16. März 1876 eine Verordnung Falks an, in der die Anschaffung von Büchern aus dem Nordwestdeutschen Volksschriftenverlag in Bremen „zu Schulprämien und für die Bibliotheken von gehobenen Volksschulen, Mittelschulen und Präparandenanstalten" empfohlen wurde (Q 27, Bd. 1, S. 704). Unter diesen Büchern, „welche geeignet sind in der Jugend die vaterländische Gesinnung zu wecken und zu stärken" (ebd. Bd. 1, S. 704), fand Schorlemer-Alst auch den *Simplicissimus* (in der Bearbeitung von Elard Hugo Meyer). Indem er unterstellte, daß der Kultusminister die in der Verordnung erwähnten Bücher auch gelesen haben müsse, nutzte er die Gelegenheit zu einem Angriff auf Falk, der ein so anstößiges Buch wie den *Simplicissimus* in die Hände von Kindern geben wolle:

Es wird vorzugsweise die Anschaffung dieses Buches von dem Herrn Kultusminister empfohlen, um die vaterländische Gesinnung zu wecken. Ich habe in dem ganzen Buche darauf nachgesehen, es durchgelesen, zu finden wo denn etwas zur Weckung der vaterländischen Gesinnung stände. Das *Gegentheil* habe ich wohl darin gefunden [...]. (Ebd. Bd. 1, S. 705)

Damit meint er Oliviers Rede über die Räuberei als das „alleradeligste Handwerck", die vieleicht als „Anleitung zur dereinstigen Steuerverweigerung" gelesen werden könnte. Bücher dieser Art regten „die Phantasie der Kinder nach einer falschen Richtung hin" auf, ihre Wirkung sei „seelenmörderisch". Auf den entscheidenden Punkt kommt er zuletzt: Meyers Vorrede gibt, nicht ohne aktualisierende Tendenz, dem Jesuitenorden, „der unablässig die katholischen Deutschen gegen die protestantischen hetzte", die Hauptschuld am Dreißigjährigen Krieg. Schorlemer-Alst folgert daraus: „Es wird das wohl der Punkt gewesen sein, der das Buch so außerordentlich empfehlenswerth gemacht hat" (ebd. Bd. 1, S. 705).

Die Repliken der Regierungsvertreter fallen recht schwach aus, zumal sich auch noch der Arzt Rudolf Virchow, Abgeordneter der Fortschrittspartei, auf die Seite der Kritiker schlägt („[...] ich war einmal in meinem Leben so unglücklich, den Simplicissimus zu kaufen [...]", ebd. Bd. 1, S. 706), den politischen Hintergrund freilich nicht berührt. Als sich in der Sitzung vom 20. März 1876 die Verteidiger des Romans zu Wort melden, argumentieren sie in erster Linie literarhistorisch und moralisch: Der *Simplicissimus* gilt dem Abgeordneten Eduard Windthorst aus Bielefeld als „das werthvollste Kulturbild, welches uns aus jener Zeit von den Nachwehen und Wirkungen des 30jährigen Krieges hinterlassen ist" (ebd. Bd. 2, S. 801); er kann in der angegriffenen Bearbeitung des Romans nichts entdecken, „was ein reines Gemüth kränken oder gar irre leiten könnte" (ebd. Bd. 2, S. 801); und der Abgeordnete Richter aus Sangershausen, der seine Frau mit der Lektüre beauftragt hatte, hält „im Namen auch der Mütter [...] dieses Buch für eine vortreffliche Bearbeitung" (ebd. Bd. 2, S. 803). Doch auch die politische Diskussion wird fortgeführt – mit einem Gegenangriff von Eduard Windthorst und Repliken der Zentrumsabgeordneten Schorlemer-Alst und Ludwig Windthorst: Eduard Windthorst aktualisiert die Jupiter-Episode und sieht die Erfüllung der Vision vom deutschen Helden in der Gegenwart, in der Gründung des deutschen Reiches, und unterstellt zugleich, daß genau dies der Grund sei, warum das Zentrum den Roman ablehnen müsse. Mit Zitaten aus der Vorrede Meyers, die den Jesuiten die Schuld am Dreißigjährigen Krieg gibt – der Orden war übrigens 1872 im Zug des Kulturkampfes in Preußen verboten worden –, wird diese Argumentationsstrategie noch verstärkt und die Gleichsetzung von Katholizismus und unpatriotischem Verhalten betrieben:

> Aber noch heute sind nicht alle Folgen jenes Bürgerkrieges überwunden, und leider! vor allem ist noch nicht der Geist erstickt, aus dem er hervorgegangen ist, der Geist des Glaubenshasses und der Unduldsamkeit. Darum nimm dich in Acht, mein deutsches Volk, vor Allen, die statt menschlicher Liebe und gesetzlichen Friedens Zwietracht und Haß predigen! Und wenn diese schwarzen Seelen dir nahen, so wende ihnen den Rücken und denke an die Schicksale des Simplizius Simplizissimus.
> Seinem Büchlein hat einst Grimmelshausen das Sprüchlein vorgesetzt:
> Es hat mir so wollen behagen
> Mit Lachen die Wahrheit zu sagen.
> Und wer es recht liest, –

und ich bitte Herrn v. Schorlemer, es einmal in diesem Sinne zu lesen, –

> dem lehrt es Wahrheit, auch Frieden und Eintracht, Arbeit und Zucht, Vaterlandsliebe und Frömmigkeit. Ja, es giebt uns die Zuversicht, daß die Prophezeihung im 9. Kapitel des dritten Buches des Simplizissimus, deren erster Theil sich so wunderbar verwirklicht hat, auch noch dereinst in ihrem zweiten Theile erfüllt werde, das heißt daß der Geist der Wahrheit ringsum unter den Völkern wohnen wird.
> Nun, meine Herren, und nun beurtheilen Sie die Kritik des Herrn Abgeordneten v. Schorlemer, der es gewagt hat, eins unserer herrlichsten Volksbücher in den Staub zu ziehen, und ich bin überzeugt, Sie werden, wie ich es thue, mit Entschiedenheit seine Anklagen als unberechtigt zurückweisen.
> (Lebhafter Beifall links. Widerspruch im Centrum.) (Ebd. Bd. 2, S. 802)

Die Antwort Schorlemer-Alsts enthält – neben der moralischen Argumentation – eine andere Konstante der Geschichte der Interpretation der Jupiter-Episode: War sie von E. Windthorst unkritisch aktualisiert und in den Dienst vordergründiger politischer Polemik gestellt worden, so hält Schorlemer-Alst diese Auslegung schon deswegen für verfehlt, „weil die patriotische Prophezeihung in diesem Buche [...] von einem Narren vorgetragen wird" (ebd. Bd. 2, S. 802). Im weiteren Verlauf der Diskussion tauchen keine neuen Momente auf. Für das Zentrum kommt sein Führer Ludwig Windthorst zu einem Ergebnis, das zwar angesichts des Textes von Grimmelshausen absurd erscheinen mag, gleichwohl durch das Vorwort Elard Hugo Meyers und die protestantisch-preußischnationale Argumentation der Parlamentarier der Gegenseite nur zu verständlich erscheint:

> Aber das ist wahr, von einem Standpunkt aus empfiehlt sich das Buch: wer einen bitteren Haß gegen die Katholiken verbreiten will,
> (Oho! links. Sehr wahr! im Centrum.)
> der muß dieses Buch lesen, der muß es verbreiten; nach den besonderen Empfehlungen, die hier heute gehört worden sind, kann man ja wohl erwarten, daß das auch geschehen wird.
> (Ebd. Bd. 2, S. 804)

4. Vom Volksdichter zum völkischen Dichter

4.0. Vorbemerkung

Während die positivistisch orientierte Germanistik im späten 19. und frühen 20. Jahrhundert weiterhin Fortschritte in der Erforschung von Grimmelshausens Leben und Werk machte, blieben die Deutungsklischees im wesentlichen unverändert. Grimmelshausen und sein deutscher ‚Volksroman' waren spätestens seit der Reichsgründung fest in eine deutsch-nationale Tradition eingeordnet. Die Auseinandersetzung im Preußischen Landtag und ihre Folgen verfestigten diese Interpretation: Als Reaktion auf „diese unglückliche Landtagsverhandlung" wurde der 200. Todestag Grimmelshausens am 17. August 1876 in Renchen gefeiert (Q 31, S. 96 f.), einem zwar „wesentlich ultramontanen Ort", doch offen für „ein freies deutsches Wort" (ebd. S. 97). So wurde vor allem „die nationale Seite" gepriesen (ebd. S. 99), denn man stand noch „ganz unter dem Eindrucke des neu erstandenen deutschen Reiches, war es doch erst sechs Jahre her, seit der Rhein dort drüben wieder deutsch war, auf dem Turm des Münsters wieder die deutsche Fahne wehte" (Q 37, S. 2). Die Verse Friedrich Geßlers, die in das drei Jahre später feierlich enthüllte Denkmal eingemeißelt sind, bestätigten den nationalen Tenor:

Deutsch Volk, belogen und betrogen
Im Streit um hohes Ideal,
Durch Noth und Elend durchgezogen,
Aus Wunden blutend ohne Zahl,
Einfält'gen Herzens, tief verwildert,
Berührt doch von der Muse Kuß,
Deutsch Volk, du warst, den er geschildert,
Der arme Simplicissimus!

Ob uns der Kampf zu Tod getroffen,
Deutsch war sein Herz und stark sein Hoffen;
Er hat aus dreißigjähr'ger Noth
Verkündet uns ein Morgenroth:
An deiner Sprache hohem Gut,
An alten Sitten, biedern, frommen,
Halt fest, mein Volk, mit treuem Blut,
Dann müssen bess're Tage kommen!
(Q 26, S. 135)

Simplicissimus als Verkörperung des verratenen deutschen Volkes, Grimmelshausen als Verkünder einer besseren Zeit – das waren langlebige Denkfiguren, die auch im Verlauf der nächsten siebzig Jahre immer wieder variiert wurden. Als Ausgangspunkte für die zahlreichen Aktualisierungsversuche boten sich vor allem das Elend des Dreißigjährigen Krieges und die Prophetie vom deutschen Helden an. Das Spektrum reicht dabei von einfachen Parallelisierungen von jeweiliger Kriegs- und Nachkriegszeit, von der Hoffnung oder auch Gewißheit, daß sich der deutsche Geist trotz aller Erniedrigungen durchsetzen werde, zu den jeweiligen Manifestationen der Gestalt des deutschen Helden. Die Radikalisierung und Militarisierung dieser Vorstellungen, die Begriffe wie Helden-, Soldaten- und Führertum, Männlichkeit, Gemeinschaft und Kameradschaft mit Grimmelshausen in Verbindung bringt, mündet direkt in das Ideenkonglomerat des Nationalsozialismus.

4.1. Barbarei gegen Kulturschwindel: Arthur Moeller van den Bruck

Arthur Moeller van den Bruck (1876–1925), der in der Weimarer Republik als maßgeblicher Theoretiker der Jungkonservativen und der sogenannten ‚konservativen Revolution‘ wirkte, veröffentlichte 1904–10 ein großes mythologisierendes Geschichtswerk unter dem Titel *Die Deutschen. Unsere Menschengeschichte*, dessen achter und letzter Band *Lachende Deutsche* behandelte: unter ihnen, in einem Kapitel zusammen mit Hans Sachs, auch Grimmelshausen. Die darin vorgetragene These, daß Grimmelshausen in einer Zeit der Überfremdung das aus dem Mittelalter und dem 16. Jahrhundert überlieferte ‚Deutsche‘ bewahrt und damit eine Erneuerung ermöglicht habe, war ebensowenig neu wie die postulierte Traditionslinie Parzival – Simplicissimus – Faust und die Vorstellung, daß Grimmelshausen „in diesem deutschesten Jungen unser Wesen" zusammengefaßt habe (Q 33, S. 126). Geschichtsbild und Begründung allerdings weisen auf unheilvolle Weise voraus.

Simplicius gilt Moeller van den Bruck als repräsentativer Mensch, als Verkörperung des Schicksals der Nation, ja als „Rettung", denn daß eine Gestalt wie die Grimmelshausens in einer Zeit, in der die Existenz des Deutschtums bedroht war, überhaupt auftreten konnte, deutet Möglichkeiten für die Zukunft an. Im Gegensatz zum „gesamten Kulturschwindel der Epoche" steht Grimmelshausen für „die volle Frische, Saftigkeit, Däftigkeit des Deutschtums", das „in der Naturnähe blieb, die zu jedem tüchtigen Leben nötig und die Voraussetzung jeder großen Volklichkeit ist" (ebd. S. 129). Daß dies auch seine negativen Seiten hat, die Derbheit und Rüpelhaftigkeit des kulturlosen Deutschen, erweist sich letztlich als Segen:

> Aber gerade diese Barbarei war sein Heil, während die Überkultur der anderen Unheil war. Die ganze strotzende Leibes- und Lendenkraft einer Nation drückte sich darin aus, die selbst der Blutsturz des Dreißigjährigen Krieges nicht umzuwerfen vermochte, im Gegenteil, die gereinigt aus ihm hervorging und sich in der Folge als die zeugungfähigste, als die körperlich und geistig jugendlichste wieder erholte, behauptete und durchsetzte. Die Zote selbst, so wie Grimmelshausen sie hinwarf, die Kraft, mit der er sie brachte, der Geruch von Stall und Dünger, mit dem er sich umgab, war ein Versprechen, ein Stück Gesundheit, ein Schuß Zukunft. Wir dürfen vor ihr nicht ängstlich zurückschrecken. Sie war sicherlich viel besser und stand sittlich weit höher als das galante Sonett und das amoröse Bonmot. So ein Kerl, wie der Simplicius war, mit mächtigem Schnurrbart und unwiderstehlichem Lachen, einer, von dem Kinder in allen Ortschaften hinterblieben, in

die ihn der Kriegswechsel schlug, nahm es wohl auf mit zehn Hofröcken und Hofdegen. In ihm, nicht in diesen, erhielt sich ein Volk. Was so ganz Natur war, das konnte noch einmal Kultur werden. Was aber noch nicht einmal mehr Kultur war, sondern nur Kulturzersetzung, das war schon sehr bald nichts mehr als Asche und Spreu in allen Winden. Bei Grimmelshausen selbst konnte man bereits etwas von einer neuen, morgenrötlichen, sich tagfrüh erhebenden Kultur verspüren. (Ebd. S. 130)

Mit diesen Vorstellungen verbindet Moeller van den Bruck seine Interpretation des Dreißigjährigen Krieges. Dieser Krieg habe keineswegs die Entwicklung zu einer großen deutschen Kultur unterbrochen, vielmehr habe er uns „vor schlimmster Un- und Überkultur behütet, vor einem deutschen Barock als deutscher Endform, vor der Entnationalisierung durch ein uns blut- und geistfremdes Prinzip, vor der Romanisierung vielleicht unserer Sprache, sicher unserer Gesinnung, Gesittung und Lebensart" (ebd. S. 132). Barock und Katholizismus bedeuten ihm den Versuch, das Mittelalter wiederzuerwecken („wie eine magisch beschworene Leiche"), und mit ihrem Sieg „wäre nicht nur die beste Tat des Deutschtums in seiner letzten Geschichte, die protestantische, vergeblich, dann wäre auch das Deutschtum selbst verloren gewesen" (ebd. S. 133 f.). Die deutsche Geschichte drohte rückgängig gemacht zu werden, und von den Deutschen „wäre nichts übrig geblieben als eine uneigene und an sich irre gemachte Masse, verpfuscht, verhabsburgert, versüdländert" (ebd. S. 136). Deutschlands Zukunft lag jedoch nicht „auf barocker und jesuitischer, sondern auf germanischer, nordischer, christlicher und in ihrer damaligen Form protestantischer Bahn" (ebd. S. 135). Denn daß die aufgezwungene „Fremdkultur", daß die „Kulturunterjochung" alles Schöpferische vernichtet hätte, zeigt sich am „gegenreformierte[n] Deutschtum", das „als schöpferische Macht für die Nation völlig unfruchtbar geblieben ist" (ebd. S. 136). Das Fruchtbare war das Deutsche, das „auf dem Grunde des Protestantischen, wenn auch nur in schmal fließender Blutrinne, artecht erhalten blieb" – und durch Grimmelshausen und die „Einfalt und Urwüchsigkeit" seines *Simplicissimus* ausgedrückt wurde (ebd. S. 137), einen Roman, der „das Deutschtum in allen seinen menschlichen Möglichkeiten" darstellt (ebd. S. 142). Parsifal (in der Schreibweise Richard Wagners) und Faust werden beschworen, in der Vision vom deutschen Helden steigen „unwillkürlich Siegfried, Roland und Bismarck auf" (ebd. S. 148). Und die Zukunft, wie sie in den Reden Jupiters angedeutet ist?

Sicher ist eines: diese Geschichte kann wahr werden nur dann, wenn wir auch unserseits, genau wie Grimmelshausen, die heroische Schlußfolge aus unserer optimistischen Weltanschauung ziehen. Ohne Heldentum war Optimismus noch immer Entartung. Mit Heldentum war Optimismus noch immer Tat. In der einen können wir nur zugrunde gehen. Durch die andere können wir groß werden. An entscheidender Stelle, mitten in unserm Schicksal, ward der Simplicissimus aufgerichtet, als Zeichen unserer Schwäche, die er überwand, und als Zeichen unserer Kraft, durch die er überwand. Nun wirft er, lang und geheimnisvoll, einen helldunklen Schatten in die Zukunft. Die Helle kommt von ihm und von allem, was simplicianisch in uns ist. Und das Dunkel kommt von uns und allem,

was unsimplicianisch in uns ist. Die Helle ist das Deutsche. Das Dunkel ist das Undeut-
sche. Oft standen wir und schwankten, fielen zurück in die Entartung, schritten nicht vor
zur Tat. Doch so oft wir uns zu uns selbst entschlossen, in den zweihundertundfünfzig
Jahren, die auf den Simplicissimus folgten und die uns heute von ihm so trennen, wie sie
uns gleichzeitig mit ihm verbinden, hat der Deutsche Held gesiegt, den Grimmelshausen
und der Gott, der hinter ihm stand und durch ihn wirkte, in uns erweckte und mächtig
machte. (Ebd. S. 150)

Die radikale Ablehnung der Kultur und der politischen Ideen und Institutionen des ‚Westens‘ und die Beschwörung einer Reichsmetaphysik auf protestan-
tisch-preußischer Grundlage, die schon dieses frühe Werk Moeller van den
Brucks charakterisieren, waren auch entscheidende Themen seiner späteren
Schriften. Mit dem Schlagwort vom Dritten Reich (*Das dritte Reich*, 1923)
brachte er seine politischen Vorstellungen auf eine eingängige, rasch aufgegriffe-
ne Formel. Wenngleich Moeller van den Brucks These von der Nähe des deutschen Volkes zu den Völkern des Ostens nicht in die nationalsozialistische Ideologie hineinpaßte, wurde er in einschlägigen Publikationen – zusammen mit
anderen Reichsideologen – nicht zufällig unter die Vorläufer eingereiht. (Bald
nach der Machtübernahme distanzierten sich die Nationalsozialisten allerdings
von Moeller van den Bruck und den Jungkonservativen; vgl. Hans-Joachim
Schwierskott: *Arthur Moeller van den Bruck und die Anfänge des Jungkonser-
vatismus in der Weimarer Republik*, Diss. Erlangen 1960, S. 244 ff.) Heinz Kindermann schrieb 1933 (am 21. März, „dem Tag von Potsdam“) in der Einleitung zur Anthologie *Des deutschen Dichters Sendung in der Gegenwart* (1933)
von der „Besinnung der Deutschen auf ihre volkhafte Eigenheit“, die sich lange
vor dem tatsächlichen politischen Machtwechsel vorbereitet habe:

Sie alle [nämlich alle „aufbauenden Kräfte des Volkslebens“] hatten [...] durch volks-
und gemeinschaftsbewußte Leistungen seit langem schon – bewußt oder unbewußt – teil
an der allmählich immer stärker werdenden Bereitschaft für das, was Moeller van den
Bruck vorzeitig als erlösendes ‚Drittes Reich‘ beschwor, was Stefan George früh schon als
‚Neues Reich‘ herbeisehnte, was Hofmannsthal schon 1927 als ‚konservative Revolution‘
kommen sah, was Schauwecker ‚Aufbruch der Nation‘ nannte, und was Adolf Hitler nach
zähem, vierzehnjährigem Ringen als ‚Deutsche Erhebung‘, als machtvolle deutsche Volksgemeinschaft auf staatlicher Grundlage endgültig durchsetzte. (Q 45, S. 7)

4.2. Rationalismus und Irrationalismus: Grimmelshausen in der Barockfor-
schung der zwanziger Jahre (Gundolf, Cysarz, Ermatinger)

Grimmelshausen war schon im 19. Jahrhundert in der Regel von den negativen
Urteilen über die Literatur des 17. Jahrhunderts ausgenommen worden. Wenn
Volksliteratur und Kunstliteratur, das gesunde Deutsche und ausländische Kün-
stelei gegeneinander ausgespielt wurden, stand Grimmelshausen, häufig recht
einsam, auf der richtigen Seite. Zugleich setzte man den *Simplicissimus* von der
Tradition des Pikaroromans ab und stilisierte ihn „immer mehr zum frühen

Dokument deutscher Innerlichkeit", wobei die „Roheit seiner Form [...] die Innerlichkeit seines Lebensideals gerade bezeugen" sollte (Jaumann, S. 438). Mit der Durchsetzung des Barockbegriffs in den zwanziger Jahren änderte sich an diesen Wertungen zunächst noch nichts: Das 17. Jahrhundert galt weiterhin als Übergangszeit, als Bindeglied zwischen Luther und Goethe. Die Bedeutung der Epoche sah man in erster Linie in ihrem vorbereitenden Charakter. Wenn man aber davon ausging, daß die deutsche Dichtung des 17. Jahrhunderts, gemessen an klassisch-romantischen Maßstäben, weder organisch noch deutsch war, mußten Konstruktionen gefunden werden, die Ausnahmen ermöglichten, jedenfalls dann, wenn das Ziel im Nachweis einer (germanisch-)deutschen Literaturkonstante bestand. Die andere Möglichkeit lag darin, das ‚Barock' neu zu definieren und in eine übergeordnete Geschichtskonstruktion einzufügen, wenn man nicht gleich wie Fritz Strich von der weitgehenden Ähnlichkeit der Barockdichtung mit der urgermanischen Dichtung sprechen wollte.

Für Friedrich Gundolf ist Grimmelshausen die Ausnahmegestalt, einzig er ragt aus dem von ‚Rationalismus' geprägten, trostlosen Jahrhundert heraus: Er „ist der einzige deutsche Erzähler seines Jahrhunderts, dessen dichterischer Gehalt zugleich Gehalt und Stoff seines eigenen Lebens ist, dessen Leben nach außen bunt und breit, nach innen tief und voll genug war um einen großen Roman zu nähren [...]" (Q 36, S. 115), einen Bildungsroman, der wie der *Wilhelm Meister* „ein Urschicksal der deutschen Seele [...] in den jeweiligen Zeitstoff [prägt]: das Ringen des ewig werdenden deutschen Jünglings mit der *Erscheinung* der Welt" (ebd. S. 124). Der *Simplicissimus* erhält seine Bedeutung als Verkörperung der deutschen, der germanischen Seele:

> Das Schicksal des Simplicissimus, das der Ironie Grimmelshausens Tiefe und Weite gibt und sie über das Klugheitslächeln eines Wieland oder Tieck oder Fontane weit erhöht, verkörpert den Schauder der Vergängnis, ein Fluidum aus der Seele des Helden, aus der des Dichters, aus der deutschen Seele, die nur hier im 17. Jahrhundert zu Wort und Bild, d. h. zu Mythus gekommen ist, zu sichtbar gesagter Zeit. Aus der Mitte eines Herzens mußte solch Zeitbild entstehen, nicht aus der gestöberten und gerafften Breite des Verstandes oder aus massiger Erfahrung. Die christliche Färbung darf uns nicht täuschen über das eigentliche Wesen der deutschen Seele, die sich hier bezeugt in Gleichnissen des dreißigjährigen Kriegs: es ist das germanische Fahren und Schweifen, das Grauen, die trunkene Weltangst, das bild- und blickflüchtige, untergangssüchtige, untergangsscheue, untergangsselige Alleinsein mitten im Wirbel der Welt, das Erlöschen nicht in der Ruhe, sondern in der Bewegung, in der sausenden Zeit selbst. Das ist der Odinsglaube und das Odinsschicksal: Glaube und Schicksal eines immer werdenden, nicht im geschlossenen Reich und nicht in der Gestalt sich erfüllenden Volks. [...]
> Was sich im ‚Parzival' als Gralsuche, im ‚Wilhelm Meister' als Bildungsstreben, im ‚Simplicissimus' als Gottverworrenheit verkörpert, ist immer wieder das alte odinshafte Weltwallen, zugleich Wallen der Welt und Wallen durch die Welt. (Ebd. S. 131)

Gesteht Gundolf der „bisher trostloseste[n] Zeit unserer Geschichte" (ebd. S. 132) nur eine Ausnahme, Grimmelshausen, zu, so vermehrt Herbert Cysarz in seiner *Deutschen Barockdichtung* von 1924 ihre Zahl. Aber auch bei Cysarz, der Gundolf verpflichtet ist, steht die Literatur des 17. Jahrhunderts unter dem Verdikt des Rationalismus, ist sie nur Vorstufe zur Klassik, dem, was er „deutsche Renaissance" nennt: „Unsere wahre Renaissance ersteht im XVIII. Jahrhundert, im klassischen Zeitalter. Die Klassik ist die deutsche Hochrenaissance, wie das Barock nur das vorbereitende, als solches noch erfolglose Ringen um dieses Ziel ist" (Q 38, S. 6). Die Form der deutschen Dichtung des 17. Jahrhunderts ist noch nicht ‚organisch', sie ist nicht „deutscher Art": „Dem schöpferischen Deutschen ist Form eben nur da ein höherer Wert, wo sie Lebendiges umschließt und Innerliches ausprägt. Reine Form, Gefäß oder Ornament, ist ihm Unkunst: Das ist ein grundlegendes Stilgesetz unserer neueren Nationalliteratur" (ebd. S. 291). Damit ist der Weg zu den Ausnahmen frei: Die bedeutendsten Dichter des 17. Jahrhunderts sprengen diese Formen, verwandeln sie in deutsche und lösen sich damit vom unorganischen, undeutschen Barock:

> So wurzeln denn im Bannkreis des Barocken alle edelsten Werke – bei Fleming, Gryphius, Grimmelshausen, bei den Religiösen und Mystikern – am tiefsten im nationalen, freilich auch von der Renaissance geprägten und bereicherten Charakter. (Ebd. S. 291)

Insbesondere gilt das für Gryphius und Grimmelshausen, die dem „barocken Niveau nur locker verbunden" seien und sich „über die Schranken der Zeit-Signatur" erhöben (ebd. S. 21). So ist die Kunst der großen Dichter des 17. Jahrhunderts ‚unbarock', ‚außerbarock' („der Stil Grimmelshausens bewahrt sich in vielen Zügen außerbarock", ebd. S. 157) oder ‚überbarock': „All dies ist Affirmation alter Abwertung [des Barock], aber mit anderen Mitteln [...]" (Jaumann, S. 432). Die Auskünfte über Grimmelshausen, den Cysarz zu einem „Führer des Barock" erhebt (Q 38, S. 158), sind nicht sehr konkret, wohl auch deswegen, weil Cysarz die Menschen „vorzüglich als Träger eines bestimmten Kollektivschicksals, als Genossen einer wurzelhaften Bindung, als Schöpfer eines über-persönlichen [...] Gebilds" betrachtet (ebd. S. 55). Der *Simplicissimus* wird recht konventionell als Zwischenglied zwischen höfischem Roman des Mittelalters und Roman des bürgerlichen Realismus eingeordnet (ebd. S. 158; vgl. Jaumann, S. 439), und daß sich Grimmelshausen weitgehend allen barocken Formen entziehe, während er in barocken Stoffmassen wühle, wird nicht als historische Besonderheit analysiert, sondern stellt für Cysarz eine der Konstanten des deutschen Wesens dar:

> Er trägt die schwerste Bürde des stofflichen Nebeneinander, wie dies immer und überall dem Deutschen vorbehalten bleibt. In germanischem Denken und Formen ist – damals und bis heute – das größte Wissen der Welt, die regste Wachheit, die treuste Beobachtung, der aufmerksamste Fleiß. Das Formproblem ist füglich hier am schwierigsten [...].
> [...] Beinahe priapeisch quillt unstillbare Sachensehnsucht und unbeschränkter Sachensinn empor. Es liegt etwas Pathetisches, geradezu Titanisches in dieser impulsiven Diesseitslust [...]: dem unbedingten So-und-nicht-anders der Dinge zugetan [...]. (Q 38, S. 158 f.)

Einen anderen Weg geht Emil Ermatinger, der die Literatur des 17. Jahrhunderts in die Geschichte eines überzeitlichen Dualismus einordnet, der auf der „Grundzweiheit der Menschennatur" beruhe und sich in einer Reihe von Antithesen geschichtlich konkretisiere. Die barocke Weltanschauung sieht er von dem Gegensatz Diesseits – Jenseits bestimmt:

> Eben dies [...], das Sich-Emporringen der Weltlust und Diesseitstüchtigkeit gegen den schweren Druck des Weltleidens und der Jenseitsbereitschaft, und umgekehrt, die gewaltsame Hemmung der Weltbejahung durch die Diesseitsverneinung in einer letzten höchsten Steigerung, ist Sinn und Inhalt des Begriffes Barock. (Q 42, S. 28)

Grimmelshausen trägt diese Spannung geradezu exemplarisch aus, in ihm hat „deutscher Barockgeist, neben Bach, den mächtigsten künstlerischen Ausdruck gefunden" (Q 41, S. 117). Die dichterische Entwicklung führe Grimmelshausen in seinem Spätwerk schließlich dazu, „seine Seele immer mehr aus der irdischen Wirklichkeit" zurückzuziehen und „sich in jene höhere und reinere Welt" zu flüchten, „die Gott denen verheißen hat, die sich seiner Güte blind glaubend anvertrauen und nur aus der Verneinung der irdischen Wirklichkeit ihr dauerndes Heil erhoffen' (Q 44, S. 123). Der Erlösungsweg des Menschen ende so „mit der Verurteilung des menschlichen Verstandes, der ‚Hure Vernunft', wie ihn Luther genannt hat" (Q 44, S. 123). Diese Haltung wiederum sei dafür verantwortlich, daß die Aufklärung des 18. Jahrhunderts Grimmelshausens Werke „aus dem literarischen Bildungsbesitz" hinausgestoßen habe, und sie erkläre, warum uns Grimmelshausen heute so nahe gerückt sei: Nicht „die äußere Verwandtschaft der Nachkriegszeiten", nicht „der Stoffhunger der Wissenschaft", nicht „die Sensationslust der Bücherfreunde, [...] des zerfasernden Psychologismus heutiger Erzählkunst müde', sei der Grund (Q 44, S. 105), sondern die Suche nach einer „geistigere[n] Fragestellung", die in der Abwendung „immer größerer Schichten von dem Erlösungsgedanken der Aufklärung", dem allein auf materielle Bedürfnisse gerichteten Fortschrittsgedanken, resultiere (ebd. S. 108).

Zugleich spricht er in einer recht abenteuerlichen Konstruktion von einer geistlichen deutschen Aufklärung des 17. Jahrhunderts, die der weltlich-wissenschaftlich gerichteten außerdeutschen Aufklärung entgegengesetzt wird:

> In Deutschland aber rang um jene Zeit, wo in den Nachbarländern bereits der Tag wissenschaftlichen Verstandes graute, ein Jakob Böhme noch in mystischer Dämmerung mit unerhörter Willenskraft und Geistesmacht um die Deutung des göttlichen Geheimnisses.
> Aber war nicht auch dies Ringen Licht der ‚Aufklärung' im Sinne der Lösung und Befreiung des erkenntnissuchenden Geistes von äußerlicher Bindung, nur eben Aufklärung nicht aus französischem, englischem, holländischem oder jüdischem Wesen, sondern aus der tiefsten Seele des deutschen Volkes heraus, nicht einseitig mit Sinnen oder Verstand das Licht suchend, sondern in der Sicherheit des Gemütes als der ungeteilten und lebendigen Einheit aller Geisteskräfte? (Q 43, S. 79)

Neben Böhme ist Grimmelshausen der bedeutendste Vertreter dieser religiösen Aufklärung: „Das ist es in der Tat, was Grimmelshausen über alle Dichter des deutschen Barock hinaushebt: er wittert Morgenluft" (Q 41, S. 35). Der *Simplicissimus*, „eine Weltanschauungsdichtung ernstester und umfassendster Art, [...] eine Gedankenschöpfung von großem Maße", ist „die Faustdichtung des siebzehnten Jahrhunderts" (Q 41, S. 95), ist organisch, symbolisch, tief und seelenvoll, Entwicklungsroman und Erlebnisdichtung (vgl. Jaumann, S. 445 f., Müller, S. 162).

Mit der Antithese von außerdeutschem Rationalismus und irrationaler, vor allem durch die Mystik geprägter deutscher geistlicher ‚Aufklärung' wird nicht nur der historische Begriff der Aufklärung zurückgenommen (vgl. Müller, S. 167), auch der Verlauf der Literaturgeschichte vom Barock bis zur Klassik läßt sich mit Hilfe dieses Gegensatzes von (außerdeutschem) Rationalismus und (deutschem) Irrationalismus neu rekonstruieren. Wie bei Cysarz und Gundolf handelt es sich um eine teleologische Perspektive, doch anders als bei diesen, die das 17. Jahrhundert vor allem durch ‚Rationalismus' geprägt sahen, den die Aufklärung des 18. Jahrhunderts nur noch verstärkt habe, siedelt Ermatinger den Irrationalismus, eine wesentlich deutsche Eigenschaft, schon im 17. Jahrhundert an und vermag mit seiner Vorstellung von der deutschen geistlichen Aufklärung diesen Epochenbegriff, „der ansonsten die eigentliche Durststrecke in der Gechichte der ‚Deutschen Bewegung' bezeichnete, auf das Niveau der deutsch-idealistischen Ideenproblematik" zu heben (Jaumann, S. 437):

[...] die Fragestellung der deutschen Bewegung bleibt in dieser Zeit [dem 17. Jahrhundert] noch eine geistliche; sie beschäftigt sich ausschließlich mit der Heilsfindung, während die außerdeutsche Aufklärung weltlich-wissenschaftlich gerichtet ist und die Frage der Naturerkenntnis bald empirisch, bald rationalistisch zu beantworten sucht. Dieser weltliche Aufklärungsstrom flutet in seiner rationalistischen Form um das Jahr 1700 auch in das deutsche Leben hinein und schafft den weltanschaulichen Grund, auf dem die Literatur des Rokoko gedeiht. Die geistige Welt des Sturms und Drangs entsteht dann durch ein bewußtes Wiedereinleiten von Gedanken der deutschen geistlichen in die wissenschaftlich-weltliche Aufklärung. Diese höhere Synthese von rationalen und irrationalen Werten erst ermöglicht die Entstehung einer großen klassischen Dichtung, in der der deutsche Geist seinen künstlerisch geklärten Ausdruck findet. (Q 42, Vorwort zur 1. Aufl.)

4.3. Der Dichter als Führer: Der Weg ins Dritte Reich

Seit der politischen Aktualisierung des *Simplicissimus* in der Romantik rissen die Versuche nicht ab, den Roman mit den Ereignissen der jeweiligen Gegenwart in Beziehung zu setzen. Die Zeit zwischen 1914 und 1945 macht dabei keine Ausnahme. Die Spannweite der Äußerungen reicht von vordergründiger politischer Propaganda, patriotischer Rhetorik und nationaler, antiaufklärerischer Wissenschaft zur konsequenten Vereinnahmung Grimmelshausens durch den Nationalsozialismus.

Durchsichtige politische Propaganda stellen beispielsweise die Versuche aus der Zeit des Ersten Weltkriegs dar, die Vision vom deutschen Helden als Aus-

druck des deutschen Imperialismus zu feiern (Q 35) bzw. anzuprangern (Q 34).
Nach dem Krieg geben dann die Veranstaltungen zum 300. Geburtstag des
Dichters im Jahre 1924 (nach dem damals als wahrscheinlich geltenden Ge-
burtsjahr) Anlaß zu patriotischen Festreden und einem wehmütigen Rückblick
auf die erste große Feier von 1876/79, als Straßburg noch bzw. wieder deutsch
war (Q 39). Auf einer anderen Ebene hingegen argumentieren die Verfasser, für
die erst die existenziellen Erfahrungen des Ersten Weltkriegs den Zugang zu
Grimmelshausen öffneten. Dabei schwindet die historische Distanz, das Gefühl
der Verwandtschaft mit der Epoche des Dreißigjährigen Krieges läßt die Frage
nach historischer Differenzierung gar nicht erst aufkommen:

> Auch wir sind ja Kinder eines unglücklichen Krieges, auch wir sind Kinder einer deut-
> schen Dämmerung. Auch unser Sein und Werden ist leidbestimmt und heute wie ehedem
> bedroht Fremdheit die deutsche Seele. (Q 40, S. IX)

> So wird z.B. vielleicht nur der sich in Grimmelshausens Art angemessen einfühlen
> können, der wie er Jahre seines Lebens im Kriegsdienst zugebracht und an sich selbst
> erfahren hat, wie das Kriegserlebnis die Persönlichkeit von Grund aus umgestaltet und auf
> weite Strecken hin erst neu bestimmt. (Ebd. S. 7)

Johannes Alt machte sich mit seinem Grimmelshausenbuch von 1935 (entstanden 1930–33) nach Jahren des Schweigens

> auf gereinigtem Grunde und mit frischem Glauben wieder [...] an die ewige Aufgabe,
> die der junge Soldat einmal aus dem Kriege als brennenden Wunsch zurückgebracht hatte
> und deren unaussprechlicher Drang sich ihm in den Versuch übersetzte, im Raum der
> deutschen Dichtung wiederzuerkennen und zu fassen das große Erlebnis, das uns draußen
> ganz stille und frei werden ließ, auch wenn wir zerschossen auf dem Felde lagen und nicht
> wußten, ob wir einmal noch wieder aufgelesen und in die Heimat zurückgebracht würden.
> Ich habe seither in Lagern und im Schlagetersturm Kameraden gefunden, mit denen die
> Gemeinschaft gleichen Glaubens und gleichen Einsatzes verbindet [...]. (Q 46, S. III)

Im Sinn der „Gemeinschaft gleichen Glaubens" sucht denn auch Alt nicht nur
eine organische Form des *Simplicissimus* herauszuarbeiten („Wachstum",
„Werden"), sondern verweist auf die Gefahr der „unvermeidliche[n] blutmäßi-
ge[n] Vermischung, die das deutsche Volksgefühl in seinem Kerne unsicher zu
machen drohte" und nur deshalb überwunden werden konnte, „weil das deutsche Volk noch von urkräftiger Gesundheit war, eben von jener alle Gefahren
überwindenden Gesundheit, wie sie der Simplicius zeigt" (ebd. S. 6). Der *Simplicissimus* wird so zum „Zeugnis jener unverwüstlichen deutschen Volkskraft, die
wie eine unaufhaltsame Naturgewalt über alle Stürze und Brüche unserer Geschichte hinwegtrug zu einem neuen Gestaltungswillen, dessen politische Macht
wir nun erst ganz zu verstehen und zu verspüren vermögen" (ebd. S. 11).
Als Gustav Roethe 1923 „aus dem deutschen Gedanken [...] die schaffende
deutsche Tat" erhoffte (Q 34, S. 19) oder Petersen ein Jahr später nach einem
„zielweisende[n] Idealbild", nach leitenden Kräften in einer führerlosen, in ma-
terialistischem Chaos verlorenen Zeit fragte und als Antwort die vaterländische

Geschichte, die großen Persönlichkeiten der Vergangenheit und die deutsche Dichtung nannte (ebd. S. 33 f.), nahmen sie gewiß nicht das Dritte Reich voraus. Doch zeigen Petersens Arbeiten über Grimmelshausen eine zunehmende Anfälligkeit für nationalsozialistische Vorstellungen und machen deutlich, daß sich die Denkmuster einer national argumentierenden Literaturwissenschaft problemlos in die neue Zeit überführen ließen. Zur traditionell nationalen Argumentation gehört die Heraushebung des ‚Deutschen‘ mit den Hinweisen, daß Grimmelshausen den spanischen Pikaro eindeutschte, „ihm die proletarische Herkunft nahm und ihm ein edles Blut gab“ (Q 50, S. 596), und daß er sich über seine dichtenden Zeitgenossen dadurch erhob, „daß er nicht entwurzelt war“ (ebd. S. 591). Von seinem „Soldatenherz[en]“ ist die Rede, das „bei der Verteidigung des Heimatbodens noch einmal entflammte“, wenn auch der Tod „den alten Kämpfer“ nicht auf dem Schlachtfeld, sondern in seinem Amtssitz ereilte (ebd. S. 584 f.). Zu den „volkhaften Charakterzügen, die der Held als Geschöpf eines deutschen Verfassers ungewollt mitbekam“, zählen deutsche Redlichkeit, Offenherzigkeit, Soldatenehre, Treue zum Fahneneid, Kameradschaft und Freundestreue (Q 60, S. 222 f.), und insgesamt gilt Grimmelshausen als rechtschaffener, offenherziger Deutscher, der „in der Zeit qualvollster Zerrissenheit das große einige Reich als sein Vaterland betrachtete und im schwärzesten Dunkel des Unglücks die ewige Seele seines Volkes leuchtend und zukunftweisend offenbarte“ (Q 56, S. 45). Wenn man 1809 in Napoleons Weltmonarchie die Erfüllung Jupiters gesehen habe, so sei das nur möglich gewesen, weil „man das Gewicht einseitig auf die mittelalterliche Universalmonarchie legte“:

> Anders ist es, wenn wir in der nationalen und sozialen Einheitsidee das Zukunftsweisende finden. Dann sehen wir mit Staunen in Grimmelshausen und zwar nicht nur in diesem Bekenntnis, sondern in der Gesamtheit seiner gesunden politischen Anschauungen den Propheten des Dritten Reiches, der das Wunder ahnte, das über uns gekommen ist, und der die Wege voraussah, auf denen es als Fügung Gottes und Tat eines deutschen Helden zustande kommen werde. (Q 56, S. 44 f.)

Die militärische Terminologie, die in den Aufsätzen Petersens anklingt, ist weitverbreitet und in den aktuellen Erfahrungen der beiden Weltkriege und der nationalsozialistischen Ideologie begründet. Das Militärische, Heldische, Mannhafte erhält einen neuen Wert. Hermann Pongs sprach schon 1934 vom „Volkserlebnis Krieg“ und erkannte in der Organisation des Heeres entscheidende Elemente des neuen Staats: Innerhalb des Heeres habe „der lebendige Volkszusammenhang zwei Grundformen ausgeprägt, die Kameradschaft von Mann zu Mann und die Bindung: Führertum und Gefolgschaft“, und in beiden spüre man „über das Einzel-Ich hinaus die gemeinschaftsbildende Kraft des Volkes“ (Q 64, S. 102). Im Chaos der Zeit, den Zerfall eines Volkes vor Augen, erfahre Simplicius echte Gemeinschaft nur noch im Soldatenleben, heißt es zehn Jahre später (Q 62, S. 73). Zuvor hatte schon Renate Brie getrennt zwischen dem Söldner des Dreißigjährigen Krieges, den Grimmelshausen als volksfeindlich verwerfe, und dem Soldaten, der zur Verteidigung der Nation die Waffen ergreift (Q 52,

S. 141). Sie konstatiert Grimmelshausens Liebe zum Soldatentum und ein Bekenntnis zum kriegerischen Geist und merkt an, daß der Krieg mit männlichen Augen betrachtet werde – als „die beste Erprobung des Mannes" (ebd. S. 125). In der Kameradschaft schließlich erkenne „der Dichter [...] einen der großen Werte des Kriegertums", durch das ganze Leben des Simplicius ziehe „das Lied einer treuen Kameradschaft" (ebd. S. 129). So ist es kein Wunder, daß man den *Simplicissimus* – neben Hölderlin, Goethe usw. – im Tornister trägt, in Jupiters Reden Robert Ley, den Leiter der Deutschen Arbeitsfront, „oder gar den Führer selbst" zu hören vermeint (Q 61, S. 85) und den Zweiten Weltkrieg als Kampf „für das kommende Deutschland [interpretiert], das Gr. erträumte": „Der Traum soll sich erfüllen. Auch sein Geist marschiert in unseren Reihen mit" (ebd. S. 86).

Angesichts der Verwertbarkeit Grimmelshausens ist es nur folgerichtig, daß er auch ganz offiziell in den Dienst des Nationalsozialismus gestellt wurde. So erscheint die von Hermann Eris Busse (siehe 4.4.) gegründete Grimmelshausenrunde in der Stilisierung des Protokollanten als ein Modell der Volksgemeinschaft, in der Bauern und Pfarrer, Professoren und Handwerker, Wissenschaftler und einfache Leute nebeneinander sitzen – „Einung unter der Führung eines Dichters" (Q 53, S. 174): „‚Erlebte Volksgemeinschaft' könnte man die Runde taufen [...]." Es sei kein Wunder, „daß der nationalsozialistische Staat, dem diese Volksgemeinschaft Grundlage und Ziel ist, das Werden der Runde mit Freude beobachtet und durch Entsendung seiner Vertreter sein Interesse an ihr bekundet" (Q 55, S. 59). Die Grimmelshausen-Woche des Jahres 1940 geriet vollends in die Hände der Nationalsozialisten. Die Festreden machen klar, daß es – wie bei allen großen deutschen Männern – dem Nationalsozialismus vorbehalten blieb, diesen ‚großen deutschen Soldaten, Dichter und Schultheißen' zu würdigen, diesen ‚Herold deutschen Volkstums am Oberrhein', den ‚getreuen Ekkehard', in dessen Werk die jahrhundertealte Sehnsucht nach Befreiung und Führung sichtbar werde. Grimmelshausen erhält „die leidenschaftlichen Züge eines Kämpfers und Führers um die Erinnerung und Erhaltung seines Volkstums", ist „ein vom Schicksal seines Volkes Gezeichneter, ein von der Urkraft deutscher Seele Besessener", gehört „unzweifelhaft zu den Männern der deutschen Sendung" (Q 59, S. 13). Aus dem Programm des ersten Tages, Sonntag, 11. August 1940:

   6.00 Uhr: Salutschießen im Grimmelshausenpark
   6.30 Uhr: Fanfaren
   7.00 Uhr: Wecken der Stadtkapelle
10.30 Uhr: Antreten sämtlicher Gliederungen und angeschlossener Verbände der NSDAP sowie der Renchener Vereine und der Bevölkerung auf dem Rathausplatz
11.00 Uhr: Ehrung von Grimmelshausen am Grimmelshausendenkmal. Es spricht Staatskommissar und Ortsgruppenleiter P. G. Franz Schmidt
        [...]

4.4. „... über das Volk hinausragend in die ewigen Räume des Geistes wie ein
völkischer Gott": Hermann Eris Busses Grimmelshausen

1933 hatte Heinz Kindermann den „Durchbruch einer neuen, gesunden deutschen Nationalliteratur" so charakterisiert,

> daß an die Stelle einer psychoanalytisch-erotisch orientierten dichterischen Menschen-
> gestaltung eine gesund-heroische getreten ist; daß statt der zersetzenden Kräfte die aufbau-
> enden in ihr Recht eingesetzt wurden und nun nicht mehr das Verbrechen oder das
> Krankhafte, sondern die Tatbereitschaft, das Gemeinschaftsbewußtsein, die Staats- und
> Volksverbundenheit gefeiert wird; [...] daß an die Stelle der entwürdigenden und erniedri-
> genden Kriegsdarstellungen von gestern die neue schlichte, volkhaft-heldische getreten ist,
> der das Opfer von Millionen Deutschen kein sinnloses Zerstörungswerk, sondern Ansporn
> zu um so demutsvollerem Dienst an der eigenen Nation geworden ist; [...] daß die zy-
> nisch-materialistische Entgötterung der Welt in der Dichtung indessen abgelöst wurde
> durch eine neue Volks- und Gottesgläubigkeit [...]. (Q 45, S. 282 f.)

Ein neuer Menschentyp werde geschaffen, dessen „oberstes Formgesetz [...]
durch die zur geschlossenen Volkheit führenden Elemente [bestimmt werden
muß]: Organik und Einordnung, Selbstzucht und Ehrfurcht, Kampfgeist und
Gemeinschaftswillen, Volkstreue und Führerzuversicht, Opferbereitschaft und
Gottesglauben" (ebd. S. 266). Der neuen, gesunden Nationalliteratur entspreche
eine neue Literaturwissenschaft, die „zur aufbauenden, zur mitschaffenden
Kraft im Volksgeschehen" werden wolle (Q 51, S. 71) und daher „im engsten
Zusammenhang mit den rassischen und volkspolitischen Grundfragen und
Schicksalswendungen von der neuen germanischen Wertlehre her" betrieben
werden müsse (ebd. S. 72).

Manche Grimmelshausen-Interpretationen, vor allem die dilettierender Par-
teigenossen, lesen sich wie Paraphrasen derartiger Vorstellungen. Doch auch
Wissenschaft und Dichtung blieben nicht abseits stehen: „Für oder wider das
Volk, das ist das Richtmaß der Dinge!" (Q 57, S. 169) Mit diesem Satz endet
eine Dissertation aus dem Jahr 1939 über *Die Wiederentdeckung Grimmelshau-
sens durch die Romantik und ihre deutsche Bedeutung*, deren Geschichtsbild
von Vorstellungen Moeller van den Brucks geprägt ist und die der Romantik das
Verdienst zuschreibt, daß sie „Grimmelshausen endgültig den aufklärerischen
Registersphären entrissen [hat], und mitten hineingestellt in die lebendige Entwicklung seelisch deutscher Selbstbestimmung und Volkwerdung" (ebd. S. 164).
Geradezu exemplarisch zeigt sich die Anwendung der Volkstumsideologie auf
Grimmelshausen – in Dichtung und Abhandlung – bei Hermann Eris Busse
(1891–1947).

Busse, in Freiburg geboren und seit den zwanziger Jahren Geschäftsführer des
Landesvereins Badische Heimat, veröffentlichte Biographien südwestdeutscher
Künstler, Arbeiten zur alemannischen Volks- und Heimatkunde und vor allem
Erzählungen und Romane, „deren bedeutendste (Trilogie *Bauernadel*, 1929/30;
Der Tauträger, 1938, und die Saga vom Oberrhein *Der Erdgeist*, 1939) aus den

Kräften der Heimatlandschaft und ihrer Stammesüberlieferung leben und mit eindrucksvoller volkstümlicher Sprachkraft erzählt sind" (NDB Bd. 3, 1957, S. 75). Im übrigen erwähnt die biographische Skizze in der *Neuen Deutschen Biographie* nur noch einige äußere Daten, vom Nationalsozialismus ist nicht die Rede. Busse selbst charakterisiert seinen dichterischen Weg in einem „Selbstbildnis" mit den – freilich etwas verschwommenen – Worten: „Als ‚Erdgerüchler' von volksfernen Kritikern früher abgetan, sah ich nie einen anderen Weg vor mir als in Werk und Wesen nach dem Wachstum zu streben, das tiefe Wurzeln in Blut und Erde hat und den Atem in der Welt, der nahen und der fernen Welt" (Q 58, S. 79).

Busses Bemühungen um Grimmelshausen standen zunächst in Zusammenhang mit seiner Tätigkeit im Landesverein Badische Heimat und mit der Popularisierung der nationalsozialistischen Volkstumsideologie. Anläßlich eines Grimmelshausen-Abends, der die Hauptversammlung des Vereins im Jahr 1935 beendete, entwarf Busse

aus der Glut seiner dichterischen Wesensbannung und aus der seelischen Erschütterung seines tiefen Mitverstehens entschwundenen Menschentums und seiner zeitlichen Nöte und Seligkeiten ein packendes Bildnis des Johann Jacob Christoffel von Grimmelshausen [...]. Hier entschwand jene leere, biographisch schwätzende Literaturkunde, jenes Stammeln und Verschieben kleiner Lebensnotizen. Hier drang einer diesem seltsamen Menschentum auf Atemnähe näher, holte aus umdunkelter Lebensmär das Einmalige und Seelisch-Helle hervor und bezwang eine spröde Überlieferung zu ebenmäßig glaubhafter Menschlichkeit. (Q 49, S. 414)

Dieser Vortrag – „Herr Reichsstatthalter, deutsche Männer und Frauen!" – ist die Keimzelle für Busses Grimmelshausen-Biographie von 1939 in der Reihe „Die Dichter der Deutschen" und für die Erzählung *Zum silbernen Stern* (1940).

Zu der beabsichtigten Breitenwirkung gehörte auch die von Busse im selben Jahr betriebene Gründung einer Grimmelshausenrunde in Offenburg „zum Zwecke der größeren Verbreitung des Wissens um diesen großen Deutschen, den schier sagenhaften Grenzwächter des Deutschtums am Gefahrenpunkt des Westens, um diesen Mann aus dem Volke, der so welterschütternd lachen konnte [...]" (Q 48, S. 415). Der Aufruf endete mit den Worten: „Eifersüchtige Sonderbündelei und Gschaftlhuberei sind zwecklose Sabotage. Sie schaden dem fruchtbaren Ausbruch der Sache. Grimmelshausen hat Kleinstaaterei und Splittergeist gehaßt und bitter verspottet. In seinem Sinne also, Grimmelshausenfreunde, gestalte sich die Runde, in der jeder willkommen ist, ob Bauer oder Lehrer, Minister oder Musketier" (ebd. S. 416). Dem entsprach dann die spätere Selbstdarstellung der Grimmelshausenrunde (vgl. 4.3.), in der Wissenschaftler wie Julius Petersen und Hans Heinrich Borcherdt Vorträge hielten, Funktionäre des NS-Staats auftraten und Busse – so zitiert ihn das Protokoll – die von Grimmelshausen ersehnte Epoche in der Gegenwart verwirklicht sah: „Das Zeitalter eines Führers aus dem Volk der Deutschen" (Q 53, S. 175).

Die entscheidenden Züge des Grimmelshausenbildes von Busse sind schon in dem ersten Vortrag von 1935 enthalten (Q 47, S. 390–397), der z. T. wörtlich in die größere Biographie von 1939 einging. Charakteristisch ist zunächst die Mythisierung der dichterischen Persönlichkeit: Grimmelshausen „ist einer von den deutschen Männern, die in übergroßer Gestalt, eher mythisch als körperhaft, deutlich im Geist des Volkes bleiben, selbst wenn der Staub von Jahrhunderten Dokumente und Zeugnisse verwischte, die von ihrem Alltag, von ihrem Aussehen, von ihrer Geltung in der Zeit stichhaltig berichten könnten" (Q 47, S. 390). Dazu fügt sich Busses Vorstellung vom Dichter, der zwar aus dem Volk stammt, gleichwohl ein „Enthobener" ist (ebd. S. 396), den Alltag um sich her sprengt (Q 54, S. 50). Die Erzählung *Zum silbernen Stern* nennt ihn „doppelgängerisch, ja doppellebig" und stilisiert ihn zu einem zweiten Parzival, der sich als einsamer Reiter im Wald „nach hohem Ziel" sehnt (Q 58, S. 32): „Die alte deutsche Parzivalsage stirbt nie aus, in jedem deutschen Dichter will sie sich neu verdichten" (Q 54, S. 87). Grimmelshausen ist ein Sucher wie Faust, ein „Seher seiner Zeit" (ebd. S. 87), hineingeboren in die Welt „als eine Stimme [...] der künftigen Jahrhunderte", die dazu anleite, „mit wacheren Augen die Wirklichkeit zu sehen, die um uns her in unserer Zeit die schönere Wirklichkeit ist; denn um uns baut sich der Wirklichkeit gewordene Raum des Reiches" (ebd. S. 80 f.).

Grimmelshausen, der schon damals bei vielen Gleichgesinnten „als der völkische Dichter der Zeit" gegolten habe (ebd. S. 86), sei nicht der einzige gewesen, der sich für das Reich eingesetzt habe. Doch überdecke sein „vaterländischer Geist und soldatischer Wille" die Namen der zeitgebundenen, unbekannten „Kämpfer um das Reich" (ebd. S. 79). Kampf, so heißt es an anderer Stelle, war ihm nicht fremd, gehörte er doch zu „den gedienten Soldaten und Frontkämpfern" (ebd. S. 24). Für ihn treffe das Wort zu, „daß der Krieg als sicherster Prüfstand das Mannhafte mißt" (ebd. S. 85). Daher sei es nur folgerichtig, daß der *Simplicissimus* nicht Weltflucht lehre, „sondern die Lebensbeherrschung durch die Einsatzbereitschaft für alles Lebensmögliche, Aufrüstung des Geistes und der selbstbewußten Persönlichkeit": „So wendet sich das Leben Grimmelshausens beispielhaft als ein im Grunde heldisches Leben und heldisches Verlangen auch an unsere Zeit" (ebd. S. 85).

„Er war genial, ein Herrenmensch, obwohl er sein Leben lang im Dienst von Herren stand" (Q 47, S. 394). Er war – in Busses Darstellung – aber auch „ein Mann der Erde", der sich mit dem Wissen seiner Zeit beladen hatte (Q 54, S. 69), nicht nur Verfasser des „Volksbuch[s] des Soldaten im Dreißigjährigen Krieg" (ebd. S. 82), sondern zugleich Verkörperung der Sehnsüchte des deutschen Volkes:

Ein Volk, das in der Enge eines Zwangs, einer Armut, in der Niederung eines Elends lebt, schickt stets aus seiner Mitte Kämpfer, Täter, Künstler, Dichter, kurzum Auserlesene, über Raum und Zeit hinaus in die Freiheit. Sie brechen Bahn für eine schönere Zukunft, an ihnen richten sich Mut und Hoffnung empor. Sie reißen die Besten mit sich empor aus der Enge zum Sieg, zu einer befreienden Tatbereitschaft.

So erstand der trüben Zeit des großen Krieges und der erregten, überempfindlichen Zeit nachher ein Grimmelshausen unter vielen anderen leuchtenden Beispielen des Edlen, das sich Bahn brach. Nein, was er schrieb, war nicht edel zu nennen, doch strebte es mit allen Mitteln dem Edlen zu, der Reinheit, dem Glauben, der schönen Freiheit, dem Helden, der Deutschland zu Ehren und Einheit führen sollte. (Ebd. S. 63).

„Vater, was ist ein Held?" fragt Grimmelshausens Sohn in der Erzählung *Zum silbernen Stern.* Antwort: „Ein Held ist ein Führer" (Q 58, S. 68 f.).

Der Dichter als Seher und Verkünder des Reichs, als Soldat, Held und Führer, als aus der Gemeinschaft und für die Gemeinschaft schaffende überlebensgroße mythische Gestalt: Busses Charakteristik schließt sich weitgehend an die Kriterien einer volkhaften Dichtung an, wie sie beispielsweise von Heinz Kindermann formuliert worden waren. Dichtung, so heißt es in *Dichtung und Volkheit,* ist die Leistung eines begnadeten Einzelnen, der einem inneren Befehl folgt, vor dem es kein Entrinnen gibt, weil es sich „um geheime Begnadung und dämonischen Auftrag im Dienst und aus den Ursprüngen eines Größeren, eines Höheren, eines Gemeinsamen" handelt. Das „Hervorwachsen des Genies aus seinem Volke" ist freilich das Resultat einer „Auslese", den Dichter prägen auf geheimnisvolle Weise „die Erbeigenheiten der völkischen Gemeinschaft" (Q 51, S. 3 f.), in die „dichterische Schöpfertat" geht „das geistige und seelische, aber auch das Leib- und Blut-Erbe vieler Generationen" mit ein (ebd. S. 5): „Begnadung wird aber nur dem Würdigen zuteil – würdig durch dieses geheimnisumwobene und vielverflochtene Ahnenerbe, das in uns weiterlebt als Segen vergangener Geschlechter für den einen Auserwählten, der seinem Volke weithin sichtbar als genial schöpferische Persönlichkeit dienen darf" (ebd. S. 3 f.).

Dichtung, die so „aus dem Mutterboden der völkischen Gemeinschaft" aufwächst, hat selbstverständlich dieser Gemeinschaft zu dienen, steht „im Dienst der höchsten Arterhaltung" (ebd. S. 5). Da „jede artgebundene Dichtung [...] aus der Volkheit [kommt] und [...] wieder in die Volkheit" einmündet, wirkt der Dichter als „begnadeter Sprecher dieser Volkheit, als Auserlesener", der die dunklen Ahnungen und Gefühle des Volkes ins Bewußtsein hebt und die Aufgabe hat, „aus der gemeinsamen Not und Bedrängnis heraus den kommenden Ausweg zu verkünden, dieses notwendig Kommende als Seher und Wegbahner vorzubereiten". Daraus ergibt sich „die Stellung des Dichters im Raum seines Volkes als eine künstlerische Führerstellung mit großer Machtbefugnis und noch größerer Verantwortlichkeit" (ebd. S. 11), die u. a. darin besteht, dann einzugreifen,

wenn traditionslose und artfremde Elemente zeitweise versuchen, die Nation von diesem ihr vorbestimmten Weg abzulenken. Gerade in solchen historischen Augenblicken der gefahrvollen Selbstentfremdung ist es die geradezu heilige Aufgabe des volksverbundenen, aus der Volkheit hervorgegangenen Dichters, die Nation zur Erfüllung der speziell ihr, nach ihrer Eigenart und blutmäßigen Zusammensetzung, nach ihrer Geschichte, nach ihrer Lage inmitten anderer Völker anvertrauten und vom Schicksal zugedachten Aufgabe zurückzuführen, um dadurch ihren Weg in die Zukunft zu verbürgen. (Ebd. S. 12)

Grimmelshausen erfüllt diese Aufgabe als „Heger" des Traums vom Reich durch sein dichterisches Werk, aber auch sein Leben und sein Sterben („Wie starb er? Wie er sterben mußte [...]") waren dem Gedanken an das Vaterland gewidmet: „Das innerlich so glühende Mannesherz, das deutsche Herz [...] hatte sich wenig aus dem eigenen Ich gemacht, es schlug inmitten der Zeit und der Gemeinschaft" (Q 54, S. 75 f.). Seine Gestalt wird ins Riesenhaft-Mythische gesteigert:

> Uns aber wächst er als Riese mit feurigem Haupt über die von Bränden glühende Zeit hinaus, und seine Breite trägt den Geist des Mythischen über das ‚hohe Gebürg', und sein Riesenschritt überspannt die Landschaft zwischen Hornisgrinde und Straßburger Münster, er steht auf den felsigen Höhen des Schwarzwaldes und des Wasgenwaldes ob dem Rheinstrom. Und er setzt den Fuß vom Niederrhein in Westfalen [...] bis hinauf an den Bodensee. (Ebd. S. 86 f.)

Für diese Erscheinung sind biographische Einzelheiten belanglos, sie könnte ohne Namen sein: Es zählt ihre Funktion als Dichter und Führer, die sie – obwohl aus dem Volk stammend – über das Volk erhöht. Daß damit nicht die Vergangenheit allein gemeint ist, läßt der aktualisierende Schluß erkennen:

> Wo lauert die Apokalypse, in jeder Stunde bereit, das wieder einmal verwirrte Europa durch alle Höllen zum Licht zu führen? Der Geist im heldischen Menschen kann sie besiegen – sei er nun im Soldaten oder im Dichter.
> Wir sehen heute Grimmelshausen nicht, wie ihn seine Umwelt sehen mußte. Wir sehen ihn tiefer und größer, wir sind mit seinem Ursprung aus Blut und Boden vertrauter geworden in unserem neuen Wissen um die Quellen der artvollen Persönlichkeit. Das wischt vielleicht tatsächliche Spuren seines Lebens aus, aber es führt zu seinen Menschenwegen in die bleibende Wirklichkeit des Mannes aus dem Volk, der unbekannten Namens sein könnte und dennoch eine Gestalt bleibt aus deutscher Schicksalslandschaft, über das Volk hinausragend in die ewigen Räume des Geistes wie ein völkischer Gott. (Ebd. S. 88)

Zeittafel 1621–1676

Funktion und Bedeutung der synoptischen Tabelle sind im ‚Vorwort' erläutert (S. 10). Sie erschließt den Lebenszeitraum Grimmelshausens unter den folgenden Aspekten:

1. *Grimmelshausens Leben und Werk*
2. Literarisches Leben
3. Philosophie, Theologie/Religion, Ideengeschichte
4. Musik, Architektur, bildende Künste
5. Geschichte, Politik, Staatsrecht
6. Gesellschafts-, Kultur-, Sozial- und Wirtschaftsgeschichte
7. Mathematik, Naturwissenschaften, Technik/Erfindungen
8. Erforschung und Eroberung der Erde, Kolonialismus, Völkerkunde, Reisen

Wenn das Informationsangebot scheinbar Insignifikantes neben das Bedeutsame stellt, so liegt dem die Einsicht zugrunde, daß sich die Eigenheit und inneren Zusammenhänge einer Epoche am zunächst trivial oder zufällig Scheinenden oft deutlicher ablesen lassen als an hervorstechenden Daten und Fakten. Der Rekurs auf den Aussagewert des wenig Beachteten, vielfach auch Unbekannten, ist beispielsweise für die literarhistorische Spalte bestimmend: Eine breit gefächerte Titelauswahl liefert Anhaltspunkte für die Einordnung von Grimmelshausens Œuvre in das Romanschaffen der Zeit, im Neben- und Nacheinander stoff- und motivgleicher Werke deuten sich die Gemeinsamkeiten und der graduelle Wandel des europäischen Literaturgeschmacks an, während Hinweise auf Übersetzungen und Bearbeitungen die Rezeption und die Wirkung ausländischer Literaturen in Deutschland registrieren. Die Verbindung zum vorhergehenden bzw. anschließenden Zeitraum ist durch entsprechende Personalia gewahrt.

Zahlreiche Werke, die Grimmelshausen nachweislich oder vermutlich als Vorlage dienten, sind durch einen Stern hinter dem Eintrag hervorgehoben. Diese als zusätzliche Arbeitshilfe gedachten Angaben sind jedoch keineswegs vollständig; sie besagen auch nicht, daß Grimmelshausen diese Werke jeweils in der hier verzeichneten Erstausgabe bzw. alle Teile eines mehrbändigen Werkes kannte oder benutzte.

Das starre Prinzip einer rein schematischen Einordnung nach chronologischen und sachlichen Gesichtspunkten ist mehrfach durchbrochen worden, um Affinitäten und Wechselwirkungen sichtbarer zu machen: Üblicherweise der Literaturgeschichte zugeordnete Werke sind in den unterliegenden historischen oder sozialgeschichtlichen Kontext gestellt, der Überseehandel wird mit dem kolonialen Expansionsdrang in Verbindung gebracht, das später erschienene Werk mit dem seinen Stoff inspirierenden Ereignis verzeichnet.

Für die insbesondere bei Kunstwerken und Entdeckungen/Erfindungen oft ungesicherte Datierung ist der Konsens der jeweiligen Fachdisziplin bestimmend. Bei der ersten Erwähnung weniger bekannter Personen werden deren Vornamen und erforderlichenfalls auch knappe Hinweise zu ihrer Stellung und Bedeutung gegeben.

Soweit die Bedeutsamkeit anderer Data dem nicht widerspricht, werden jeweils zuerst die Informationen zum deutschen Sprach- und Einflußgebiet gegeben.

1621

1. *Hans Jacob Christoph (‚Christoffel‘) Grimmelshausen – später: von Grimmelshausen – 1621 oder 1622 in Gelnhausen geb.; Vater: Johann Christoph; Mutter: Gertrud (Mädchenname unbekannt).*
2. Georg Neumark (Lyriker) geb.; Johann Arndt (myst.-religiöser Dichter) gest. – Jean de La Fontaine (Fabeldichter) geb.; John Barclay (neulatein. Dichter) u. Ottavio Rinuccini (ital. Dichter) gest.
   (1619)–1632, anon.: Übers. der ‚Astrée‘ von Honoré d’Urfé; (1620)–1627, anon.: Übers. der ‚Picara Justina‘ des Francisco López de Ubeda; – Barclay: ‚Argenis‘ (dt. von Opitz, 1626); Philip Massinger: ‚The virgin martyr‘.
3. Die gewaltsame Rekatholisierung Böhmens führt zum Exodus von Protestanten, Wiedertäufern u. anderen religiösen Gruppen nach Mitteldeutschland u. Ungarn (vgl. *Simplicissimus*, V/19: Ungarische Wiedertäufer).
   Bacon: ‚Novum organum‘.
   Gegr.: Universitäten Rinteln u. Straßburg.
4. –1622, Samuel Scheidt: ‚Ludi musici‘; –1628, Johann Hermann Schein: ‚Waldliederlein‘.
   Andrea Spaz(zio): Waldstein-Palais in Prag; –1625, Rubens: ‚Geschichte der Maria von Medici‘.
5. Philipp III. von Spanien gest.
   (1618)–1648, Dreißigjähriger Krieg; Auflösung der protestantischen Union; –1665, Philipp IV. span. König.
6. Erster Kartoffelanbau in Deutschland.
   Gegr.: Banco publico in Nürnberg.
7. Pierre Gassendi: Nordlichtbeobachtungen; Willebrord Snellius: Lichtbrechungsgesetz.
8. (1617)–1666, Der dt. Jesuit u. Astronom Schall von Bell in China (ab 1630 in prominenter Stellung am kaiserl. Hof); mit der Privilegierung der Westindischen Gesellschaft greift Holland in die Kolonisation der westl. Hemisphäre ein.
   (1597)–1628, J. Th./J. I. de Bry: ‚Reisen in die orientalischen Indien‘*; (1598)–1663, Levinus Hulsius: ‚Schiffahrten‘*.

1622

1. *Vgl. Eintrag unter 1621.*
2. Molière geb.; John Owen (neulat. Epigrammatiker) gest.

3. Franz von Sales gest.
Papst Gregor XV. intensiviert die Verbreitung des kath. Glaubensgutes durch Gründung der ‚Congregatio de propaganda fide'.
Gegr.: Universität Salzburg.
5. Heidelberg durch die kaiserl. Truppen unter Tilly erobert.
7. –1623, Bacon: ‚Historia naturalis et experimentalis ad condendam philosophiam'.
8. –1624, holl. Expedition von Batavia nach Macao u. Formosa (vgl. ‚Journaele' der Kapitäne Rechteren, 1639, u. Bontekoe, 1646).

1623

2. Giambattista Marini: ‚Adone'; –1633, Charles Sorel: ‚Francion' (dt. 1662 u. 1668).
Erste Folio-Ausgabe der Werke Shakespeares (‚Comedies, histories, and tragedies').
3. Pascal geb.; Papst Gregor XV. gest.
Zur Abtragung von Kriegsschulden übergibt Maximilian von Bayern dem Vatikan die Heidelberger Palatina, mit ihren über 3500 Handschriften u. ca. 5000 Drucken die damals größte dt. Bibliothek; –1644, Papst Urban VIII.
Böhme: ‚Mysterium magnum'; Campanella: ‚Civitas solis' (entst. 1602).
4. Schein: ‚Madrigale'.
5. Reichstag zu Regensburg: die pfälzische Kurwürde an Bayern; Sieg der Liga bei Stadtlohn; Wallenstein in den Fürstenstand erhoben.
7. Galilei: ‚Saggiatore' (die Natur in der Sprache der Mathematik geschrieben).
Gegr.: Durch Joachim Jungius die naturwiss. ‚Societas ereunetica' in Rostock.

1624

2. Angelus Silesius geb.
Opitz: ‚Teutsche Poemata', ‚Buch von der Deutschen Poeterey'; Julius Wilhelm Zincgref: ‚Sapientia picta'*; –1632, Giovanni Biondi: ‚Eromena' (dt. von Stubenberg, 1650–52); Tirso de Molina: ‚Los cigarrales de Toledo'.
3. Böhme gest.
4. Scheidt: ‚Tabulatura nova'.
–1633, Bernini: Bronzebaldachin zum Hauptaltar im Petersdom.
5. –1642, Kardinal Richelieu leitender Minister Frankreichs.
6. –ca. 1640, Pestepidemien in West- u. Mitteleuropa; Bauernaufstand (Croquants) in Südwestfrankreich.
7. Henry Briggs: dekadische Logarithmen; Cornelis van Drebbel: Tauchbootversuche.
8. –1634, Missionsaufenthalte des port. Jesuiten Andrade in Tibet u. China; –1654, die Holländer zeitweilig im Besitz der brasilianischen Küste von Bahia bis Recife; –1661, holl. Niederlassungen auf Taiwan; –1664, holl. Kolonie Neu-Niederland im Gebiet der heutigen Staaten New York u. New Jersey.
‚Captain' John Smith: ‚General history of Virginia, New England, and the Summer Isle'.

1625

2. Jakob Gretser (Jesuitendramatiker) gest. – John Fletcher (engl. Dramatiker) u. Marini gest.
4. Brueghel d. Ä. gest.
Heinrich Schütz: ‚Cantiones sacrae'.

5. Jakob I. von England gest.
   −1629, Dänemark auf protestantischer Seite im Krieg; Wallenstein bildet mit kaiserl. Genehmigung ein eigenes Heer; −1649, Karl I. engl. König.
   Hugo Grotius (De Groot): ‚De iure bellis ac pacis‘.
6. −1626, Bauernaufstand in Oberösterreich; Tabakmonopol u. -steuer in England.
7. Domenico Cassini (frz. Astronom) geb.
   Henry Gellibrand: Veränderlichkeit der magnetischen Deklination.
8. Engländer besiedeln Barbados; mit engl. oder frz. Freibriefen versehene Flibustier setzen sich in den Westindischen Inseln fest.

1626

2. Sigmund von Birken geb.
   Kaspar von Barth: ‚Deutscher Phoenix‘; Diederich von dem Werder: Übers. von Tassos ‚Gerusalemme liberata‘; − Pieter Corneliszoon Hooft: ‚Baeto‘; Franciso Gómez de Quevedo: ‚Historia de la vida del Buscón‘ (dt. 1671).
   Die engl. Komödiantentruppe John Greens sechs Monate am Dresdner Hof (u.a. 5 Stücke Shakespeares).
3. Bacon gest.
   Johann Valentin Andreae: ‚Christenburg‘.
5. Christine von Schweden geb.
   Siege Wallensteins u. Tillys über die Dänen.
6. Die persische Sitte des Kaffeetrinkens wird in Venedig bekannt.
7. Snellius gest.
   Santorio: Fieberthermometer, Feuchtigkeitsmesser.
8. Peter Minnewit erwirbt Manhattan u. gründet Neu-Amsterdam (ab 1664: New York); in Guayana besiedeln die Franzosen die Teufelsinsel Cayenne u. gründen Sinnamari, die Engländer gründen Paramaribo; −1664, frz. Compagnie des Iles d'Amérique mit Privilegien für die Antillen.
   Antonio de Andrade: ‚Novo descobrimento dò Grão Cathayo o dos reinos do Thibet‘.

1627

1. *Die verwitwete Mutter heiratet wieder u. verläßt Gelnhausen; Grimmelshausen bleibt in der Obhut des Großvaters Melchior Christoph; im gleichen Jahr wahrscheinlich Beginn des bis 1634 während Besuchs der Lateinschule Gelnhausen.*
2. Valerius Herberger (Prediger u. Kirchenlieddichter) gest. − Didericus Camphuizen (holl. Dichter u. Theologe), Luis de Góngora y Argote (span. Dichter) u. Thomas Middleton (engl. Dramatiker) gest.
   Michael Drayton: ‚Nymphidia‘; −1628, Gerzan: ‚L'histoire afrikaine de Cléomède et de Sophonisbe‘ (dt. von Zesen, 1647); Góngora: ‚Obras en verso‘ (Sonette); −1628, Sorel: ‚Le berger extravagant‘ (Nacherz. von Harsdörffer*, 1647); Quevedo: ‚Los sueños‘ (nach der frz. Übers. teilübers. von Moscherosch, 1640).
3. Jacques-Bénigne Bossuet (frz. Prediger u. Schriftsteller) geb.
   Bacon: ‚Nova Atlantis‘.
4. Schütz/Opitz: ‚Dafne‘ nach Rinuccini (1. dt. Oper).
5. −1628, Wallenstein erobert Mähren u. Schlesien, gemeinsam mit Tilly Jütland, Mecklenburg u. Pommern.

6. –ca. 1640, Hexenverfolgungswelle in Deutschland (vgl. krit. Gegenschriften von Spee, 1631: ‚Cautio criminalis‘; Meyfart, 1635: ‚Christl. Erinnerung wie das abscheuliche Laster der Hexerei mit Ernst auszurotten‘).

7. Robert Boyle (engl. Physiker u. Chemiker) geb.
Kepler: Rudolfinische Tafeln.

8. –1663, Compagnie de la Nouvelle-France zur Intensivierung der frz. Kolonisation im kanadischen Raum.

1628

2. François de Malherbe (frz. Schriftsteller) gest.
Federico Della Valle: ‚La reina di Scotia‘; –1654, Hooft, ‚Nederlandsche historieën‘.

3. John Bunyan (engl. religiöser Schriftsteller) geb.

4. Santino Solari: Vollendung des Salzburger Doms (beg. 1614).

5. Karl I. ratifiziert die Petition of Rights (Steuerbewilligungsrecht, Schutz vor willkürl. Verhaftung).

7. Marcello Malphigi (ital. Naturforscher u. Anatom) geb.
William Harvey: ‚Exercitatio anatomica de motu cordis et sanguinis‘ (Herzbewegung u. großer Blutkreislauf; 1649 ergänzt durch: ‚De circulatione sanguinis‘).

8. Die span. Silberflotte in der Bucht von Matanzas (Kuba) von den Holländern gekapert.
Adam Contzen: ‚Methodus doctrinae civilis seu Abissini regis historia‘ (dt. von Abele von Lilienberg, 1672).

1629

2. Valentin Th. Hirschberg: Übers. von Sir Philip Sidneys ‚Arcadia‘ (überarb. von Opitz, 1638); François Le Métel de Boisrobert: ‚Roman indienne d'Alexandre et d'Orasie‘; Calderón: ‚El principe constante‘; Marin le Roy Gomberville: ‚Polexandre‘.

3. Restitutionsedikt Kaiser Ferdinand II.; im Gnadenfrieden von Alais verlieren die Hugenotten ihre politischen Sonderrechte, behalten aber ihre religiösen Privilegien; Papst Urban VIII. beendet Campanellas Haft.

4. –1650, Schütz: ‚Symphoniae sacrae‘.
Anthonis van Dyck: ‚Maria mit Kind u. Heiligen‘; Frans Hals: ‚Der fröhliche Zecher‘; Diego de Velázquez: ‚Die Trinker‘; Francisco de Zurbarán: ‚Der hl. Bonaventura‘.

5. Dänemark scheidet mit dem Frieden von Lübeck aus dem Krieg aus; Einrichtung des Geheimen Staatsrats in Württemberg; Karl I. löst das engl. Parlament auf u. regiert mit Hilfe seiner Favoriten Stafford u. Laud.

7. Christian Huygens (holl. Astronom, Physiker u. Mathematiker) geb.

1630

2. Théodore d'Aubigné (frz. Schriftsteller) gest.
Opitz: ‚Schäfferey von der Nimfen Hercinie‘; Anth.: ‚Liebeskampf, oder ander Teil der engl. Komödien u. Tragödien‘; – Lope de Vega: ‚Corona trágica‘; Tirso de Molina: ‚El burlador de Sevilla‘ (erste Dramatisierung des Don-Juan-Stoffs).

3. Gegr.: Universität Osnabrück.

4. Schein gest.
Jusepe de Ribera: ‚Bartholomäusmarter‘; –1632, Rubens: Ildefonso-Altar der Kathedrale Antwerpen.

5. −1635, sog. Schwed. Krieg, begonnen mit Gustaf Adolfs Landung in Pommern; Reichstag zu Regensburg: Wallenstein entlassen.
6. Sonderbund der Hansestädte Bremen, Hamburg u. Lübeck.
7. Kepler gest.
8. Die in der Massachusetts Bay Company (gegr. 1629) vereinigten Puritaner landen in Neuengland u. gründen das ‚Bible Commonwealth‘ Massachusetts; die Holländer erobern Pernambuco.

1631

2. John Dryden (engl. Dichter u. Kritiker) geb.; John Donne (engl. Dichter u. Geistlicher) gest.
   Werder: ‚Krieg u. Sieg Christi‘.
4. −1638, Bau des Tadsch Mahal in Agra; Rembrandt: ‚Die hl. Familie‘.
5. Tilly besetzt Magdeburg, wird aber bei Breitenfeld entscheidend geschlagen; Vordringen der Schweden nach Mitteldeutschland, Schlesien u. Böhmen; Gustaf Adolf in Mainz; Rückberufung Wallensteins; Defensivbündnis zwischen Bayern u. Frankreich.
6. −1645, Josef Salomo Delmedigo (‚Jaschar aus Candia‘) Arzt der jüd. Gemeinde Frankfurt/M.; der frz. Historiograph Théophraste Renaudot gründet die ‚Gazette de France‘.
8. Johann Ludwig Gottfried: ‚Neue Welt u. amerikanische Historien‘.

1632

2. Kaspar Stieler geb. − Giambattista Basile (ital. Dichter) gest.
   anon.: ‚Jüngst erbauete Schäferei‘; −1636, Werder: Übers. von Ariostos ‚Orlando furioso‘; − Jean Desmarets: ‚Ariane‘ (dt. 1643); Daniel Heinsius: ‚Herodes infaticida‘; Marini: ‚La strage degli innocenti‘ (dt. von Brockes, 1715).
3. Pufendorf geb. − Esprit Fléchier (frz. Kanzelredner), Locke u. Spinoza geb.
   Gegr.: Universitäten Dorpat u. Kassel.
4. Jean Baptiste Lully (ital.-frz. Komponist), Vermeer van Delft (holl. Maler) u. Christopher Wren (engl. Architekt) geb.
   −1633, Jacques Callot: ‚Das Elend des Krieges‘.
5. Gustaf Adolf schlägt Tilly (†) bei Rain am Lech u. fällt selbst bei Lützen im Sieg über Wallenstein; −1644, Axel Oxenstierna übernimmt die Regierung für die minderjährige Christine von Schweden.
6. −1633, der tschech. Philosoph u. Pädagoge Jan Amos Comenius veröffentlicht seine grundlegenden Schriften zur Bildungs- u. Schulreform: ‚Didactica magna‘ u. ‚Informatorium der Mutterschul‘; erneuter Bauernaufstand in Oberösterreich.
7. Antoni van Leeuwenhoek (holl. Naturforscher u. Mikroskopier) geb.
   Bonaventura Cavalieri: Inhaltsbestimmung sphärischer Dreiecke u. Messung der Fokusabstände konkaver Linsen; Galilei: ‚Dialogo‘ (über das ptolemäische u. das kopernikanische Weltsystem); −1636, Claude Mellan: Mondkarten.
   Verurteilung Galileis durch die Inquisition.
8. Jakutsk (Ostsibirien) gegründet.

1633

2. Anton Ulrich von Braunschweig, Catharina Regina von Greiffenberg u. Laurentius von Schnüffis geb.

Opitz: ‚Trostgedichte in Widerwärtigkeit des Krieges‘; – Donne: ‚Poems‘.
Gegr.: ‚Aufrichtige Gesellschaft von der Tannen‘ in Straßburg.
4. van Dyck: ‚Reiterporträt Karls I.‘; Rembrandt: ‚Saskia‘.
5. Protestanten unter Bernhard von Weimar erobern Regensburg; Wallenstein vertreibt die Schweden aus Schlesien u. leitet Geheimverhandlungen mit ihnen ein; Vordringen der Franzosen in Lothringen, im Elsaß u. über den Rhein.
6. –1634, Bauernaufstand in Oberbayern.
8. –1639, Paul Fleming, Johann Albrecht von Mandelslo u. Adam Olearius mit einer holstein. Gesandtschaft nach Moskau u. Isfahan (vgl. Olearius, 1647: ‚Oft begehrte Beschreibung der neuen orientalischen Reise‘*); Mandelslo 1638 von Isfahan weiter nach Indien u. bis 1640 über Ceylon, Madagaskar u. das Kapland zurück (vgl. seine ‚Morgenländische Reisebeschreibung‘, 1658 hrsg. von Olearius); frz. Compagnie du Sénégal mit Privilegien für Senegal, Kap Verde u. Gambia; –1651, frz. Compagnie du Cap Nord mit Privilegien für Südamerika; –1659, Abel Tasman, der Entdecker Australiens u. Neuseelands, im Dienst der holl. Ostindischen Gesellschaft auf Batavia.

1634

1. *Plünderung Gelnhausens durch kaiserl. Truppen u. (vermutliche) Flucht Grimmelshausens mit seinen Angehörigen ins schwed. besetzte Hanau.*
2. Simon Rettenpacher (österr. Benediktinerdramatiker) geb. – Mme. Marie-Madelaine La Fayette (frz. Romanschriftstellerin) geb.
   Basile: ‚Cunto de li cunti‘ (1674 u. d. T.: ‚Pentamerone‘).
   Erstes Oberammergauer Passionsspiel.
4. –1635, Velázquez: ‚Die Übergabe von Breda‘.
5. Wallenstein abgesetzt u. in Eger ermordet (vgl. Calderón/Coello: ‚Le prodezze de duca di Frisland‘, aufgef. 1634; Glapthorne: ‚Tragedy of Albertus Wallenstein‘, entst. 1634, gedr. 1640); Ottavio Piccolomini u. Matthias Gallas erhalten den kaiserl. Oberbefehl, besiegen bei Nördlingen die Schweden u. treiben diese nach Norddeutschland zurück.
8. Spanien verliert Curaçao an Holland; Gründung der Kolonie Maryland.

1635

1. *Nach Parallelen im ‚Simplicissimus‘ (II, 14ff.) u. im ‚Ewigwährenden Kalender‘ Grimmelshausen vermutlich durch Kroaten des Obersten Corpus ins Stift Hersfeld gebracht, durch Hessen von dort nach Kassel entführt.*
2. Lohenstein geb.; Spee u. Zincgref gest. – Philippe Quinault (frz. Dramatiker) geb.; Lope de Vega gest.
   Joachim Meichel: Übers. von Jacob Bidermanns ‚Cenodoxus‘; – Luca Assarino: ‚La Stratonica‘ (dt. von Adlersheim, 1666); Isaac de Benserade: ‚Cléopâtre‘; Calderón: ‚La devoción de la cruz‘; Corneille: ‚Médée‘; Giovanni Loredano: ‚Dianea‘ (dt. von Werder, 1644); Francesco Pona: ‚L’Ormondo‘ (dt. von Helwig, 1648); Tirso de Molina: ‚Deleitar aprovechando‘.
3. Philipp Jakob Spener geb.
   Gegr.: Académie Française.
4. Callot gest.
   Bartolomeo Avanzini: Palazzo Ducale, Modena; –1636, Terem-Palais im Moskauer Kreml; Ribera: ‚Unbefleckte Empfängnis‘.

5. −1648, sog. schwed.-frz. Phase des Kriegs, begonnen mit Frankreichs Kriegserklärung an Spanien; Frieden von Prag zwischen dem Kaiser u. Sachsen, das ein Reichsheer finanziert; schwed. Siege über die Sachsen.
   −1738, ‚Theatrum Europaeum'*.
6. In Deutschland schreibt Olearius seine satirisch gezielte ‚Lustige Historie woher das Tabak-Trinken kommt', in Frankreich erzwingt die Kirche ein Verbot des Tabakverkaufs.
7. Robert Hooke (engl. Naturforscher) geb.
   Cavalieri: ‚Geometria' (Cavalierisches Prinzip).
8. Beginn der frz. Besiedlung Guadeloupes u. Martiniques.

1636

1. *Grimmelshausen vermutlich als Troßbube beteiligt an der Einnahme Magdeburgs u. der Schlacht bei Wittstock; −1638, Dienst bei dem in Soest stationierten Leibdragonerregiment des kaiserl. Marschalls Hans Graf von Götz.*
2. Christian Knorr von Rosenroth (Lyriker u. Kabbalist) u. Daniel Speer (‚Simplicissimus'-Nachahmer) geb. – Nicolas Boileau geb.
   Calderón: ‚La vida es sueño'; Hooft: ‚Minnedichten'; Ferrante Pallavicino: ‚La Taliclea' (dt. 1668).
3. Gegr.: The College of the Commonwealth, die jetzige Harvard Universität.
4. Nicolas Poussin: ‚Schäfer in Arkadien'; Rembrandt: ‚Danae'.
5. Schwed. Sieg bei Wittstock.
   Jansenius: ‚Mars gallicus' (gegen Richelieus Politik).
7. Pierre de Fermat: Zahlentheorie.
8. −1638, Der port. Jesuit Texeira erkundet den Amazonas bis zu den Anden.

1637

2. Ben Jonson (engl. Dramatiker) gest.
   Gryphius: ‚Sonette' (sog. ‚Lissaer Sonette'); – Corneille: ‚Le Cid'; Baltasar Gracián: ‚El héroe'; Jonson: ‚The sad shepherd'.
   Das erste Nationaltheater, die Amsterdamer ‚Schouwburg', mit Joost van den Vondels ‚Gysbrecht van Amstel' eröffnet.
3. Descartes: ‚Discours de la méthode'.
4. Dietrich Buxtehude (Organist u. Komponist) geb. (Datum umstritten).
   David Teniers d. J.: ‚Bauernfest am Wirtshaus'.
   Das erste öffentl. Opernhaus, San Cassiano in Venedig, eröffnet.
5. Kaiser Ferdinand II. gest.
   −1657, Kaiser Ferdinand III.
7. Jan Swammerdam (holl. Zoologe) geb.
   Descartes/Fermat: analytische Geometrie; Galilei: Pendelgesetze.
8. −1639, Christenverfolgungen in Japan u. völlige Schließung des Landes für Ausländer.

1638

1. *Teilnahme am mißlungenen Versuch der Entsetzung Breisachs durch den Grafen Götz.*
2. Jeremias Drexel (Jesuit u. Schriftsteller) gest.

Jacob Balde: ,Poema de vanitate mundi'; Friedrich von Logau: ,Erstes Hundert deutscher Reimen-Sprüche'; Opitz: ,Geistl. Poemata'; – William Godwin: ,The man in the moon' (dt. von Venator, 1659); Pallavicino: ,Il Sansone' (dt. von Stubenberg, 1657).
3. Johannes Althusius (Staatsrechtler) gest. – Nicole Malebranche (frz. Philosoph) geb.; Jansenius u. Henri II. von Rohan (Hugenottenführer) gest.
4. –1650, Heinrich Albert: ,Arien'; –1652, Andreas Hammerschmidt: ,Musikalische Andachten'.
   –1641, Borromini: Kirche San Carlo alle quattro fontane, Rom.
5. Ludwig XIV. geb.
   –1639, Vorstoß der Schweden in Böhmen bis nach Prag.
6. Abschaffung der Folter in England; Barfüßer-Aufstand in der Normandie.
7. Galilei: ,Dialoghi delle nuove scienze' (Mechanik, Fall- u. Pendelgesetze).
8. –1655, Siedlung ,Neu-Schweden' an der Mündung des Delaware; –1658, die Holländer erobern das port. Ceylon.

1639

1. *(1639?)–1648, zunächst als Musketier, ab ca. 1644 als Regimentsschreiber bei dem in Offenburg stationierten Regiment des kaiserl. Obersten Hans Reinhard von Schauenburg.*
2. Daniel Georg Morhof geb.; Bidermann u. Opitz gest. – Racine geb.
   Gryphius: ,Sonn- und Feiertagssonette'; – Gautier de La Calprenède: ,La mort des enfants d'Hérode'.
   Opitz gibt das ,Annolied' heraus.
3. Campanella gest.
4. Ribera: ,Jakobs Traum'; –1640, Rubens: ,Hl. Cäcilie'.
5. –1642, Raimund Montecuccoli: ,Trattato della guerra'.
7. Cavalieri: Berechnung der Flächen unter höheren Parabeln; Gérard Desargues: perspektivischer Kegelschnitt-Beweis; William Gascoigne: Mikrometereinstellung für Teleskoprohre.
8. Erste kurländische Siedler auf Tobago (Westindien); Kosaken erreichen in Sibirien das Ochotskische Meer.

1640

2. Johannes Velten (Schauspieler u. Prinzipal) geb.; Fleming gest.
   Bidermann: ,Utopia' (dt. von Hörl, 1677); Philipp von Zesen: ,Deutscher Helicon'; – Corneille: ,Cinna', ,Horace'; –1641, Marini: ,Il Calloandra' (dt. von Stubenberg, 1656); Vondel: ,Gebroeders' (dt. von Gryphius, 1662), ,Joseph in Dothan'.
3. Jansenius: ,Augustinus' (Grundwerk des Jansenismus).
4. Rubens gest.
   Claudio Monteverdi: ,Il ritorno d'Ulisse in patria'.
5. –1688, Friedrich Wilhelm Kurfürst von Brandenburg; Rückberufung des engl. Parlaments durch Karl I.; Unabhängigkeit Portugals von Spanien.
6. Begründung von Findelanstalten durch Vinzenz von Paul.
7. Martin Mersenne: Schallgeschwindigkeit in der Luft; Pascal: ,Essai sur les coniques' (Pascalsches Sechseck).
8. –1641, Brasilienreise des Lyrikers Finckelthaus.

1641

2. –1649, Georg Philipp Harsdörffer: ‚Frauenzimmer Gesprächspiele'*; Georg Rodolf Weckherlin: ‚Geistl. u. weltl. Gedichte'; – Madeleine de Scudéry: ‚Ibrahim ou l'illustre Bassa' (dt. von Zesen, 1645); Vélez de Guevara: ‚El diabolo cojuelo'.

3. Descartes: ‚Meditationes de prima philosophia'.

4. van Dyck gest.
   Teniers d. J.: ‚Die Wachtstube'.

5. Maximilien de Sully (hugenott. Staatsmann) gest.
   Vereitelter schwed. Überfall auf den Regensburger Reichstag; schwed. Sieg bei Wolfenbüttel; Waffenstillstand zwischen Brandenburg u. Schweden; das engl. Parlament erzwingt die Hinrichtung Staffords; irischer Aufstand gegen England.

6. Einrichtung einer Sklavenversicherung in Hamburg.

7. Paul Guldin: Schwerpunkttheorem; Athanasius Kircher: ‚Magnes'; –1645, Pascal: Rechenmaschine.

1642

2. Christian Weise geb.; Johann Matthäus Meyfart gest.
   anon.: ‚Die verwüstete u. verödete Schäferei'; Augustus Augspurger: ‚Arnalte u. Lucenda'; –1643, Johann Michael Moscherosch: ‚Gesichte Philanders von Sittewalt'* (bis 1650 lfd. erw. Neuausg.; vgl. auch 1627 unter Quevedo); –1660, La Calprenède: ‚Cassandre' (dt. von Kromart, 1685).

3. Papst Urban VIII. verdammt den Jansenismus.

4. Guido Reni (ital. Maler) gest.
   Monteverdi: ‚L'incoronazione di Poppea'.
   Rembrandt: ‚Nachtwache'.

5. Richelieu gest.
   Schwed. Sieg bei Breitenfeld u. Vordringen der Schweden in Mitteldeutschland, Schlesien u. Mähren; –1648, engl. Bürgerkrieg zwischen Königspartei (‚Cavaliers') u. den Anhängern des Parlaments (‚Roundheads'); Organisation eines parlamentarischen Heeres (‚Ironsides') durch Oliver Cromwell, der 1644/45 u. 1647 entscheidende Siege erringt.
   Hobbes: ‚De cive'.

6. Allg. Schulpflicht in Gotha; –ca. 1660, Merkantilismus in Kurland, das unter Herzog Jakob eine vorübergehende Blüte erlebt; –1660, von den Puritanern erzwungenes Verbot von Theateraufführungen in England.

7. Galilei gest.

8. In Kanada gründen die Franzosen Ville-Marie (Montreal), auf Madagaskar beginnt ihr Einfluß mit Gründung der Compagnie d'Orient; –1643, Tasman entdeckt auf der Suche nach dem ‚Großen Land südwärts' (Australien) Tasmanien, Neuseeland u. die Fidschi-Inseln; –1661, ständige Missionsreisen des ital. Jesuiten Martini nach China.
   –1688, Zeiller/Merian: ‚Topographia'.

1643

2. Johannes Grob (Satiriker) geb.
   anon.: Übers. von Antonio de Guevaras ‚Mühseligkeit des Hofs u. Glückseligkeit des Landlebens'*; –1646, Balde: ‚Sylvae'; Gryphius: ‚Sonette', ‚Oden', ‚Epigrammata'; –

Assarino: ‚Il Demetrio' (dt. von Stubenberg, 1653); Corneille: ‚Polyeucte'; Tristan l'Hermite: ‚Le page disgracié'.

Gegr.: die ‚Deutschgesinnte Genossenschaft' von Zesen (Datum umstritten); das ‚Illustre Théâtre', die spätere Comédie Française, von Molière u. Mme. Armande Béjart.

3. Hermann Conring: ‚De origine iuris Germanici' (Beginn der dt. Rechtsgeschichte); Milton: ‚The doctrine and discipline of divorce'.

4. Monteverdi gest.

5. Ludwig XIII. von Frankreich gest.
   −1661, Kardinal Mazarin Nachfolger Richelieus; −1715, Ludwig XIV. frz. König.

6. Erste dt. Walfangexpedition nach Grönland u. bis 1650 Ausbau einer Hamburger Walfangflotte; −1645, Aufstände u. Unruhen in den Landbezirken u. Städten Südfrankreichs; Getränkesteuer in England.

7. Newton geb.
   Antonius Schyrl: ‚Novem stellae circa Jovem visae'; Evangelista Torricelli: Quecksilberbarometer, Herstellung eines Vakuums.

1644

2. Ábraham a Santa Clara geb.
   −1645, Birken/Harsdörffer/Klaj: ‚Pegnesisches Schäfergedicht'*; Georg Greflinger: ‚Ferrando u. Dorinde'; Opitz: ‚Weltl. Poemata'; Zesen: Übers. von Vital d'Audiguiers ‚Lysandre et Caliste'; − Enriquez Gómez: ‚El siglo pitagórico'.
   Gegr.: Der ‚Pegnesische Blumenorden' in Nürnberg.

3. William Penn geb.; Papst Urban VIII. gest.
   −1655, Papst Innozenz X.
   Descartes: ‚Principia philosophia'; Milton: ‚Areopagitica'.

4. Giacomo Stradivari geb. (Datum umstritten).
   Sigmund Staden/G. Ph. Harsdörffer: ‚Seelewig' (1. erhaltene dt. Oper).
   Merian d. Ä.: ‚Basler Totentanz'.

5. −1654, persönliche Herrschaft Christines von Schweden.

6. Die Mandschus verfügen die Einführung der Zopftracht in China.

7. Johan Baptista van Helmont gest.
   Torricelli: Flüssigkeitengesetze.

8. −1650, Ostasienreise der Schleswiger Jürgen Andersen u. Volquard Iversen (vgl. Andersens ‚Orientalische Reisebeschreibung', hrsg. von Olearius, 1669); Vorstoß Tasmans nach Neuguinea u. der Nordküste Australiens.

1645

2. Jean de La Bruyère geb.; Quevedo gest.
   Balde: ‚Jephtias'; Zesen: ‚Adriatische Rosemund'.

3. Grotius u. Mary Ward (engl. Pädagogin) gest.

5. −1676, Alexei Michailowitsch russ. Zar.

6. −1650, Niedergang u. Zusammenbruch des Handelshauses Fugger.

1646

2. Hans Aßmann von Abschatz geb.
   Fleming: ‚Teutsche Poemata'; Gryphius: ‚Olivetum'; Harsdörffer: Übers. der ‚Diana' nach Montemayor/Pérez/Gil Polo; − Gracián: ‚El discreto'; Vondel: ‚Maria Stuart'.

3. Leibniz geb.
4. Bernini: ‚Verzückung der hl. Teresa‘; Claude Lorrain: ‚Seehafen bei Sonnenuntergang‘.
5. –1647, Franzosen u. Schweden verwüsten Bayern.
7. Kircher: ‚Ars magna lucis et umbrae‘ (u. a. Laterna magica).

1647

2. Eberhard Werner Happel (Romanschriftsteller) geb.; Johannes Heermann (Kirchenlieddichter) gest. – Hooft gest.
   –1653, Harsdörffer: ‚Poetischer Trichter‘; Johann Rist: ‚Das Friede wünschende Deutschland‘; – Desmarets: ‚Défense du poème héroïque‘; Gracián: ‚Oráculo manual‘; –1658, La Calprenède: ‚Cléopâtre‘ (dt. 1700/01); Vondel: ‚De Leeuwendalers‘.
3. Pierre Bayle (frz. Philosoph) geb.
   Claude Vaugelas: ‚Remarques sur la langue française‘.
4. Bernini: Vier-Ströme-Brunnen an der Piazza Navona, Rom; Lorrain: ‚Landschaft mit Flucht nach Ägypten‘; Teniers d. J.: ‚Versuchung des hl. Antonius‘.
   Gegr.: Dresdner Kunstakademie.
6. Grundschulgesetz in der Kolonie Massachusetts; –1652, Pestepidemie in Spanien.
7. Cavalieri u. Torricelli gest.
   Johannes Hevelius: ‚Selenographia‘; Pascal: Gesetz kommunizierender Röhren.
8. Die um 1565 begonnene Erkundung Sibiriens durch die Kosaken wird intensiviert; –1654, Semen I. Deschnjow erreicht von der Kolymamündung aus die Beringstraße u. das nach ihm benannte Ostkap Asiens.

1648

1. *–1649, Kanzleisekretär im Regiment des Freiherrn von Elter; Teilnahme an dessen Zug nach Bayern u. Aufenthalt in Wasserburg am Inn.*
2. Rojas Zorilla u. Tirso de Molina gest.
   anon.: Teilübers. des ‚Don Quijote‘ des Cervantes; Justus Georg Schottel: ‚Friedens Sieg‘; Weckherlin: ‚Geistl. u. weltl. Gedichte‘; –1651, Jean de Segrais: ‚Bérénice‘.
3. Papst Innozenz X. verdammt den Westfälischen Frieden.
   Gegr.: Universität Bamberg.
4. Jacob van Campen: Amsterdamer Rathaus (jetzt kgl. Palast); Nicolas Poussin: ‚Rebecca am Brunnen‘.
   Gegr.: Kunstakademie Paris.
5. Westfälischer Frieden: Einschränkung der kaiserl. Gewalt; Anerkennung der Unabhängigkeit der Niederlande u. der Schweiz; Cromwell vertreibt die Presbyterianer aus dem engl. Parlament; –1652, Fronde-Aufstand des frz. Hochadels gegen das absolutistische Königtum.
6. Die Calwer Verleger bilden die Calwer Zeughandelskompanie; in Rußland wird die Leibeigenschaft gesetzlich verankert.
7. Mersenne gest.
   Johann Rudolf Glauber: verfeinertes Destillierverfahren; Helmont: ‚Ortus medicinae‘ (dt. von Knorr von Rosenroth, 1683).

1649

1. *Grimmelshausen heiratet in Offenburg Catharina Henninger, die Tochter eines Offenburger Wachtmeisterleutnants u. späteren Zaberner Ratsherrn; die Trauurkunde gibt*

das Adelsprädikat ‚von‘ u. die kath. vollzogene Trauung deutet auf Konversion zum Katholizismus; −1660, Verwalter bei den Reichsfreiherrn Hans Reinhard u. Carl Bernhard von Schauenburg in Gaisbach.

2. Martin Rinckhart (geistl. Dichter) gest.
Andreae: ‚Theophilus‘; −1652, Harsdörffer: ‚Der große Schauplatz jämmerlicher Mordgeschichte‘*; Spee: ‚Güldenes Tugendbuch‘, ‚Trutznachtigall‘; −1653, Scudéry: ‚Cyrus‘.

3. Descartes von Königin Christine nach Stockholm berufen.

5. Karl I. von England hingerichtet (vgl. Gryphius: ‚Carolus Stuardus‘, 1657); −1660, England Republik (‚Commonwealth of England‘) mit Cromwell als Haupt des Staatsrats.

6. Einstellung der Hexenprozesse in den schwed. besetzten Gebieten Norddeutschlands; allg. Schulpflicht in Württemberg; −1650, mit Cromwells Straffeldzug beginnt die wirtschaftl. u. kulturelle Unterdrückung Irlands durch England (u. a. völlige Bodenenteignung, bis 1781 währendes Schulverbot, Restriktion des Außenhandels).

7. Otto von Guericke: Kolbenluftpumpe.

8. Bernhardus Varenius: ‚Descriptio regni Iaponiae‘.

1650

2. Ludwig zu Anhalt-Köthen gest. − Jean de Rotrou (frz. Dramatiker) gest.
Gryphius: ‚Teutsche Reim-Gedichte‘ (u. a. ‚Leo Armenius‘); − Corneille: ‚Andromède‘; Sorel: ‚Polyandre‘.

3. Descartes gest.
In Dartmouth entwickelt sich aus dem Kreis um George Fox die ‚Society of Friends‘ (Quäker), in London entsteht die erste Baptistengemeinde.

4. Merian d. Ä. gest.
Scheidt: ‚Görlitzer Tabulatur‘.
Rembrandt: ‚Mann mit Goldhelm‘; Ribera: ‚Anbetung der Hirten‘.

5. Wilhelm II. von Oranien gest.
Abzug der Franzosen u. Schweden aus Deutschland; −1672, Herrschaft der Generalstaaten in den Niederlanden.

6. Christoph Scheiner gest.
Varenius: ‚Geographia universalis‘ (Beginn der modernen Geographie).

1651

2. Quirinus Kuhlmann geb.; Albert gest. − François de Fénelon (frz. Schriftsteller) geb.
Gomberville: ‚La jeune Alciade‘; Gracián: ‚El criticón‘; −1657, Paul Scarron: ‚Roman comique‘.

4. Balthasar Permoser (Bildhauer) geb.

5. Friedrich Wilhelms Geheime Ratsordnung schafft die Grundlage für die zentralisierte preuß. Behördenorganisation.
Hobbes: ‚Leviathan‘.

6. Mit Cromwells Navigationsakte (Ausschaltung des holl. Zwischenhandels nach England) beginnt Englands Kampf gegen die holl. Vorherrschaft im Welthandel, die in drei anschl. Seekriegen (1652−54, 1664−67 u. 1672−72) gebrochen wird.

7. William Harvey: ‚De generatione animalium‘ (Evolutions- u. Eitheorie).

8. −1661, kurländ. Kronkolonie an der Küste Gambias; −1663, Compagnie de la France équixoniale mit Privilegien für Südamerika vom Orinoco bis zum Amazonas.

1652

2. Thomas Otway (engl. Dramatiker) geb.
   Rist: ‚Friede jauchzendes Deutschland‘; − James Shirley: ‚The cardinal‘ (letzte der gro-ßen engl. Renaissancetragödien).
3. Abraham von Franckenberg gest.
4. Ribera gest.
5. Vetorecht im poln. Reichstag.
6. Gegr.: Bank von Schweden.
7. Caspar Barholin: ‚De lacteis thoracicis‘ (erste Beschreibung der Lymphgefäße).
   Gegr.: Deutsche Akademie der Naturforscher ‚Leopoldina‘ in Schweinfurt.
8. Kapstadt als Versorgungsstützpunkt der holl. Ostindischen Gesellschaft gegr.

1653

2. Weckherlin gest.
   Lohenstein: ‚Ibrahim Bassa‘.
3. Beginn der zum Schisma führenden Reformen des russ. Patriarchen Nikon.
4. Johann Pachelbel (Organist u. Komponist) geb. − Arcangelo Corelli (ital. Komponist) geb.
5. Cromwell löst das engl. Parlament auf u. wird Lordprotektor (−1658) mit diktatori-scher Macht.
6. Paris erhält eine Stadtpost mit Briefkästen.

1654

2. Johann Besser u. Friedrich Rudolf von Canitz geb.; Andreae gest.
   Logau: ‚Deutscher Sinn-Gedichte drei Tausend‘; Olearius: ‚Persianisches Rosental‘* (Saadi-Übers.); −1660, Scudéry: ‚Clélie‘ (dt. von Stubenberg, 1664); Vondel: ‚Lucifer‘.
4. Scheidt gest.
   Francesco Cavalli: ‚Xerxes‘.
5. Oxenstierna gest.
   Königin Christine von Schweden dankt ab u. tritt zum kath. Glauben über (1655).
   Conring: ‚De finibus imperii Germanici‘.
6. −1665, Schaffung diverser Einfuhrzölle zum Schutz der brandenburg. Wirtschaft.
7. Jakob Bernoulli (schweiz. Mathematiker) geb.
   Fermat/Pascal: Beginn der Wahrscheinlichkeitsrechnung; Pascal: ‚Traité du triangle arithmétique‘ (Pascalsches Dreieck).
8. −1659, Tobago (Westindien) kurländ. Kronkolonie.

1655

2. Johann Beer geb.; Logau gest. − Jean-François Regnard (frz. Dramatiker) geb.; Cyrano de Bergerac u. Heinsius gest.
   −1675, Nikolaus von Avancini: ‚Poesis dramatica‘; Daniel von Czepko: ‚Sexcenta mo-nodisticha sapientum‘; − Molière: ‚L'étourdi‘.

3. Thomasius geb. – Papst Innozenz X. gest.
   Gegr.: Universität Duisburg.
4. Staden gest.
5. –1660, Krieg zwischen Schweden/Brandenburg u. Polen.
7. –1659, Huygens: Entdeckung u. Beschreibung des größten Saturnmonds u. -rings sowie
   des Orionnebels, Beobachtungen zur Zentrifugalkraft.
8. Spanien verliert Jamaika an England.
   Martino Martini: ‚Atlas sinensis‘.

1656

2. Klaj gest.
   Balthasar Venator: ‚Seltsame Traumgeschicht von Dir und Mir‘; – Cyrano de Bergerac:
   ‚L'autre monde ou les états de la lune‘.
3. –1657, Pascal: ‚Lettres à un provincial‘.
4. Josef Fischer von Erlach (österr. Architekt) geb.
   Cavalli: ‚Musiche sacre‘.
   –1665, Bernini: Kolonnaden am Petersplatz; Velázquez: ‚Las Meninas‘ (Infantin Margarita mit Hofstaat).
5. Veit Ludwig von Seckendorff: ‚Teutscher Fürstenstaat‘; James Harrington: ‚The commonwealth of Oceana‘.
7. Edmond Halley (engl. Astronom) geb.
   Hevelius: ‚De nativa Saturni facie‘.
8. Nertschinsk in Sibirien gegründet.

1657

1. *–1658, Grimmelshausen betreibt die Weinschenke ‚Zum silbernen Stern‘ in Gaisbach.*
2. Werder gest. – Bernard de Fontenelle (frz. Schriftsteller) geb.
   Angelus Silesius: ‚Geistreiche Sinn- u. Schlußreime‘ (erw. 1674: ‚Cherubinischer Wandersmann‘), ‚Heilige Seelenlust‘; Gryphius: ‚Deutscher Gedichte erster Teil‘ (u. a. ‚Carolus Stuardus‘, ‚Kirchhofs-Gedanken‘); Johann Balthasar Schupp: ‚Der Freund in der Not‘*, ‚Regentenspiegel‘.
   Die Manessische Liederhandschrift kommt in den Besitz der Hofbibliothek Ludwigs XIV.
4. Lorrain: ‚Küstenlandschaft mit Acis u. Galathea‘.
5. Kaiser Ferdinand III. gest.
6. Balde: ‚Satyra contra abusum tabaci‘ (dt. von Birken, 1658).
7. Jungius gest.
   Huygens: Pendeluhr, Wahrscheinlichkeitsrechnung.
   Gegr.: Naturwiss. ‚Accademia del Cimento‘ in Florenz (–1666).

1658

2. Barth, Harsdörffer u. Johann Lauremberg gest. – Gracián gest.
   Dryden: ‚Heroic stanzas‘; Georg Stiernhielm: ‚Herkules‘; Quinault: ‚Le fantôme amoureux‘ (dt. Bearb. von Gryphius, 1660).
3. Hobbes: ‚De homine‘.

4. Christian Heinrich Postel (Dichter v. Operntexten) geb.
5. Cromwell gest.
−1705, Kaiser Leopold I.; −1668, erster Rheinbund dt. Fürsten mit Frankreich.
7. Fermat: Zahlentheorie; Swammerdam: rote Blutkörperchen beim Frosch entdeckt.
8. Martini: ‚Sinicae historiae‘; Charles de Rochefort: ‚Histoire naturelle des isles d'Antilles et l'Amérique‘ (dt. 1668*).

1659

2. Simon Dach u. Andreas Tscherning gest.
Avancini: ‚Pietas victrix‘ (aufgef.); −1660, Andreas Heinrich Bucholtz: ‚Herkules‘; Gryphius: ‚Papinianus‘; Jakob Schwieger: ‚Verlachte Venus‘; − Molière: ‚Les précieuses ridicules‘; Vondel: ‚Jephta‘.
3. Erster nordamerikanischer Bischofssitz in Quebec.
4. Robert Cambert/Pierre Perrin: ‚Pastorale‘ (1. Oper in frz. Sprache).
5. Pyrenäenfrieden zwischen Frankreich u. Spanien.

1660

1. *Grimmelshausen scheidet aus dem Dienst der Schauenburger aus, bleibt aber bis 1662 weiterhin in Gaisbach.*
2. Czepko gest. − Defoe geb.; Scarron gest.
Balde: ‚Poemata‘; Gryphius: ‚Verliebtes Gespenst‘; Balthasar Kindermann: ‚Kurandors unglückselige Nisette‘; Schupp: ‚Corinna‘; Schwieger: ‚Die verführte Schäferin Cynthie‘; Stieler: ‚Die geharnschte Venus‘; − Vondel: ‚Samson‘.
Gegr.: ‚Elbschwanenorden‘ von Rist.
3. Vinzenz von Paul gest.
Milton verhaftet u. seine Schriften öffentl. verbrannt.
4. Velázquez gest.
Rembrandt: ‚Jakob ringt mit dem Engel‘; Vermeer: ‚Die Briefleserin‘.
5. Frieden zwischen Schweden, Brandenburg u. Polen: Ende der poln. Lehnshoheit über Preußen; das kath. Haus Wasa entsagt aller Ansprüche auf den schwed. Thron; Karl XI. von Schweden (−1697) beginnt mit systematischer ‚Reduktion‘ verliehener Krongüter den Abbau der Vormacht des Adels; Wiedereinberufung des engl. Parlaments u. Restauration der Stuarts: −1685, Karl II. engl. König.
Pufendorf: ‚Elementorium jurisprudentiae universalis‘.
6. −ca. 1670, neue Welle von Hexenverfolgungen in Deutschland (vgl. Hexenszenen in *Simplicissimus*, II, 17/18; Goldast, 1661: ‚Rechtl. Bedenken von Confiskation der Zauber- u. Hexengüter‘; Prätorius, 1668: ‚Blockes-Berges Verrichtung‘); Beginn der ‚Leipziger Zeitung‘.
7. Guericke: Wetterbarometer; Melchisédech Thévenot: Wasserwaage für Meßgeräte.
Gegr.: Royal Society in London.
8. Mitgl. des engl. Hochadels unterstützen die Charterung der für den Sklavenhandel zwischen Guinea u. Westindien intendierten Company of Royal Adventurers trading to Africa (1672 abgelöst durch die Royal African Company); − 1664, frz. Compagnie de Chine.

1661

2. August Bohse (Verf. galanter Romane) u. Christian Wernicke (Epigrammatiker) geb.; Buchner u. Schupp gest.

Lohenstein: ‚Cleopatra‘; −1670, La Calprenède: ‚Faramond‘; Molière: ‚L’école de maris‘; Vondel: ‚Adonias‘.

3. Einrichtung eines Lehrstuhls für Naturrecht in Heidelberg.

Gegr.: Die spätere Preuß. Staatsbibliothek.

4. Marc’Antonio Cesti: ‚La Dori‘.

−1689, Louis Le Veau/Jules Hardouin-Mansart: Ausbau des Schlosses Versailles; −1662, Rembrandt: ‚Staalmeesters‘; Salomon van Ruysdael: ‚Landschaft mit Wassermühle‘.

5. Mazarin gest.

Beginn der persönl. Herrschaft Ludwigs XIV.; Colbert in den Staatsrat berufen.

6. Fayence-Manufaktur in Hanau; erste Kaffeehäuser in Paris.

7. Malphigi: Kapillarkreislauf des Bluts, Begründung der mikroskopischen Anatomie.

8. Irkutsk (Sibirien) gegründet.

1662

1. *−1665, Grimmelshausen als Verwalter auf der dem Straßburger Arzt Johannes Küeffer gehörenden Ullenburg.*

2. Greiffenberg: ‚Geistl. Gedichte, Lieder u. Sonette‘; − Cyrano de Bergerac: ‚Histoire comique des états et empires du soleil‘; La Fayette: ‚La princesse de Montpensier‘; Molière: ‚L’école des femmes‘.

3. Pascal gest.

−1687, Bossuet: ‚Oraisons funèbres‘; Spinoza beginnt seine ‚Ethica‘.

4. Matthäus Pöppelmann (Erbauer des Dresdner Zwingers) geb.

Gegr.: Joachim von Sandrarts private Kunstakademie in Nürnberg.

6. Friedrich Staedtlers Bleistiftbetrieb in Nürnberg; −1669, Bau des Oder-Spree-Kanals; erste Kaffeehäuser in London.

7. −1676, Boyle/Mariottsches Gesetz; Jeremiah Horrocks: ‚Venus in sole partiter visa‘ (1. Beobachtung des Venusdurchgangs, 1639).

1663

2. Heinrich Anselm von Zigler u. Kliphausen geb. − La Calprenède gest.

Buchner: ‚Kurzer Wegweiser zur Deutschen Dichtkunst‘; Gryphius: ‚Freuden- u. Trauer-Spiele auch Oden u. Sonette‘; −1664, Wolfgang Helmhard von Hohberg: ‚Der habsburgische Ottobert‘; −1668, Rist: ‚Monatsgespräche‘*; Johann Thomas: ‚Damon u. Lisille‘; −1678, Samuel Butler: ‚Hudibras‘ (dt. von Bodmer, 1765); Corneille: ‚Sophonisbe‘.

3. August Hermann Francke (piet. Theologe) geb. − Cotton Mather (relig. amerikan. Schriftsteller) geb.

Leibniz: ‚Disputation de principio individui‘; Descartes’ Schriften auf dem Index.

Schottel: ‚Ausführl. Arbeit von der Deutschen Haupt-Sprache‘.

4. Hammerschmidt: ‚Missae breves‘.

−1675, Agostino Barelli/Enrico Zuccalli: Theatinerkirche in München.

Gegr.: Antwerpener Kunstakademie von Teniers d. J.

5. Prinz Eugen von Savoyen geb.
−1664, Türkenkrieg; −1806, immerwährender Reichstag zu Regensburg.
7. James Gregory: Theorie des Spiegelteleskops; Guericke: Elektrisiermaschine.
8. Erasmus Francisci: ‚Die lustige Schaubühne von allerhand Curiositäten‘*.

1664

2. Gryphius gest.
Joachim Rachel: ‚Satirische Gedichte‘; − Vondel: ‚Adam in Ballingschap‘.
4. Andreas Schlüter (Bildhauer u. Architekt) geb.; − Zurbarán gest.
Schütz: ‚Weihnachtsoratorium‘; − Lully: ‚Miserere‘.
−1675, Barelli: Mittelpavillon des Nymphenburger Schlosses.
7. Kircher: ‚Mundus subterranus‘; Newton: binomischer Lehrsatz; Steno (Niels Stensen): ‚De musculis et glandulis‘ (u. a. Entdeckung der Ohrspeicheldrüse).
8. Colbert konsolidiert die frz. Überseeinteressen: Privilegien (jeweils bis 1674) für den amerikanischen Raum bei der Compagnie des Indes Occidentales, für den Bereich vom Kap der Guten Hoffnung bis China bei einer neukonstituierten Compagnie des Indes Orientale (vierte Gesellschaft dieses Namens).
Francisci: ‚Türkischen Staats u. Regiments Beschreibung‘.

1665

1. −1667, *Grimmelshausen erneut Gastwirt in Gaisbach.*
2. Benjamin Neukirch u. Christian Reuter geb.
Bucholtz: ‚Herkuliskus‘; Laurentius von Schnüffis: ‚Philotheus‘; Lohenstein: ‚Epicharis‘, ‚Agrippina‘; −1689, Head/Kirkman: ‚The English rogue‘ (Teilübers. 1672: ‚Simplicianischer Jan Perus‘); La Rochefoucauld: ‚Maximes‘.
3. Die ‚Philosophical Transactions‘ u. das ‚Journal des Savants‘ beginnen zu erscheinen. Gegr.: Universität Kiel.
4. Poussin gest.
5. Friedrich III. von Dänemark erläßt das einzige europäische Reichsgrundgesetz, in dem der monarchische Absolutismus verankert ist (‚Lex Regia‘).
6. Hannover verkauft 12000 Soldaten an Münster u. beginnt damit den in der Folge berüchtigt werdenden Soldatenhandel dt. Fürsten; Beginn der ‚London Gazette‘.
Johann Colerus: ‚Oeconomia ruralis et domestica‘*.
7. Fermat gest.
Francesco Grimaldi: Lichtbeugung; Hooke: ‚Micrographia‘ (Pflanzenphysiologie, Zellenmikroskopie; Prägung des Begriffs ‚Zelle‘ im physiol. Sinne).

1666

1. −1667, *‚Satyrischer Pilgram‘; ‚Keuscher-Joseph‘ (1670 um den ‚Musai‘ vermehrt).*
2. Bidermann: ‚Ludi theatralis sacri‘; −1667, Paul Gerhardt: ‚Geistl. Andachten‘; − Boileau: ‚Satires‘; Vondel: ‚Iphigenie in Taurien‘.
3. Gottfried Arnold (piet. Theologe) geb.
Leibniz: ‚De arte combinatoria‘; Bunyan: ‚Grace abounding‘; Spaltung der russ.-orth. Kirche.
4. Hals u. Mansart gest.
Augustin Pfleger: ‚Odae concertantes‘.

−1670, Claude Perrault: Ostkolonnade des Louvre; Vermeer: ‚Der Ruhm der Malkunst‘.

6. −1674, merkantilistisches Kommerzkollegium für die österr. Erbländer; Fayence-Manufaktur in Frankfurt/M.; großer Brand von London.

7. Cassini: ‚Lettera prima sopra l'hipothesi solari e le refrazioni‘.

−1668, Stanislaus Lubienitz: ‚Theatrum cometicum‘.

Gegr.: Académie des Sciences, Paris.

1667

1. −1676, bischöfl.-straßburg. *Schultheiß in Renchen (Ortenaukreis).*
Anhang zu Balthasar Venators ‚Der fliegende Wandersmann nach dem Mond‘.

2. Rist gest. − Jonathan Swift geb.
Johann Josef Beckh: ‚Elbianische Florabella‘; − Milton: ‚Paradise lost‘ (dt. von Berge, 1682); Molière: ‚Le misanthrope‘.

4. Borromini gest.
Cesti: ‚Il pomo d'oro‘.
Murillo: ‚Immaculata‘.

5. Pufendorf: ‚De statu imperii Germanici‘.

6. Indirekte Steuern (städt. Akzise) in Brandenburg; Schupps pädagogische Schriften ‚Der deutsche Schulmeister‘ u. ‚Vom Schulwesen‘; −1671, Rasins Kosaken- u. Bauernaufstand in Rußland.

7. Johann Bernoulli (schweiz. Mathematiker) geb.
Gegr.: Sternwarte Paris.

8. −1683, Orientalische Handelskompagnie für den Türkeihandel in Wien.

1668

1. *‚Simplicissimus Teutsch‘.*

2. Balde gest. − Alain-René Lesage (frz. Dichter) geb.
−1694, La Fontaine ‚Fables‘; Molière: ‚Amphitryon‘, ‚L'avare‘; Henry Neville: ‚The Isles of Pines‘ (zugl. anon. Übers.*); Vondel: ‚Hercules in Trachin‘.

4. Johann Lukas von Hildebrandt (österr. Architekt) geb.
−1683, Giovanni Baciccio: Deckengemälde in Il Gesu, Rom.

6. Johann Joachim Becher: ‚Politischer Diskurs von den eigentl. Ursachen des Auf- u. Abnehmens der Städte, Länder u. Republiken‘.

7. Glauber gest.
Eustachio Divini: verb. Mikroskop mit Okular aus 2 plankonkaven Linsen; Francesco Redi: Mikrographie der Insekten.

8. Die engl. Ostindische Kompagnie erwirbt Bombay.
Olfert Dapper: ‚Naukeurige beschrijvinge der afrikanische eylanden‘ (dt. von Zesen, 1671); Francisci: ‚Ost- u. westindischer wie sinesischer Lust u. Staatsgarten‘*; Johann Andreas Mathe: Übers. von Pedro Mexias ‚Historischer Geschicht-, Natur- u. Wunderwald‘*.

1669

1. *‚Continuatio des abenteuerlichen Simplicissimi‘; −1674, ‚Europäischer Wundergeschichten-Kalender‘ (Verfasserschaft fraglich).*

2. Johann Michael Dilherr (Erbauungsschriftsteller), Moscherosch u. Rachel gest.
−1673, Anton Ulrich von Braunschweig: ‚Aramena‘; −1673, Heinrich Arnold u. Maria Katharina Stockfleth: ‚Macarie‘; − Molière: ‚Tartuffe‘; Racine: ‚Britannicus‘.
3. Penn: ‚No cross, no crown‘.
Gegr.: Universität Innsbruck.
4. Rembrandt gest.
Gegr.: Opernakademie Paris.
5. Die Türken erobern das venezianische Kreta.
Georg Horn: ‚Orbis politicum‘*.
6. Abschaffung der Hexenprozesse im Erzbistum Mainz; letzter Hanse-Tag u. Auflösung der Hanse; − 1671, Kuruzzen-Aufstand in Ungarn.
7. −1670, Jean Picard: Erste moderne Gradmessung mittels Fernrohren u. Winkelmeßgeräten; Swammerdam: ‚Historia insectorum generalis‘ (Präparierung mit Farb- u. Wachsinjektionen); Steno: ‚Discours sur l'anatomie du cerveau' (Einführung in die Gehirnanatomie), ‚Prodomus de solido intra solidum naturaliter contento‘ (Begründung der wiss. Geologie u. Kristallogie).
8. −1670, verfehlte Landspekulation des Grafen von Hanau zwecks Gründung einer Kolonie ‚Indisch-Hanau‘ in holl. Guayana; Colbert gründet die Compagnie du Nord. Francisci: ‚Guineischer u. amerikanischer Blumen-Pusch‘; Johannes Prätorius: ‚Der abenteuerliche Glückstopf‘*.

1670

1. *‚Dietwalt und Amelinde‘; ‚Ratio Status‘; ‚Courasche‘; ‚Springinsfeld‘; ‚Der erste Bärnhäuter‘; ‚Gaukeltasche‘.*
2. William Congreve (engl. Dramatiker) geb.
Anth.: ‚Die Schaubühne‘; Christian Wilhelm Hagdorn: ‚Aequan, oder der große Mogul‘; Zesen: ‚Assenat‘*; − Corneille: ‚Tite et Bérénice‘; −1671, La Fayette/Segrais: ‚Zaïde‘ (enth. den 1682 von Happel übers. Traktat Huets ‚De l'origine des romans‘); Molière: ‚Le bourgeois gentilhomme‘; Racine: ‚Bérénice‘.
3. Comenius gest. − Bernard de Mandeville (anglo-holl. Sozialphilosoph) geb.
Speners Konventikel in Frankfurt/M. markieren den Beginn des Pietismus; Pascal: ‚Pensées sur la religion‘.
4. Le Veau gest.
−1682, Franz Caratti u. a.: Palais Czernin auf dem Prager Hradschin; −1691, Antonio Petrini: Stift Haug in Würzburg.
5. Frankreich besetzt Lothringen.
Leibniz: ‚Bedenken über die Securitas des Reichs‘; Spinoza: ‚Tractatus theologico-politicus‘.
6. Tabakmonopol in Österreich.
7. Francesco Lana Terzi: Plan eines Luftschiffs.
8. Danziger Gesellschaft für den Chinahandel gegr.; England bildet die Hudson's Bay Company zur Eindämmung des wachsenden frz. Einflusses im Gebiet der Großen Seen u. der Hudson Bay.
Francisci: ‚Neupolierter Geschicht-, Kunst- u. Sittenspiegel ausländischer Völker‘.

1671

1. ‚*Ewigwährender Kalender*'.
2. Olearius gest. – Shaftesbury geb.
   Kuhlmann: ‚Himmlische Liebes-Küsse'; – Milton: ‚Paradise regained', ‚Samson Agonistes'.
4. Perrin u. der Marquis Sourdéac gründen die erste Opernbühne für rein frz. Werke (1672 von Lully übernommen).
6. Die ital. Kirche sanktioniert das Auftreten von Schauspielerinnen.
7. Leibniz: ‚Hypothesis physica nova'; Samuel Morland: Sprachrohr; Jacques Rohault: ‚Traité de physique'.
8. Auflösung der holl. Westindischen Gesellschaft.

1672

1. *Grimmelshausen wechselt von seinem bisherigen Verleger, Felßecker in Nürnberg, zu Dollhopf in Straßburg über.*
   ‚*Proximus u. Lympida*'; ‚*Wunderbarliches Vogelnest I*'; ‚*Rathstübel Plutonis*'; ‚*Verkehrte Welt*'; ‚*Der stolze Melcher*'.
2. Stiernhielm gest.
   Weise: ‚Die drei ärgsten Erznarren in der ganzen Welt'; – Dryden: ‚Marriage à la mode'.
3. Joseph Addison u. Richard Steele geb.
4. Schütz gest.
   Jan Steen: ‚Bauernhochzeit'.
5. –1679, Holländischer Krieg: Frankreich/Schweden/England gegen die Niederlande/ Österreich/Spanien/Brandenburg.
   Pufendorf: ‚De iure naturae et gentium' (Grundlage des gesellschaftl. orientierten Natur- u. Völkerrechts).
7. Guericke: ‚Experimenta nova Magdeburgica'; Leibniz: Beobachtung elektr. Funken; Newton: Korpuskulartheorie, Spektralfarben.
8. Gründung des engl. Kolonialamts (Council of Trade and Foreign Plantations); die Dänen besiedeln die westindische St.-Thomas-Insel.

1673

1. *Das kaiserl. Kavallerieregiment von Schneidau unter Oberst Gundula (Goudela) nimmt in Renchen u. dem benachbarten Sasbach Quartier.*
   ‚*Bartkrieg*'; ‚*Galgenmännlein*'; ‚*Teutscher Michel*'.
2. Molière gest.
   Happel: ‚Der asiatische Onogambo'; Lohenstein: ‚Ibrahim Sultan'; – Molière: ‚Le malade imaginaire'.
4. Buxtehude beginnt die Lübecker Abendmusiken.
5. –1829, vom engl. Parlament verabschiedete Testakte schließt alle Nichtanglikaner (Katholiken u. nonkonformistische Sekten) von öffentl. Ämtern aus.
7. Cassini: ‚Découverte de deux nouvelles planètes autour de Saturne'; Hevelius: ‚Machina coelestis'; Huygens: Energiehaushaltungsgesetz; Leibniz: Rechenmaschine.
8. Louis Joliet u. Père Jacques Marquette stoßen von Kanada über die Großen Seen zum Mississippi vor, den sie westwärts bis zum Arkansas erkunden.

1674

1. −*1675, kriegerische Ereignisse, Gewalttätigkeiten u. Plünderungen im Gebiete von Renchen, das im Juli 1675 von Turennes Truppen besetzt wird.*
2. Gomberville, Milton u. Sorel gest.
   Nikolaus Pfitzer: Bearb. des Widmannschen Faustbuchs; − Boileau: ,L'art poétique'; Racine: ,Iphigénie en Aulide'.
4. Reinhard Keiser (Komponist) geb.
   Lully/Quinault: ,Alceste'.
5. −1696, Jan Sobieski poln. König.
6. Tuch- u. Seidenmanufaktur in Leipzig gegr.
7. Hooke: ,Attempt to prove the motion of the earth'.
8. Die frz. Überseebesitzungen werden der Krone unterstellt.

1675

1. ,*Wunderbarliches Vogelnest II'*.
2. Scipione Maffei (ital. Dramatiker) geb.
   Weise: ,Die drei klügsten Leute in der ganzen Welt'.
   Calderóns ,Gran teatro del mundo' uraufgeführt.
3. Spener: ,Pia desideria'.
4. Hammerschmidt u. Vermeer gest.
   Cavalli: ,Requiem'.
   −1679, Sandrart: ,Teutsche Akademie der edlen Bau-, Bild- u. Malereikünste'; −1706, Hardouin-Mansart: Invalidendom; −ca. 1710, Wren: St. Pauls Kathedrale.
5. Marschall Turenne gefallen.
   −1679, schwed.-brandenburg. Krieg; Sieg des Kurfürsten Friedrich Wilhelm bei Fehrbellin (Grundlage des Prinz-von-Homburg-Stoffes).
7. Cassini: Saturnring; Huygens: Spiralfederuhr mit Unruhe; Leibniz/Newton: Infinitesimalrechnung; Malphigi: ,Anatome plantarum' (Pflanzenphysiologie, Zellenbau vegetabilischer Körper); Ole Römer: Messung der Lichtgeschwindigkeit.
   Gegr.: Sternwarte Greenwich.

1676

1. *Grimmelshausen stirbt am 17. August.*
2. Joseph Anton Stranitzky (Schöpfer des ,Wiener Hanswurst') geb.; Gerhardt u. Schottel gest.
   Happel: ,Der europäische Toroan'; − Otway: ,Don Carlos'.
4. Cavalli gest.
   Murillo: ,Madonna purissima'.
6. Bauernschlacht von Jerisau im reichsunmittelbaren Schönburg; öffentl. Brandversicherung in Hamburg; Reichsgesetz gegen die Einfuhr frz. Luxusgüter; in der Kolonie Virginia führen soziale Mißstände u. wirtschaftl. Depression zur sog. ,Bacon's Revolt'.
7. Halley: 1. Beobachtung des Merkurdurchgangs, Katalog des südl. Sternenhimmels; Philipp Lohmeier: ,De artificio navigandi per aerem'; Newton: Interferenzbeobachtungen.

Gesamtbibliographie

A. Grimmelshausen: Leben und Werk

1. Ausgaben

Der Abenteuerliche Simplicissimus und andere Schriften von [...]. Hrsg. von Adelbert Keller, 2 Teile in 4 Bänden, Stuttgart 1854–62 (Bibliothek des Literarischen Vereins 33, 34, 65, 66) [Enthält die Kommentare der postumen Sammelausgaben (1683–84 u. ö.), daher auch heute noch unentbehrlich.]

Werke in vier Teilen. Hrsg. von Hans Heinrich Borcherdt, Berlin usw. o.J. [1921] [Nützlich wegen der ausführlichen Kommentare.]

Von Jan Hendrik Scholte hrsg. erschienen folgende Einzelausgaben:

Courasche. Abdruck der ältesten Originalausgabe (1670) [...], Halle/Saale 1923 (Neudrucke deutscher Literaturwerke des 16. und 17. Jahrhunderts Nr. 246–48)

Springinsfeld. Abdruck der ältesten Originalausgabe (1670) [...], Halle/Saale 1928 (Neudrucke Nr. 249–252)

Wunderbarliches Vogelnest. Erster Teil. Abdruck der ältesten Originalausgabe (1672) [...], Halle/Saale 1931 (Neudrucke Nr. 288–291)

Simplicissimus Teutsch. Abdruck der editio princeps (1669) [...], Halle/Saale 1938, Tübingen [4]1958 (Neudrucke 19–25)

Continuatio des abentheurlichen Simplicissimi oder der Schluß desselben, Halle/Saale 1939 (Neudrucke Nr. 310–314)

Simpliciana in Auswahl. Weitere Continuationen des abentheurlichen Simplicissimi. Rathstübel Plutonis. Bart-Krieg. Teutscher Michel, Halle/Saale 1943 (Neudrucke Nr. 315–321)

[Textkritisch wichtige Ausgaben; ohne Kommentar.]

Gesammelte Werke in Einzelausgaben. Unter Mitarbeit von Wolfgang Bender und Franz Günter Sieveke hrsg. von Rolf Tarot, Tübingen 1967ff.:

Der Abentheurliche Simplicissimus Teutsch und die Continuatio des abentheurlichen Simplicissimi. Hrsg. von R. Tarot, 1967

Lebensbeschreibung der Ertzbetrügerin und Landstörtzerin Courasche. Hrsg. von W. Bender, 1967

Dietwalts und Amelinden anmuthige Lieb- und Leids-Beschreibung. Hrsg. von R. Tarot, 1967

Des Durchleuchtigen Printzen Proximi und Seiner ohnvergleichlichen Lympidae Liebs-Geschicht-Erzehlung. Hrsg. von F. G. Sieveke, 1967

Des Vortrefflich Keuschen Josephs in Egypten Lebensbeschreibung samt des Musai Lebens-Lauff. Hrsg. von W. Bender, 1968

Simplicianischer Zweyköpffiger Ratio Status. Hrsg. von R. Tarot, 1968

Der seltzame Springinsfeld. Hrsg. von F. G. Sieveke, 1969

Das wunderbarliche Vogelnest. Hrsg. von R. Tarot, 1970

Satyrischer Pilgram. Hrsg. von W. Bender, 1970

Die verkehrte Welt. Hrsg. von F. G. Sieveke, 1973

Kleinere Schriften. Hrsg. von R. Tarot, 1973

Rathstübel Plutonis. Hrsg. v. W. Bender, 1975

Deß Weltberuffenen Simplicissimi Pralerey und Gepräng mit seinem Teutschen Michel. Hrsg. von R. Tarot, 1976

[Derzeit maßgebliche wissenschaftliche Ausgabe; ersetzt die Ausgaben Scholtes, auf denen sie teilweise fußt; ohne Kommentar; zur Problematik insbesondere des *Simplicissimus*-Texts vgl. Ernst E. Müller: Editionsprobleme bei Grimmelshausen und anderswo. In: Zeitschrift für deutsches Altertum 107, 1978, S. 330–344.]

Des Abenteurlichen Simplicissimi Ewig-währender Calender. Faksimile-Druck der Erstausgabe Nürnberg 1671 mit einem erklärenden Beiheft hrsg. von Klaus Haberkamm, Konstanz 1967 [Dieser Text fehlt in den Gesammelten Werken in Einzelausgaben.]

Weitere Ausgaben sind in den Teilbibliographien aufgeführt.

2. Bibliographien, Forschungsberichte, Periodika, Kataloge, Dokumente

Battafarano, Italo Michele unter Mitarbeit von Hildegard Eilert: Grimmelshausen-Bibliographie 1666–1972. Werk – Forschung – Wirkungsgeschichte, Neapel 1975 [Umfassende Bibliographie der Primär- und Sekundärliteratur.]

Dünnhaupt, Gerhard: Bibliographisches Handbuch der Barockliteratur. Hundert Personalbibliographien deutscher Autoren des siebzehnten Jahrhunderts, 3 Bde., Stuttgart 1980–81 [Wichtigste neuere Bibliographie des Zeitalters.]

Habersetzer, Karl Heinz: Bibliographie der deutschen Barockliteratur. Ausgaben und Reprints 1945–1976, Hamburg 1978 [Verzeichnet die neueren Ausgaben.]

Merkel, Ingrid: Barock, Berlin u. München 1971 (Handbuch der deutschen Literaturgeschichte, 2. Abt., Bibliographien, Bd. 5) [Knappe Auswahlbibliographie; nur von begrenztem Nutzen.]

Pyritz, Ilse: Bibliographie zur deutschen Literaturgeschichte des Barockzeitalters. 2. Teil [Dichter und Schriftsteller], Bern u. München 1980ff. [Enthält Werkausgaben nach 1800 und Sekundärliteratur; wenig übersichtlich]

Wolfenbütteler Barock-Nachrichten 1ff., Hamburg 1974ff. [Enthält die wichtigste und aktuellste periodische Bibliographie der Epoche.]

Eder, Alois: Die Lage der Grimmelshausen-Forschung nach dem Münsteraner Kolloquium. In: Germanica Wratislaviensia 36, 1980, S. 253–267 [Gute Darstellung der gegenwärtigen Forschungssituation.]

Hoffmeister, Gerhart: Grimmelshausens *Simplicissimus* und der spanisch-deutsche Schelmenroman. Beobachtungen zum Forschungsstand. In: Daphnis 5, 1976, S. 275–294 [Zusammenfassung der wichtigsten neueren Forschungsbeiträge.]

Weydt, Günther: Hans Jacob Christoffel von Grimmelshausen, Stuttgart 1971, 2., ergänzte u. erweiterte Aufl. 1979 [Orientiert knapp über Leben und Werk; reichhaltige Bibliographie; der Akzent liegt auf Textgeschichte und Quellennachweisen; die einseitigen Interpretationen sind zur Einführung wenig geeignet.]

Simpliciana. Schriften der Grimmelshausen-Gesellschaft 1 ff., Bern u. München 1979 ff. [Beiträge zu Grimmelshausen und der Literatur des 17. Jahrhunderts.]

Simplicius Simplicissimus. Grimmelshausen und seine Zeit [Ausstellungskatalog], Münster 1976 [Materialreicher Katalog mit zahlreichen Abbildungen; gut dokumentierte Einführung in den geschichtlichen Hintergrund und die wichtigsten Aspekte von Grimmelshausens Leben und Werk.]

Könnecke, Gustav: Quellen und Forschungen zur Lebensgeschichte Grimmelshausens. Hrsg. von Jan Hendrik Scholte, 2 Bde., Leipzig 1926–28 [Umfangreiches dokumentarisches Material über Grimmelshausens äußeren Lebensweg und seine berufliche Tätigkeit; unergiebig für das literarische Schaffen.]

Penkert, Sibylle: Dreihundert Jahre danach: Unbekannte Grimmelshausen-Handschriften. Das Schreiben des Renchener Schultheißen von 1673 an Bischof Franz Egon von Fürstenberg und andere Quellen des Straßburger Archivs. In: Jahrbuch der deutschen Schillergesellschaft 17, 1973, S. 3–20 [Die Dokumente zeigen Grimmelshausen als beredten Anwalt der ausgepreßten Untertanen.]

Um Renchen und Grimmelshausen. Grimmelshausen-Archiv, 1. Buch, Renchen 1976 [Enthält neben allerlei ‚Volkstümlichen‘ u. a. Dokumentationen der Feiern von 1876/79 und 1924/26; weitere Veröffentlichungen des Grimmelshausen-Archivs unter dem Titel *Den Grimmelshausenfreunden* 1977 ff. bringen Vorträge, Bibliographisches usw.]

3. Gesamtdarstellungen

Bechtold, Arthur: Johann Jacob Christoph von Grimmelshausen und seine Zeit, München ²1919 [Auf gründlicher Quellenkenntnis beruhende Biographie; mit zahlreichen Dokumenten und Abbildungen.]

Behrle, Rudolf: Hans Jakob Christoph von Grimmelshausen. Leben und Werk, Bühl/Baden 1971 [Von einem Nachkommen Grimmelshausens; die biographischen Abschnitte des nicht als Forschungsbeitrag gedachten Werkes sind zur Einführung durchaus brauchbar.]

Hohoff, Curt: Johann Jacob Christoph von Grimmelshausen in Selbstzeugnissen und Bilddokumenten, Reinbek 1978 [Zahlreiche Illustrationen; nur bedingt empfehlenswert.]

Mannack, Eberhard: Hans Jacob Christoffel von Grimmelshausen. In: Deutsche Dichter des 17. Jahrhunderts. Ihr Leben und Werk. Hrsg. von Benno v. Wiese u. Harald Steinhagen, Berlin 1984, S. 517–552 [Derzeit beste zusammenfassende Darstellung von Leben und Werk.]

Negus, Kenneth: Grimmelshausen, New York 1974 [Überblick über Leben und Werk; gelegentlich etwas zu unkritisch.]

Stoll, Christoph: Hans Jacob Christoffel von Grimmelshausen 1676/1976, München 1976 [Illustrierte Kurzdarstellung.]

4. Einzelaspekte

Gebauer, Hans Dieter: Grimmelshausens Bauerndarstellung. Literarische Sozialkritik und ihr Publikum, Marburg 1977 [Ausgehend von der Bauerndarstellung Grimmelshausens versucht Gebauer, die politisch-soziale Dimension des Werkes zu erschließen; materialreich; informativ.]

Grimmelshausen und seine Zeit. Die Vorträge des Münsteraner Symposions zum 300.
Todestag des Dichters. Hrsg. von Günther Weydt u. Ruprecht Wimmer. In: Daphnis 5,
1976, S. 181–737 [Enthält Vorträge über verschiedene Aspekte des Werks und seiner
Rezeption; z.T. in den Bibliographien der jeweiligen Arbeitsbereiche einzeln verzeichnet.]

Grimmelshausen-Sonderheft zum Gedenkjahr 1976: Argenis 1, 1977 [Enthält Beiträge zu
verschiedenen Aspekten des Werks; z.T. in den Bibliographien der jeweiligen Arbeitsbereiche einzeln verzeichnet.]

Koschlig, Manfred: Grimmelshausen und seine Verleger. Untersuchungen über die Chro-
nologie seiner Schriften und den Echtheitscharakter der frühen Ausgaben, Leipzig 1939
[Grundlegende Arbeit.]

Koschlig, Manfred: Das Ingenium Grimmelshausens und das ,Kollektiv'. Studien zur Ent-
stehungs- und Wirkungsgeschichte des Werkes, München 1977 [Enthält wichtige, philologisch akribische Arbeiten aus den Jahren 1938–75, die die neuere Grimmelshausen-
Forschung entscheidend mitgeprägt haben.]

Mauser Wolfram: Grimmelshausen und der Oberrhein. In: Die Ortenau 53, 1973,
S. 52–72 [Kein lokalhistorisch orientierter Text, sondern ein wichtiger Versuch, die
Spannungen und Widersprüche in Grimmelshausens Leben und Werk zu deuten.]

Scholte, Jan Hendrik: Der Simplicissimus und sein Dichter. Gesammelte Aufsätze, Tübingen 1950 [Enthält überwiegend biographisch-philologisch orientierte Arbeiten.]

Der Simplicissimusdichter und sein Werk. Hrsg. von Günther Weydt, Darmstadt 1969
[Sammlung älterer und neuerer Arbeiten zu Leben und Werk.]

Streller, Siegfried: Grimmelshausens Simplicianische Schriften. Allegorie, Zahl und Wirk-
lichkeitsdarstellung, Berlin [DDR] 1957 [Wichtiger Beitrag zum Problem des Realismus
in Grimmelshausens Simplicianischen Schriften; der spekulative Versuch, zahlenkom-
positorische Gesetzmäßigkeiten aufzudecken, ist allerdings eher problematisch [vgl. die
Kritik von Hartmann, Bibl. zu AB II).]

Welzig, Werner: Beispielhafte Figuren. Tor, Abenteurer und Einsiedler bei Grimmelshausen, Graz u. Köln 1963 [Hinter diesen exemplarischen Figuren verbergen sich, so die
These, drei grundlegende Formen der Lebensgestaltung; Grimmelshausen stehe so in
einer bis ins frühe Mittelalter zurückreichenden Tradition.]

Weydt, Günther: Nachahmung und Schöpfung im Barock. Studien um Grimmelshausen,
Bern u. München 1968 [Zusammenfassung der langjährigen Forschungen Weydts und
seiner Schüler mit einem informativen Versuch über Grimmelshausens Bildungsstand,
umfangreichen, nicht immer nachvollziehbaren Quellenuntersuchungen und der Darlegung der Hypothese von der planetarischen Struktur des *Simplicissimus*.]

B. Literatur zur Epoche

1. Literaturgeschichten, Gesamtdarstellungen

Böckmann, Paul: Formgeschichte der deutschen Dichtung. Bd. 1: Von der Sinnbildsprache
zur Ausdruckssprache, Hamburg 1949, Darmstadt [4]1973 [Wichtige Darstellung epo-
chaler Ideen- und Formprobleme; die Literatur des 17.Jahrhunderts wird durch die
Spannung von Elegantiaideal und rhetorischem Pathos charakterisiert.]

Emrich, Wilhelm: Deutsche Literatur der Barockzeit, Königstein 1981 [Stark von persönlichen Vorlieben geprägte Vorlesung; als Einführung bzw. Informationsquelle nicht empfehlenswert.]

Flemming, Willi: Das Jahrhundert des Barock 1600–1700. In: Annalen der deutschen Literatur. Hrsg. von Heinz Otto Burger, Stuttgart [2]1971, S. 339–404 [Knapper Überblick, der die Gleichzeitigkeit des Ungleichzeitigen deutlich macht.]

Gaede, Friedrich: Humanismus, Barock, Aufklärung. Geschichte der deutschen Literatur vom 16. bis zum 18. Jahrhundert, Bern u. München 1971 [Knapper, an Gattungen und einzelnen ‚Gestalten' orientierter Überblick.]

Geschichte der deutschen Literatur 1600 bis 1700. Von Joachim G. Boeckh, Günter Albrecht u. a., Berlin [DDR] [2]1963 (Geschichte der deutschen Literatur von den Anfängen bis zur Gegenwart, Bd. 5) [Materialreiche Darstellung aus marxistischer Sicht.]

Kohlschmidt, Werner: Geschichte der deutschen Literatur vom Barock bis zur Klassik, Stuttgart [2]1981 (Geschichte der deutschen Literatur von den Anfängen bis zur Gegenwart, Bd. 2) [Zur Einführung geeignete, gut lesbare Darstellung; textnah; gute Bibliographie.]

Newald, Richard: Die deutsche Literatur vom Späthumanismus zur Empfindsamkeit 1570–1750, München 1951, [6]1967 (Geschichte der deutschen Literatur von den Anfängen bis zur Gegenwart von Helmut de Boor und R. Newald, Bd. 5) [Die einzige detaillierte neuere Darstellung der Autoren, Werke, Daten.]

Szyrocki, Marian: Die deutsche Literatur des Barock. Eine Einführung, Stuttgart 1979 [Keine Literaturgeschichte, sondern eine nach Gattungen gegliederte Übersicht über die Literatur der Epoche; als Einführung nützlich.]

2. Einzelaspekte (außer Roman und Romantheorie)

Aus der Welt des Barock. Dargestellt von Richard Alewyn u. a., Stuttgart 1957 [Enthält lesenswerte Beiträge u. a. von Erich Trunz: Weltbild und Dichtung im deutschen Barock, Richard Alewyn: Feste des Barock, Wilhelm Treue: Kulturgeschichte des Alltags im Barock.]

Barner, Wilfried: Barockrhetorik. Untersuchungen zu ihren geschichtlichen Grundlagen, Tübingen 1970 [Grundlegendes Werk über die sozialen Aspekte der Rhetorik im 17. Jahrhundert und ihre Verankerung im Bildungswesen.]

Deutsche Barockforschung. Dokumentation einer Epoche. Hrsg. von Richard Alewyn, Köln u. Berlin 1965 [Enthält wichtige Arbeiten aus den zwanziger und dreißiger Jahren.]

Deutsche Dichter des 17. Jahrhunderts. Ihr Leben und Werk. Hrsg. von Benno v. Wiese u. Harald Steinhagen, Berlin 1984 [Essays über die bedeutendsten Schriftsteller des 17. Jahrhunderts.]

Emblem und Emblematikrezeption. Vergleichende Studien zur Wirkungsgeschichte vom 16. bis 20. Jahrhundert. Hrsg. von Sibylle Penkert, Darmstadt 1978 [Sammlung wichtiger Beiträge zur Emblemforschung.]

Fähler, Eberhard: Feuerwerke des Barock. Studien zum öffentlichen Fest und seiner literarischen Deutung vom 16. bis 18. Jahrhundert, Stuttgart 1974 [Technik, öffentlich-repräsentative Funktion und allegorisch-bildliche Bedeutung einer intensiv betriebenen Kunst.]

Gaede, Friedrich: Poetik und Logik. Zu den Grundlagen der literarischen Entwicklung im 17. und 18. Jahrhundert, Bern u. München 1978 [Anregende Untersuchung der erkenntnistheoretischen Voraussetzungen der frühneuzeitlichen Literatur.]

Grimm, Gunter E.: Literatur und Gelehrtentum in Deutschland. Untersuchungen zum Wandel ihres Verhältnisses vom Humanismus bis zur Frühaufklärung, Tübingen 1983 [Wissenschafts- und sozialgeschichtlich orientierte, materialreiche Untersuchung des Konzepts der ‚gelehrten Poesie‘ und seiner Modifikationen; umfassende Bibliographie.]

Kirchner, Gottfried: Fortuna in Dichtung und Emblematik des Barock, Tradition und Bedeutungswandel eines Motivs, Stuttgart 1970 [Materialreiche Untersuchung eines wichtigen Motivkomplexes.]

Kühlmann, Wilhelm: Gelehrtenrepublik und Fürstenstaat. Entwicklung und Kritik des deutschen Späthumanismus in der Literatur des Barockzeitalters, Tübingen 1982 [Wichtige Arbeit über die Wandlungen im Selbstverständnis der bürgerlich-humanistischen Gelehrtenschicht und ihre Integration in die Elite des barocken Fürstenstaats.]

Die Kunstformen des Barockzeitalters. Hrsg. von Rudolf Stamm, Bern u. München 1956 [‚Barock‘ in der bildenden Kunst, der Musik und verschiedenen europäischen Literaturen.]

Der literarische Barockbegriff. Hrsg. von Wilfried Barner, Darmstadt 1975 [Die hier versammelten Arbeiten von Wölfflin (1888) bis Barner (1970) dokumentieren die widerspruchsvolle Geschichte des Versuchs, ‚Barock‘ zu definieren.]

3. Roman und Romantheorie

Alewyn, Richard: Johann Beer. Studien zum Roman des 17. Jahrhunderts, Leipzig 1932 [Leben und Werk des nach Grimmelshausen bedeutendsten Verfassers niederer Romane.]

Alewyn, Richard: Der Roman des Barock. In: Formkräfte der deutschen Dichtung vom Barock bis zur Gegenwart. Hrsg. von Hans Steffen, Göttingen ²1967, S. 21–34; auch in Pikarische Welt (s.u.), S. 397–411 [Glänzende, wenn auch vereinfachende Gegenüberstellung von höfischem und pikareskem Roman.]

Bjornson, Richard: The Picaresque Hero in European Fiction, Madison, Wisc. 1977 [Überblick über die wichtigsten Pikaroromane vom 16.–18. Jahrhundert; ausführliche Interpretationen einzelner Texte.]

Cholevius, Leo: Die bedeutendsten deutschen Romane des siebzehnten Jahrhunderts. Ein Beitrag zur Geschichte der deutschen Literatur, Leipzig 1866; Nachdruck Darmstadt 1965 [Der höfische Roman in Inhaltsangaben, Charakteristiken und Textausschnitten.]

Ehrenzeller, Hans: Studien zur Romanvorrede von Grimmelshausen bis Jean Paul, Bern 1955 [Geschichte und Funktionswandel der Vorrede; mit einem ausführlichen Grimmelshausen-Teil.]

Geulen, Hans: Erzählkunst der frühen Neuzeit. Zur Geschichte epischer Darbietungsweisen und Formen im Roman der Renaissance und des Barock, Tübingen 1975 [Versteht sich als Beitrag zur Erzählgeschichte; sucht innerhalb des jeweiligen Gattungsrahmens unterscheidbare Physiognomien des Erzählens herauszuarbeiten.]

Handbuch des deutschen Romans. Hrsg. von Helmut Koopmann, Düsseldorf 1983 [Enthält mehrere Beiträge zum Roman des 17. Jahrhunderts.]

Herzog, Urs: Der deutsche Roman des 17. Jahrhunderts. Eine Einführung, Stuttgart 1976 [Essayistische Einführung, die den Roman der Epoche als satirisches Zeitbild einerseits, als theologisch gedeutete Welt andererseits versteht; der *Simplicissimus* als ‚Inbegriff des deutschen Romans im 17. Jahrhundert', steht im Mittelpunkt.]

Hirsch, Arnold: Bürgertum und Barock im deutschen Roman. Ein Beitrag zur Entstehungsgeschichte des bürgerlichen Weltbildes, Frankfurt/M. 1934, 2. Aufl. besorgt von Herbert Singer, Köln u. Graz 1957 [Wichtige Untersuchung über die ‚Verbürgerlichung' des Romans in der 2. Hälfte des 17. Jahrhunderts.]

Meid, Volker: Der deutsche Barockroman, Stuttgart 1974 [Knapper, nach Gattungen gegliederter Überblick; ausführliche bibliographische Hinweise.]

Parker, Alexander A.: Literature and the Delinquent. The Picaresque Novel in Spain and Europe 1599–1753, Edinburgh 1967 [Knapper, informativer Überblick über die Entwicklung der Gattung.]

Pikarische Welt. Schriften zum europäischen Schelmenroman. Hrsg. von Helmut Heidenreich, Darmstadt 1969 [Enthält wichtige Beiträge zum Pikaroroman; Bibliographie.]

Rötzer, Hans Gerd: Picaro – Landtstörtzer – Simplicius. Studien zum niederen Roman in Spanien und Deutschland, Darmstadt 1972 [Wichtige Untersuchung über den spanischen Pikaroroman, seine Umdeutung in den deutschen Übertragungen und das Verhältnis des *Simplicissimus* zu diesen Übersetzungen.]

Rötzer, Hans Gerd: Der Roman des Barock 1600–1700. Kommentar zu einer Epoche, München 1972 [Informativer Überblick mit einem Abschnitt über vorbarocke Erzählprosa; ausführliche Bibliographie der Primär- und Sekundärliteratur.]

Spriewald, Ingeborg: Vom *Eulenspiegel* zum *Simplicissimus*. Zur Genesis des Realismus in den Anfängen der deutschen Prosaerzählung, Berlin [DDR] ²1978 [Problematische Thesen zum Realismus in den ‚Volksbüchern' und im *Simplicissimus*.]

Volkmann, Herbert: Der deutsche Romantitel (1470–1770). Eine buch- und literaturgeschichtliche Untersuchung. In: Börsenblatt für den deutschen Buchhandel 23, 1967, Sp. 1081–1170 [Geschichte, Funktion und Funktionswandel des Romantitels im Kontext der allgemeinen Literatur- und Romangeschichte.]

Voßkamp, Wilhelm: Romantheorie in Deutschland. Von Martin Opitz bis Friedrich von Blanckenburg, Stuttgart 1973 [Grundlegende, perspektivenreiche Darstellung.]

Wieckenberg, Ernst-Peter: Zur Geschichte der Kapitelüberschrift im deutschen Roman vom 15. Jahrhundert bis zum Ausgang des Barock, Göttingen 1969 [Trotz des begrenzten Themas wichtiger Beitrag zur Romangeschichte; mit einem ausführlichen Grimmelshausen-Teil.]

Woodtli, Otto: Die Staatsräson im Roman des deutschen Barocks, Frauenfeld u. Leipzig 1943 [Wenig differenzierte, geistesgeschichtliche Darstellung eines wichtigen Themas.]

C. Geschichte, Sozial- und Kulturgeschichte,
Geistesgeschichte usw.: s. Bibl. zu AB I.

Personenregister

Erfaßt sind die Namen aller im Text und in den Literaturangaben erwähnten Personen. *Kursive* Seitenangaben bezeichnen Fundstellen in kleingedruckten Zitaten.